# ــ إريدوم
# قصص الاستقلال المالي للمهاجرين الأفارقة


أولوميد أوجونسانو

و

أتشانسد يامون بياو

# قائمة المحتويات

# 1 المقدمة

**أولوميد أوجونسانوو:** أود أن أبدأ بالترحيب بكل من اشترى هذا الكتاب. نحن ممتنون ونأمل أن يساعدك الكتاب في رحلتك لاكتشاف الذات والتنمية الشخصية والاستقلال والحرية.

في هذا الفصل التمهيدي، سنغطي خمسة مواضيع: من نحن، وكيف التقينا، ولماذا قررنا إنشاء هذا الكتاب معًا، ولماذا قد لا يكون إنشاء هذا الكتاب فكرة جيدة وما الذي نريد أن يخرجه القراء من هذا كتاب.

سامون، أود أن أبدأ بمعرفة المزيد عنك وعن خلفيتك.

**أشاني سامون بياو:** اسمي سامون بياو. لقد ولدت في بنين بغرب أفريقيا وعشت في أكثر من 20 دولة حول العالم وقمت بزيارة حوالي مائة دولة. أنا أتكلم 8 لغات. لقد عشت عدة حياة: بدأت كمهندس، وانتقلت إلى الاستشارات الإدارية، والآن أركز على ريادة الأعمال والاستثمار. اهتماماتي الرئيسية هي فهم الثقافات ورؤية الأماكن المختلفة وحل المشكلات.

**أولوميد أوغونسانو:** ما هي اللغات الثلاث التي تتحدثها أكثر؟

**أشاني سامون بياو:** أتحدث الإنجليزية في أغلب الأحيان، تليها الفرنسية واليوروبا.

**أولوميد أوغونسانو:** انتظر. أنا يوروبا، وأنا بالكاد أتحدث اليوروبا. لماذا تمارس اليوروبا كثيرًا؟ هل هو بسبب والديك أو عائلتك؟

**أشاني سامون بياو:** في الواقع، أنا أتحدث لغة اليوروبا مع أمي وأفراد عائلتي. فيما يلي خلفية مختصرة لقرائنا: اليوروبا ليست مجموعة عرقية فحسب، بل هي أيضًا لغة يتم التحدث بها في غرب إفريقيا. يمكن أيضًا العثور على شعب اليوروبا في بلدان أخرى، بما في ذلك البرازيل وكوبا.

أود أن أشارك إخلاء المسؤولية لقرائنا. أولاً، أحب البهجة الجيدة لأنني نشأت حولها. كل شيء كان يدور حول السعادة وحسن الجوار في طفولتي في بنين. أحب أن أكون محاطًا بالبهجة الجيدة!

**أولوميد أوجونسانوو:** [ضحك]

**أشاني سامون بياو:** ثانيًا، غالبًا ما أستخدم اللغة البينية، مما يعني أنني عندما أتحدث، أقوم بخلط تركيب الجمل من بعض اللغات السبع الأخرى التي أعرفها. أحيانًا أبدأ بالتفكير بلغة وأنتهي بلغة أخرى. لذلك، إذا سمعت طريقة غريبة في صياغة الجمل، فمن المحتمل أن يرجع ذلك إلى مزيج من اللغات العربية والفرنسية والإنجليزية واليوروبا.

**أولوميد أوجونسانوو:** رائع! يمكنني تحسين لغتي الفرنسية إذا أضفت بعض الكلمات الفرنسية. حتى الطريقة التي صاغت بها تلك الجملة السابقة حول إعجابك بـ

"ابتهاج جيد" تختلف عن الطريقة التي سأصيغها بها (أنا متحدث أصلي للغة الإنجليزية). يمكنني أن أتعلم الكثير من هذه العملية. إنني أتطلع إلى تحسين لغتي الفرنسية.

**أشاني سامون بياو:** هل تريد أن تخبرني ما هو نوع اللغة الفرنسية الذي تريد تعلمه: الفرنسية الفرنسية، الفرنسية الإيفوارية، أو الفرنسية البينينية؟ إنهما لغتان مختلفتان تمامًا تقريبًا [ضحك].

**أولوميد أوغونسانو:** [تبتسم] ما هي اهتماماتك؟

**أشاني سامون بياو:** اهتمامي الشامل هو الفهم الأعمق للتجربة الإنسانية، والذي يتضمن فهم لماذا يتصرف الناس بطرق معينة وما يحفزهم. هذا الاهتمام بفهم الحالة الإنسانية هو ما يدفعني إلى شغف استكشاف الثقافات المختلفة من خلال السفر.

أما عن كيفية تطور هذا الاهتمام، فأرجعه إلى نشأتي في ثقافة اليوروبا، حيث كان الكبار يتواصلون بالأمثال. كان بإمكان والدي أو أعمامي إجراء محادثات كاملة بمجرد تبادل الأمثال. لقد علمني هذا أن أهتم بشدة ليس فقط بالكلمات التي يستخدمها الناس، ولكن أيضًا بإشاراتهم وسلوكهم غير اللفظي.

أولوميد، بعد مشاركة القليل عن نفسي، أنا مهتم بمعرفة المزيد عنك. من أنت؟

**أولوميد أوغونسانو:** من أنا؟ هذا يبدو وكأنه سؤال فلسفي عميق. اسمي أولوميد أوجونسانو.

قيمي العامة هي العلاقات، والصحة، والاستقلالية/الحرية، والتعلم، والتنفيذ (إنجاز الأمور)، والمغامرة، والتميز المالي.

تلهم هذه القيم اهتماماتي المحددة، والتي تشمل التكنولوجيا، والتمويل الشخصي، والتطوير الشخصي، والكتب، والعلوم، والرياضيات، والبودكاست، والتاريخ، وعمليات الدمج والاستحواذ (M&A)، وتاريخ الشركة، والتغذية، والسفر، والرقص، وبرامج مكافآت السفر.

ومن المثير للاهتمام أننا نشترك في اهتمامين مشتركين على الأقل: السفر والتمويل الشخصي.

**أشاني سامون بياو:** نعم. لم أستطع إلا أن أشعر بالإرهاق قليلاً أثناء حديثك. مع وجود الكثير من الاهتمامات، كيف يمكنك العثور على ساعات كافية في اليوم لمتابعتها جميعًا؟ هل تركز على هذه القيم في أوقات مختلفة من حياتك، أم أنك تسعى إلى تحقيقها جميعًا مرة واحدة؟

**أولوميد أوغونسانو:** أعيش حياتي بما يتماشى مع قيمي المتأصلة في داخلي. أنا لا أتابعها بنشاط، فهي ترشدني في اتخاذ القرارات وتساعدني في تحديد أولويات وقتي عندما يكون لدي فرص متعددة وخيارات تنافسية متاحة.

غالبًا ما تتداخل اهتماماتي، ولأنني أجدها مثيرة للاهتمام وممتعة، فإنني أعطيها الأولوية بطريقة تسمح لي بتخصيص الوقت لها جميعًا.

**أشاني سامون بياو:** كيف يمكنك تطوير اهتمامات جديدة؟

**أولوميد أوغونسانو:** أنا مهتم بالتجربة، والعديد من اهتماماتي نشأت من تجارب

سابقة. أقوم كل شهر بإجراء تجربة جديدة، البعض يلتزم بها والبعض الآخر لا يفعل ذلك. بالإضافة إلى ذلك، فإن العيش في مدن متعددة الثقافات مثل لاغوس وشيكاغو ولندن وبوسطن وميامي قد عرّفني على مجموعة واسعة من الأشخاص ذوي أنماط حياة ووجهات نظر مختلفة.

بتجميع كل ذلك معًا، أقوم بثلاثة أشياء مختلفة. أنا مستثمر ومدون صوتي ومستشار (ومؤلف بعد أن ننشر هذا الكتاب):

1. **المستثمر:** أستثمر في الشركات الأفريقية الناشئة من خلال صندوق Adamantium Fund [1].

2. **البودكاست:** أنا المضيف المشارك والمؤسس المشارك لبودكاست Afrobility إذا أعجبك هذا الكتاب، فقد يعجبك البودكاست. ويضم قصصًا وتحليلات لشركات [2] التكنولوجيا الأفريقية.

3. **المستشار:** أنصح الشركات الناشئة. لدي أيضًا شركة استشارية للاستقلال المالي. أنصح الناس بكيفية تحقيق الاستقلال المالي (على غرار موضوع هذا الكتاب). يستكشف هذا الكتاب في الغالب اهتماماتي بالتمويل الشخصي والاستقلال المالي، ولكن لدي مجموعة واسعة من الاهتمامات التي من المحتمل أن تظهر بينما نمضي في قصصنا.

**أشاني سامون بياو:** أين تعيش؟

**أولوميد أوغونسانو:** أقسم وقتي بين مدن مختلفة بناءً على استراتيجيتي الجيوستراتيجية:

ميامي 50%، لاغوس 20%، نيويورك 5%، لندن 5%، مدن أخرى 20%

**أشاني سامون بياو:** سأكون مقصرا ناهيك عن أن المستشار الموجود بداخلك يواصل تقديم كل شيء بشكل جيد. من الرائع الدردشة مع زميل استشاري آخر والتعرف على البنية.

**أولوميد أوجونسانوو:** [تبتسم]. هذا قليلا عني. كيف نلتقي؟

**أشاني سامون بياو:** أخبرني شريكي عن أولوميد في أغسطس 2022، قائلاً إننا سنستمتع بالتحدث مع بعضنا البعض. في ذلك الوقت، لم أفكر كثيرًا في الأمر. وبالتقدم السريع إلى أكتوبر 2022، كنت في زيارة لميامي وظهر اسم أولوميد مرة أخرى، لأنه يعيش في المدينة. ثم ذكر شريكي أن أولوميد كانت في طريقها إلى الاستقلال المالي، وقد لفتت انتباهي على الفور. ذهبنا إلى منزل أولوميد، وذهبت لإجراء محادثة حول الاستقلال المالي وبقيت من أجل الأصالة الإنسانية والصدق.

**أولوميد أوغونسانو:** [تبتسم] أوه، هذا جميل جدًا.

**أشاني سامون بياو:** لدينا الكثير من الأشياء المشتركة. أنت حقيقي وأصيل. هذا هو النوع الذي أتعامل معه. لقد أمضينا قدرًا هائلاً من الوقت، نتحدث عن تجاربنا، مثل طفلين

---

1. http://adamantiumfund.com

2. http://afrobility.com

في المدرسة الثانوية. استمتعنا!

**أولوميد أوجونسانوو:** نعم! هكذا شعرت. لقد كانت واحدة من تلك الأوقات في الحياة عندما تتواصل على الفور مع شخص ما. كان لدينا هذا الاهتمام المشترك بالاستقلال المالي، وواصلنا التعمق أكثر فأكثر. لقد قفزنا مباشرة إلى جداول البيانات والميزانيات. كان ممتعا! كانت تلك الرحلة بمثابة نشأة العمل معًا في هذا المشروع لأنني اعتقدت أنك شخص مثير للاهتمام للتعرف عليه بشكل أفضل.

لماذا تريد أن تكتب هذا الكتاب؟

**أشاني سامون بياو:** أولاً، للحفاظ على ذكريات محادثاتنا ومتعة التحدث مع صديق.

**أولوميد أوجونسانوو:** في عام 2030 وما بعده، يمكنني أن أتأمل في هذا الكتاب وأتذكر العلاقة الرائعة التي قمت بها مع سامون. لقد أنشأنا شيئًا خاصًا لمشاركة قصص حياتنا، ومن دواعي سروري أن نعرف أن هذه التجربة سيتم الحفاظ عليها إلى الأبد داخل صفحاتها. هناك شيء رائع في تدوين تلك التجربة إلى الأبد مع هذا الكتاب.

**أشاني سامون بياو:** ثانيًا، أرى أنها فرصة لنا للتعلم والنمو من خلال محادثاتنا.

**أولوميد أوجونسانو:** أعتقد أنه يمكنني تعلم الكثير من أسلوبك في الاستقلال المالي لأنك سلكت طريقًا مختلفًا. يعد هذا الكتاب فرصة عظيمة لكلينا للتعلم من تجارب بعضنا البعض.

**أشاني سامون بياو:** أحببت تواصلنا ومدى انفتاحنا مع بعضنا البعض منذ البداية. إن التواجد في بيئة يمكنني أن أتخلى عن حذري، ولا تكون هناك حاجة إلى غرائز البقاء على قيد الحياة عن طريق المنافسة، هو أمر قوي حقًا بالنسبة لي. الصداقة العظيمة هي بيئة لا أشعر فيها بالقلق أو القلق أو الخجل مما أنا عليه وما فعلته. وهذا أقوى من أي مبلغ من المال.

السبب الثالث لكتابة هذا الكتاب هو مشاركة قصصنا مع الآخرين. ومع ذلك، لدي مشاعر مختلطة حول هذا الموضوع لأنني لا أريد أن يستخلص الناس استنتاجات خاطئة من تجاربنا. إن اتخاذ القرارات الجيدة أمر معقد، ومن الخطر نسخ ما فعله الآخرون دون فهم المبادئ الأساسية التي استخدموها. بدلاً من ذلك، من الأفضل أن تتعلم من تلك المبادئ وتطبقها بطريقة تناسب موقفك الخاص وتفعل شيئًا مختلفًا عما فعلناه.

**أولوميد أوجونسانوو:** أوافق. إنها عملية التفكير وراء القرارات، وليس القرارات نفسها.

فكرت في الخيارات المتاحة في كل مرحلة من حياتي، وما يتوافق مع شخصيتي واهتماماتي، وأصنع أفضل عصير ليمون من الليمون الموجود لدي. أنا بالتأكيد لم أتبع خطة شخص آخر.

أثناء قراءتك لقصصنا، نشجعك على التفكير في كيفية اتخاذ خيارات لحياتك بدلاً من مجرد تقليد ما فعلناه. إن أهم ما نتعلمه من هذا الكتاب هو أن نعيش عمدا وبهدف.

**أشاني سامون بياو:** تلك كانت أسبابي. ما هي أسبابك لكتابة هذا الكتاب؟

**أولوميد أوغونسانو:** السبب الأول هو أنني أريد الاستمتاع وتجربة شيء جديد.

على الرغم من أنني قمت بتسجيل أكثر من 100 ساعة من البودكاست Afrobility، إلا أنني لم أكتب كتابًا من قبل، لذا ستكون فرصة مثيرة للاهتمام لتعلم شيء مختلف.

لقد تناقشنا أنا وسامون حول كيفية وضع الكتاب وتقديم أنفسنا. لقد شاركت أن الأصالة هي أهم شيء، لأنني أفضل قضاء الوقت مع الأشخاص الصادقين الذين يسمحون لي بأن أكون على طبيعتي. على العكس من ذلك، إذا اضطر المرء إلى إخفاء أجزاء من نفسه، تصبح الحياة أقل متعة. آمل أنه من خلال إنشاء هذا الكتاب، يمكننا التحدث بحرية والاسترخاء والاستماع بالرحلة.

سبب آخر لكتابة هذا الكتاب هو الجانب الإنساني في رواية القصص. القصص هي الطريقة التي ينقل بها الناس المعرفة من جيل إلى آخر.

في هذا الكتاب سيسألني سامون بعض الأسئلة عن رحلتي إلى الاستقلال المالي، وسأفعل نفس الشيء وأطرح عليه أسئلة عن رحلته. يجب أن يكون شكل المحادثة هذا ممتعًا، وآمل أن يتمكن القراء من استخلاص بعض الشذرات القيمة من قصصنا.

**أشاني سامون بياو: لماذا لا ينبغي علينا تأليف هذا الكتاب؟**

**أولوميد أوغونسانو:** ثلاثة أسباب:

**1. الخوف من المجهول:** عندما أقوم بتجربة أشياء جديدة، غالباً ما أقلق بشأن كيفية استقبالها وكيف سأصور نفسي. سيكون هذا الكتاب معروضًا للبيع ومفتوحًا للنقد. على الرغم من أنني أقل قلقًا الآن لأنني بدأت بالفعل في إنشاء بودكاست وصندوق رأس المال الاستثماري، إلا أن الخوف من النقد لا يزال كامنًا في مكان ما في عقلي الباطن.

**2. توافر معلومات التمويل الشخصي على نطاق واسع:** هناك بالفعل ثروة من معلومات التمويل الشخصي المتاحة بتنسيقات مختلفة مثل المدونات والبودكاست والكتب، لكنني لست قلقًا للغاية بشأن ذلك لأن هذا الكتاب يتخذ نهجًا مختلفًا. يركز كتابنا على قصصنا وتجاربنا الشخصية ويلبي احتياجات المستضعفين والغرباء. وبينما نشارك رحلاتنا المالية كمهاجرين أفارقة، فإن مبادئ الاستقلال المالي قابلة للتطبيق عالميًا، بغض النظر عن عرق الفرد أو خلفيته.

**3. مستوى الإفصاح والخصوصية:** تتضمن طبيعة الكتاب مشاركة رحلاتنا المالية الشخصية، مما قد يثير مخاوف بشأن الخصوصية والتفاصيل المشتركة. ومع ذلك، سنسعى جاهدين لجعل الكتاب قابلاً للتنفيذ ومرتبطًا بالقراء من خلال تقديم مبادئ واستراتيجيات شاملة تكون مفيدة دائمًا تقريبًا. سنقوم أيضًا بتضمين معلومات محددة عندما يكون ذلك ضروريًا لمساعدة القراء على فهم تنفيذ الاستراتيجيات واعتبارات المقايضة.

هذه بعض التحفظات التي قمت بها، لكنني سأستمر على أي حال. في هذه اللحظة بالتحديد أشعر بالخوف قليلاً وأعلم أنه يجب علي الاستمرار في المضي قدمًا.

**أشاني سامون بياو:** أنا ممزقة أيضًا. من ناحية، أريد أن نجعل الكتاب ملموسًا قدر الإمكان للناس. ومن ناحية أخرى، قد يؤدي ذلك إلى التركيز بشكل كبير على القيمة الصافية وقضايا الخصوصية الأخرى.

**النار: قصص الاستقلال المالي للمهاجرين الأفارقة**

**أولوميد أوجونسانوو:** ما الذي نريد أن يخرجه القراء من هذا الكتاب؟

**أشاني سامون بياو:** أريد أن يشعر القراء أنهم قادرون على رواية قصتهم. من المهم مشاركة قصتهم ويمكن أن تلهم الآخرين.

**أولوميد أوغونسانو:** فلسفتي في هذا الأمر بسيطة: "فقط افعلها!" مثل شعار نايكي. قد تشعر أحيانًا أن حراس البوابة يمنعونك من القيام بما تريد، أو أنك غير مؤهل أو مستعد للقيام بشيء ما. لكن معظم هذه الحواجز موجودة في رؤوسنا. الحقيقة هي أن البشر أقوياء للغاية ويمكننا تحقيق أي شيء تريده. عليك فقط أن تكون لديك الشجاعة للقيام بذلك. معظم الأشياء أسهل مما تبدو، خاصة بعد أن تتقبل الفشل كنتيجة طبيعية لتجربة أشياء جديدة. إن تطوير الراحة من خلال التجارب المتكررة والفشل المحتمل هو عضلة يمكنك بناءها.

ربما تقرأ هذا الكتاب وتفكر، "أمضى سامون وأولوميد سبعة أشهر في التخطيط، وكان لديهما ناشر ومحرر. وكان عليهما الحصول على صفقة حقوق." في الواقع، التقيت بسامون، وقررت أنني أحب هذا الرجل وعلينا أن نكتب كتابًا عن الاستقلال المالي. لقد توصلنا إلى خطة وبدأنا في تنفيذها بسرعة كبيرة والمنتج النهائي هو ما بين ما يديك.

غالبًا ما تكون أكبر عقبة أمام تحقيق أهدافنا هي مخاوفنا وشكوكنا. نحن نخلق رؤى لكل الأشياء التي يمكن أن تسوء ولا نتخذ الخطوة الأولى أبدًا. إنهم بحاجة إلى "فقط افعل ذلك" بأسلوب نايكي.

البشر ليسوا أفضل آلات البدء، لكننا آلات تشطيب ممتازة. بمجرد أن تبدأ مهمة ما، فمن الأرجح أن تنتهي منها. اسمح لنفسك بالنمو والاستكشاف. تنمية عقلية المستكشف والمجرب لإنجاز الأمور.

أنا ممتن لأنني وسامون اجتمعنا معًا لكتابة هذا الكتاب، وآمل أن يلهم القراء لإجراء تغييرات إيجابية في حياتهم وخلق الأشياء. سواء كان منتجًا، أو كتابًا، أو بودكاست، أو رسالة إخبارية، أو أي شيء آخر تمامًا، افعل شيئًا تريده، وليس ما يقول المجتمع أنه يجب عليك فعله. هناك شخص ما يريد أن يسمع قصتك. الناس أيضًا مميزون ومختلفون. كل شخص لديه قصة فريدة من نوعها. عادة ما يكون هناك شخص يقدر كل ما مررت به. كان هذا خطابي القصير وتذكر: "فقط افعل ذلك"!

**أشاني سامون بياو:** هذا هو أحد الأسباب التي تجعلني أحب التحدث إلى أولوميد. لقد حصلت بالفعل على الكثير من المشاعر الإيجابية. الكثير مما قلته يتردد في ذهني. حياتي مليئة بالكثير من الأشياء التي أردت القيام بها. لدي ما يقرب من 10 مقالات أرغب في نشرها ولكني ظللت أتساءل عما إذا كان أي شخص مهتمًا بها.

في بعض الأحيان أرى مقالات لا تبدو مثيرة للاهتمام، وأفكر لماذا يكلف هذا الشخص نفسه عناء كتابة هذا المقال. ثم أرى التعليقات حيث يجد بعض الأشخاص المقالات ملهمة. أنت تدرك أن العالم ليس مجنونًا، وربما تكون مجنونًا لأنك تعتقد أن هناك تماثلًا عالميًا. العالم متنوع بشكل مثير للدهشة. المنتج الذي يثير اهتمام شخص ما قد لا يكون مثيرًا للاهتمام لشخص آخر.

**أولوميد أوجونسانوو:** صحيح. إذا كنت من الغرباء أو الأقليات أو المهاجرين،

فربما كبرت وأنت تشعر أنك بحاجة إلى إذن من والديك أو المعلمين أو المديرين للقيام بالأشياء. بمرور الوقت، يصبح هذا الشعور متأصلًا في عقلك الباطن، وتستمر في البحث عن حراس البوابة حتى في المناطق التي لا يوجد فيها أي حراس. لكنك لا تحتاج إلى حراس البوابة. يمكنك أن تفعل ذلك. الإنترنت مليء بالموارد القوية، وكل ما تحتاجه هو القليل من الرغبة في المخاطرة وفهم أن المخاطر السلبية المحتملة عادة ما تكون ضئيلة.

خذ هذا الكتاب كمثال. ما هو السيناريو الأسوأ؟ ربما لا أحد يقرأها، لكن لا بأس لأننا لم نكتبها لكسب المال. كنت لا أزال أقضي وقتًا رائعًا في تسجيل وتبادل القصص مع سامون.

يبالغ الكثير من الأشخاص في تقدير المخاطر السلبية، ولكن من الأفضل فهمها وتحديدها بشكل صحيح حتى تتمكن من إدارتها بدلاً من مجرد تخيلها. ابدأ بالتجربة وافعل ما تعرف أنك تريد القيام به ولكنك تخشى أن تبدأ. لا تحتاج إلى إذن من أي شخص. أنت مميز بطريقتك الخاصة ويجب أن تفعل ما تريد في الحياة. استمر وقم بذلك!

**أشاني سامون بياو:** أولوميدي، في كل مرة تتحدث فيها، أشعر وكأنك تتحدث مباشرة إلى روحي. أريد أن أضيف وجهتي نظر إلى ما قلته.

أولاً، أوافق تماماً على أن الكثير من العقبات التي نواجهها هي عقبات عقلية. نحن نخلق لأنفسنا حواجز غير موجودة بالفعل.

ثانيًا، على الرغم من وجود العديد من العقبات في رؤوسنا، إلا أنه في بعض الأحيان يكون هناك حراس حقيقيون يحاولون منعنا من تحقيق أهدافنا. في كل مرة تمكنت فيها من اختراق البوابة، لم يكن ذلك لأنني ركزت على حراس البوابة. بدلاً من ذلك، كان ذلك لأنني لم أكن أعلم بوجودهم هناك، أو رأيتهم وفكرت، "اللعنة. أنا أفعل هذا على أي حال."

إذا كنت تريد أن تفعل شيئًا ما، فما عليك سوى المضي قدمًا والقيام به. سوف تتعلم الأجزاء التي يحتمل أن تكون معقدة أثناء تقدمك. أحد الأشياء التي أحبها في الولايات المتحدة هو أن المزيد من الناس هنا على استعداد لتحمل المخاطر وتجربة أشياء جديدة. على النقيض من ذلك، في بعض البلدان الأخرى التي عشت فيها، قد يكون هناك شعور بأن شخصًا ما يراقبك دائمًا ويحكم عليك.

عندما كنت طالبًا جامعيًا، كنت أقلق كثيرًا بشأن ما إذا كان يُسمح لي بفعل أشياء معينة أو ما إذا كانت مخالفة للقانون أو تعتبر غريبة. لكنني أدركت الآن أن تلك المخاوف كانت تعيقني. نصيحتي لأي شخص يريد تجربة شيء جديد هو أن يتجاهل حراس البوابة والمعارضين، ويفعل ذلك فحسب!

**أولوميد أوغونسانو:** تعتبر عملية التطوير الشخصي ونبذ بعض التجارب المبكرة ذات أهمية خاصة. إحدى أفضل الطرق لتوسيع آفاقك هي تعريض نفسك لأفكار وثقافات وتجارب جديدة. إذا لم تتحدى نفسك وتبحث عن معرفة جديدة، فقد يكون من الصعب النمو والتطور.

**أشاني سامون بياو:** أعتقد أن جزأين يتعايشان في كل واحد منا. طلب الإذن مقابل القيام بالأشياء مباشرة.

أود أن أشارك تجربتي في ميامي مع أولوميد لإعطاء مثال. في أحد الأيام، اقترح علينا أن نسترخي ونجلس بجانب الماء، فهو يعيش بجانب الماء. مشينا مسافة قصيرة على طول ممر متعرج أمام المبنى الذي يسكنه حتى وجدنا مكانًا للجلوس والاستماع بالمنظر. وبينما كنا نتحدث، كان الناس يمرون بجانبنا، وبدأت أشعر بعدم الارتياح، وأتساءل عما إذا كنا في الطريق أو إذا كان مسموحًا لنا بالجلوس هناك.

نظرت إلى أولوميد بحثًا عن بعض الطمأنينة، لكنه بدا غافلًا عن كل شيء، فقط يسترخي ويستمتع باللحظة دون أي اهتمام بالعالم. في البداية، بدأت أشك فيه وفي موقفه المتراخي، وفكرت "من يجلس على الرصيف هكذا؟" لقد كنت غير مرتاح في الدقائق القليلة الأولى.

ومع ذلك، سرعان ما أدركت أنني كنت الشخص الذي يسبب الانزعاج من مونولوجي الداخلي. كان لدى أولوميد الفكرة الصحيحة المتمثلة في الاستماع باللحظة ببساطة دون القلق بشأن ما يعتقده الآخرون أو القواعد المحيطة بنا. لقد جعلني أتساءل عن عقليتي وكم مرة سمحت لأفكاري وتصوراتي أن تحد من استمتاعي بالحياة.

أولوميد أوجونسانوو: هاها! هذا مضحك. لقد كنت مرتاحا.

أشاني سامون بياو: لقد أدركت أنه في بعض الأحيان أحجم عن نفسي لأن لدي بعض الموانع والأفكار حول ما هو مناسب ومسموح به. في حين أنه من الجيد أن تكون مراعيًا للآخرين، فإن تجاوز الحدود هو ما يدفع تطور الجنس البشري.

وهذا أحد الأشياء التي أحبها في أمريكا. إنه يشجع الناس على أن يكونوا مبدعين، ويجربوا أشياء جديدة، ويتجاوزوا الحدود. من يدري، قد يفعل شخص ما شيئًا غير عادي، ويولد عمل أو فكرة جديدة.

يعد التحرر من الموانع أمرًا قويًا، ويمكن أن يكون تحقيق الاستقلال المالي أداة مفيدة لتحقيق ذلك. إنها ليست الأداة الوحيدة، وقد يقول البعض إنها ليست حتى الأداة الرئيسية. لكن التمتع بالاستقلال المالي يمكن أن يمنحك الحرية في القيام بأمورك الخاصة في الحياة واستكشاف إمكانيات جديدة.

أولوميد أوجونسانوو: إنه تصميم أسلوب حياة. صمم حياة تناسبك. ليس عليك اتباع المسار التقليدي. يمكنك اختيار أي طريق، لكنه يتطلب النية والغرض والتخطيط. أنت لا تستيقظ فقط على الحياة التي تريدها. إذا اتبعت الوضع الراهن، فسوف ينتهي بك الأمر إلى حياة الوضع الراهن، والتي قد لا تكون ما تريده.

أشاني سامون بياو: لقد قلت ذلك بشكل أفضل بكثير مما أستطيع أن أقوله. هذا الكتاب مخصص لأي شخص لديه فضول لمتابعة شيء مختلف في الحياة عما "من المفترض" أن يفعله. أملنا هو أن يستفيد القراء من هذا الكتاب: أن هناك مسارات أخرى يجب اتباعها خارج الوضع الراهن.

يحاول الكتاب أن يمنحك إحساسًا بالإمكانيات الجديدة. ليس عليك اتباع المسار التقليدي. آمل أن يفهم القراء أن هذه القصة لا علاقة لها بالمال كثيرًا.

أولوميد أوجونسانوو: الكتاب بالتأكيد لا يدور حول المال. الاستقلال المالي يعني

أن يكون لديك ما يكفي من الموارد المالية لتستمر لبقية حياتك، ولكن هذا الكتاب يدور حول أكثر من ذلك.

**أشاني سامون بياو:** لقد كان الاستقلال المالي عامل تمكين كبير بالنسبة لنا. سيناقش هذا الكتاب كيف بدأنا على هذا الطريق وكيف مكننا من تحقيق أحلامنا.

**أولوميد أوغونسانو:** شعار كتابنا هو "قصص الاستقلال المالي للمهاجرين الأفارقة". تم تنظيم الكتاب بتسلسل زمني، حيث ننظر إلى الوراء ونتأمل في القرارات التي اتخذناها والتي أدت إلى استقلالنا المالي في منتصف الثلاثينيات من عمرنا.

بالإضافة إلى مشاركة قصصنا الشخصية، نناقش أيضًا المبادئ الأساسية التي كانت حاسمة في رحلاتنا. تتضمن هذه المبادئ استراتيجيات واسعة وإجراءات محددة يمكن للقراء اتخاذها لتحقيق الاستقلال المالي. نحن نؤمن بأن تنمية هذه المبادئ كجزء من نمط حياتك أمر ضروري لتحقيق النجاح المالي على المدى الطويل.

ولمساعدة القراء على ممارسة هذه المبادئ ودمجها في حياتهم، قمنا أيضًا بتضمين توصيات الكتب التي تتوافق مع كل مبدأ. أملنا هو أنه من خلال مشاركة قصصنا ومبادئنا، يمكننا إلهام الآخرين وتمكينهم من السيطرة على مستقبلهم المالي.

**أشاني سامون بياو:** أولوميد، ما الذي تريد أن يستخلصه القراء من هذا الكتاب؟

**أولوميد أوغونسانو:** هدفي من هذا الكتاب هو إلهام القراء ليعيشوا أفضل حياتهم، وأن يكونوا مرتاحين لكونهم ذواتهم الحقيقية، وألا يشعروا أنه يتعين عليهم التوافق مع توقعات المجتمع. أتمنى أن يأخذ القراء ما هو مفيد من الكتاب ويتجاهلون ما لا يعنيهم.

قبل كل شيء، أريد أن أشجع القراء على إيجاد طرق ليكونوا أحرارا. وهذا لا يعني فقط الحرية المالية، رغم أن ذلك موضوع مهم في هذا الكتاب. ويعني أيضًا الحرية الاجتماعية، وحرية الوقت، والحرية الجغرافية. أريد أن يشعر القراء بالقدرة على تحمل المخاطر واتخاذ الخيارات التي ستساعدهم على أن يصبحوا أكثر حرية في كل جانب من جوانب حياتهم.

**أشاني سامون بياو:** في رأيك، أين تقع الحرية المالية بين جميع الحريات الأخرى؟

**أولوميد أوغونسانو:** من المرجح أن أهم جانبين في الحياة هما الحريات المتعلقة بالعلاقات والصحة. قد يجادل بعض الناس بأن الصحة الجيدة هي الأهم لأنه من الصعب تحقيق أي شيء بدونها، بينما قد يقول آخرون أن العلاقات القوية مع العائلة والأصدقاء هي المفتاح لحياة مُرضية.

وبعد هذين الأمرين، من المرجح أن تكون الحرية المالية هي الجانب الثالث أو الرابع الأكثر أهمية. على الرغم من أهميتها، إلا أنها لا تحمل نفس وزن العلاقات والصحة. إذا قال شخص ما إن الحرية المالية هي أهم شيء، فإنني أنصحه بأن يفكر في صحته وعلاقاته أولاً.

**أشاني سامون بياو:** أرى أن الحرية المالية هي عامل تمكين للحريات الأخرى. على سبيل المثال، سوف تؤثر الوظيفة المجهدة على صحتك. ولكن إذا كنت في وضع يسمح لك باختيار ما تفعله أو عدم العمل على الإطلاق، فإن الحرية المالية قد تساعد صحتك.

**أولوميد أوجونسانو:** تسمح لك الحرية المالية بالتركيز على الأشياء المهمة في الحياة، مثل علاقاتك (سواء كانت مع شريك رومانسي أو عائلة أو أصدقاء) وصحتك. عندما تكون حرًا ماليًا، يمكنك أيضًا متابعة أحلامك في ريادة الأعمال وقضاء الوقت الذي تريده في إصلاح أفكار مختلفة. وإذا كنت تقدر التجارب والمغامرات، فإن الاستقلال المالي يمنحك المرونة اللازمة لقضاء الوقت الذي تريده في تلك الأنشطة.

في الأساس، يعد الاستقلال المالي عامل تمكين يدعم الجانبين الكبيرين (العلاقات والصحة) وأيضًا أي شيء آخر قد تكون مهتمًا به لأن القيام بهذه الأشياء أو الاستمتاع بها غالبًا ما يتطلب المال.

سامون، صديقي، أخي. ماذا نريد من القراء أن يستخلصوا من هذا الكتاب؟

**أشاني سامون بياو:** اعتبر هذا الكتاب دليلاً لعيش الحياة وفقًا لشروطك الخاصة وتحقيق أقصى إمكاناتك. في مجتمع اليوم، هناك أمثلة لا حصر لها من النجاح ونماذج القدوة من حولنا. كمستشار أعمال، لقد كنت في العديد من الغرف حيث أدركت أن معظم هؤلاء القدوة هم مجرد أشخاص عاديين ومتوسطين. قد يكونون رائعين في أشياء معينة، لكنهم أيضًا قيد التنفيذ في مجالات أخرى. أعتقد أن المزيد من الأشخاص يمكن أن يشعروا بالقدرة على العثور على إجاباتهم الخاصة ورسم مساراتهم الخاصة نحو النجاح.

**أولوميد أوجونسانوو:** بالتأكيد! قد لا يكون البحث عن قدوة هو أفضل طريقة للتعامل مع الأمور. كل شخص لديه قيم ونقاط قوة وتفضيلات فريدة. بدلًا من البحث عن شخص ما لتقتدي به، من المهم أن تكتشف ذاتك الحقيقية وما تريده حقًا في الحياة. على الرغم من أنك قد تكون قادرًا على التعلم من الآخرين، فإن الرحلة لاكتشاف ذاتك الحقيقية تبدأ دائمًا من الداخل.

إن لنموذج الأدوار الجانب السلبي المتمثل في التركيز أكثر من اللازم على حياة شخص آخر. الشخص الوحيد الذي يجب أن تنظر إليه هو نفسك.

**أشاني سامون بياو:** مؤثر جدًا. العالم يتحرك في مسارات متوازية. المسار الأول هو أن يُطلب من الأفراد أن يكونوا على طبيعتهم. لكنك قد لا تكون كافيًا كما أنت اليوم. على الجميع أن يتطور باستمرار.

**أولوميد أوجونسانوو:** واو. تعليقاتك شريرة [تبتسم].

**أشاني سامون بياو:** المسار الثاني هو أنه يُطلب منا محاكاة حياة قدوة. لسوء الحظ، يمكن لهذا النهج أن يحد في الواقع من قدرتنا على التفكير بأنفسنا لأننا نركز بشكل كبير على تقليد الآخرين بدلاً من تطوير منظورنا الفريد.

غالبًا ما يتم تضخيم هذين المسارين ("أنت تكفي" و"نسخ القدوة") بواسطة وسائل التواصل الاجتماعي، مما يجعل الناس يشعرون أنه يتعين عليهم الاختيار بينهما. ولكن ما يتم التغاضي عنه غالبًا هو أهمية التحسين المستمر للذات والنمو، مع التعلم أيضًا من تجارب الآخرين دون الحاجة إلى تقليدهم.

**أولوميد أوغونسانو:** للوهلة الأولى، قد يبدو كتاب FIREDOM بمثابة كتاب الاستقلال المالي. لكن في الواقع، الأمر يتعلق بتطوير نفسك لتحقيق الحرية في عيش

الحياة التي تريدها حقًا.

**أشاني سامون بياو:** من المهم أن ندرك أن قصصنا ليست مثالية وأنه ستكون هناك جوانب تفوقنا فيها وجوانب أخرى كان بإمكاننا تحقيق أداء أفضل فيها.

أنا لا أعتبر نفسي مميزًا، لكني أؤمن أن كل شخص لديه القدرة على تحقيق أهدافه. يعد تحديد الأهداف لنفسك واتخاذ الخطوات اللازمة لتحقيقها أمرًا أساسيًا. ليس من الضروري أن تكون استثنائيًا لتحقيق النجاح، لكن عليك أن تكون على استعداد لبذل جهدك.

**أولوميد أوغونسانو:** FI = FIREDOM (الاستقلال المالي) + RE (التقاعد المبكر) + الحرية. لماذا تريد الحرية والاستقلال؟ تريد الاستقلال حتى تتمكن من عيش الحياة وفقًا لشروطك الخاصة. متوسط العمر المتوقع، اعتمادًا على البلد الذي تتواجد فيه، يتراوح بين 50 و80 عامًا. الوقت الذي لدينا على هذه الأرض محدود، فلماذا لا نستفيد منه إلى أقصى حد من خلال عيش حياة مُرضية وممتعة؟

تدور هذه القصة حول ذلك بالضبط ـ عيش الحياة التي تريدها، وإحداث تأثير، والاستمتاع، وإحداث فرق. المال ليس هو الشيء الوحيد المهم، ولكنه مهم لأنه يمكّنك من القيام بأشياء أكبر وأفضل. بدون الاستقرار المالي، سيكون المال مصدرًا دائمًا للتوتر في حياتك.

نحن متحمسون لمشاركة قصصنا معك في هذا الكتاب. إنه عمل حب، ونأمل أن يلهمك ويحفزك على تغيير حياتك. مرحبا بكم في الرحلة معنا

# 2: قصص الطفولة ومبادئ الإيمان بالنفس والاعتماد على الذات

**أولوميد أوغونسانو:** يدور كل فصل من فصول الكتاب حول مرحلة من مراحل الحياة وسيحتوي على قصصنا الشخصية يتبعها استكشاف متعمق لمبادئ الاستقلال المالي ذات الصلة.

يبدأ استكشافنا بتجارب الطفولة، التي تتشكل بشكل كبير شخصيتنا، وتصورنا لذاتنا، واحترامنا لذاتنا، وما نعتقد أنه من الممكن أن نحققه في الحياة.

**أشاني سامون بياو:** أحب أن نبدأ بقصص الطفولة. قد يجد القراء الآباء هذه القصص مفيدة لأطفالهم.

**أولوميد أوجونسانو:** استكشاف تأثيرات الطفولة مفيد أيضًا للجميع لفهم ما الذي أوصلهم إلى وضعهم الحالي وكيف أن تلك التجارب المبكرة ربما لا تزال تؤثر عليهم حتى اليوم. إن فهم الماضي وقبوله خطوة مهمة لبدء أي رحلة، وليس فقط الاستقلال المالي.

وسنتحدث أيضًا عن مبادئ الثقة بالنفس والاعتماد على الذات. هذه هي المبادئ الأساسية على الطريق إلى الاستقلال المالي. ما هو أفضل مكان لبدء الكتاب من الخوض في علم النفس البشري والعقلية؟

# 2 أ: قصة طفولة أولوميد

**أشاني سامون بياو:** أولوميد، لنبدأ بطفولتك. أخبرني عن ذكرياتك الأولى.

**أولوميد أوغونسانو:** وُلدت في منتصف الثمانينات في لاغوس، نيجيريا، غرب أفريقيا. لقد ولدت في عائلة متوسطة الحجم مع أربعة أشقاء آخرين. لدي شقيقتان أكبر سناً واثنين من الأخوة الأصغر سناً. أنا في المنتصف.

كان والدي رجل أعمال. كان يمتلك العديد من العقارات المستأجرة، وكان يدير شركة طباعة ورقية، وشركة قروض مالية، والعديد من الشركات الأخرى. كان أيضًا سياسيًا وترشح لمناصب في بعض الأحيان. لقد فعل الكثير من الأشياء المختلفة وتدرب كصحفي عندما كان أصغر سناً.

كانت والدتي ربة منزل. ولكن من المثير للاهتمام أنه عندما كان عمري حوالي 14 أو 15 عامًا، عادت إلى المدرسة لدراسة القانون وهي الآن محامية لحكومة ولاية لاغوس. قصة كيف أصبحت محامية رائعة. كانت تأخذ دروسًا ليلية عندما كنت في المدرسة الثانوية، ولم أستطع أن أفهم تمامًا سبب تعرضها لكل هذه المتاعب. سألتها عن ذلك، فقالت إنها تركت وظيفتها في البنوك لتربيتنا وفكرت فيما كان سيحدث لو لم تترك وظيفتها. قالت إنها شاهدت محامين على شاشة التلفزيون واعتقدت أن هذا شيء يمكنها القيام به. وقد فعلت!

**أشاني سامون بياو:** ما هي تجاربك الأولى مع التمويل أو الحرية؟

**أولوميد أوجونسانوو:** كان والدي هو المعيل للأسرة. كان لديه الدخل الذي يوفره للأسرة وكانت والدتي هي ربة المنزل. كان والدي مسؤولاً عن الشؤون المالية، وكان يعطي والدتي المال للقيام بأشياء مختلفة في المنزل، مما يعني أن والدتي ستطلب من والدي المال للقيام بأشياء مختلفة.

لاحظت أنه كان له تأثير غريب على العلاقة. أتذكر أنني نظرت إلى التفاعلات واعتقدت أن هذا ليس جيدًا وأحتاج إلى التأكد من أنني لست في موقف يتعين علي فيه الذهاب إلى شخص ما للحصول على المال بشكل منتظم. إنه يخلق ديناميكية علاقة غريبة لا أعتقد أنها الأفضل.

لقد زرعت بذرة فهم مدى عدم الراحة في مطالبة شخص ما بالمال بشكل منتظم. كنت أعرف على وجه اليقين أن هذا هو الوضع الذي لم أرغب أبدًا في التواجد فيه.

**أشاني سامون بياو:** أحاول أن أتخيل لو كنت على دراية بهذه الديناميكية عندما كنت طفلاً، لأنه عندما كنت طفلاً تذهب وتطلب من الناس المال. أنت تطلب من الناس كل شيء.

**أولوميد أوجونسانو:** اعتقدت أن هذا وضع غير مثالي للعلاقات لأنه يضع أحد

الشركاء في موقف ضعيف. إنه تقريبًا عكس كونك مستقلاً ماليًا. إنها تبعية فردية. على الأقل تعتمد وظيفتك على ما إذا كان رئيسك في العمل معجبًا بك، وما إذا كان مرؤوسيك معجبين بك، وما إلى ذلك. كان وضع والدي مختلفًا لأنه كان يعتمد على شخص واحد للحصول على المال.

عندما لاحظت الديناميكية في العلاقة بين والدي، أدركت على الفور أنني يجب أن أتجنب ذلك في حياتي الخاصة. كانت تلك نقطة انطلاق كبيرة للتفكير في المال وما يقدمه لك في الحياة.

**أشاني سامون بياو:** فهمت. كم من الوقت بعد ذلك اتخذت الخطوات الأولى نحو الاستقلال المالي؟ أستطيع أن أتخيل أنك لاحظت هذه الديناميكية وأدركت أنك لا تريد أن تكون في هذا المنصب في المستقبل. لكنك لم تكن بالضرورة قادرًا على التصرف بناءً على قرارك. متى كانت المرة الأولى التي شعرت فيها أنك مستقل؟

**أولوميد أوجونسانو:** كانت مساحتي ضيقة بعض الشيء، وكانت الطريقة التي فكرت بها في الاستقلال هي الحصول على أكبر قدر ممكن من المال على وجه التحديد. اعتقدت أنه إذا أبليت جيدًا في المدرسة، فسوف أحصل لاحقًا على وظيفة براتب جيد. لقد كان غير مباشر. كان الأمر يتعلق بالتركيز على الأكاديميين.

لن أقول أننا كنا فقراء أو أغنياء. ربما كنا من ذوي الدخل المتوسط إلى المرتفع بالمعايير النيجيرية. على سبيل المثال، إذا طلبت من والدي أو والدتي شيئًا ما، فلن يقولوا نعم تلقائيًا. سيقولون لا أو يسألونني عن سبب حاجتي لذلك. أدى هذا إلى مواقف بدأت فيها أفكر قليلاً في الشؤون المالية الشخصية والمال.

مثل سامون، أنا يوروبا (واحدة من أكبر المجموعات العرقية في نيجيريا). عندما كنت طفلاً، كان يتم اصطحابي أحيانًا إلى مناسبات يوروبا (أعياد الميلاد، وحفلات الزفاف، والجنازات) وكان يتم إعطائي المال عندما أرقص. إذا كنت تتذكر الفصل الأول من هذا الكتاب، فإن أحد اهتماماتي الرئيسية هو الرقص. كنت أرقص وأحصل على (مبالغ قليلة) من المال. أعلم أن هذا يبدو غريبًا، لكن هكذا كان الأمر. تمكنت من الوصول إلى هذا المال وبدأت أفكر فيما يمكنني فعله به.

أتذكر أنني سألت أمي عن فتح حساب مصرفي. أخذتني أمي إلى البنك وأعطتني حسابًا مصرفيًا به دفتر حسابات أصفر صغير. أود إيداع الأموال التي كسبتها من الرقص في المناسبات. لقد تعلمت عن الفائدة. على الرغم من أنه كان مبلغًا صغيرًا من المال، إلا أنه قدم عرضًا قيمًا.

**أشاني سامون بياو:** كم كان عمرك؟

**أولوميد أوغونسانو:** أتمنى أن أتذكر عمري بالضبط. دعنا نقول في مكان ما بين 7 و 11.

كان لدي دفتر حسابات صغير كنت ألقي نظرة عليه وأقرأ فيه مبالغ الودائع والفوائد التي كانت تتراكم ببطء فيه. في بعض الأحيان، كانت والدتي ترفض اصطحابي إلى البنك لإيداع الأموال لأنها كانت محرجة من المبالغ الصغيرة التي كنت أرغب في إيداعها.

ربما هذا هو المكان الذي جاء منه اهتمامي بالتمويل الشخصي. أو ربما لدي اهتمام فطري بالتمويل والاقتصاد. كل ما أعرفه هو أنني أصبحت مهتمًا ببطء بالتأكد من حصولي على المال في المستقبل.

**أشاني سامون بياو: سؤالان:**

1. كيف تعرفت على مفهوم البنك وكيف أدركت أنه ينطبق على الأطفال؟
2. ما هي تجربتك في سحب الأموال وإنفاقها؟ هل كنت بحاجة إلى والديك للذهاب إلى البنك؟

**أولوميد أوغونسانو:** ربما كان حساب وصاية لأنني لم أستطع الذهاب إلى البنك إلا مع والدتي. كان صرافو البنك يكتبون في دفتر الحسابات الجاري في كل مرة أقوم فيها بإيداع أو سحب. لقد انبهرت بفكرة وضع الأموال في حساب والحصول على فائدة منها.

مثلك تمامًا، لقد تفوقت أكاديميًا، مما يعني أنه يمكنني الإفلات من الكثير. أتذكر أن مدرس الأحياء سألني عن سبب غروري وثقتي المفرطة. لم يعجبها موقفي. بدأت أشعر أنه، لأنني كنت أحقق نتائج جيدة أكاديميًا، يمكنني أن أحقق المزيد. إن القيام بما أريد قد يبدو أمرًا سلبيًا، لكنه في الواقع يشبه التفكير المستقل لأنك تبدأ في التفكير خارج الصندوق وبعيدًا عن المجتمع السائد. لقد كنت مثيرًا للمشاكل بعض الشيء، ولكن بطريقة جيدة. لم أفعل أي شيء مجنون للغاية.

**أشاني سامون بياو:** مثير للاهتمام. هل يمكنك أن تأخذنا عبر تجربتك في المدرسة الابتدائية والثانوية؟ كيف كنت تتعامل مع أصدقائك؟ ماذا قال أصدقاؤك عنك؟

**أولوميد أوغونسانو:** ذهبت إلى المدرسة الابتدائية أولاً في مدرسة جريس للأطفال من الصفر إلى الخامسة أو السادسة. لا أتذكر الكثير عن ذلك. ثم انتقلت إلى مدرسة كورونا الابتدائية من سن 5 أو 6 إلى 10 سنوات. أتذكر أنني كنت أمارس الكثير من الألعاب الرياضية. كان والداي يأخذانني من وإلى المدرسة كل يوم. وبخلاف ذلك، لم تكن هناك دروس كبيرة ذات صلة من تلك الفترة.

من سن 10 إلى 13 عامًا، ذهبت إلى المدرسة الثانوية (المعروفة أيضًا باسم المدرسة الثانوية) في KC (King's College)، والتي كانت مدرسة للبنين فقط.

**أشاني سامون بياو:** أخبرنا قليلاً عن قفقاس سنتر، ما الذي يجب أن يعرفه القارئ عنها؟

**أولوميد أوغونسانو:** للتوضيح، ذهب والدي إلى كانساس سيتي في الستينيات والسبعينيات عندما كانت واحدة من أفضل المدارس في نيجيريا. الآن تديرها الحكومة ونوع من الغزر. تم بناء الفصول الدراسية في الأصل لـ 20 شخصًا، ولكن كان لدي 80 إلى 100 شخص في صفي، لذلك كان المشهد: أولاد على مد البصر، بعضهم كان خشنًا، وبعضهم قذرًا، جائعًا، سمها ما شئت. كان مثل الغرب المتوحش.

على الرغم من مشاكل البنية التحتية هذه، كان لدى مدينة كانساس سيتي بعض الأطفال الأذكياء. في مدرسة كورونا الابتدائية، كنت عادةً الأول أو الثاني في صفي قبل الانتقال إلى كانساس سيتي. ومع ذلك، في كانساس سيتي، عادةً ما كنت أحتل المركز

الثالث أو الرابع.

أتذكر هذا الرجل الذي عادة ما يحتل المرتبة الأولى. لقد كان عاديًا، ولم يطرح أبدًا أسئلة أو شارك في الفصل. لقد وجدت هذا رائعا. إن السيطرة على حياة الفرد والسعي لتحقيق الأهداف الفردية يمكن أن يؤدي إلى النجاح، بغض النظر عن العقبات. لقد أصبح هذا الدرس واضحا خلال تجربتي، حيث تعلمت أنه بغض النظر عن العوامل الخارجية، فإن الإصرار الشخصي قادر على التغلب على أي ظرف من الظروف. وكانت هذه هي الوجبات الأكثر قيمة من وقتي هناك.

**أشاني سامون بياو:** كيف كان زملاؤك في الفصل؟

**أولوميد أوجونسانوو:** التحدث مع كل هؤلاء الأشخاص المختلفين ساعدني على إدراك أن زملائي الطلاب ينتمون إلى خلفيات اقتصادية مختلفة. كان لدى KC نسبة عالية من الطلاب من الأسر ذات الدخل المنخفض. بعد كانساس سيتي، انتقلت إلى مدرستي الثانوية الثانية، أتلانتيك هول (AHall)، والتي كانت مدرسة مختلطة حيث قضيت الجزء الثاني من تعليمي في المدرسة الثانوية (من سن 13 إلى 16 عامًا).

كان لدى AHall نسبة أكبر من الطلاب الأثرياء مقارنة بـ KC. في AHall، ركزت على الأكاديميين لأنني اعتقدت أن ذلك سيساعدني في الحصول على وظيفة جيدة في المستقبل، الأمر الذي سيؤدي إلى المزيد من المال.

**أشاني سامون بياو:** كيف يلعب كل هذا دورًا في الحرية أو الاستقلال المالي؟

**أولوميد أوغونسانو:** لقد بدأت أصبح أكثر عدم امتثال. كنت أفعل الأشياء بشكل مستقل لأنني كنت أقوم بعمل جيد أكاديميًا. كانت لدي سيارة وأستطيع أن أقودها وأتنقل بحرية.

**أشاني سامون بياو:** في أي عمر كان لديك سيارة؟

**أولوميد أوغونسانو:** تعلمت القيادة عندما كان عمري 15 عامًا، وكان ذلك في نهاية المدرسة الثانوية. لقد كانت سيارة والدي [تبتسم]. والدي لم يعطوا القرف. لقد سمحوا لي في الغالب أن أفعل ما أريد. يمكنني الخروج متى أردت. شعرت أن لدي الحرية الكاملة في فعل ما أريد، ولم يكن لدي أي قيود من والدي.

لأكون صادقًا، لا أعرف لماذا قام والداي بتربيتي بهذه الطريقة، لكن كان من الواضح أنني أستطيع أن أفعل ما أريد، وقد أحببت ذلك بهذه الطريقة.

**أشاني سامون بياو:** جميل. لقد سمعت من أصدقاء طفولة أولوميد أنه يعمل بجد وأنه شخص شديد التركيز ومكثف.

**أولوميد أوجونسانوو:** رائع! هذا صحيح، لقد عملت بجد وأعجبني ذلك. لقد درست كثيرا واستمتعت بها. كنت عادةً الأول في فصول الرياضيات والرياضيات المتقدمة. كان عظيما. أجبر آباء بعض الأشخاص على التركيز على الأكاديميين. لقد كنت شخصًا أكاديميًا. أنا أحب هذا القرف. ما زلت أحب هذا القرف. لقد تدفق اهتمامي بالأكاديميين إلى اهتماماتي المختلفة اليوم. كان دافعي داخليًا وجوهريًا.

**أشاني سامون بياو:** تم وصف أولوميد لي بأنه شديد. شخص يضع نصب عينيه شيئًا

ما ويعمل بجد لتحقيقه. إنها قصة تركيز الليزر على الأهداف.

**أولوميد أوغونسانو:** نعم، أود أن أصف نفسي بأنني منضبط للغاية، ومنظم للغاية، ومتحمس للغاية، ومركّز.

هل أصف نفسي بالشديدة؟ لا أعرف. مقارنة بمعظم الناس، نعم. لكنني لا أعرف إذا كنت سأستخدم كلمة مكثفة ـ أتذكر أنني كنت أركز أكاديميًا، وأريد أن أكون الأفضل. في الأساس، إذا كنت تريد حقًا أن تكون الأفضل، فسوف ينتهي بك الأمر دائمًا إلى أن تكون الأفضل.

الكثير من الناس لم يهتموا بقدر اهتمامي. كانت لديهم أولويات أخرى كأطفال. عندما كنت طفلاً كنت أعرف ما أريد، وخرجت وحصلت عليه. نفس الشيء مثل شخص بالغ.

**أشاني سامون بياو:** ما هو الشيء الذي تمنيت لو تعلمته عن الشؤون المالية أو الحرية خلال تلك السنوات؟

**أولوميد أوجونساوو:** كان من الرائع لو أن والداي تحدثا معي تحديدًا عن التمويل الشخصي. لا أعرف إذا كنت سأستمع، ولا أعرف إذا كان ذلك سيحدث فرقًا، لكنه كان سيكون جيدًا. وكما ستسمعونني أحكي قصتي لاحقًا، فإن كل ما أعرفه تقريبًا عن التمويل الشخصي كان علمًا ذاتيًا.

كان علي أن أبدأ بالأساسيات: كيف أقوم بإنشاء ميزانية؟ كيف أزيد دخلي؟ كيف أعرف مصاريفي؟ كيف يعمل سوق الأسهم؟ كيف أستثمر؟ كان من الممكن أن يكون الأمر أسهل قليلًا لو علمني والداي بعضًا من هذه الأشياء، لكنني لا ألومهم لأنهم لم يعرفوا الكثير عن هذه الأشياء أيضًا.

أقول ذلك بتردد لأنني لست متأكدًا من أنك ستتعلم الأشياء إذا لم تكن على استعداد للحصول على المعلومات. يحصل بعض الأشخاص على معلومات، لكنهم لا يقبلونها لأنهم غير مستعدين وراغبين في إحداث التغيير. لا أعرف إذا كنت سأقبل أيًا من التعاليم التي قدمها لي والداي في ذلك الوقت.

**أشاني سامون بياو:** ربما يكون طلب المعرفة بمفردك هو ما يمكّنك من التعلم حقًا. وفقا للنظرية التعليمية، فإن التعلم التجريبي هو الطريقة الأكثر فعالية للتعلم. ولهذا السبب فإن مجرد إخبارك بشيء ما ليس فعالاً دائمًا على المدى الطويل. كبشر، نحن نبني المعرفة بنشاط بدلاً من استيعابها بشكل سلبي.

**أولوميد أوجونساوو:** مثير للاهتمام. في الواقع، لم يكن لدي قط قدوة. لقد كنت عادةً قدوة، مما يعني أنه كان عليّ اكتشاف الأمور بنفسي.

اسمحوا لي أن أقدم لكم مثالا. عندما كنت في المدرسة الثانوية، حصلت على أعلى الدرجات في معظم مقررات الرياضيات والعلوم. لم يكن هناك أي شخص آخر أتطلع إليه، كان علي أن أعتمد على نفسي لتحقيق النجاح. لقد كانت عقلية الاعتماد على الذات هذه معي منذ الطفولة، حيث كنت أفضل دائمًا اكتشاف الأشياء بشكل مستقل بدلاً من طلب التوجيه من الآخرين.

**أشاني سامون بياو:** كيف كان من الممكن أن يغيرك النموذج الذي يحتذى به؟

**أولوميد أوجونسانو**: يعتمد تأثير مقابلة شخص ما على كيفية مقابلتي له. إذا تم تقديمنا من قبل شخص آخر أو إذا قدموا أنفسهم لي، فمن المحتمل ألا يكون لذلك تأثير كبير. ومع ذلك، إذا اكتشفتهم من خلال البحث والاستكشاف، سأكون مهتمًا بالتحدث معهم.

ليس لأنني أريد أن أتبع خطواتهم باعتباري تابعًا، ولكن لفهم عملية اتخاذ القرار لديهم والفروق الدقيقة والمقايضات التي تنطوي عليها خيارات حياتهم.

نمذجة الأدوار هي هراء. الإنجاز لا يأتي من تقليد تصرفات حياة الآخرين، ولكن من التركيز على حياتك الخاصة. يعد تقليد الآخرين أمرًا معيبًا بشكل أساسي لأنك لا تأخذ في الاعتبار قيمك وأهدافك وتفضيلاتك واهتماماتك، مما قد يجعلك في وضع أسوأ مما لو حاولت اكتشاف الأمور بنفسك.

**أشاني سامون بياو**: مثير للاهتمام. سيكون هذا موضوعًا متكررًا: لا تحاول تقليد شخص آخر، حتى لو كان رائعًا. أنت لست في أحذيتهم. بدلًا من ذلك، اجتهد لاكتشاف ما قد تعنيه العظمة بالنسبة لك. وفي هذه العملية، تعلم قدر ما تستطيع عن العالم، بهدف محدد وهو الحصول على فهم أفضل لنفسك. ويمكنني تلخيص ذلك في نصيحتين:

أولاً، قم بتنمية الفضول حول الأشياء التي تتجاوز نطاقك المباشر.

ثانيًا، كرّس نفسك لتحسين مهاراتك بشكل مستمر من خلال الممارسة المتعمدة.

**أولوميد أوجونسانو**: قال جيم رون، قائد التطوير الشخصي الشهير، بحكمة: "لا تكن تابعًا، بل كن طالبًا". بمعنى آخر، تعلم من الناس، لا تتبعهم فقط. كونك طالبًا يعني المشاركة النشطة في الحياة، والرغبة في التشكيك في الافتراضات وتحديها.

**أشاني سامون بياو**: أحب ذلك.

**أولوميد أوجونسانوو**: تلك الكلمات قوية. عقلية الطالب أقوى من عقلية التابع. عقلية الطالب تتعلم، وعقلية التابع تنسخ. أنا أحب هذا الاقتباس.

# 2ب: قصة طفولة سامون

**أولوميد أوغونسانو:** لقد حان الوقت لمعرفة المزيد عن طفولة سامون. سامون، هل يمكنك أن تعطينا بعض المعلومات عن البيئة التي نشأت فيها؟

**أشاني سامون بياو:** لقد نشأت في بيئة انتقائية للغاية. لقد ولدت في عائلة من الطبقة المتوسطة العليا في منطقة ريفية. مسقط رأسي هو كاندي في دولة بنين الصغيرة الواقعة في غرب أفريقيا. وكان عدد سكان كاندي في ذلك الوقت أقل من 100 ألف نسمة. كان والدي يدير عددًا من الشركات وكان رجل دولة محترمًا في البلاد.

عندما كنت طفلا، تعاملت مع بعض أفقر الناس في بنين. كنا نلعب في التراب، وأحيانًا بعيدًا عن منزل والدي. لم تكن هناك مسافة بيني وبين أفقر الأطفال في تلك المدينة. لم أرغب في أي شيء، لكنني لم أكبر مدللًا.

**أولوميد أوغونسانو:** لماذا بدأت بهذا الجزء من القصة؟ هل لأنك تشعر أن والدك وتلك البيئة المعينة كان لهما تأثير عليك؟

**أشاني سامون بياو:** نعم، إن التناقض بين نشأتي وسط طبقات اجتماعية واقتصادية مختلفة جعلني أشعر براحة في التفاعل مع الناس من جميع مناحي الحياة. من المحتمل أن هذا قد شكل تصوري للاستقلال المالي في وقت لاحق من الحياة. كنت أعرف ما يعنيه أن تكون فقيرًا لأن معظم أصدقائي كانوا فقراء.

لم يكن من غير المألوف أن يتغيب بعض الأطفال عن الملعب لبضعة أيام لأن والديهم كانوا مرضى وكانوا بحاجة إلى الاعتناء بهم. في البداية، لم أستطع أن أفهم لماذا لم يذهبوا إلى المستشفى فحسب. ومع ذلك، علمت لاحقًا أن آباء العديد من أصدقائي لا يستطيعون تحمل تكاليف العلاج الطبي واعتمدوا على العلاجات المنزلية للتعامل مع الأمراض الخطيرة. على الرغم من أن هذا النوع من المواقف لم يسمع به من قبل في عائلتي، إلا أنني أدركت أنه كان واقعًا بالنسبة للعديد من العائلات الأخرى. أدركت أن بعض الأشخاص كانوا يواجهون تحديات مالية كبيرة لدرجة أن بقاءهم على قيد الحياة كان معرضًا للخطر، ومع ذلك فقد بذلوا قصارى جهدهم للتعامل مع هذه الظروف.

**أولوميد أوغونسانو:** موضوع مثير للاهتمام. لقد أتيحت لك الفرصة لتجربة ذلك دون أن تتأثر بشكل مباشر.

**أشاني سامون بياو:** نعم، مع عائلات أصدقائي، أدركت كيف أن نقص المال يحد من الناس. لقد أدركت مع عائلتي أن الثروة لا تعني بالضرورة الإفراط.

إحدى ذكرياتي الأولى هي الشعور بإحساس قوي بالحرية خلال طفولتي. لقد تفوقت في المدرسة واستمتعت بالكثير من الحرية، لذلك عرفت معنى أن تكون حراً منذ صغري. عندما كنت في التاسعة من عمري، أعربت لوالدي عن رغبتي في الدراسة في كوتونو،

العاصمة الفعلية لجمهورية بنين. كان والداي فضوليين وقلقين وسألوني عن سبب رغبتي في الدراسة هناك. ولم يقاوموا الفكرة على الفور بالقدر الذي قد تتوقعه. بعد كل شيء، كم مرة يطلب طفل يبلغ من العمر تسع سنوات الدراسة في مدينة أخرى؟

**أولوميد أوغونسانو:** لقد ذكرت أنه كان لديك شعور عميق بالحرية عندما كنت طفلاً. هل أردت الذهاب إلى كوتونو لأنك أردت المزيد من الحرية؟

**أشاني سامون بياو:** لم أغادر المنزل بحثاً عن المزيد من الحرية؛ لقد شعرت بالحرية بالفعل، ولهذا السبب اعتقدت أنني أستطيع اتخاذ خياراتي بنفسي. لقد أثارت العاصمة كوتونو اهتمامي، بعد أن شارك صديقي المفضل من كاندي قصصًا عنها خلال زياراته الصيفية السنوية. أردت تجربة العيش هناك بنفسي.

في البداية، لم يعترض والداي على الفكرة، لكنهما اقترحا علي الانتظار حتى أكبر قليلاً. لقد تأذيت من رد فعلهم، وشعرت أنهم لا ينظرون إلي كشخص مسؤول أو ناضج. إذا نظرنا إلى الوراء، كان من المفهوم بالنسبة لهم أن يترددوا في الوثوق بطفل صغير لاتخاذ مثل هذا القرار الكبير.

أثار إحجام والدي عن الموافقة على خطوتي غضبي، وكنت مصممًا على جعلهم يرون أنني جاد. في نهاية المطاف، منحني والدي، الذي اتخذ القرارات نيابة عن كلا الوالدين، الإذن بعد أن قمت بإضراب عن الطعام لمدة يوم واحد.

**أولوميد أوجونسانوو:** الإضراب عن الطعام ليوم واحد يبدو غير فعال (ضحك).

**أشاني سامون بياو:** بعد تلك الحادثة، أدرك والداي أنني لم أعد طفلة. سألتهم عرضًا إذا كان بإمكاني الانتقال إلى مدينة أخرى، تمامًا مثلما قد يطلب شاب يبلغ من العمر 18 عامًا الإذن بالذهاب إلى المكتبة. كنت على دراية بمفهوم الفقر والاقتصاد والتناقض بين عدم الفقر. كان لدي إحساس قوي بحريتي، ولا أستطيع أن أتذكر وقتًا في حياتي لم أشعر فيه بالحرية.

**أولوميد أوغونسانو:** هل تحدث أفراد عائلتك بشكل مباشر عن المال أو الحرية؟

**أشاني سامون بياو:** لم يكن هناك حديث عن التقاعد والاستقلال المالي. كان والداي من رواد الأعمال. لم يكن هناك تقاعد في حد ذاته.

**أولوميد أوغونسانو:** فهمت. هل كانت هناك أي تجارب أخرى في مرحلة الطفولة المبكرة أثرت على نظرتك للحرية و/أو الاستقلال المالي؟

**أشاني سامون بياو:** هناك قصتان أخريان أود أن أشاركهما معكم عن الفضول اللامحدود وأخرى عن كوني محاسبًا لدى والدي. لنبدأ بفضول لا حدود له. كنت طفلا شقيا.

**أولوميد أوغونسانو:** هل كان ذلك بسبب أدائك الجيد في المدرسة؟

**أشاني سامون بياو:** نعم، لقد تم اعتباري طفلاً "شقيًا" بسبب فضولي ورغبتي في استكشاف الأشياء المحظورة أو غير المناسبة. وعلى الرغم من ذلك، فقد تفوقت في المدرسة، وأكسبني أدائي الأكاديمي بعض التساهل. على سبيل المثال، بينما مُنعت أخواتي من استقبال زوار ذكور، كنت مهتمة بفهم السبب وراء ذلك. كصبي يعيش مع

أخواتي، لم أستطع أن أفهم لماذا يُنظر إلى الأولاد الآخرين على أنهم غير مرغوب فيهم. هل كان ذلك لأنهم لم يؤدوا جيدًا أكاديميًا؟ وبالمثل، كنت أتسلل وأقرأ صحف والدي في غيابه لأفهم سبب أهميتها بالنسبة له.

**أولوميد أوغونسانو**: من أين أتى هذا الفضول الطبيعي؟

**أشاني سامون بياو**: يأتي من مكانين. أولاً، يتعلق الأمر بمفهوم الحرية هذا. لم أكن منزعجًا عندما يتعلق الأمر باستكشاف أشياء جديدة؛ إذا أردت أن أتعلم شيئًا ما، كنت أسعى إليه دون أي تردد. منذ صغري، لم أشعر أبدًا بالحاجة إلى الامتثال أو فرض رقابة على نفسي. إذا قادني فضولي إلى شيء ما، سأتبعه. ثانياً، لعب الملل دوراً في سلوكي. نظرًا لأن الواجبات المدرسية كانت تتاح لي بسهولة، فقد وجدت نفسي أمتلك المزيد من وقت الفراغ والرغبة في دفع نفسي إلى أقصى الحدود. وبدلاً من إضاعة وقتي، بحثت عن تحديات جديدة من شأنها أن تحفز ذهني وتساعدني على تطوير مهارات جديدة.

**أولوميد أوجونسانو**: إن خصائص الفضول وعدم المطابقة والتفكير المستقل والرغبة في استكشاف مسارات مختلفة غالبًا ما تؤدي إلى اهتمام أكبر بتحقيق الاستقلال المالي والحرية. عندما يفكر شخص ما خارج الصندوق، ويكون منفتحًا على تجارب جديدة، ولا يتوافق مع المعايير التقليدية، فمن المرجح أن يبحث عن طرق بديلة. يعد الاستقلال المالي أحد هذه البدائل للعمل التقليدي 9-5 حتى التقاعد عند 60-70. يبدو من قصتك أن هذه السمات ربما لعبت دورًا في رغبتك في اتباع خيارات غير تقليدية.

**أشاني سامون بياو**: أتفق مع ملاحظتك. عندما كنت في التاسعة من عمري، حققت رغبتي في الانتقال إلى العاصمة كوتونو، حيث أقمت مع إحدى عماتي. لقد كانت تبتعد في كثير من الأحيان، وتتركني أنا وعمي الصغيرين لنتدبر أمرنا إلى حد كبير. أعطتنا هذه التجربة الفرصة لنكون مستقلين ونتولى مسؤولية حياتنا. لقد زودني العيش في كوتونو بالتعليم المالي. على عكس ما كنت أعيش فيه مع والدي ولم أضطر إلى إدارة الأموال، كان علي الآن أن أضع ميزانية لتغطية النفقات مثل الطعام حيث كنت أدير أموالي الخاصة ("الربح والخسارة").

**أولوميد أوغونسانو**: لم يكن لديك ربح وخسارة. لقد تعرضت للتو للخسائر [ضحك].

**أشاني سامون بياو**: [تبتسم] كانت لدي نفقات. عندما انتقلت إلى كوتونو في سن الحادية عشرة، أرسل لي والداي أموالاً لتغطية نفقاتي. طلبت إرسال الأموال إلي مباشرة بدلاً من عمتي التي كانت في العادة بعيدة. ولأنني كنت قاصرًا ولم أتمكن من الذهاب إلى البنك وحدي، فضلت استلام الأموال نقدًا. لقد تعلمت أن أضع ميزانية لمدة شهر كامل، وأن أخطط بعناية متى أفرط في الإنفاق ومتى أقوم بالادخار. لقد طورت إحساسًا قويًا بالمسؤولية وأدركت أهمية عدم نفاد المال.

**أولوميد أوغونسانو**: حدث هذا من سن 11 إلى 14 عامًا؟

**أشاني سامون بياو**: صحيح.

**أولوميد أوغونسانو**: إنه لأمر لا يصدق أن تتمتع بهذه التجربة في مثل هذه السن

المبكرة. عادة لا يتمتع الناس بهذه الخبرة حتى يذهبوا إلى الجامعة. هذا صغير جدًا نسبيًا. ما هي تجارب الطفولة الأخرى التي أعدتك للاستقلال المالي؟

**أشاني سامون بياو:** عندما كنت في السابعة من عمري، أصبحت محاسب والدي.

**أولوميد أوجونسانوو:** هذا مضحك. أنت تعرف بالفعل الرياضيات المتقدمة.

**أشاني سامون بياو:** بدأت الالتحاق بالمدرسة الابتدائية في سن الرابعة، رغم أن ذلك لم يكن مسموحاً به. لا أستطيع أن أتذكر كيف تمكنا من التحايل على شرط السن.

**أولوميد أوغونسانو:** أستطيع أن أخبرك كيف فعلت ذلك. كان والدك يعرف رجلاً يعرف رجلاً يعرف رجلاً. هذه هي الطريقة التي عملت بها.

**أشاني سامون بياو:** [تبتسم] ربما. ربما لم أكن على علم بتلك الديناميكيات في ذلك الوقت. كنا نملك مخبزًا كبيرًا يزود المدينة بأكملها. كجزء من مسؤولياتي، كنت أتولى مسك الدفاتر في معظم الليالي. كان لدينا العشرات من تجار التجزئة الذين سيصلون في وقت مبكر من الصباح لاستلام مخزونهم من بضع مئات من قطع الخبز الفرنسي. وبعد أن يبيعوا منتجاتهم، يعودون ليلاً لتسوية حساباتهم. لتتبع مدخلاتنا (الدقيق والخميرة والبنزين، وما إلى ذلك) والمخرجات (عدد الخبز الفرنسي الذي يتم تسليمه إلى كل بائع تجزئة)، استخدم والدي دفترًا ورقيًا تم تنظيمه مثل بيان الربح والخسارة. كان علينا مضاعفة الكميات حسب سعر الوحدة لكل بائع تجزئة وإضافة كل شيء. في بعض الأحيان، قد يكون لدى تجار التجزئة متأخرات، والتي يجب أخذها في الاعتبار لتحديد المبلغ النهائي المستحق.

ولموازنة الدفاتر، كان والدي يستخدم الآلة الحاسبة الخاصة به لجمع الإدخالات. ومع ذلك، بما أنني كنت جيدًا في الرياضيات، اقترحت أن أتمكن من حساب كل شيء عقليًا. بدأت بعرض أن أكون آلة حاسبة لوالدي، وأقوم بحل معادلات مثل 75 في 1243 و75 في 419. وفي المدرسة، كنت لا أزال أتعلم أساسيات الضرب مثل 5 في 5 و4 في 9. وفي النهاية، عرضت تولي مسؤولية الربح والخسارة. الإدارة تماما. كان والدي متشككًا في البداية، لكنه وافق في النهاية على السماح لي بالمحاولة.

وفجأة، وجدت نفسي في موقف حيث يأتي تجار التجزئة الأكبر سنًا وذوي الخبرة لتسوية أرصدتهم. كنت أسألهم عن عدد القطع التي باعوها في ذلك اليوم وأتحقق سريعًا من أرقامها مقابل سجلاتنا. مع بعض الحسابات الذهنية، يمكنني حساب الرصيد النهائي المستحق لهم.

**أولوميد أوغونسانو:** [ضحك] هل هدّدتهم، بأسلوب رجال المافيا، بكسر أرجلهم إذا لم يدفعوا؟ هل هذه هي الطريقة التي عملت بها؟

**أشاني سامون بياو:** [ضحك] حسنًا، ليس بالضبط، ولكن كان هناك الكثير من الذكاء العاطفي. لقد درست كيفية تفاعل والدي مع تجار التجزئة. على سبيل المثال، كانت هناك سيدة تكافح كثيرًا لإدارة شؤونها المالية، وتقدم دائمًا الأعذار للتأخر في السداد أو الديون. كانت تلوم أشياء مثل قيام سيارة عابرة برش الماء على سلة الخبز الخاصة بها، مما أدى إلى تلف السلع التي لم تتمكن من بيعها، وتطلب الدفع على أقساط صغيرة

على مدى عدة أشهر. في حين أن هذه الأشياء يمكن أن تحدث لأي شخص، إلا أنها بدا أن شيئًا ما أو ذاك كان دائمًا خاطئًا. عندما وصلت، أدركت أنه من الأفضل تخطي المجاملات والتركيز على الأرقام: "أنت مدين لنا بمبلغ 80.750 فرنك أفريقي". هذا النهج يقطع شكاواها وأعذارها.

وبمرور الوقت، طوّرت حسًا بقراءة الحالة المزاجية للمتداولين وتعلمت كيفية التعامل مع المحادثات الصعبة باستخدام التحيات المناسبة والأحاديث الصغيرة لتوقع الصراعات ونزع فتيلها. عندما كنت في السابعة أو الثامنة من عمري، كنت أقوم بالفعل بجمع المدفوعات، وتتبع من يدين لنا بالمال، وإدارة جانب العرض في الشركة من خلال مراقبة استخدام المخزون.

**أولوميد أوغونسانو:** نعم، لقد تعرفت كثيرًا على الاقتصاد والإدارة المالية وكل هذه الأمور في سن مبكرة. وهذا أمر نادر.

**أشاني سامون بياو:** كان لدي فهم واضح لما يعنيه أن يكون لديك فائض وأن تدير مشروعًا تجاريًا. حتى عندما كنت طفلاً، أدركت مفهوم التضخم عندما رفع والدي سعر الرغيف الفرنسي، حيث شعرت بتأثير ارتفاع أسعار الدقيق. لقد امتلكت مستوى عالٍ من الوعي والفهم لهذه المفاهيم في سن مبكرة.

**أولوميد أوجونسانو:** من المثير للاهتمام ملاحظة أنك اكتسبت خبرة في كل من تمويل الأعمال والتمويل الشخصي في سن مبكرة. إن خبرتك في إدارة الربح والخسارة الخاصة بك من القصة السابقة، بالإضافة إلى ملاحظاتك حول تفاعلات والدك مع تجار التجزئة، زودتك بإحساس شامل بالمال في المجالات ذات الصلة ولكن المتميزة. في حين أن تمويل الأعمال والتمويل الشخصي ليسا نفس الشيء، إلا أن هناك دروسًا قيمة يمكن نقلها بينهما. ومن اللافت للنظر أنه أتيحت لك الفرصة لاكتساب كلتا التجربتين قبل سن 13 عامًا.

**أشاني سامون بياو:** لقد عرّفتني تجربة تمويل الأعمال على عالم العقارات في سن مبكرة. كان منزل عائلتنا يقع في شارع السوق الرئيسي، وقمنا بتأجير وحدات لتجار التجزئة. مع العلم أنهم يدفعون الإيجار شهريًا وأن هناك تكاليف إصلاح عرضية، قمت بتطبيق مبادئ الربح والخسارة من أعمال المخابز لحساب ربحية أعمال الإيجار لدينا. كان لدي فضول لمعرفة مقدار الربح الذي حققه تجار التجزئة في المتاجر ومقدار الإيرادات التي كنا نحصل عليها من تأجير المتاجر لهم.

أتذكر مناقشة نتائج أبحاث السوق مع والدي. "لقد قمت ببعض الأبحاث في جميع أنحاء المدينة، واكتشفت أن أصحاب العقارات الذين يقعون على بعد مبنيين من الشارع كانوا يتقاضون إيجارات مماثلة منا. ومع ذلك، فإن موقعنا أفضل بكثير، لذا يجب أن نفرض رسومًا أكثر". كان والدي يسألني كيف حصلت على المعلومات، وأشرح له أنني كونت صداقة مع ابن أو ابنة أصحاب العقارات الآخرين أو سمعت محادثة.

في بعض الأحيان كان والدي يشارك معلومات إضافية، "يدفع صاحب المتجر هذا مبلغًا أقل لأنه كان مستأجرًا جيدًا، لكن عمله ليس على ما يرام، ولا يمكنه دفع

المزيد." ومن خلال هذه المحادثات، تعرفت على مجموعة واسعة من المواضيع المتعلقة بالأعمال التجارية في سن مبكرة.

**أولوميد أوجونسانوو:** كان ذلك رائعًا! ما هي الدروس الرئيسية التي تعلمتها خلال طفولتك المبكرة والتي ترغب في تلخيصها؟

**أشاني سامون بياو:** هناك بعض الدروس:

1. تعلمت حدود عدم امتلاك المال من خلال التفاعلات مع أصدقائي من الأسر ذات الدخل المنخفض.

2. لقد تعرفت على التمويل والأعمال في وقت مبكر لأنني كنت محاسب والدي.

3. لقد تعرضت للتمويل الشخصي، وإدارة الذات، من خلال إدارة شؤوني المالية بعيدًا عن والدي في سن الحادية عشرة.

ومن المثير للاهتمام أن البرامج الأكثر تقدمًا جاءت في وقت سابق لأنني كنت أدعم الشركة قبل أن أتعلم عن التمويل الشخصي.

**أولوميد أوغونسانو:** ما هو الشيء الذي كنت تتمنى لو كنت تعرفه أو تفعله بشكل مختلف عندما كنت طفلاً قبل التحاقك بالجامعة؟

**أشاني سامون بياو:** أتمنى لو كنت قد تعرضت لبيئة عالية الأداء حيث لم أكن دائمًا الشخص الذي أهزمه. لتوضيح وجهة نظري، هنا مثال. في مسقط رأسي، لم أواجه أي منازع أكاديميًا وحصلت دائمًا على المرتبة الأولى في صفي. عندما وصلت إلى كوتونو، كان هناك صبي آخر ـ أصبح فيما بعد صديقًا جيدًا ـ هو الطالب المهيمن. لقد كان مكثفًا ومركزًا، بينما كنت مرحًا معظم الوقت.

**أولوميد أوغونسانو:** [تبتسم] أنت تحب الهتاف الجيد.

**أشاني سامون بياو:** [تبتسم] نعم، أحببت الهتاف الجيد، بينما كان حادًا.

لقد جئت من منطقة ريفية ذات معرفة محدودة، في حين كان لديه إمكانية الوصول إلى مجموعة واسعة من الأدب، بما في ذلك أعمال فولتير، المؤلف الفرنسي الشهير.

كان والده وزيرًا في الحكومة، بينما كان والدي رجل أعمال يتمتع بالتزام قوي بمشاركة المجتمع.

كان أسلوب حياتنا مختلفًا إلى حد كبير، حيث كان بإمكانه الوصول إلى سيارة وسائق للتنقل حول المدينة، بينما كان عليّ الاعتماد على دراجتي النارية والتنقل في الطرق بنفسي.

كانت درجاته الإجمالية ودرجاته الفردية في العديد من المواد أعلى من درجاتي. لقد كان جيدًا جدًا في معظم الأشياء وكان رائعًا بشكل عام.

كنت ممتازًا وفوقه في الرياضيات والفيزياء، لكنه كان أفضل في مواد مثل اللغة الفرنسية والتاريخ. كان يعرف جميع أنواع الكلمات المعقدة وكان يحصل على درجات عالية في امتحانات اللغة الفرنسية. لم أتعرض للكثير من ذلك أثناء نشأتي في منطقة ريفية.

**أولوميد أوجونسانو:** الأداء في أنواع معينة من الدورات يرتبط ارتباطًا وثيقًا

بالتعرض.

**أشاني سامون بياو:** في الواقع. كانت تلك هي المرة الأولى التي أدركت فيها عدم معناها.

**أولوميد أوجونسانوو:** واو. لماذا تستخدم مثل هذه الكلمة القوية "لا معنى لها"؟

**أشاني سامون بياو:** لقد حصلت على المركز الثاني مرة واحدة فقط عندما كنت في منطقة ريفية، لذلك شعرت بالغضب الشديد على نفسي. تساءلت عما إذا كنت قد بدأت في الانزلاق ولماذا لم أتمكن من الحفاظ على المركز الأول.

**أولوميد أوغونسانو:** عندما كنت طفلاً، كنت تضع الكثير من الأنا في كونك الأفضل. لقد كانت غرورك مرتبطة بذلك. هل هذا ما تقوله؟

**أشاني سامون بياو:** لا أعرف إذا كنت سأسميها كذلك.

**أولوميد أوغونسانو:** أنت لا تريد الاعتراف بذلك، لكن الأمر يبدو كذلك. ولهذا السبب تأذيت.

**أشاني سامون بياو:** شعرت أنه كان ينبغي عليّ أن أتوقع وأقوم بكل ما هو ضروري لأحتل المرتبة الأولى. إن دافعي لأن أكون رقم واحد لم يكن مدفوعا بمقارنة نفسي بالآخرين، بل برغبتي الشخصية في التفوق.

**أولوميد أوجونسانوو:** أفهم. لم يكن الأمر نسبيًا بالنسبة لأشخاص آخرين. لقد كنت أيضًا متحفزًا داخليًا للتفوق بغض النظر عن أداء الآخرين. لم يكن ذلك نتيجة لمقارنة نفسي بأشخاص آخرين.

**أشاني سامون بياو:** بعد المجموعة الأولى من الامتحانات. لقد حصلت على المرتبة الثانية. لقد سيطر على كل شيء غير الرياضيات والفيزياء. لقد كان ذلك بمثابة دعوة للاستيقاظ بالنسبة لي لأنني أدركت أن النجاح في اللغة الفرنسية لم يكن مجرد مسألة قوة إرادة؛ كنت بحاجة إلى بذل المزيد من الجهد للتحضير. هذا الطالب الآخر كشف عيوبي وعيوبي، فشعرت بالغضب لفترة. حاولت تبرير أدائي المنخفض بكل أنواع الأعذار، مثل "إنه ابن وزير دولة، لذا بالطبع، يحصل على كل هذه الموارد الإضافية مجانًا". لفترة من الوقت، لم يعجبني، ووجدته حادًا ومتوترًا للغاية.

**أولوميد أوغونسانو:** لم يكن مرحاً بما فيه الكفاية.

**أشاني سامون بياو:** نعم، لم يكن مرحًا على الإطلاق. أود أن أقول لأصدقائي: "إنه ليس طفلاً رائعًا".

وفي النهاية أدركت أنني كنت أحمقًا. كان الوضع هو كل الحافز الذي أحتاجه. ذهبت إلى محل لبيع الكتب واستخدمت نصف مصروفي الشهري لشراء جميع كتب الأدب الفرنسي الكلاسيكي التي أمكنني العثور عليها. ولتوفير هذه التكاليف، قمت بتفويت وجبة واحدة في اليوم ولم أخبر والدي.

**أولوميد أوغونسانو:** هل بدأت نظامًا غذائيًا جديدًا للتجويع؟ [ضحك]

**أشاني سامون بياو:** نعم. توصلت إلى استنتاج مفاده أنني لست بحاجة إلى دراسة الرياضيات والفيزياء كثيرًا. وبدلاً من ذلك، قرأت كتب الأدب وتعلمت كلمات جديدة.

وفي غضون عام، تحولت من متخلف في الأدب إلى منافس تقريبًا. الشيء نفسه مع التاريخ. لقد كرست فترة إجازتي بأكملها قبل السنة الأولى للدراسة. لقد عملت بجد وكنت على استعداد لسحقه عندما عدت إلى كوتونو.

**أولوميد أوجونسانوو:** لقد كنت حادًا.

**أشاني سامون بياو:** كان سبب شدتي هو الشعور بالعجز. لا يسعني إلا أن أتساءل عما إذا كنت قادرًا على فعل أكثر مما كنت أفعله حاليًا. عندما عدت إلى المدرسة بعد العطلة الصيفية، صدمت عندما علمت أن أكبر منافس لي قد انتقل إلى مدرسة فرنسية في بنين، مما يسهل عليه الانتقال لاحقًا إلى إحدى الجامعات في فرنسا. بالنسبة لي، شعرت وكأنه هرب.

أشارك هذه القصة لتسليط الضوء على رغبتي في أن أكون محاطًا بأشخاص متفوقين، حتى لو لم يكونوا نفس المواد التي أديت فيها جيدًا. أتمنى لو تعرضت لمثل هؤلاء الأفراد في سن مبكرة. إذا نظرنا إلى الوراء، أرى أن بعض السنوات التي أمضيتها في المنطقة الريفية قد تكون هدرًا لأنني كنت محاطًا بزملاء متوسطين فقط ولم أتمكن من التواصل مع الطلاب المتفوقين.

فقط تخيل لو أتيحت لي الفرصة للتفاعل مع شخص مثل بيل جيتس في سن مبكرة.

**أولوميد أوغونسانو:** الفرق الآن هو الإنترنت. يتمتع الناس بالتعرض الفوري، حتى لو كنت الأفضل في العالم. لقد نشأنا قبل ظهور أجهزة الكمبيوتر والإنترنت. إذا كنت تقرأ هذا الآن، فهو أسهل بالنسبة لك.

**أشاني سامون بياو:** لقد تعلمت درساً قيماً جاء مصحوباً بدرجة من الألم. يؤسفني عدم مقابلة صديقي في وقت سابق، ربما حتى أثناء وجودي في الشمال. لو التقيت به مبكرًا، ربما كنت قد طورت اهتمامي بالفرنسية والجغرافيا في وقت مبكر من حياتي. أفهم الآن أنه عندما أصبح ماهرًا في مجال معين، فمن السهل أن أغفل النمو والتطور الذي لا يزال ينتظرنا. ونتيجة لذلك، بذلت جهدًا واعيًا للبحث عن تجارب جديدة وتوسيع نطاق تعرضي. أسافر بشكل متكرر وأكوّن صداقات جديدة وأسعى جاهداً لفهم أحدث الأفكار والاتجاهات في مختلف المجالات.

أنراكم في الفصل التالي

# 2ج: مبادئ الإيمان بالذات والاعتماد على الذات

**أولوميد أوغونسانو:** في كل فصل من الكتاب، نبدأ بالحديث عن قصص حياتنا، ثم نتحدث عن مبادئ محددة للاستقلال المالي التي نعتقد أنها الأكثر صلة بالقصص. سنتحدث في هذا الفصل عن مبادئ الإيمان بالنفس والاعتماد على الذات. لنبدأ بالثقة بالنفس.

الثقة بالنفس هي إيمان الشخص بقدرته على تحقيق الأهداف والتغلب على العقبات. يتطلب الاستقلال المالي منك اتخاذ الإجراءات اللازمة، وتعتمد هذه الإجراءات على عقليتك. لذلك، فإن الثقة بالنفس، والتي تشمل التصور الذاتي، وتقدير الذات، وطريقة معالجة المعلومات، هي إحدى الخطوات الأولى نحو تحقيق الاستقلال المالي.

**أشاني سامون بياو:** إذا كنت مسافرًا تعيش حياتك وتفعل ما يفعله الآخرون، فقد يكون من الصعب تحقيق الاستقلال المالي. يتطلب الأمر إجراءً. لكي تتخذ إجراءً، عليك أن تكون قادرًا على الإيمان به، لأن المجتمع يقول إنه لا يمكنك التقاعد إلا في سن السبعين. قد تبدأ في الاعتقاد بأن تحقيق الاستقلال المالي يتطلب جهدًا استثنائيًا أو مهارات لا تمتلكها. عليك أن تتغلب على ذلك وتؤمن بأن لديك القدرة على تحقيق الاستقلال المالي وأن هذا شيء تريده حقًا.

**أولوميد أوغونسانو:** إن قوة الثقة بالنفس لا تأتي من الاستقلال المالي، بل من القيام بشيء ذي معنى في الحياة.

في معظم السير الذاتية، تكون نقطة التحول عندما يدرك الشخص أنه يمكنه بالفعل إحداث تغيير في العالم. يمكنهم في الواقع القيام بشيء مهم. البشر هم كائنات قادرة للغاية، ولكن فقط إذا كانوا يعتقدون أن لديهم القوة. إذا كنت لا تؤمن بأنك تمتلك القوة، فلن تفعل أي شيء.

على سبيل المثال، الأشخاص الذين يعتقدون أنهم قادرون على أن يصبحوا رئيسًا هم أكثر عرضة لاتخاذ خطوات نحو هذا الهدف من أولئك الذين لا يستطيعون فهم هذا الاحتمال. وبينما يركز هذا الفصل على تجارب الطفولة، فإن دروسه تنطبق على جميع الأعمار.

ليس عليك البقاء على نفس المسار الذي أوصلك إلى هذه النقطة في الحياة. قد تكون هناك طرق أخرى للحصول على ما تريده من الحياة دون الاستمرار في خطتك الحالية. التعلم يدور حول تغيير طريقة تفكيرك وتعريض نفسك لطرق تفكير مختلفة.

إذا كنت تقرأ هذا الكتاب، فمن المحتمل أنك تعيش في أوروبا أو أمريكا، أو في جزء أكثر ثراءً من العالم النامي. ربما يعني هذا أن لديك العديد من المزايا التي لا يمكن للآخرين في جميع أنحاء العالم أن يتخيلها (عقل صافي، وجسم سليم، وإمكانية الوصول

إلى أي معلومات تريدها عبر الإنترنت في أي وقت). نقطة البداية بالنسبة لك هي تغيير طريقة تفكيرك لتؤمن بأن كل شيء ممكن في حياتك. سيؤدي هذا المنظور إلى زيادة وعيك بالعثور على الموارد التي كانت متاحة لك دائمًا واستخدامها.

**أشاني سامون بياو:** يجب أن تكون قادرًا على خلق الزخم. ماذا يعني ذلك من حيث الثقة بالنفس؟ أولاً، عليك أن تملأ بيئتك بالأشياء والأشخاص الذين يجعلونك تعتقد أنك قادر على القيام بذلك، وإزالة الأشياء والأشخاص الذين يجعلونك تعتقد العكس.

**أولوميد أوغونسانو:** حتى لو كانوا عائلتك وأصدقائك. جزء من السبب الذي يجعل بعض الأشخاص لديهم صورة ذاتية سلبية هو أنه تم إخبارهم بأشياء سلبية من قبل شريكهم، الزوج، الزوجة، الصديقة، الأخت، الأم، الأب، المعلم، رئيس العمل، إلى آخره. عليك أن تنفصل عن هؤلاء الأشخاص وتصل إلى المكان الذي تعتقد أنك تستحقه.

وإلا فإن هذه التأثيرات السلبية سوف تسحبك إلى الوراء. كلما كبرت، أصبح الأمر أسهل. يبدو أن كبار السن في سلام مع أنفسهم ويضعون أهمية أقل لتصورات الآخرين عنهم لأنهم اكتسبوا المعرفة بأن القيمة الذاتية تأتي من الداخل وأن الآخرين لا يهتمون بهم كما قد يعتقدون. إذا كنت أصغر سنًا، يمكنك أيضًا البدء في تنمية هذا الأمر وفهم أن الآخرين يهتمون كثيرًا بأنفسهم ولا يقضون وقتًا في التفكير فيك. لذلك، لا يمكن لأحد أن يحدد من أنت. أنت تحدد قيمتك في الحياة.

**أشاني سامون بياو:** لكي تؤمن بنفسك، عليك أن تدرب عقلك على الثقة في قدراتك. إحدى الطرق الفعالة هي اتخاذ خطوات صغيرة نحو أهدافك، مما يبني شعورًا بالإنجاز بمرور الوقت. مثلما أن الأطفال الذين يتفوقون في الهوايات أو الرياضة أو الأكاديميين منذ سن مبكرة لديهم إيمان أقوى بقدراتهم، يمكنك تنمية عادة الإيمان بنفسك من خلال الممارسة المستمرة. على سبيل المثال، يعمل الأطفال الذين يلعبون التنس بانتظام على صقل مهاراتهم من خلال الممارسة المنتظمة، مما يؤدي إلى زيادة الثقة في قدراتهم على التفوق ليس فقط في لعبة التنس ولكن في الرياضات الأخرى أيضًا.

قم بإزالة الأشخاص الذين يجعلونك تعتقد أنك لا تستطيع فعل الأشياء، وأضف المؤثرات الإيجابية التي تجعلك تشعر بأنك قادر على تحقيق أهدافك في الحياة.

**أولوميد أوغونسانو:** سوف يروق هذا الكتاب للأشخاص المستضعفين والغرباء والأقليات والمهاجرين. وبالطبع الكتاب للجميع لأن مبادئ الاستقلال المالي عالمية.

إذا تم تعريفك على أنك مستضعف، أو دخيل، أو أقلية، أو مهاجر، فمن المهم أن تدرك أن المواقف الجديدة يمكن أن تختبر إيمانك بنفسك وثقتك بنفسك. من خلال إعداد نفسك مسبقًا، يمكنك أن تظل مرنًا ومركزًا أثناء التنقل في منطقة غير مألوفة. على سبيل المثال، إذا كنت مهاجرًا أوغنديًا ينتقل إلى ولاية ساوث داكوتا، فسوف تدخل بيئة جديدة قد لا يشبهك فيها أكثر من 90% من الأشخاص أو يتصرفون مثلك. يجب عليك مضاعفة ممارستك للتعاطف الذاتي والرعاية الذاتية للحفاظ على ثقتك بنفسك وصورتك الذاتية أثناء مواجهة تحديات هذه البيئة الجديدة.

**أشاني سامون بياو:** أريد أن أؤكد على نقطة ذات صلة تتعلق بالهوية. غالبًا ما

تواجه العائلات المهاجرة التحدي المتمثل في تربية الأطفال الذين يشعرون بالانفصال عن جذورهم الثقافية ويعانون من الشعور بأزمة الهوية.

إحدى الطرق الفعالة لمعالجة هذه المشكلة هي تشجيع الأطفال على احتضان تراثهم الثقافي بالكامل، مثل التحدث بلغتهم الأصلية أو زيارة وطنهم. وهذا يساعد الأطفال على الشعور براحة أكبر مع أنفسهم ويمكن أن يؤدي إلى شعور أقوى بالهوية والثقة بالنفس. ومن خلال هذا النهج، يمكن للأطفال اعتناق جذورهم بالكامل والقول، على سبيل المثال، إنهم أمريكيون من أصل نيجيري. إنهم يعتنقون تلك الهوية بالكامل دون أن يخجلوا منها.

وبدلاً من ذلك، قد تختار بعض العائلات المهاجرة تبني هوية البلد الذي انتقلت إليه بشكل كامل، مثل تشجيع أطفالها على اعتناق هويتهم الأمريكية. من المهم الالتزام الكامل بنهج واحد بدلاً من اتباع نهج منتصف الطريق، مما قد يؤدي إلى الارتباك وعدم الوضوح في إحساس الفرد بذاته.

**أولوميد أوجونسانو:** تتشكل الثقة بالنفس من خلال عوامل داخلية وخارجية، بما في ذلك البيئة المحيطة بك. في حين أنه لديك سيطرة أكبر على بيئتك مع تقدمك في السن، فإن الأطفال يعتمدون إلى حد كبير على والديهم ومعلميهم لتشكيل محيطهم. لذلك، من المهم للآباء والمعلمين تشجيع الأطفال على الحصول على صورة ذاتية إيجابية وتقدير الذات والثقة بالنفس. وبدون شعور قوي بالثقة بالنفس، قد يواجه الأطفال عقبات نفسية كبيرة في تحسين تصوراتهم عن صورتهم الذاتية وكسر الأنماط السلبية في وقت لاحق من الحياة عندما يشرعون في نهاية المطاف في رحلة التنمية الشخصية والاستقلال المالي.

بعض توصيات الكتب للمساعدة في تنمية ممارسة وأسلوب حياة الثقة بالنفس:

أولاً، " بحث الإنسان عن المعنى "[1] بقلم فيكتور فرانكل. قصة أحد الناجين من الهولوكوست، والذي، على الرغم من مواجهته تحديات لا تصدق في معسكر الاعتقال النازي، لا يزال لديه ثقة في قدراته على العثور على هدفه.

ثانياً، " أقصى قدر من الإنجاز "[2] بقلم براين تريسي. على الرغم من مواجهة صعوبات كبيرة، بما في ذلك العمل كعامل يومي، والتسرب من المدرسة، ونقص الدعم من عائلته، طور برايان في النهاية شعورًا قويًا بالثقة بالنفس. وقد ساعده هذا الإيمان بنفسه على بدء تطوره الشخصي وخلق حياة مُرضية لنفسه.

يمكن لهذين الكتابين أن يساعدا الناس على تحسين ثقتهم بأنفسهم وفهم إمكاناتهم اللامحدودة. يبدأ التغيير الحقيقي بالعمل على عقليتك وفلسفتك وموقفك وحوارك الداخلي. عندها فقط يمكنك اتخاذ الإجراءات اللازمة لتحقيق التنمية الشخصية والاستقلال المالي. والآن بعد أن انتهينا من الثقة بالنفس، هل يجب أن ننتقل إلى مفهوم الاعتماد على الذات ذي الصلة؟

**أشاني سامون بياو:** نعم. الاعتماد على الذات هو الاعتماد على جهود الفرد وقدراته.

---

1. https://www.amazon.com/Mans-Search-Meaning-Viktor-Frankl-ebook/dp/B009U9S6FI

2. https://www.amazon.com/Maximum-Achievement-Strategies-Skills-Succeed-ebook/dp/
B004PYDB1C

تخيل طفلين طُلب منهما الحصول على كأس من درج مرتفع. قد يبحث أحد الأطفال عن شيء ما ليتسلقه ليحصل عليه، وقد يتصل الطفل الآخر بأحد والديه ويطلب رفعه. الطفل الأول مستقل. والثاني لا يزال يفكر في نظام الدعم.

**أولوميد أوغونسانو:** هناك طريقتان للتفكير في التعامل مع حل المشكلات. يمكنك إما (1) التفكير بشكل إبداعي في كيفية حل المشكلة بنفسك أو (2) التفكير في من يمكنه مساعدتك في حل المشكلة.

المشكلة في عدم الاعتماد على الذات هي أن الاعتماد على الآخرين لا يمثل سوى مجموعة فرعية من مساحة الحل الكاملة. البشر، بطبيعة الحال، هم كائنات مجتمعية، لذلك فمن الطبيعي أن تجد أشخاصًا لمساعدتك في إيجاد الحلول. ومع ذلك، إذا كنت تتجاهل كيفية مساعدة الآخرين لك، فمن المحتمل أنك لا تفكر حقًا في إمكاناتك الكاملة. في بعض الأحيان يمكنك فقط حل المشكلة.

**أشاني سامون بياو:** إذا كان عليك الاختيار بين أقصى درجات الاستقلال التام والاعتماد الكامل على الآخرين، فمن الأفضل أن تبدأ بأقصى درجات الاستقلال. إذا قضيت حياتك كلها تطلب من الناس أن يفعلوا لك أشياء، فلن تتعلم أبدًا كيف تفعل الأشياء. وعندما يرحل هؤلاء الناس، سيتم إفلاسك.

البدء بالاعتماد على الذات يساعدك على فهم طبيعة المشكلة. إن محاولة حل المشكلات بنفسك تجعلك أكثر قدرة على الحكم على جودة عمل أي شخص آخر قد ينتهي بك الأمر إلى الشراكة معه.

الاعتماد على الذات ضروري أيضًا لتحقيق الاستقلال المالي. فهو يغرس شعورًا بالفضول يدفعك إلى تعلم كيفية حل المشكلات، ويمكن أن يكون الشعور بالإنجاز الناتج مجزيًا للغاية. عندما تكمل مهمة بمفردك، فإنك تشعر بالفخر بنفسك، وهذه ردود الفعل الإيجابية تشجعك على مواجهة تحديات جديدة.

الاعتماد على الذات هو دورة حميدة يمكن أن تؤدي إلى قدر أكبر من الاستقلال والنجاح والرضا الشخصي.

**أولوميد أوجونسانوو:** لقد فكرت أنا وسامون في تضمين مبدأ المسؤولية المبكرة عند تبادل الأفكار حول هذا الفصل. هذه الفكرة مستوحاة من تجارب طفولة سامون، حيث أتيحت له الفرص لتجربة أشياء مختلفة وتحمل المسؤولية منذ صغره. ترتبط المسؤولية المبكرة والاستقلال ارتباطًا وثيقًا.

كوالد، من المفيد التفكير في كيفية عمل هذين المفهومين معًا. إن منح طفلك بعض المسؤولية ودفعه إلى أقصى حدود قدراته يمكن أن يكون مفيدًا لنموه. من خلال رؤيتك تثق بهم في المهام، سيصبحون أكثر استقلالية، وهي سمة قيمة يجب أن تمتلكها كشخص بالغ.

عكس الاعتماد على الذات هو الثقة في الجميع لمساعدتك في حل مشاكل حياتك. ومع ذلك، يتطلب الاستقلال المالي منك اتخاذ القرارات والإجراءات التي تغير مسارك الحالي وتضعك على مسار مالي شخصي أفضل. كيف يمكنك الاعتماد على الآخرين

عندما تكون مسؤولاً عن اتخاذ الإجراءات؟ لا يمكنك ذلك، لذا تعلم الاعتماد على نفسك.

على سبيل المثال، لنفترض أنك بحاجة إلى خفض تكاليف السكن لأن ذلك سيساعدك على أن تصبح مستقلاً مالياً بحلول عمر معين. هل من الأفضل أن نسأل الناس أولا كيف خفضوا تكاليف السكن؟ كيف ستنطبق إجابتهم عليك عندما تكون أنت الوحيد الذي يعرف نوع وضع السكن الذي يناسب أذواقك وتفضيلاتك ورغباتك الفريدة؟ ومن المؤكد أنه من الأفضل أن نبدأ من الداخل قبل طلب المساعدة الخارجية.

**أشاني سامون بياو:** ما الذي يمكن أن يفعله الناس لتطوير الاعتماد على الذات؟ لا تكتفي بشراء ألعاب الفيديو أو الألعاب التي تحاكي إدارة الأموال لأطفالك فقط، بل شجعهم على التعامل بأموال حقيقية.

ليس عليك أن تدير مشروعًا تجاريًا لتعليمهم المسؤولية المالية ـ فإدارة ميزانية الأسرة هي طريقة رائعة للبدء. على سبيل المثال، يمكنك منحهم ميزانية للنفقات المنزلية وتطلب منهم المساعدة في إدارة النفقات والموافقة عليها. سيمنحهم هذا إحساسًا بالملكية ويعلمهم مهارات قيمة. بالإضافة إلى ذلك، يمكنك منحهم إيصالات من رحلات تسوق البقالة حتى يتمكنوا من ممارسة الحساب الذهني وفهم تكلفة الأشياء وكيف تؤثر على ميزانية الأسرة. ومن خلال توفير هذه الأنواع من فرص التعلم الواقعية، يمكنك مساعدة أطفالك على تطوير الاعتماد على الذات ويصبحوا بالغين أكثر مسؤولية.

**أولوميد أوغونسانو:** اشرح كيفية عمل الضرائب. إذا سألوك لماذا دفعت 42 دولارًا في حين أن مجموع جميع العناصر التي اشتريتها كان 40 دولارًا، فأخبرهم لأن 2 دولار يذهب إلى الحكومة لضريبة المبيعات.

**أشاني سامون بياو:** بالضبط، إحدى الطرق لمساعدة الأطفال على تطوير مهارات حل المشكلات هي جعلهم يتعاملون مع المشكلات البسيطة المتعلقة بإدارة النفقات. على سبيل المثال، يمكنك أن تطرح عليهم أسئلة مثل "ما الذي نحتاج إلى تقليله أو زيادته لتحسين نفقاتنا؟" وهذا يمكن أن يساعدهم على تطوير مهارات التفكير النقدي والشعور بالمسؤولية. عندما يقول الآباء أن الأطفال أصغر من أن يفعلوا أشياء معينة، فغالبًا ما يكون ذلك بسبب أن الوالدين لا يعرفون كيفية القيام بذلك بشكل صحيح بأنفسهم. يقول بعض الآباء "دع الأطفال يكونون أطفالًا". علينا أن نكون حذرين حتى لا نخلط الأمور. أنا لا أقول لك أن تسجل أطفالك في عمالة الأطفال.

**أولوميد أوجونسانوو:** أو أرسلهم إلى المدرسة العسكرية [ضحك]

**أشاني سامون بياو:** يجب ألا تبطئ نمو طفلك. أعتقد أنه إذا كان طفلك لا يدير شؤونك المالية في المنزل، فمن المحتمل أنه متأخر بالفعل في الحياة. كنت أقوم بمحاسبة أعمال والدي عندما كنت في السابعة من عمري. يمكنك أن تجعل طفلك يقوم بالمحاسبة لأسرتك قبل أن يبلغ العاشرة من عمره، وأنا متأكد من أن المحاسبة المنزلية أقل تعقيدًا من المحاسبة التجارية.

**أولوميد أوغونسانو:** ويرتبط هذا ارتباطًا وثيقًا بالثقة بالنفس. إذا كنت كشخص بالغ، كوالد، تتمتع باحترام كبير لذاتك وتثق بنفسك، فمن المرجح أن تمنح طفلك المسؤولية.

إذا كنت تشك في نفسك، فلديك تدني احترام الذات، وقد لا تكون على استعداد لتحمل المسؤولية لطفلك. ولهذا السبب قمنا بدمج كل هذه المفاهيم معًا ـ الإيمان بالنفس، والاعتماد على الذات، ومسؤولية الطفولة المبكرة.

مع تقدمك في السن، عليك أن تتحمل مسؤولية حياتك الخاصة. أجد من الغريب أن بعض الأشخاص، الذين لم يعودوا أطفالًا ويمكن أن يكونوا في العشرينات أو الثلاثينيات من عمرهم، ما زالوا يتحدثون عما فعله آباؤهم بهم عندما كانوا أطفالًا. يؤسفني أن أقول هذا، ولكن عندما يتجاوز عمرك 18 عامًا، عليك أن تتحمل مسؤولية حياتك.

أنا أشجع الناس على الفهم والقبول والتعلم والمضي قدمًا فيما حدث لهم عندما كانوا أطفالًا. جزء من كونك مسؤولاً وتولي مسؤولية حياتك هو التخلي عن الماضي، ومسامحة الأشخاص الذين آذوك ولم يرقوا إلى مستوى توقعاتك.

أعلم أنه من السهل قول ذلك، ولا أعرف الوضع المحدد لكل شخص. انا افهم ذلك. أنا متأكد من أن الجميع يمرون بأشياء مختلفة، ولكن كشخص بالغ، من الأفضل لك أن تتعلم ما تحتاجه من الماضي وتمضي قدمًا. سامح كل من خيب ظنك واستمر في تحمل مسؤولية حياتك الخاصة. لا تختلق الأعذار. ثق بنفسك، واعتمد على نفسك، وتطلع إلى الحصول على كل ما تريده من الحياة.

لا تدع أشخاصاً من أمسك يؤثرون على يومك. لا تدع أشباح ماضيك تطارد واقعك الحالي. لا يزال أمامك حياتك كلها لتستمتع بها كما يحلو لك. الضغينة التي تحملها ضدهم هي سلاسل تحملها بشكل غير مباشر ضد نفسك. من الصعب أن تؤمن بنفسك أو تتمتع باحترام كبير لذاتك إذا كنت لا تزال مقيدًا بالضغينة منذ طفولتك. إن التسامح مع الذات هو رحلة يمكننا جميعًا الشروع فيها، لتحرير أنفسنا من قبضة الماضي وتمكين أنفسنا من خلق المستقبل الذي نرغب فيه.

**أشاني سامون بياو:** سأدلي بتعليقات تبدو مثيرة للجدل، لكن لا ينبغي أن تكون كذلك. إذا كنت تستخدم ثروتك لمنع طفلك من أن يكون مستقلاً، فإنك تلحق به ضرراً. على سبيل المثال، إذا كنت تسافر على درجة الأعمال وكنت مع طفلك، ضعه في الدرجة الاقتصادية مع بقية العالم. ليس للطفل عمل يجلس في درجة الأعمال. فترة.

ثانيًا، إذا كانت تجربتك مع طفلك تتضمن الذهاب إلى المطاعم الفاخرة طوال الوقت، فحاول اصطحابه إلى المطاعم البسيطة أيضًا حتى يتمكن من الحصول على وجهات نظر متنوعة.

**أولوميد أوغونسانو:** مثل ماكدونالدز [ضحك]

**أشاني سامون بياو:** إذا طلب منك طفلك المال لشراء شيء فاخر، فامنحه ثلث المال. اطلب منهم أن يجدوا طريقة للحصول على الثلث، ثم ارجع وربما تعطيهم الثلث المتبقي. ضع طفلك على طريق الاعتماد على الذات.

وكما قال أولوميد سابقًا، بعض الأشخاص أكبر سنًا، ومتزوجون، وما إلى ذلك، ومع ذلك ما زالوا يتحدثون عما فعله آباؤهم لهم عندما كانوا أطفالًا. لن تدمر علاقتك فحسب، بل لن تكبر أيضًا. ابحث عن طرق للتعامل مع الأشياء بنفسك. لن تكبر حتى تجد طرقًا

للتعامل مع الأمور بنفسك، بغض النظر عما فعله بك والديك أو أصدقاؤك أو عائلتك. أيضًا، عندما تبلغ من العمر 18 عامًا وعلى وشك الذهاب إلى الكلية، لا تذهب إلى كلية قريبة من عائلتك. اذهب بعيدًا حيث لا يستطيع والديك الوصول إليك بسهولة. ابدأ بوضع أموال والديك جانبًا والعمل على زيادتها.

لا تطلب من والديك أن يعطوك أشياء، بل اطلب منهم قرضًا. ضع نفسك في موقف حيث عليك أن تتحمل المسؤولية الكاملة عن الأشياء التي تحرك حياتك.

**أولوميد أوغونسانو:** هناك مفهوم وثيق الصلة بالعقلية الثابتة مقابل عقلية النمو. العقلية الثابتة تعني أنني أتيت إلى هذا العالم بمجموعة من المهارات والقدرات والمعرفة والفكر، وهي ثابتة لبقية حياتي.

عقلية النمو هي عكس ذلك. لقد جئت إلى هذا العالم بمجموعة من المهارات والمعرفة والفكر والقدرات، ويمكنني أن أنموها وأطورها بمرور الوقت. لقد صدمت من أن أي شخص سيؤمن بالعقلية الثابتة لأنه من الواضح أننا نتعلم وننمو طوال الوقت. أنت تنمو وتتحسن وتتعلم وتجرب أشياء جديدة باستمرار، ومن المهم للأشخاص أن يضعوا ذلك في عقليتهم في أقرب وقت ممكن.

يمكنك تعلم أي شيء تريده. الآن، عمري 38 عامًا، يمكنني أن أقرر أن أصبح رائد فضاء، وأحضر بعض الفصول الدراسية، وأحصل على شهادة جامعية، وأصبح رائد فضاء. كيف يمكن لأي شخص أن يعتقد أنه غير ممكن بالنسبة لك إذا كان الآخرون يفعلون ذلك؟ بالطبع يمكنك أن تفعل ذلك. أنت إنسان ذو إمكانيات غير محدودة، ويمكنك أن تفعل أي شيء تريده.

قد تعتقد أن الآخرين أفضل منك وأكثر ذكاءً وجاذبية، وبالتالي يستحقون من الحياة أكثر منك. حسنًا، أنا هنا لأخبرك أن هذا ليس صحيحًا. لقد قمت بتطوير عقدة النقص التي يمكنك التحرر منها. إن حقيقة اعتقادك بهذا تعود إلى الثقة بالنفس. ولهذا السبب فإن هذا الفصل مهم جدًا.

مستوى احترامك لذاتك يجعلك تعتقد أنك أسوأ من الآخرين. لم تكن. البشر هم في غاية القوة. إذا أخذت الوقت الكافي لتعلم مهارات جديدة، والحصول على المعلومات، والتعرف على أشخاص، فيمكنك التعلم والقيام بأي شيء. عقلية النمو مهمة للغاية، ومن المهم بالنسبة لك أن تنميها في أقرب وقت ممكن لأنها تعتمد على نفسها. هكذا بدأ هذا الكتاب. في عام 2020، اعتقدت أنه يمكنني إنشاء بودكاست والتقيت بانكولي وبدأنا Afrobility. وبسبب البودكاست، قمنا أنا وسامون بإنشاء كتاب FIREDOM هذا.

**أشاني سامون بياو:** قبل أن يصبح أطفالك أذكياء بما يكفي للتمرد، قم بإجراء مقابلات مع أصدقائهم وامنع الأشخاص الذين لم يجتازوا المقابلة من رؤية أطفالك. سأعطيك نموذجًا لسؤال المقابلة، واسأل صديق طفلك المحتمل عن مدى براعته في الرياضيات. إذا أجابوا بأنهم لا يجيدون الرياضيات، فامنع طفلك على الفور من رؤية هؤلاء الأصدقاء.

هناك نقطة أخرى مهمة يجب مراعاتها وهي أن المدارس الباهظة الثمن لا تعني

بالضرورة المدارس الجيدة. عندما يتعلق الأمر بإرسال أطفالك إلى المدرسة، هناك سببان رئيسيان: التنشئة الاجتماعية والتعلم. كوالد، يجب عليك أن تفكر بعناية في ما تأمل في تحقيقه من خلال التنشئة الاجتماعية. إذا كانت هناك مدرسة يمتلك فيها غالبية الطلاب موقفًا إيجابيًا يقول "أستطيع أن أفعل أي شيء"، فقد يكون من الجيد تسجيل طفلك في تلك المدرسة. وذلك لأن الأطفال، كونهم سريعي التأثر، يميلون إلى تبني عقلية وسلوك من حولهم.

خلال فترة عملي كمدرس في فرنسا، لاحظت أن العديد من الأطفال يتحولون من عقلية "الرياضيات صعبة" إلى قبولهم في المدارس الإعدادية المرموقة. لقد تمكنت من مساعدتهم في تحدي السرد السلبي الذي تعرضوا له وتغيير وجهة نظرهم، مما أدى في النهاية إلى نجاحهم.

**أولوميد أوغونسانو:** عبارة "أنا لست جيدًا في X" ليست بناءة لأنها تمثل اعتقادًا مقيدًا بذاته. على سبيل المثال، لن أقول أبدًا أنني لست جيدًا في شيء ما، على سبيل المثال الطبخ لأنني أعلم أن كل ما يجب علي فعله لكي أصبح أفضل في الطهي هو الذهاب إلى الإنترنت، وتنزيل بعض الوصفات، والتدرب، والتكرار، والتحسن. إن القول بأنني لست جيدًا في X هو اعتقاد مقيد ذاتيًا لأن إيمانك بذاتك وقيمتك الذاتية ليسا في المكان الذي يجب أن يكونا فيه. عليك أن تدرك أنه إذا كان شخص آخر يستطيع أن يفعل شيئًا ما، فيمكنك أيضًا أن تفعله. لقد أخذوا الوقت الكافي لتعلمها. وهذا يعني أنه يمكنك تعلم ذلك أيضًا.

في الختام، لتعزيز الاعتماد على الذات، من الضروري التخلي عن المعتقدات المقيدة للذات وتبني عقلية النمو. إذا كنت تبحث عن بعض الموارد للمساعدة في هذه العملية، فإليك بعض الكتب الموصى بها حول الاعتماد على الذات:

الكتاب الأول هو " Me, Inc "[3] للكاتب جين سيمونز. انه رائع! يحكي الفيلم قصة مهاجر انتقل إلى أمريكا، وتكيف مع النظام الأمريكي، وتعلم التحدث باللغة الإنجليزية، وأصبح المغني الرئيسي في فرقة Kiss، إحدى أكبر فرق الروك في تاريخ العالم. مدهش! أنا أحب هذا الكتاب. وواحدة من أكثر الكتب التي تم الاستخفاف بها على الإطلاق.

كتابان من تأليف آين راند، " المنبع "[4] و" أطلس مستهجن "[5]. آين راند كاتبة رائعة لأن كتبها تدور حول فهم إمكانات البشر للقيام بأشياء عظيمة إذا كانوا يؤمنون بأنفسهم بغض النظر عن الظروف الخارجية.

وأخيرًا، " الثلاثاء مع موري "[6] للمخرج ميتش ألبوم. يتعمق الكتاب في الجوانب العميقة للحياة، ويعلمنا قيمة الرحمة والحب والقبول. أحد الدروس الأكثر تأثيرًا التي استخلصتها منه هو أنه من خلال احتضان موتنا والاعتراف بأن الموت ينتظرنا جميعًا، فإننا نكتسب منظورًا فريدًا لممارسة الإيمان بالذات، ومسامحة الذات، وحب الذات. إنه

---


3. https://www.amazon.com/Me-Inc-Build-Unleash-Business-ebook/dp/B00I2PG3TW

4. https://www.amazon.com/Fountainhead-Ayn-Rand-ebook/dp/B002OSXDAU

5. https://www.amazon.com/Atlas-Shrugged-Ayn-Rand-ebook/dp/B003V8B5XO

6. https://www.amazon.com/Tuesdays-Morrie-Greatest-Lesson-Anniversary/dp/076790592X

بمثابة تذكير قوي بأن الحياة هشة ومحدودة، ويحثنا على العيش بأصالة ولطف وامتنان.
مذهل! بهذا سنغلق هذا الفصل ونراكم جميعًا في الفصل التالي.

# 3: قصص جامعية ومبادئ التفكير المستقل والفضول

**أولوميد أوغونسانو:** يدور هذا الفصل حول انتقالنا أنا وسامون إلى بلدان جديدة وبدء الجامعة كشباب بالغين. إنه مناسب لأي شخص خارجي أو مستضعف جديد في البيئة. إنني أتطلع إلى المحادثة والتعرف على مغامرات سامون الجامعية الأوروبية وتذكر مغامراتي الجامعية الأمريكية.

**أشاني سامون بياو:** إنني أتطلع أيضًا إلى استكشاف المبادئ الأكثر أهمية خلال تلك السنوات الجامعية:

الفضول، والذي يتضمن إبقاء جميع حواسك مفتوحة، واستيعاب كل شيء، والتساؤل عن الأشياء التي قد لا تكون أمامك مباشرة

التفكير المستقل، والذي يتطلب إصدار أحكامك الخاصة كما تتعامل مع العالم، وذلك

(الخوف من تفويت الأشياء) FOMO بسبب الخطر الدائم المتمثل في.

**أولوميد أوجونسانو:** كن فضوليًا وفكر بنفسك، ما الذي يمكن أن يكون أكثر أهمية من هذين الأمرين؟

**أشاني سامون بياو:** أنا متحمس لمناقشة كيف تمكنا من تعريض أنفسنا لبيئات جديدة والاحتفاظ بالحق في أن نكون صانع القرار السيادي الوحيد في حياتنا.

# 3أ: قصة جامعة أولوميد

**أشاني سامون بياو:** أين ومتى بدأت تجربتك الجامعية وانتهت؟

**أولوميد أوجونسانو:** بدأت تجربتي الجامعية عندما كان عمري 16 عامًا (في عام 2001) وانتهت عندما كان عمري 21 عامًا (في عام 2006).

**أشاني سامون بياو:** هل كانت تجربتك في نفس البلد؟

**أولوميد أوغونسانو:** التحقت بجامعتين مختلفتين. كانت تجربتي الجامعية الأساسية في أمريكا من سن 17 إلى 21 عامًا. ولكن قبل ذلك، التحقت أيضًا بجامعة نيجيرية لفترة وجيزة من سن 16 إلى 17 عامًا. وفي هذه المناقشة، سأتحدث عن كل من هذه التجارب.

بدأت في جامعة لاغوس (UNILAG) في نيجيريا في عام 2001. للبدء، بدأت رحلتي الجامعية في جامعة لاغوس (UNILAG) في نيجيريا في عام 2001. خلال فترة وجودي هناك، كان علي أن أتعلم كيفية التنقل في هذه التجربة. كنت أقود سيارتي إلى المدرسة كل يوم منذ أن تعلمت مؤخرًا كيفية القيادة قبل بضعة أشهر من بدء الجامعة. كان هذا الاستقلال الجديد عن عائلتي بمثابة التحرر، وجعلني أشعر وكأنني أمتلك المزيد من السيطرة والقوة على حياتي. لقد أصبحت الآن أكثر استقلالية عن عائلتي.

وبعد مرور عام، عندما كنت في السابعة عشرة من عمري، انتقلت إلى معهد إلينوي للتكنولوجيا (IIT) في أمريكا لمواصلة دراستي الجامعية. تخصصت في الهندسة الكيميائية لأنني أحببت الرياضيات والفيزياء والكيمياء. أتذكر المرة الأولى التي هبطت فيها في شيكاغو، حيث بدت البيئة أجمل وأنظف مقارنة بمدينة لاغوس. وكانت أيضًا تجربتي الأولى مع الغسالة والتنظيف الجاف وآلة البيع وطلب الطعام من أحد المطاعم. الآن، دعونا نركز على الجانب المالي من تجربتي. لقد كانت فرصة بالنسبة لي لإدارة ميزانيتي. لقد زودني والداي بمبلغ من المال وطلبوا مني معرفة كيفية إدارته في أمريكا!

**أشاني سامون بياو:** هل من الشائع أن يفعل الآباء النيجيريون ذلك؟

**أولوميد أوجونسانوو:** لا أعرف ماذا يفعل الآباء الآخرون. لقد كان ذلك بمثابة تمكين لشاب يبلغ من العمر 17 عامًا، حيث شعرت وكأن لدي مبلغًا محدودًا من المال الذي كان عليّ أن أكسبه أخيرًا. لقد أوضح والداي أنهما لا يعرفان ماذا سيحدث إذا نفدت أموالي. لو تم إعطائي الخيار مسبقًا، لربما كنت سأطلب مزيدًا من الإشراف. لكن بالنظر إلى الوراء، أدركت أن تحمل المزيد من المسؤولية كان بمثابة تجربة إيجابية بالنسبة لي.

**أشاني سامون بياو:** [تبتسم] لقد قمت بإدارة بيانات الربح والخسارة (بيانات الربح والخسارة) الخاصة بك.

**أولوميد أوجونسانوو:** لقد كان الأمر ممتعًا. أتذكر المرة الأولى التي طلبت فيها

الطعام. كان دجاج كونغ باو هو المفضل لدي. شعرت بمسؤولية أكبر عن حياتي.

**أشاني سامون بياو:** مثير للاهتمام. كيف أثر ذلك على تفكيرك بشأن الاستقلال المالي؟

**أولوميد أوجونسانوو:** لم أفكر في الأمر. لم أسمع قط عن مفهوم الاستقلال المالي. كان الأمر يتعلق فقط بإدارة أموالي لجعلها تدوم لفترة أطول. لقد كان لي اكتشاف القرف الخاص بي. على سبيل المثال، كان بإمكاني تخطي الفصول الدراسية والفشل. في الجامعات الأمريكية، لا أحد يهتم بما تفعله بوقتك، لذلك تم إعداد النظام ليمنحك المزيد من الاستقلالية. كان الوضع واضحا: كنت مهاجرا، نيجيريا أعيش في شيكاغو. كان علي أن أجعله يعمل. وقد فعلت ذلك ـ حصلت على أعلى معدل تراكمي في صفي واستمتعت بالرحلة. لقد سارت الأمور بشكل جيد واستمتعت بتجربتي الجامعية.

لقد علمت نفسي أيضًا بعض مهارات التمويل الشخصي الأساسية، مع التركيز في المقام الأول على تقليل النفقات بدلاً من زيادة دخلي. ومع ذلك، فإن أهم ما تعلمته من تجربتي الجامعية هو تعلم كيفية إدارة نفسي.

**أشاني سامون بياو:** عندما ينتقل الأفراد إلى أمريكا من بلدان أقل تركيزًا على النزعة الاستهلاكية، فقد يواجهون موجة مفاجئة من الإثارة والرغبة في إنفاق المزيد. هل شعرت بإغراء الإنفاق المفرط؟ إذا كان الأمر كذلك، كيف التعامل معها؟ ومن ناحية أخرى، إذا لم تشعر بالإغراء، فما الذي منعك من الاستسلام له؟

**أولوميد أوغونسانو:** عقلي مبرمج على حب الحصول على المال. أفضّل الحصول على المال بدلاً من إنفاقه. على سبيل المثال، في أحد الفصول الدراسية الأولى، كنت أدرس حساب التفاضل والتكامل وكنت بحاجة إلى الكتاب المدرسي. تكلفة الكتاب المدرسي 175 دولارًا. لم يكن هذا منطقيًا بالنسبة لي، لذا تعلمت شراء الكتب المدرسية المستعملة. اكتشفت أنه يمكنني شراء كتاب مدرسي مستعمل مقابل 100 دولار من خلال بوابة المدرسة أو مقابل 80 دولارًا مباشرةً من الطلاب الآخرين الذين سبق لهم تلقي دورة حساب التفاضل والتكامل.

أنا أحب الكفاءة. ربما يكون الأمر يتعلق بالأسلاك النفسية أو لأنني أتيت من دولة نامية. لا أعرف السبب الدقيق. لقد كان من المنطقي بالنسبة لي أن أدخر المال وأحتفظ به لنفسي بدلاً من إنفاقه على الأشياء.

**أشاني سامون بياو:** هناك لحظة تستحق الاقتباس. كان عقلي مبرمجًا للحصول على المال، وليس لإنفاقه.

أولوميد أوغونسانو: نعم، لقد شعرت بتحسن نفسي عندما أرى الأموال تتراكم في البنك الذي أتعامل معه بدلاً من إنفاقها.

**أشاني سامون بياو:** هل كانت هناك أي تجارب أخرى مررت بها كطالب وكانت مرتبطة بالاستقلال المالي؟

**أولوميد أوجونسانو:** كان لدي هدفان في الجامعة: الحصول على جميع الدرجات الممتازة وعدم الإفلاس. ركزت على إدارة أموالي في الجامعة. لم أقترب أبدًا من نفاد

أموالي ولم أز عجني أبدًا بالحصول على بطاقة ائتمان.

لقد وجدت أنه من السهل نسبيًا توفير المال كطالب نظرًا لأن نفقاتي كانت ضئيلة. لقد أدى العيش في الحرم الجامعي إلى انخفاض التكاليف، ولم أحتاج إلى سيارة لأن نظام قطارات شيكاغو كان يعمل بشكل جيد. لقد تعلمت أين أتسوق لشراء ملابس جميلة ومناسبة بسعر معقول، ولم أكن مهتمًا بشراء علامات تجارية باهظة الثمن.

**أشاني سامون بياو:** هل هناك أي شيء آخر تود مشاركته يتعلق برحلتك نحو الاستقلال المالي؟

**أولوميد أوغونسانو:** نعم، أريد أن أروي قصة توقفي عن شرب الكحول لإظهار الطريقة التي أفكر بها وأتخذ قراراتي. تحتوي القصة على عناصر التفكير المستقل وهو أمر بالغ الأهمية للاستقلال المالي.

عندما كنت أدرس في المعهد الهندي للتكنولوجيا، كنت أشرب الكحول مثل أي شخص آخر حتى حادثة معينة جعلتني أدرك أنني لم أفكر في الأمر كثيرًا. أثناء زيارتي لأخواتي في لندن، ذهبنا إلى حفلة شربنا فيها جميعًا. ومع ذلك، شعرت فجأة بالدوار وذهبت إلى الحمام وفكرت، "ما الذي أفعله هنا بحق الجحيم؟ ماذا يحدث؟ أشعر بالغرابة بعض الشيء. أنا لا أستمتع بهذه الحفلة كثيرًا."

عندما عدت إلى شيكاغو، بدأت أفكر لماذا شربت في المقام الأول وما جلبه ذلك لحياتي. أدركت أنني كنت أتبع القاعدة بشكل أعمى دون النظر إلى إيجابيات وسلبيات الشرب. بعد التفكير لبضع دقائق، اتخذت قرارًا واعيًا بالتوقف عن الشرب في سن 17 أو 18 عامًا. إنه لأمر مدهش ما يمكنك تغييره عندما تجلس وتفكر حقًا في الأشياء بشكل نقدي.

كان هذا هو الأول من سلسلة قرارات جعلتني مختلفًا عن أقراني، لأنني حتى تلك اللحظة لم أكن مختلفًا عن النيجيريين الآخرين الذين انتقلوا إلى أمريكا. من المحتمل أن يكون هذا أحد أفضل القرارات التي اتخذتها في حياتي. من خلال التوقف في سن مبكرة، تجنبت العديد من المخاطر التي قد تنشأ عن الشرب وتمكنت من التعامل مع المواقف بشكل أكثر عقلانية ومنطقية.

هذه هي قصة كيف توقفت عن الشرب.

**أشاني سامون بياو:** هذا رائع. لقد ذكرت أن هذا يجعلك مختلفًا عن الآخرين. كونك مختلفًا يمكن أن يكون عامل تمكين لأنك لا تبحث عن التوافق. هل يمكنك التحدث عن شعورك بالاختلاف؟

**أولوميد أوجونسانوو:** نعم، أستطيع أن أتحدث عن ذلك من خلال سرد قصة أخرى ذات صلة. بين عمر 12 و14 سنة، تعرضت لإصابة تركت تورمًا كبيرًا في جبهتي لعدة أشهر. شعرت بالحرج عندما كنت طفلاً لأن الناس لاحظوا ذلك على الفور. ومع ذلك، علمتني هذه التجربة ألا أهتم كثيرًا بما يعتقده الآخرون عني، وأن أكون مرتاحًا للانفصال عن الفئات الاجتماعية. لم أشعر أبدًا بالحاجة إلى التوافق مع توقعات المجموعة، الأمر الذي استمر حتى بعد أن بدأت الجامعة في المعهد الهندي للتكنولوجيا.

أتذكر أنني سمعت شخصًا يقول "أولوميد وحيد" واعتبره مجاملة، على الرغم من أنه قيل باستخفاف. لم أكن جزءًا من أي مجموعة اجتماعية ذات توقعات قوية، وقد جعلتني إصابة طفولتي معتادًا على البقاء وحيدًا والتفكير بنفسي. لم يكن لدي أي أفكار مسبقة عما يجب أن أفعله أو لا ينبغي أن أفعله.

لم أكن مثقلًا بما يعتقده الآخرون بشأن قراري بالتوقف عن الشرب. الآن، في أواخر الثلاثينيات من عمري، لاحظت اتجاهًا نحو عدم شرب الكحول أو انخفاضه، وسألني الناس لماذا لا أشرب الخمر. ومن المثير للاهتمام أنهم غالبًا ما يفترضون أن ذلك يرجع إلى أسباب دينية، كما لو أنه نتيجة لتوافق المجموعة. عندما أوضحت لهم أنني اتخذت القرار بنفسي عندما كنت في السابعة عشرة من عمري بعد تحليل الفوائد والتكاليف، وجدوا صعوبة في قبوله.

في بعض الأحيان عليك أن تفكر بشكل مختلف للحصول على نتيجة مختلفة في الحياة. إذا اتبعت الوضع الراهن، فسوف ينتهي بك الأمر في حياة الوضع الراهن.

**أشاني سامون بياو:** شكرًا لك على مشاركة هذه القصة. يتطلب تحقيق الاستقلال المالي القيام بالأشياء بشكل مختلف عن غالبية سكان العالم، الذين لا يتمتعون بالاستقلال المالي. يعد تطوير شعورك بالراحة مع كونك مختلفًا عاملاً أساسيًا في الوصول إلى FI وإبقائك على المسار الصحيح.

**أولوميد أوجونسانو:** لكي تنمو، عليك في كثير من الأحيان المخاطرة. لدى جيف بيزوس إطار عمل لهذا: أبواب ذات اتجاه واحد (قرارات لا رجعة فيها) مقابل أبواب ذات اتجاهين (قرارات قابلة للعكس).

من المهم تقييم القرار بعناية لتحديد ما إذا كان قابلاً للتراجع أو لا رجعة فيه. سيساعدك هذا على تحديد مدى سرعة المتابعة. بعض القرارات هي أبواب أحادية الاتجاه لا رجعة فيها ولا يمكن تغييرها بسهولة، على سبيل المثال، إذا قررت إنجاب أطفال، فهذا إلى الأبد وعليك أن تتعايش معه. تحرك ببطء وحذر مع الأبواب ذات الاتجاه الواحد.

ومع ذلك، فإن معظم القرارات قابلة للتراجع. وبعد فهم المخاطر السلبية وقياسها، فإنني أشجع الناس على التحلي بالشجاعة و"القيام بذلك" بهذه القرارات. يمكنك أن تشعر براحة أكبر في التحرك بسرعة مع هذه القرارات من خلال التجربة المتكررة والفشل وعدم الاهتمام بما يعتقده الآخرون. إذا لزم الأمر، قد تتمكن من التراجع عن هذه القرارات لاحقًا.

ولدي أيضًا قصة جامعية أخرى.

**أشاني سامون بياو:** واحد آخر! عظيم، دعونا نسمع ذلك.

**أولوميد أوغونسانو:** القرار الثاني كان يتعلق بالدين. لقد نشأت مسيحياً عندما كنت طفلاً في نيجيريا.

**أشاني سامون بياو:** هل يمكنك توضيح ذلك؟ يمكن أن يكون المشهد الديني في نيجيريا معقدًا ودقيقًا، وقد لا يكون الجميع على دراية بديناميكياته.

**أولوميد أوغونسانو:** نعم، اسمحوا لي أن أقدم لكم بعض المعلومات التاريخية عن

الدين في نيجيريا. في نيجيريا، التركيبة السكانية الدينية متوازنة تمامًا، حيث يعتبر حوالي 40-50٪ من السكان مسلمين و40-50٪ مسيحيين. ومع ذلك، فإن توزيع الانتماء الديني ليس موحدا ويختلف حسب الجغرافيا. على سبيل المثال، إذا كنت تعيش في شمال نيجيريا، فمن المرجح أن تكون مسلمًا (على سبيل المثال، كادونا أكثر من 90٪ مسلمون)؛ على العكس من ذلك، إذا كنت تعيش في الجنوب، فمن المرجح أن تكون مسيحيًا (على سبيل المثال، أجزاء معينة من لاغوس ذات أغلبية مسيحية). بالإضافة إلى ذلك، تمارس نسبة صغيرة من النيجيريين الديانات الأفريقية التقليدية.

أما بالنسبة لتجربتي الشخصية مع الدين، فقد نشأت كمسيحية، ولكن لم أكن متدينة. كانت والدتي متدينة وكانت تأخذني وإخوتي إلى الكنيسة ربما كل أسبوعين، بينما كان والدي متدينًا ولكنه لم يكن مهتمًا أو منخرطًا في الكنيسة.

**أشاني سامون بياو:** هل المسيحي النيجيري العادي مثلك أم أكثر تديناً؟

**أولوميد أوجونسانو:** النيجيريون النموذجيون متدينون، مما يعني أنهم يذهبون إلى الكنيسة كل أسبوع تقريبًا، ويشاركون في دراسة الكتاب المقدس عدة مرات في الأسبوع، وغالبًا ما يخدمون في أدوار الكنيسة مثل المرشدين. بالإضافة إلى ذلك، فإن مناقشة معتقداتهم الدينية جزء مهم من هويتهم. عندما نشأت في نيجيريا، لم يكن الدين جزءًا كبيرًا من حياتي، لذلك لم أتحدث مع الآخرين عنه.

لا أتذكر ما الذي دفعني إلى ذلك، لكنني بدأت البحث وتعلم كل ما أستطيع عن الدين في الجامعة. لقد بدأت في إجراء الكثير من الأبحاث. لقد كنت أنا ويوتيوب وويكيبيديا وريديت وشبكة الويب العالمية، وكنا في رحلة للعثور على الحقيقة.

في نهاية المطاف أدركت أن الدين كله مختلق ـ إنه اختراع بشري تم خلقه لشرح أشياء لم تفهمها البشرية وللتحكم في سلوك الناس. في العصور القديمة، لم يكن لدى البشر فهم علمي للظواهر الطبيعية مثل المطر والنار والشمس. ولتفسير هذه الأمور، خلقنا آلهة المطر والنار والشمس. ويعتقد أن هذه الآلهة تتحكم في هذه العناصر الطبيعية ويمكن استرضاؤها من خلال الصلاة والتضحية. ومع استمرار الناس في البحث عن إجابات لأسرار العالم، تطور الدين ليقدم تفسيرات ويوفر الشعور بالأمان. وبمرور الوقت، اكتسبت المؤسسات الدينية القوة والنفوذ من خلال التحكم في معتقدات الناس وسلوكياتهم. وقد سمح لهم ذلك بالاحتفاظ ببعض سلطتهم وتشكيل المجتمعات وفقًا لقيمهم ومصالحهم.

سرعان ما أصبحت غير متدين (المعروف أيضًا باسم الملحد) عندما كان عمري 19 أو 20 عامًا. كان هذا القرار مشابهًا لقراري بعدم شرب الكحول، وجعلني أكثر اختلافًا عن عائلتي وأصدقائي. كان من المثير للاهتمام أن الناس كان لديهم رد فعل سلبي تجاهه. كان رد الفعل على تحولي غير متدين أكثر سلبية من الكحول، ربما لأن الكحول ليس جزءًا من هوية الناس. أكدت ردود الفعل هذه مجددًا أن الأمر يتطلب الكثير من الشجاعة للانفصال والاختلاف عن الجمهور.

لقد كان أمرًا لا يصدق اكتشاف مدى امتلاء الدين بالزغب وكيف تم تكوينه بالكامل. لقد كانت واحدة من تلك اللحظات في الحياة التي تعلمت فيها الكثير.

قرأت كل شيء ـ تاريخ الكتاب المقدس، القرآن، المسيحية ـ كل شيء مرارًا وتكرارًا، من الأفلام الوثائقية إلى المقالات والمدونات والكتب. من أروع الأشياء التي اكتشفتها هو أن هناك مناقشات مستمرة للاتفاق على ما يجب أن يكون في الكتاب المقدس. لقد تغير الكتاب المقدس بالفعل بمرور الوقت وتمت إضافة وإزالة الفصول للوصول إلى ما لدينا اليوم. كانت هناك مناقشات مستمرة حول الأجزاء التي لم تكن منطقية أو كانت مجنونة جدًا بحيث لا يمكن الاحتفاظ بها. لم أكن أعرف هذا أبدًا لأنه لم يذكره أحد في الكنيسة مطلقًا. اعتقدت أن الكتاب المقدس كان دائمًا كما هو الآن.

لقد كان من الرائع البحث وطرح أسئلة مثل: "هل هذا صحيح؟" لماذا هذا غير صحيح؟ أين جاء هذا من؟ ما هي الحوافز التي يمتلكها هؤلاء الأشخاص؟ لماذا استمر هذا لفترة طويلة؟

باختصار، إطار القرار وراء هذين القرارين ـ عدم تناول الكحول في 17/18 والإلحاد في 19/20 ـ ساهم في تشكيل بقية حياتي. واليوم مازلت لا أشرب الخمر وما زلت ملحدًا.

يجب أن تكون على استعداد للقيام بأشياء مختلفة تمامًا عما يفعله معظم الناس. يبدو أن هذه هي السمة الأساسية للاستقلال المالي.

**أشاني سامون بياو:** هذا رائع للغاية. هل يمكن أن نتحدث أكثر قليلا عن هذا؟ لدي فكرتين ذات صلة. أولاً، كيف أثر عدم امتثالك على علاقاتك الشخصية مع العائلة والأصدقاء؟

ثانيًا، أستطيع أن أتخيل أنه بالنسبة للقارئ الذي يتعاطف بشدة مع دينه، فقد ينزعج مما قلته. هل يمكن لشخص متدين أن يصبح مستقلاً ماليًا؟ قد يستبعد شخص ما أنه يجب عليه التخلي عن دينه من أجل تحقيق الاستقلال المالي، كما فعلت أنت.

**أولوميد أوجونسانوو:** أسئلة رائعة. كان السؤال الأول هو: كيف أثر عدم امتثالي على علاقاتي مع الآخرين؟

في الواقع، لم يؤثر ذلك على 99% من علاقاتي. على الرغم من أن معظم الناس ما زالوا متدينين، إلا أنهم يعرفون بشكل حدسي أن هذا ليس حقيقيًا، حتى لو لم يقولوا ذلك. من النادر أن يرغب الناس في الانخراط في مناقشة عقلانية ومنطقية حول الدين لأن الدين هو إلى حد كبير تجربة عاطفية ومجتمعية لا ترتكز على الحقائق.

العلم هو عملية منهجية لكشف الحقيقة من خلال التجربة والتعلم والتكيف بناءً على الأدلة التجريبية. ومن ناحية أخرى، يهتم الدين أكثر بالعواطف والذاتية، ويميل إلى التركيز على الأفكار والثبات غير القابلة للتغيير. على عكس العلم المنفتح على التكيف والتغيير بناءً على أدلة جديدة، يعتمد الدين غالبًا على التقاليد والمعتقدات الراسخة التي قد لا تكون قابلة للتغيير.

لا يُنصح عمومًا بالمشاركة في مناقشاتٍ أو جدالات مع رجال الدين. وذلك لأن معتقداتهم الدينية غالبًا ما تكون مرتبطة ارتباطًا وثيقًا بإحساسهم بالمجتمع والتربية. ومن غير المرجح أن تؤدي محاولة إقناعهم بخلاف ذلك إلى محادثة مثمرة، لأن معتقداتهم

غالبا ما تكون متأصلة بعمق. ليس من المجدي القول بأن والديهم أو جماعتهم على خطأ، لأن ذلك قد يؤدي فقط إلى خلق التوتر والعداء في العلاقة. إذا كنت في موقف حيث يريد شخص ما أن يكون لديه جدال محدد حول هذا الموضوع، فعادةً ما أقوم بتغيير الموضوع، لذلك، لم يؤثر ذلك على الكثير من علاقاتي لأن نوع شخصيتي ليس جدلياً. ومع ذلك، فإن افتقاري إلى التفاني الديني ربما أثر على بعض علاقاتي الرومانسية، حيث ربما كان الشريك يفضل شخصًا أكثر تديناً. ومع ذلك، لم ينتهِ بي الأمر مع شخص كهذا أبدًا.

 وننتقل إلى السؤال الثاني وهو: هل يستطيع الإنسان أن يكون مستقلاً دينياً ومادياً؟

إذا كنت تقرأ هذا وشعرت بالإحباط، فلا تنزعج أولاً. لقد تعلمت أنه عندما تسمع أشياء لا تتوافق مع نظرتك للعالم، فهذا ليس الوقت المناسب للغضب أو الانزعاج. بدلًا من ذلك، إنها فرصة للتفكير وفهم سبب رد فعلك بطريقة معينة.

إذا كنت مسلمًا أو مسيحيًا متدينًا، فلا تنزعج. لا تنظر إلى هذا على أنه هجوم على الدين. ضع في اعتبارك أن الأشخاص الآخرين اتخذوا خيارات مختلفة عما قمت به، وما يمكنك تعلمه من اختياراتهم. التعلم لا يعني أن عليك التغيير.

من الأسهل قضاء وقت ممتع على كوكب الأرض إذا قبلت أشخاصًا مختلفين عنك. خلاف ذلك، من المحتمل أن ينتهي بك الأمر إلى الجدال وتوتر علاقاتك. عندما تقرأ هذا الكتاب، قد تدرك أنني مختلف عنك. هذا جيد تمامًا. لقد قمت باختيارات مختلفة في الحياة، لكن ليس من الضروري أن تؤثر عليك. ليس عليك أن تنزعج، ليس عليك أن تعيد الكتاب [تبتسم].

نحن جميعًا مختلفون ومن المفيد ممارسة التقبل. معظم الكتب الدينية تدعو إلى القبول. وجهات نظري ليست هجوما عليك. أنا أشرح الاختيارات التي قمت بها، ولا بأس إذا قمت باختيارات مختلفة. من الأهم بالنسبة لنا كبشر أن نفهم ونقبل بعضنا البعض بدلاً من قتال بعضنا البعض.

**أشاني سامون بياو:** تحدث مثل الواعظ، لشخص غير متدين. إن التسامح مع الآخرين أمر مهم عندما يصبح العالم أكثر تنوعا. لقد كنت مذنبًا بعدم قبول أو رفض آراء الناس في الماضي، وخاصة الأشخاص الذين لم يتلقوا تعليمًا رسميًا. مع مرور الوقت، غيرت وجهة نظري لأشعر بالفضول تجاههم، وأحاول أن أفهم كيف يفكرون بدلاً من الحكم بناءً على طريقة تفكيري. ومن خلال ذلك، قد أتمكن من اكتساب فهم أفضل للحالة الإنسانية ورؤية نقاطي العمياء، والتعلم في النهاية من الآخرين.

**أولوميد أوغونسانو:** من المرجح أن يأتي النمو من تعلم طرق جديدة وغير متوقعة للتعامل مع الحياة أكثر من القيام بالأشياء بالطريقة التي كنت تفعلها بها دائمًا. عندما تسمع قصتي عن نشأتي كمسيحي وتحولي إلى ملحد، لا تتفاعل تلقائيًا بالقول إن الملحدين أشرار والمسيحيون صالحون. بدلًا من ذلك، فكر في ما يمكنك تعلمه من هذه القصة. حتى أن اثنين من المسيحيين يمكن أن يكونا مختلفين. المهم هو التسامح والقبول ومعرفة ما يمكنك تعلمه من عملية اتخاذ القرار لدى بعضكما البعض. ربما هذا هو سبب شرائك لهذا الكتاب. أنت إما مهتم بالاستقلال المالي أو التمويل الشخصي أو قصص المهاجرين

الأفارقة.

قد تكون حياتنا مختلفة عن حياتك، ولكن حقيقة أنك اشتريت هذا الكتاب تعني أن لديك بعض الاهتمام بكيفية اتخاذنا للقرارات للوصول إلى ما نحن عليه. استخدمها كفرصة للفضول والتعلم.

**أشاني سامون بياو:** من المهم وجود نمط من اتخاذ القرار المستقل وتحمل ملكية تلك القرارات. لا يمكنك أن تتوقع اتخاذ القرارات وعدم تحمل المسؤولية الكاملة عنها. على سبيل المثال، إذا كنت ترغب في المشاركة في سباق الماراثون، تقع على عاتقك مسؤولية اكتشاف الأخطاء التي يمكن أن تحدث وما إذا كنت مرتاحًا لهذه المخاطر. يشعر الناس أحيانًا أنهم يريدون اتخاذ قرار أو تغيير شيء ما في حياتهم. ومع ذلك، فإنهم لا يستوعبون تمامًا أنه يتعين عليهم تحمل مسؤولية هذا القرار، لذلك عندما يضرب أحد المعجبين، يبدأون على الفور في البحث عن الآخرين لتقاسم المسؤولية معهم.

**أولوميد أوغونسانو:** أدت الملكية والمسؤولية الكاملة إلى إنشاء هذا الكتاب. كان بإمكاننا العمل مع الناشرين والمحررين والعديد من الأشخاص الآخرين، ولكن سامون وأنا قررنا تحمل أقصى قدر من المسؤولية والملكية لتسليم الكتاب. في الواقع، لو لم أكن أحب سامون كثيرًا، لكنت قد كتبت هذا الكتاب بنفسي. بهذه الطريقة، لن يكون هناك أي شخص آخر يمكن إلقاء اللوم عليه، ولا وسيط، أنا فقط، أنا فقط. أريد أن تكون مكافآتي متناسبة مع جهودي، وأن أرى مسارًا مباشرًا خطيًا بين مقدار الجهد الذي أبذله والمخرجات. سأنهي قصتي الجامعية ببضع نقاط:

إذا كان لديك أطفال في سن الدراسة الجامعية، قم بتمكينهم من تعلم أساسيات إدارة ميزانياتهم وبطاقات الائتمان الخاصة بهم. لقد تحدثت سابقًا عن إدارة الأموال، لكن إدارة الائتمان مهمة أيضًا. بعد فوات الأوان، كان من الأفضل لو قمت بفتح بطاقة ائتمان في وقت سابق لبناء درجة الائتمان الخاصة بي وفهم كيفية إدارة مبالغ صغيرة من الائتمان. كان من الممكن أن أتعلم هذا أثناء دفع البطاقات بالكامل، وكسب النقاط والحصول على درجة ائتمانية أعلى.

إذا كنت طالبًا جامعيًا، فاجتهد للتعلم والنمو بما يتجاوز فصولك الدراسية الأساسية. عندما كنت طالبًا، كان 99% من تفكيري منصبًا على الأكاديميين. بعد أن تخرجت، أدركت أنه ربما من الأفضل أن أقوم بالقليل من الدراسة الأكاديمية، والقليل من الرياضة، والقليل من الاختلاط الاجتماعي، والقليل من التطوير الشخصي. من الأفضل أن تكون أكثر توازناً، حتى لو كان مستواك الأكاديمي أسوأ.

مجموعة واسعة من الاهتمامات تجعل الحياة أكثر متعة، وهذا لا ينطبق فقط على الطلاب والشباب ولكن أيضًا على معظم البالغين.

**أشاني سامون بياو:** عظيم! شكرا للمشاركة.

# 3ب: قصة جامعة سامون

**أولوميد أوغونسانو:** هيا بنا! سامون، ما هي دروس الاستقلال المالي التي تعلمتها من الجامعة؟

**أشاني سامون بياو:** خلال فترة وجودي في الجامعة، تعلمت درسين قيمين: تحسين الإيرادات والتكلفة. تعتبر هذه المفاهيم أساسية لتحقيق الاستقلال المالي، وسوف نتعمق فيها لاحقًا في الكتاب.

على صعيد الإيرادات، تعرفت على فكرة العمل خارج المدرسة لكسب المال. باستخدام تقنيات التحسين، تمكنت من تحديد أفضل فرص العمل التي من شأنها أن تسمح لي بزيادة دخلي إلى الحد الأقصى.

ومن ناحية التكلفة، اكتسبت رؤى حول تحسين الميزانية واكتشفت الفوائد المحتملة للعيش بشكل مقتصد دون التضحية بنوعية حياتي. علمتني هذه التجارب كيفية إدارة نفقاتي بفعالية وتحقيق أقصى استفادة من مواردي.

**أولوميد أوغونسانو:** التحسين هو الشيء الذي يجلب السعادة لبعض الناس، وأنا منهم. التفكير في إيجاد طرق لتحسين عملية الشراء أو القرار، مثل "هل يمكنني الحصول على منتج مشابه بتكلفة أقل؟ ما هي المفاضلة في الجودة؟ ما الذي أضحي به من خلال تحديد الخيار الأقل تكلفة؟ هل يتم قضاء وقتي بحكمة؟ حتى التفكير في هذا؟" يجلب ابتسامة على وجهي.

في حين أن هذا الجانب من الكتاب قد لا يأسر الجميع، إلا أنه يثير اهتمامي أنا وسامون. إذا كنت أنت أيضًا قادرًا على تنمية هذه الإثارة، فيمكن أن توفر لك النفوذ أثناء تقدمك نحو تحقيق الاستقلال المالي.

**أشاني سامون بياو:** عززت سنوات دراستي الجامعية بعض السمات التي تعلمتها أثناء نشأتي، مثل أهمية أن أكون مفكرًا مستقلاً وألا أتبع الجماهير بشكل أعمى. بالإضافة إلى ذلك، تعلمت قيمة امتلاك "عقلية قاتلة" ـ دافع لبذل قصارى جهدي لتحقيق أهدافي. في القصص التالية، سأشارككم كيف عززت تفكيري المستقل، وطورت عقلية قاتلة، وحققت الإيرادات الأمثل، والتكاليف الأمثل.

دعونا نتحدث عن التفكير المستقل. عندما بدأت الجامعة، نُصحت بالتركيز فقط على الأكاديميين. وبينما وافقت في البداية، سرعان ما أدركت أن المدرسة كانت سهلة نسبيًا بالنسبة لي، ويمكنني أن أحقق أداءً جيدًا بأقل جهد. وبدلاً من اتباع المسار التقليدي بشكل أعمى، تساءلت عما يمكنني فعله أيضًا. يميل معظم الطلاب إلى البحث عن وظائف تتطلب الحد الأدنى من الجهد البدني، لكنني لم أقتصر على هذه الخيارات. على سبيل المثال، اكتشفت وظيفة تحميل الماشية في المزارع التي تنطوي على تحميل الدجاج

والديوك الرومية والإوز على الشاحنات المتجهة إلى المسالخ. على الرغم من الساعات الغريبة (عادة بين منتصف الليل والساعة 4:00 صباحًا)، كانت هذه الوظيفة تدفع ضعف ما تدفعه وظائف الطلاب العادية.

**أولوميد أوغونسانو: كيف سمعت عن هذه الوظيفة في المقام الأول؟**

**أشاني سامون بياو:** يعود نجاحي في العثور على وظيفة تحميل الماشية جزئيًا إلى قدرتي على مسح بيئتي وفهمها، ولكنني أعزو بعضًا من ذلك أيضًا إلى الحظ. حدث أن سألت صديقًا لديه وظيفة طلابية عما إذا كان يعرف أي فرص أخرى تدفع نفس الأجر أو أفضل، وذكر وظيفة تدفع من 15 إلى 20 دولارًا في الساعة وكانت خارج ساعات الدراسة. أثار هذا الاقتراح فضولي، وبدأت في البحث بنشاط عن فرص محتملة أخرى.

كانت مهمة تحميل الماشية تتطلب منا المغادرة حوالي الساعة 11 مساءً والقيادة لأكثر من ساعة إلى مزرعة تقع في قرية صغيرة في بريتاني، غرب فرنسا. لقد أتاح لي العمل في المزرعة الفرصة لمراقبة وفهم أنماط حياة الناس في الريف الفرنسي، والتي كانت مشابهة في بعض النواحي لما رأيته أثناء نشأتي في المزارع في بنين.

**أولوميد أوجونسانوو: واو.**

**أشاني سامون بياو:** كنت أقوم بتحميل الديوك الرومية أو الدجاج على الشاحنات لمدة ثلاث ساعات قبل العودة إلى بريست، وهي مدينة تقع في شمال غرب فرنسا. والمثير للدهشة أنني تمكنت من كسب المزيد من هذه الوظيفة أكثر من الجمع بين أموال المنحة الدراسية والأموال التي أرسلها لي والداي أثناء إنهاء دراستي الجامعية. علمتني هذه التجربة أهمية تحسين الإيرادات.

**أولوميد أوغونسانو:** أقدر قصتك حقًا لأنها تسلط الضوء على درس مهم. قلت في قصتي الجامعية إنني أتمنى لو أنني استكشفت ما هو أبعد من الأكاديميين وفكرت في فرص أخرى. يعد هذا درسًا قيمًا لأي شخص، سواء كان يبلغ من العمر 27 عامًا في وظيفة أو رجل أعمال يبلغ من العمر 38 عامًا. من الضروري أن تنظر إلى ما هو أبعد من الفرص المتاحة أمامك وأن تستكشف مسارات جديدة. المبدأ الشائع للنمو الشخصي هو العثور بانتظام على التجارب والفرص التي تخيفك وإشراكها. من خلال دفع نفسك بشكل متكرر خارج منطقة الراحة الخاصة بك، يمكنك تحدي نفسك وتعزيز التنمية الشخصية. يمكن أن يكون أي شيء بدءًا من التحدث أمام الجمهور إلى القفز بالمظلات، طالما أنه يوسع حدودك ويحفز النمو الشخصي.

ومن الجدير بالذكر أن هذه الفرص لا يجب بالضرورة أن تحل محل حياتك المهنية، ولا يجب أن تدر دخلاً على الفور. على سبيل المثال، يقضي المواطن الأمريكي العادي حوالي ثلاث ساعات يوميًا في مشاهدة التلفزيون. إذا كان لديك الكثير من الوقت لتجنيبه في Seinfeld وGame of Thrones، فيمكنك استخدامه لاستكشاف فرص جديدة وتطوير نفسك.

في النهاية، يدور هذا الفصل حول تنمية القدرة على التفكير الذاتي والاستثمار في التنمية الشخصية، بغض النظر عن العمر أو المرحلة في الحياة.

**أشاني سامون بياو:** تعليقك يقودني إلى موضوع تحسين التكلفة. على الرغم من أنني لم أدرك مفهوم تحويل النفقات إلى استثمارات إلا عندما كنت بالغًا، إلا أنني كنت قد وضعته موضع التنفيذ دون قصد خلال سنوات دراستي الجامعية. على سبيل المثال، اخترت شقة استوديو تلبي الحد الأدنى من متطلبات الحجم، مما جعلها ميسورة التكلفة للغاية. كان علي أن أدفع فقط 200 إلى 250 يورو شهريًا.

**أولوميد أوجونساتوو:** واو.

**أشاني سامون بياو:** كما دفعت الحكومة للطلاب 150 يورو لتعويض تكلفة السكن. في الأساس، لم يكلفني الإيجار شيئًا تقريبًا.

**أولوميد أوغونسانو:** للأسف، في حالتي، قضيت ثلاث سنوات أعيش في الحرم الجامعي خلال فترة وجودي في الجامعة. لم أبدأ بالتحدث مع الآخرين إلا في عامي الثالث واكتشفت أن العيش خارج الحرم الجامعي سيكون أكثر فعالية من حيث التكلفة. لم أفكر قط في إمكانية العيش على بعد بنايات قليلة، الأمر الذي كان من الممكن أن يوفر لي آلاف الدولارات. لم أنظر إلى ما هو أبعد من ذلك أبدًا.

**أشاني سامون بياو:** أتفق بشدة مع النقطة التي أثرتها بشأن أهمية النظر إلى ما هو أبعد. تمكن بعض أصدقائي، وكذلك بعض الطلاب من بنين، من تأمين السكن في الحرم الجامعي بفضل علاقات آبائهم مع الأساتذة. نظام الدعم هذا موجود في فرنسا. ومع ذلك، فإن عدم وجود نظام الدعم هذا سمح لي باستكشاف خيارات أخرى والتحدث مع الناس، مما أدى في النهاية إلى إيجاد فرص أفضل.

بعد العثور على شقة الاستوديو الخاصة بي، كان القرار التالي الذي كان عليّ اتخاذه هو ما سأشتريه لها. أولاً، قررت عدم شراء أي شكل من أشكال الترفيه، لأنني شعرت أن هدفي الرئيسي من وجودي في فرنسا هو التركيز على دراستي.

**أولوميد أوغونسانو:** كان الترفيه الخاص بك هو كتبك المدرسية [ضحك].

**أشاني سامون بياو:** نعم! [تبتسم] بعد ستة أشهر، اتخذت قرارًا بشراء جهاز تلفزيون. ومع ذلك، لم يكن سبب شرائه هو مشاهدة الأخبار أو وسائل الإعلام الفرنسية. وبدلاً من ذلك، أردت أن أتعلم اللغة الإنجليزية لأنني سمعت أنه يمكنني كسب المزيد من المال من خلال العمل في المملكة المتحدة. كل النفقات التي قمت بها خلال تلك الفترة كانت بمثابة استثمار في مستقبلي.

إحدى النفقات التي قمت بها كانت شراء تذكرة حافلة، مما سمح لي بالسفر ليلاً للقيام بعملي في النقل بالشاحنات. عملت ثلاثة أيام في الأسبوع من الساعة 11 مساءً حتى 5-4 صباحًا وحضرت الدروس في وقت لاحق من الصباح. لقد مكنني هذا الاستثمار في النقل من تحقيق التوازن بين عملي ودراستي بشكل فعال.

**أولوميد أوجونسانوو:** لا يصدق. لماذا كنت قادرا على التفكير بهذه الطريقة؟ ما هي نصيحتك للآخرين ليتبنوا هذه العقلية؟

**أشاني سامون بياو:** لقد بدأت بعقلية المفكر المستقل. لم أبدأ بالتفكير في مفاهيم مسبقة حول "كيف ينبغي أن تكون الأمور". بدلاً من ذلك، حرصت على سؤال الناس عن

كل شيء وجمع أكبر قدر ممكن من المعلومات.

علاوة على ذلك، كنت متحمسًا للغاية وبذلت جهدًا للاستفادة القصوى من كل فرصة تأتي في طريقي. كما ذكرنا سابقًا، لقد نشأت وأنا ألعب مع أطفال من ذوي الدخل المنخفض، لذلك لم يكن لدي أي مانع من العمل في مزرعة أو في أي وظائف وضيعة.

أدركت أن المساعي الفكرية لم تكن بالضرورة أفضل وسيلة لكسب المال. كنت أشعر بالفضول بشأن الدروس التي يمكن أن أتعلمها من المساعي غير الفكرية. من خلال عملي في تحميل الماشية، تفاعلت مع طاقم عمل في المزارع. وتتراوح أعمار معظمهم بين 30 إلى 50 عاماً، ولديهم عائلات يعولونها. على الرغم من أنني أستطيع أن أرى القيود المفروضة على كسب مبلغ معين في تلك السن، إلا أنني وجدت أن قصصهم ثاقبة بشكل لا يصدق.

مثلك، أعطي الأولوية لكسب المال وتجنب الإنفاق المتسرع. عندما حصلت على أول 1000 دولار في البنك، شعرت بسعادة غامرة واستمتعت بمشاهدتها وهي تنمو. لم أستطع أن أصدق ذلك. لقد أحببت مشاهدته وهو ينمو وأصبح الأمر بمثابة لعبة لي لمعرفة مقدار المبلغ الذي يمكنني توفيره. بحلول الوقت الذي تخرجت فيه، من المحتمل أن يكون لدي مدخرات أكثر من معظم زملائي.

**أولوميد أوجونسانوو**: لست متفاجئًا. أنت على الطريق إلى الاستقلال المالي إذا كان من دواعي سرورك أن ترى زيادة في قيمة حسابك المصرفي بدلاً من شراء أصول منخفضة القيمة مثل الملابس وأجهزة التلفاز.

إن تحقيق الاستقلال المالي يتطلب تحولاً في العقلية. يجب أن تؤمن بأن تحقيق الاستقلال المالي أمر ممكن بالنسبة لك.

لنكن صادقين. جميع المعلومات التي تحتاجها لتكون مستقلاً مالياً متاحة بالفعل على الإنترنت وفي الكتب، لكنك لن تتصرف بناءً عليها حتى تؤمن حقًا بإمكانية تحقيق ذلك ولديك "سبب" قوي بما فيه الكفاية.

من خلال مشاركة قصصنا الشخصية، نأمل أن نوضح التعديلات النفسية التي أجريناها في وقت سابق من حياتنا والتي وضعتنا على طريق الاستقلال المالي. نحن لا نتوقع منك أن تقلد تجاربنا، بل أن تفهم أهمية تغيير طريقة تفكيرك لتحقيق أهدافك المالية.

**أشاني سامون بياو**: لقد أنقذت الأفضل للأخير. أود أن أشارككم أكثر التجارب تأثيرًا خلال سنوات دراستي الجامعية. كان الأمر يتعلق بطالب صيني في نفس الجامعة في فرنسا، وكان أكبر منا بكثير ويتحدث الفرنسية بشكل محدود. لم أكن متأكدًا مما إذا كان مسجلاً في برنامج لغة أو يدرس بالفعل باللغة الفرنسية. باعتباري وافدًا جديدًا إلى الجامعة، وجدت أنه من الأسهل التواصل مع الطلاب الدوليين الآخرين. في أحد الأيام، دعاني الطالب الصيني إلى مسكنه وقام بالطهي لي، وأصبحنا أصدقاء. خلال زيارتي الثانية أو الثالثة، طرحت عليه بعض الأسئلة للتعرف عليه بشكل أفضل، ولاحظت أنه يبدو أكبر سناً من أقرانه.

الدرس الأول كان عن جمال الشدة في العمل. لقد شارك قصته حول كيفية ادخاره

للمجيء إلى فرنسا، الأمر الذي ترك انطباعًا دائمًا في نفسي. أراني سريره، ورفع المرتبة، وأخرج 25 ألف دولار نقداً، وكلها بالدولار، على الرغم من أن اليورو هو العملة المتداولة في فرنسا. لقد عمل في أحد المصانع لما يقرب من عقد من الزمن لكسب المال، وقد علمتني هذه المحادثة أهمية العمل الجاد والكثافة في جهود الفرد.

الدرس الثاني كان عن الكرم. في أحد الأيام، سألني صديقي الصيني عن حالي، وذكرت له أنني كنت أتوقع وصول أموال المنح الدراسية قريبًا، ولكن حتى ذلك الحين، قد يتعين علي أن أطلب من والدي المساعدة المالية. كان هذا قبل أن أبدأ عملي في تحميل الدواجن بدوام جزئي. وبدون تردد، عرض عليّ 1000 دولار من مخبأه وقال: "خذي هذا حتى لا تضطري إلى التوتر. ليس عليك أن ترد لي المبلغ." تفاجأت في البداية ورفضت، لكنه أصر قائلاً: "كيف ستعيشين؟ خذيها". لقد فهم بطريقة ما أنني كنت في محنة، على الرغم من أنني لم أكن كذلك، وقد ترك كرمه تأثيرًا دائمًا علي.

باختصار، لقد علمني لقائي مع هذا الطالب الصيني قيمة العمل الجاد، والكثافة، والكرم. لا أستطيع أن أتصور أن الشخص الذي عمل بجد لمدة عقد من الزمن ليكسب 25 ألف يورو يمكن أن يتبرع بألف منها لشخص التقى به مرتين فقط.

**أولوميد أوجونسانوو: صادم!**

**أشاني سامون بياو:** كان هناك شيء عميق للغاية حول هذا الأمر والذي ألهم الكثير من العمل الخيري والكرم الذي طورته لاحقًا. وكانت تلك التجربة قوية بالنسبة لي.

وكان للقاء بصديقي الصيني تأثير عميق علي، وأدركت كم كنت محظوظاً لأنني لم أضطر إلى الادخار لمدة عشر سنوات للالتحاق بالجامعة. لقد جعلني أقدر الفرص التي أتيحت لي وألهمني لتحقيق أقصى استفادة منها. لقد تركت قصته التي تتسم بالعمل الجاد والتصميم والكرم انطباعًا دائمًا في نفسي وحفزتني على بذل المزيد من الجهد لتحقيق أهدافي.

**أولوميد أوغونسانو:** لا يصدق. كل شخص لديه صراعاته وتحدياته الخاصة. عندما أسمع مثل هذه القصص أشعر بالخجل. لقد صنعنا عصير الليمون من الليمون الموجود لدينا، ولكن كان لدينا بعض الليمون الجيد في البداية. بغض النظر عما تمر به، هناك طرق مختلفة لتحسين وضعك. طالما أنك تؤمن أنه يمكنك إحداث فرق ويمكنك تجربة أشياء مختلفة، يجب ألا تستسلم أبدًا.

هل هناك أي أفكار أخرى تود إضافتها قبل إغلاق هذا الفصل؟

**أشاني سامون بياو:** لدي قصة أخرى للتأكيد على أهمية تحويل النفقات إلى استثمارات بدلاً من الإشباع الفوري. بعد أن انتقلت من جامعتي في غرب فرنسا إلى كلية الهندسة في باريس، وصلت إلى نفس العقلية: ما الذي يمكنني فعله هنا لكسب المال؟ لقد حصلت على منحة دراسية ودعم والدي المالي، لكنني لم أنفق الكثير منه. اعتقدت أن تدريس طلاب المدارس الثانوية في باريس يمكن أن يكون أمرًا مربحًا لطالب جامعي مثلي، لذلك بدأت في القيام بذلك عن طريق المشي إلى منازل طلابي.

ومع استمراري في التدريس، أدركت أن القيادة للوصول إلى عدد أكبر من الطلاب

يمكن أن تضاعف تدفق دخلي، لذلك قررت شراء سيارة. لم أشتري سيارة للتسلية بل لزيادة دخلي. لقد قمت بتحسين تقويم الدروس الخصوصية الخاص بي بشكل كبير وقمت بالتدريس بشكل متتالي بعد الفصول الدراسية الخاصة بي. كانت السيارة مفيدة أيضًا لتوصيل أصدقائي عندما أردنا الذهاب إلى حفلة في المدينة.

ومع ذلك، كان عليّ أيضًا اتخاذ قرار بين الاحتفال مع زملائي في الصف أو التدريس وكسب المال. بعد ظهر الأربعاء، كان زملائي يشربون البيرة ويتسكعون معًا. على الرغم من أنني كنت واحدًا من أصغر الطلاب، إلا أنني بدأت أشعر وكأنني شخص بالغ وأدركت أنه ليس من الحكمة أن أضيع وقتي بينما أستطيع العمل وكسب المال. وبحلول نهاية العام الماضي، كنت قد وفرت حوالي 10000 دولار.

**أولوميد أوغونسانو:** التناقض في قصتي واضح. لقد كنت أركز بشدة على الأمور الأكاديمية لدرجة أنني حصلت على وظيفتي الأولى كمعلمة طلابية فقط بسبب درجاتي العالية. لقد كنت أكثر استرخاء وأقل عدوانية في البحث عن الفرص. ولم أدرك إمكانية كسب المزيد من المال إلا لاحقًا عندما ذكر أحد الأصدقاء أنني أعمل كخادمة في أيام السبت.

ينطبق التفكير خارج الصندوق على ما هو أكثر بكثير من مجرد الفرص الأكاديمية. إنها مهارة قيمة للنمو الشخصي والتنمية. من خلال الاستثمار في مستقبلك بدلاً من البحث عن الإشباع الفوري، يمكنك بناء أساس للنجاح على المدى الطويل.

# 3ج: مبادئ التفكير المستقل والفضول

**أولوميد أوجونسانو:** في كل فصل من فصول الكتاب، نشارك قصص حياتنا ثم نركز على مبادئ محددة للاستقلال المالي ذات الصلة بتلك القصص. يتناول هذا الفصل مبادئ التفكير المستقل والفضول.

بعد الاعتماد على الذات، يعد التفكير المستقل والفضول أمرًا بالغ الأهمية لتحقيق الاستقلال المالي. للتغلب على العقبات وتحقيق أهدافك، يجب أن تكون فضوليًا ومبدعًا، ويجب أيضًا أن تفكر بشكل مستقل وتتجنب التأثر بالآخرين أو الاستسلام للخوف من تفويت الأشياء.

لا بأس أن تكون مختلفًا وأن تسلك طريقًا لا يوافق عليه معظم الناس، طالما أنك تعتقد أنه منطقي بالنسبة لك. يعد التفكير المستقل أمرًا ضروريًا لأنك وحدك من يفهم حقًا قيمك ورغباتك الداخلية. إذا سمحت لنفسك أن تتأثر بآراء الآخرين، فإنك تخاطر بفقدان رؤية ما تريده وتحتاجه حقًا. يمكن أن يقودك FOMO إلى مسار لا يتماشى مع أهدافك أو قيمك. على سبيل المثال، تقول صديقتك إنها تشتري منزلاً، وتفترض أن الوقت قد حان بالنسبة لك لشراء منزل لأنك في مرحلة من حياتك تحتاج فيها إلى منزل. لقد قمت بإنشاء أهدافك ومن المهم أن تفكر بشكل نقدي في الإجراءات اللازمة لتحقيقها. معظم الناس لا يعرفون أهدافك ولديهم أهدافهم المختلفة، لذا فإن أفعالهم في الغالب لا علاقة لها بحياتك.

لممارسة التفكير المستقل، عليك أن تعتاد على الانحراف عن القاعدة ومن المحتمل أن تصبح غير محبوب ومكروه. قد يعني هذا اتخاذ مسار أقل استخدامًا، ولكنه في النهاية سيكون المسار الذي يتوافق مع قيمك.

في النهاية، إنها حياتك، وأنت الشخص الذي سيتعين عليه التعامل مع عواقب أفعالك. الأشخاص الذين قدموا لك النصيحة أو أثروا في اختياراتك لن يكونوا موجودين لمساعدتك في التعامل مع العواقب عندما تسوء الأمور.

خذ بعين الاعتبار هذا: إذا نصحك شخص ما بأن تنجب أربعة أطفال، فهل سيتولى رعاية الأطفال لك؟ لا! لديك العديد من الأطفال كما تريد. إذا اقترح عليك شخص ما شراء منزل مكون من ثلاث غرف نوم، فهل سيدفع الرهن العقاري أو الإيجار؟ بالطبع لا! احصل على منزل يضم العدد الذي تريده من غرف النوم، أو قرر عدم شراء واحدة على الإطلاق. عليك أن تتعامل مع العواقب على أي حال، فلماذا لا تتخذ القرارات المستقلة التي تتوافق مع رغباتك ورغباتك وأهدافك الداخلية؟

**أشاني سامون بياو:** أود أن أقدم مثالاً يحتمل أن يكون مثيراً للجدل وأن أناقش الدين. هناك تفسيرات عديدة للدين، حيث يدعي البعض أن الإنسان ليس له أي سلطة لأن كل شيء تحت سيطرة الله. في حين يحق لكل شخص اختيار نظام معتقداته الخاص، فإن

البعض يعطي الأولوية للمنطق الواضح بينما يعطي البعض الآخر الأولوية للإيمان. أيًّا كان اختيارك، فمن المهم أن تدرك أن عكس ما تؤمن به قد يكون صحيحًا. سيساعدك هذا الوعي على البقاء منفتحًا على إمكانية حدوث نتائج غير متوقعة.

ومع ذلك، إذا كنت متمسكًا بشدة بفكرة أنه لا يمكن أن يكون هناك سوى نتيجة واحدة محتملة، فأنت في مشكلة. وبعبارة أخرى، أنت ثمل.

**أولوميد أوغونسانو:** **يعد** كتاب " كيف وجدت الحرية في عالم غير حر [1]" للكاتب هاري براون أحد أفضل الكتب التي قرأتها عن الحرية على الإطلاق. يستكشف العديد من الفخاخ التي تمنعنا من أن نكون أحرارًا، بما في ذلك فخ اليقين. ويحدث هذا الفخ عندما نؤمن بنتيجة معينة بيقين بنسبة 100% ونفشل في الاعتراف بالمخاطر والشكوك المتأصلة في عملية صنع القرار.

المشكلة الأساسية في بعض طرق التفكير، مثل الدين، هي أنها تجعل الناس يفكرون بيقين مطلق. ومن ناحية أخرى، فإن التفكير الاحتمالي يأخذ في الاعتبار الاحتمالات والمخاطر، كما يظهر في مثال وجود فرصة أقل من 1% لحادث سيارة بسبب عدم شرب الكحول والقيادة بسرعة آمنة. إن الإيمان باليقين المطلق للقرار هو علامة الوقوع في فخ اليقين. لا شيء مؤكد في الحياة تقريبًا، نحن فقط نعتقد أنه كذلك.

التفكير بشكل مستقل لا يعني أنك تعتقد أنك دائمًا على حق. ويعني ذلك أن تكون متقبلاً لفهم وجهات نظر الآخرين مع تحمل المسؤولية عن أفعالك أيضًا. يتعلق الأمر بالراحة والشجاعة الكافية لتحمل مسؤولية قراراتك، حتى لو كانت النتائج أقل من المثالية.

**أشاني سامون بياو:** لا يقتصر التفكير المستقل على حرية التفكير الذاتي فحسب، بل يشمل أيضًا الاعتراف بأن المرء قد يكون مخطئًا والمسؤولية عن نتائج قراراته.

قبل أن أبلغ 35 عامًا، كنت أدفع الإيجار لمدة تتراوح بين 5 إلى 6 سنوات فقط، بما في ذلك سنتان في كلية إدارة الأعمال وثلاث سنوات في المرحلة الجامعية والدراسات العليا. كان هدفي خلال هذا الوقت هو تقليل نفقاتي.

لقد استخدمت النقاط التي حصلت عليها من إقامتي في العمل خلال الأسبوع لقضاء عطلات نهاية الأسبوع في الفنادق. حثتني والدتي على شراء منزل. أصر أصدقائي على أنني متأخر في الحياة لأنه لم يكن لدي رهن عقاري. لو أنني اتبعت نصيحتهم، لأتساءل أين كنت سأصبح اليوم، حيث لا يزال الكثير منهم يكافحون من أجل تحقيق الاستقلال المالي.

لقد مكنني تفكيري المستقل من إدراك أن الجميع يبدو أنهم يتسابقون نحو هدف لا يتوافق مع هدفي. حتى لو كنا على نفس المسار، كان البعض يركضون في سباقات قصيرة بينما كان آخرون يركضون في سباقات المار اثون. من السخف أن تشعر بالإحباط عندما يمر بك شخص يركض لمسافة قصيرة أثناء ركضك في سباق المار اثون. وهذا انعكاس لكيفية عمل FOMO في الحياة الحقيقية. من المهم أن تتعرف على السباق الذي

---

تخوضه وأن تلتزم بمبادئه. يمكنك دائمًا أن تتعلم من الآخرين، لكن ليس من الحكمة تقليد أفعالهم بشكل أعمى."

**أولوميد أوجونسانوو:** لهذا السبب أحب راي داليو كثيرًا. يتحدث عن الترجيح المصداقية.

إذا كان لدي مشكلة مع أسناني، سأستمع إلى طبيب الأسنان، لكنني لن أستمع إلى أخصائي التغذية. على العكس من ذلك، إذا كان لدي مشكلة مع نظامي الغذائي، فسوف أستمع إلى أخصائي التغذية، وليس طبيب الأسنان.

الجميع يريد أن يقدم لك النصيحة، ولكن ليس الجميع يعرف ما الذي يتحدثون عنه. إذا كنت أبحث عن نصيحة مالية شخصية، فسأستمع إلى سامون لأنه أصبح مستقلاً مالياً في الثلاثينيات من عمره. لن أستمع إلى شخص يبلغ من العمر 82 عامًا لا يزال يعمل وليس في وضع مالي جيد.

ولهذا السبب نناقش التفكير المستقل بعد الإيمان بالذات والاعتماد على الذات. تصبح أكثر راحة في التفكير بشكل مستقل عندما تؤمن بنفسك، وتثق بنفسك، وتعتمد على نفسك في اتخاذ الإجراءات.

**أشاني سامون بياو:** ومن الأهمية بمكان تطوير القدرة على تحديد الحالات التي يغيب فيها التفكير المستقل. وللقيام بذلك، يجب على المرء أن يسأل نفسه السؤال التالي: هل يجب أن أضع ثقتي في منظور معين؟ على سبيل المثال، تعرض قناة CNN بانتظام خبراء في أفريقيا يتحدثون بثقة عن الأحداث الجارية في القارة. على الرغم من قراءتهم المكثفة، إلا أنني لن أعتبر آرائهم ذات مصداقية إلا إذا كانت لديهم خبرة مباشرة في العيش في الثقافة الأفريقية والانغماس الكامل فيها.

**أولوميد أوغونسانو:** اسمحوا لي أن أقضي بعض الوقت في السلبيات. هناك جوانب سلبية للتفكير بشكل مستقل، وأنا أعلم ذلك لأنني أواجهها بشكل منتظم. سيشعر الكثير من الناس بعدم الارتياح أو حتى يكرهون أفعالك. على سبيل المثال، قد يقولون أشياء مثل، "هل تعيش في شقة بغرفة نوم واحدة؟ هيا، لماذا لا تشتري منزلاً؟" أو "هل أنت حقًا مستقل ماليًا؟ هيا، بالطبع أنت لست مستقلاً ماليًا. إذا حصلت على وظيفة براتب X دولار، ألن تقبل بها؟" عليك أن تطور جلدًا قاسيًا حتى تفهم أن الناس يُسقطون عليك شعورهم بعدم الأمان وعدم الثقة بالنفس.

الجانب السلبي للتفكير المستقل هو أنه عليك أن تكون على ما يرام مع كونك مختلفًا، وأن تتعرض للانتقاد، وأن يتم الحكم عليك، ولكن الأمر يستحق ذلك لأنك على الأقل تعتقد أنك تعيش الحياة وفقًا لشروطك الخاصة. إذا لم يتساءل الناس عن سبب قيامك بأشياء ليست "طبيعية" ولم يطلبوا منك أن تكون "تقليديًا" أكثر، أو أن تتوافق مع الأمر، أو أن تفعل الأشياء بالطريقة التي تم بها دائمًا، فربما تكون كذلك ليس حقًا مفكرًا مستقلاً ومجرد جزء من الحشد.

**أشاني سامون بياو:** أعلم أن التفكير المستقل يمكن أن يكون متعبًا. نحن نفهم أنك في بعض الأحيان لا تريد أن تتضايق.

**أولوميد أوجونسانو:** يجب إعطاء الأولوية للتفكير المستقل عند اتخاذ القرارات الكبيرة والمهمة في الحياة. ليست هناك حاجة لقضاء ساعات في البحث عن قرارات تافهة مثل الجوارب التي يجب ارتداؤها. وفي مثل هذه القرارات، قد تكون الخيارات الافتراضية كافية. ولكن بالنسبة لاتخاذ القرارات المهمة، فمن الضروري أن يفكر المرء بنفسه، وألا يتبع الجمهور بشكل أعمى. يجب على المرء أن يكون صادقًا مع نفسه أثناء اختيار الخيارات الافتراضية.

يتطلب اتخاذ قرارات الحياة المهمة مراعاة قيمك الشخصية واحتياجاتك وتفضيلاتك.

**أشاني سامون بياو:** في مجتمع يعطي الأولوية للاستهلاك، يصبح التفكير المستقل أكثر أهمية. وللتوضيح خذ هذا المثال:

اشتريت أنا وشريكي سريرًا ملكيًا في كاليفورنيا لشقتنا. لسوء الحظ، نستخدم حاليًا حوالي ثلث السرير. لقد خلق فجوات غير ضرورية ويجعل من الصعب علينا أن نكون قريبين من بعضنا البعض. لماذا أهدرنا المال عليه؟ أستطيع أن أتخيل أن الأزواج الذين ينامون على سرير واحد ربما يستمرون لفترة أطول ويتمتعون بتوافق أفضل، حيث يضطرون إلى تسوية الخلافات قبل النوم لأنه لا يوجد مكان آخر يذهبون إليه.

**أولوميد أوجونسانوو:** [ضحك]

**أشاني سامون بياو:** إذا كان الزوجان يمتلكان سريرًا بحجم كينغ في الكاليفورنيا، فقد يكون ذلك جيدًا مثل النوم في غرف نوم منفصلة. في حالتنا، حتى عندما أمد ذراعي، لا أستطيع أن ألمس شريكي جسديًا، وهذا ليس لأنني قصير القامة. حتى أنها يمكن أن تسقط من السرير ليلاً، ولن أدرك ذلك حتى صباح اليوم التالي.

**أولوميد أوجونسانوو:** [ضحكة هستيرية]

**أشاني سامون بياو:** وبالمثل، لماذا يختار الفرد الذي يقود سيارته على طرق جيدة الصيانة شراء سيارة دفع رباعي كبيرة؟ إذا كان الهدف هو عرض مكانتهم أو ثروتهم، فإن امتلاك مثل هذه السيارة يمكن أن يكون عاملاً مهمًا.

**أولوميد أوغونسانو:** إن حقوق التفاخر واستراتيجيات التفاخر تقع خارج نطاق هذا الكتاب.

**أشاني سامون بياو:** التقيت بمؤسس باع شركات بمئات الملايين من الدولارات، وتناولنا مشروبًا معًا. كان يقود سيارة شيفروليه صغيرة جدًا، بينما كنت أقود سيارة فاخرة، على الرغم من أنني لست مهتمًا بشكل خاص بالسيارات. ومع ذلك، رؤية سيارته جعلتني أدرك أنني لم أفكر طويلاً وصعباً بما فيه الكفاية قبل إجراء عملية الشراء. شعرت ببعض الحماقة لأنني لا أملك مئات الملايين من الدولارات، وكان بإمكاني أن أنفق أموالي على أشياء ذات قيمة أكبر. من الآن فصاعدًا، إذا اشتريت سريرًا ثانيًا، فلن أشتري ملكًا من كاليفورنيا، وإذا اشتريت سيارة أخرى، فلن أشتري سيارة فاخرة إلا إذا طورت ذوقًا لها.

**أولوميد أوجونسانوو:** حسنًا! في هذا الصدد، دعونا ننتقل إلى مبدأ الفضول ذي

الصلة.

**أشاني سامون بياو:** لنبدأ بتعريف الفضول على أنه رغبة متحمسة في تعلم أشياء تتجاوز ما له صلة مباشرة بأنشطتك الحالية. لتوضيح ذلك، تخيل طفلاً جائعًا يتجاهل الطعام الموجود أمامه ويركز بدلاً من ذلك على بقعة صفراء على الأرض. في حين أن هذا قد يفاجئك أو حتى يزعجك، إلا أنه ببساطة نتيجة لفضول الطفل الشديد، والذي يمكن أن يتجاوز حاجته البيولوجية للعيش. وهذا يدل على قوة الفضول.

الآن، فكر في شخص بالغ يعبر عن رغبته في الحصول على وظيفة أفضل ويطلب نصيحتك. إذا سألتهم عن الخطوات التي اتخذوها حتى الآن ونوع الوظائف التي يهتمون بها، ولم يكونوا متأكدين، فقد لا يكون لديهم فضول بما فيه الكفاية. وهذا يشير إلى أن العثور على وظيفة جديدة قد لا يكون على رأس الأولويات بالنسبة لهم. إذا كان شخص ما متحمسًا حقًا للعثور على وظيفة، فسوف يتخذ إجراءات متسقة ويجري بحثًا لجمع المعلومات.

عندما تشعر بالفضول، تتخذ الخطوة الأولى وتستكشف كل شيء من حولك، وتجمع المعلومات التي يمكنك تحسينها والبناء عليها. هناك طاقة تدفعك إلى الاستمرار والنظر إلى ما هو أبعد مما هو مرئي على الفور. وهذا ما يميز الأشخاص الفضوليين عن أولئك الذين ليسوا كذلك.

فكر في هذا الموقف وفكر في مستوى عدم الاهتمام بالأشياء المتوفرة بسهولة من حولك. لماذا يحدث هذا؟ إذا تمكنت من تحديد الأسباب الكامنة وراء قلة فضولك، فقد تتمكن من إيجاد طرق لمعالجة هذه الثغرات.

**أولوميد أوجونسانو:** المهاجرون والمغتربون محظوظون لأنهم يمتلكون ما يكفي من الفضول للانتقال إلى بلد جديد، حيث يواجهون مجتمعًا يختلف عما اعتادوا عليه. هذه الحداثة تسهل عليهم الحفاظ على فضولهم. من الضروري التعرف على مزايا خلفيتك وتاريخك. في المقابل، قد يكون لدى فرد من ولاية ميسيسيبي يدرس في جامعة ميسيسيبي مستوى أقل من الفضول بسبب إقامته في نفس الولاية طوال حياته واعتياده على الأعمال الروتينية الدنيوية.

أثناء قراءتك لهذا الفصل، قد ترى أن فوائد الفضول واضحة، لكننا نريد أن نوضح أننا لا نذكر فقط ما هو واضح. بدلاً من ذلك، نحن نسأل كيف يمكنك تنمية ورعاية الفضول في حياتك على أساس متكرر لمساعدتك على تحقيق الاستقلال المالي.

**أشاني سامون بياو:** دعونا نناقش كيفية إثارة الفضول لدى الأطفال. والخبر السار هو أن الأطفال فضوليون بطبيعتهم حيث أن كل شيء جديد بالنسبة لهم عند ولادتهم. كوالد، من المهم عدم إعاقة فضولهم الطبيعي، بل تعزيزه بدلاً من ذلك. شجع فضول طفلك من خلال السماح له بالاستكشاف والمشاركة معه.

أنا واحد من هؤلاء المتطرفين الذين يدعونهم إلى تجربة الأشياء، حتى الأشياء "السيئة"، طالما أنهم لا يؤذون أنفسهم بشكل خطير. على سبيل المثال، إذا كانوا يلعبون بشيء حاد، دعهم يلعبون طالما أنهم لن يؤذوا أنفسهم بشدة، مثل جرح أعينهم. إذا

تعرضوا للأذى، يمكن أن تكون تجربة تعليمية لهم.

**أولوميد أوغونسانو**: لزيادة فضولك، فكر بفضول في تجارب طفولتك. إذا كانت لديك تجارب إيجابية، فكر في كيفية الحفاظ على هذا الفضول وتعزيزه. على العكس من ذلك، إذا لم تكن تجاربك مفضية إلى الفضول، فيجب عليك التعمق في فهم السبب الجذري لعدم فضولك.

يفتقر الأفراد إلى الفضول لأنهم لم يجدوا الأشياء التي تثير حماستهم. الإثارة والفضول مترابطان، وعادة ما يؤدي أحدهما إلى الآخر.

قم بإنشاء رؤية لحياتك تثير اهتمامك، فهذا سيثير فضولك ويحفزك للبحث عن الخطوات اللازمة لتحقيق أهدافك. أحب مقولة توني روبنز التي تقول: "عندما يكون لديك سبب قوي بما فيه الكفاية، تصبح الطريقة واضحة جدًا."

بمجرد أن يكون لديك هدف واضح ("لماذا") ورؤية محددة جيدًا، ستصبح بطبيعة الحال أكثر حماسًا وفضولًا بشأن استكشاف أفكار وتجارب جديدة

**أشاني سامون بياو**: متفق عليه. على الرغم من أننا قد لا نكون قادرين على علاج نقص الفضول، إلا أنه يمكننا تقديم اقتراحات بناءً على تجاربنا. شخصياً، عندما أشعر بأن فضولي يتضاءل، أجد أن السفر أو استكشاف أماكن جديدة في مدينتي يساعد في إشعال هذا الفضول من جديد. على سبيل المثال، تحديد هدف لاكتشاف جميع المطاعم في منطقتك يمكن أن يكون أكثر تحفيزًا من زيارة نفس الأماكن المألوفة بشكل متكرر من أجل الراحة. قد يتساءل البعض لماذا يجب عليهم تغيير الأشياء التي لم تنكسر. لأنه إذا لم تغير الأشياء، فسوف تنكسر.

**أولوميد أوجونسانوو**: واو، هذا ثقيل.

**أشاني سامون بياو**: الذهاب إلى نفس المطعم بشكل متكرر لأنه يبدو مألوفًا يمكن أن يؤدي إلى ضياع الفرص. قد تشعر بالندم عندما تدرك أن المطعم المجاور يبيع نسخة محسنة من نفس الطبق بسعر أقل بكثير، مما يجعلك تشعر بالحماقة لعدم استكشاف خيارات أخرى عاجلاً.

التالي هو السفر: أنا أستمتع بالسفر لأنه يدفعك إلى أن تكون فضوليًا. على سبيل المثال، إذا كنت من أمريكا وقمت بزيارة أوروبا، فقد تصبح فضوليًا بشأن اليورو وأسعار الصرف، وقد يقودك هذا إلى استكشاف سبب تقلب أسعار الصرف. يتمتع السفر بقدرة فريدة على إشعال الفضول بداخلك. ومع ذلك، إذا كنت لا تزال تكافح من أجل أن تكون فضوليًا بشكل طبيعي، فيمكنك تنمية العادة العقلية المتمثلة في التساؤل "لماذا" كلما واجهت شيئًا غير متوقع. يرتبط هذا الفضول بفكرة الاعتماد على الذات. على سبيل المثال، السؤال "لماذا يستخدم الناس المال؟" سوف يشجعك على مواصلة استكشاف وتوسيع فضولك.

هناك اقتراح آخر لزيادة مستوى فضولك وهو خلق "أزمة" من نوع ما. في حين أن هذا قد يبدو وكأنه نهج غريب، فإنه يمكن أن يكون فعالا. على سبيل المثال، قد تخطئ في وضع مفاتيحك عمدًا في بعض الأحيان، مما سيجبرك على إيلاء اهتمام أكبر لما يحيط

بك. بالإضافة إلى ذلك، حاول بدء محادثات مع الأشخاص الذين تجدهم جذابين ولاحظ كيفية استجابة معدل ضربات قلبك.

من خلال الفضول تجاه الآخرين، يمكنك فتح ثروة من الأفكار. على سبيل المثال، إذا بدا أحد الأشخاص الذين تهتم بهم غير مهتم، فقد تميل إلى أخذ الأمر على محمل شخصي. ومع ذلك، من خلال السعي إلى فهمهم بشكل أفضل، قد تكتشف أن سلوكهم لا علاقة له بك، بل بشيء يحدث في حياتهم الخاصة.

**أولوميد أوجونسانو:** الفضول له قيمة قبل وأثناء وبعد تحقيق الاستقلال المالي.

قبل أن تصبح مستقلاً مالياً، الفضول هو الشرارة التي يمكن أن تشعل الإثارة وتحفزك على الشروع في رحلة نحو مستقبل مالي أفضل.

أثناء رحلة FI، يكون الفضول بمثابة مصدر للتحفيز، مما يساعدك على البقاء على المسار الصحيح، حتى عندما تواجه عقبات أو الحاجة إلى تعديل مسارك.

بعد تحقيق الاستقلال المالي، تستمر فوائد الفضول في الظهور. إذا كنت تستكشف اهتمامات وأنشطة مختلفة على طول الطريق، مثل البولينج أو رقص السالسا أو السفر، فسيكون من الأسهل الانتقال إلى هذه الأنشطة مع الحرية والوقت اللذين ستتمتع بهما بعد الاستقلال المالي.

إذا كنت شخصًا يتساءل لماذا يتضمن كتاب عن الاستقلال المالي قسمًا عن الفضول، وتريد ببساطة جني "الكثير من المال". يدور هذا الكتاب حول مساعدتك على عيش الحياة التي تريدها وفقًا لشروطك الخاصة، وهذا لا يعني بالضرورة جني الكثير من المال.

على أية حال، لدي أخبار جيدة لك، الفضول يساعدك على كسب المزيد من المال لأنه يساعد ليس فقط في حياتك الشخصية ولكن أيضًا في عملك وحياتك المهنية. على سبيل المثال، إذا كنت مديرًا لديه موظفان، فمن الذي سترقيه: الشخص الذي يكمل المهام المعينة فقط أو الشخص الذي يطرح الأسئلة ويسعى إلى فهم الأسباب الكامنة وراء المهام؟

يحدد كتاب "العادات السبع للأشخاص الأكثر فعالية" العادة الأولى بأنها استباقية. إن امتلاك موقف استباقي ومهارات تفكير مستقلة وعقلية فضولية هي مكونات مترابطة للعقلية التي تدفعك نحو تحقيق أهدافك.

من هو الأكثر احتمالا للنجاح؟ شخص فضولي ومستقل واستباقي، أو شخص مسترخي، يتبع الحشد، ويضيع في القطيع، ويفعل ما يطلبه منه أصدقاؤه وعائلته والمجتمع. إنه أمر واضح جدًا ـ لست مضطرًا للإجابة.

**أشاني سامون بياو:** قلة الفضول سوف تفقدك في طريقك إلى الاستقلال المالي. حتى لو تمكنت بطريقة ما من الوصول إلى هناك دون فضول، فقد تصبح متقاعدًا مكتئبًا. كما ذكر أولوميد، الفضول يمكن أن يساعدك في هذه الرحلة. من المحتمل أن تتم ترقيتك إذا تم النظر إليك على أنك قادر على حل المشكلات. المشاكل موجودة لأن الحلول ليست واضحة، لذا يجب أن تكون منفتحًا لاستكشاف طرق مبتكرة لحل المشكلات.

**أولوميد أوغونسانو:** فكر بطريقة إبداعية خارج الصندوق، وهو أمر من المرجح

أن يحدث إذا كنت فضوليًا.

**أشاني سامون بياو:** من الخطر أن تظل سلبيًا، لأن الآخرين لديهم فضول ويطورون أنفسهم، لذلك ستتخلف في النهاية عن الركب.

**أولوميد أوغونسانتو:** سأختتم بالحديث عن بعض الكتب التي تساعد في تعزيز مبادئ التفكير المستقل والفضول.

التوصية الأولى للكتاب هي " الشجاعة التي لا تحبها "[2] بقلم إيشيرو كيشيمي وفوميتاكي كوجا. الكتاب مكتوب بأسلوب سردي من قبل مؤلفين يابانيين ويتحدث عن كيف يمكنك السيطرة على حياتك، وكيف يمكن لآراء الآخرين أن تؤثر على سعادتك.

ثانياً، أوصي بكتاب " Antifragile "[3] لنسيم طالب. يقدم هذا الكتاب الشهير مفهوم مكافحة الهشاشة، حيث أن حدوث شيء سلبي يمكن أن يكون له في الواقع تأثير إيجابي عليك. يمكن للنظام القوي أن ينجو من الضغوط الخارجية، لكن النظام المضاد للهشاشة يتحسن عندما يتعرض للضغط. يسير التفكير المستقل والفضول والتفكير في الأنظمة المضادة للهشاشة جنبًا إلى جنب. يتطلب تصميم نظام مضاد للهشاشة مستوى مختلفًا من التفكير. نسيم هو مفكر مضاد للثقافة، وهو مفيد أيضًا للقراء.

**أشاني سامون بياو:** أود أن أوصي بكتاب لآدم غرانت بعنوان " فكر مرة أخرى "[4]. تخيل أن عقلك مثل الغاز المضغوط في أنبوب ويأتي ويوسع عقلك. فهو يساعد على تفكيك الأشياء التي نعتبرها أمرا مفروغا منه. إنه يوضح لك أن الأشياء من حولنا ليست بالضرورة ما نعتقده.

**أولوميد أوجونسانوو:** رائع. شكرا لقرائتك. نراكم في الفصل التالي.

---


2. http://www.amazon.com/The-Courage-to-Be-Disliked-audiobook/dp/B07BRPW98K

3. https://www.amazon.com/Antifragile-Things-That-Disorder-Incerto/dp/0812979680

4. http://www.amazon.com/Think-Again-Power-Knowing-What/dp/1984878107

# 4: القصص المهنية المبكرة ومبادئ الطموح والشجاعة

**أولوميد أوغونسانو:** أنا متحمس للتعمق في قصص وظائفنا الرسمية الأولى في الشركات الأمريكية وأوروبا. إن وظائفنا الأولية، ورواتبنا، ورؤسائنا لها تأثير كبير على كيفية تفكيرنا، والعديد من الآخرين، في إدارة الأموال.

وسنتحدث أيضًا عن مبادئ الطموح والشجاعة. كن طموحًا في تحديد الأهداف وشجاعًا في التحرك نحوها، حتى في مواجهة النكسات أو الخوف.

سوف تواجه العديد من التحديات والعقبات. سوف يرشدك الطموح والشجاعة نحو الاستقلال المالي والقدرة على عيش الحياة بشروطك الخاصة.

**أشاني سامون بياو:** سنشاركم كيف طورنا طموحاتنا ووجدنا الشجاعة لتحقيقها. لا يمكننا الانتظار لنخبرك كيف أثرت هذه المبادئ على حياتنا المهنية المبكرة وساعدتنا على تحقيق الاستقلال المالي. هيا بنا نبدأ!

# 4/أ: قصة أولوميد المهنية المبكرة

**أشاني سامون بياو:** ما هي وظيفتك الأولى وكيف حصلت عليها؟ أيضًا، هل كانت لديك أي أفكار حول الاستقلال المالي أثناء انتقالك من الجامعة إلى وظيفتك؟

**أولوميد أوجونسانو:** لقد درست الهندسة الكيميائية في الجامعة، وفكرت أيضًا في الحصول على شهادة مزدوجة في الاقتصاد ولكني قررت في النهاية عدم القيام بذلك. في نهاية دراستي الجامعية، وجدت الفصول الدراسية مملة بعض الشيء، لكنني كنت آمل أن تكون وظيفتي أكثر إثارة للاهتمام. تخرجت في عام 2006 وكان عمري 21 عامًا بمعدل تراكمي مرتفع، ولكن كان من الصعب بعض الشيء بالنسبة لي العثور على وظيفة لأنني لم أقم بأي تدريب داخلي. وذلك لأن تأشيرة عمل الطالب الأمريكي تم تصميمها بحيث يتمكن الطلاب الدوليون من إجراء تدريب داخلي باستخدام تأشيرات الطلاب الخاصة بهم، لكن العديد من الشركات أرادت فقط تقديم تدريب داخلي للطلاب الذين سيحصلون لاحقًا على وظائف بدوام كامل، مما يجعل الأمر أكثر صعوبة على الطلاب مثلي. ونتيجة لذلك، اضطررت إلى العثور على وظائف أخرى خلال فصل الصيف.

عملت كمدرس وهو أمر ممتع وسهل. لقد حصلت أيضًا على وظيفة في الاتصال بالخريجين لأطلب منهم (التسول؟) التبرعات للمدرسة. كان صعبا. لقد حصلنا على بعض الردود القاسية والقاسية. "اتركني وحدي!" "لا تتصل بي أبدًا على هذا الرقم!" "من هم الجحيم هو هذا؟" "كيف حصلت على رقمي؟" لم تكن هذه التجارب ممتعة ولم يكن لها أي علاقة بشهادتي في الهندسة الكيميائية، لكن كان علي أن أفعل كل ما كان علي فعله لكسب المال. كانت وظيفة الاتصال سيئة في معظم الأوقات، لكنها جعلتني أشعر براحة شديدة في الترويج والبيع عبر الهاتف.

عندما اقترب موعد التخرج في صيف عام 2006، بدأت في التقدم لوظائف بدوام كامل وأجريت مقابلات في شركة Honeywell UOP. سارت المقابلات بشكل جيد، وعرضوا علي وظيفتي الأولى كمهندس تصميم العمليات. بدأت في سبتمبر/أيلول 2006 في مصفاة في ولاية إنديانا، على مقربة من شيكاغو بما يكفي لكي أتمكن من الذهاب إلى العمل كل يوم عن طريق ركوب حافلتين. كان راتبي 56000 دولار، وكنت سعيدًا بالبدء. لقد استخدمت برنامجًا لتصميم أنواع مختلفة من معدات المصفاة مثل المبادلات الحرارية والمضخات وما إلى ذلك. وكان علي أيضًا الذهاب إلى الميدان لدعم تركيب المعدات التي صممتها.

**أشاني سامون بياو:** هل كان ذلك في شيكاغو؟

**أولوميد أوغونسانو:** كانت هذه الوظيفة في مصفاة في ولاية إنديانا، لكنها كانت قريبة بما فيه الكفاية من شيكاغو بحيث تمكنت من الوصول إلى العمل كل يوم عن طريق

ركوب حافلتين. لم أرغب في المخاطرة بشراء سيارة لأنني كنت أحمل تأشيرة عمل مؤقتة للهجرة. هذه هي قصة وظيفتي الأولى وكيف حصلت عليها.

**أشاني سامون بياو:** واو، التحديات التي يواجهها الطلاب المهاجرون في أمريكا واضحة في انتقالك من المدرسة إلى العمل. تفضل الشركات منح التدريب الداخلي للطلاب الذين يمكن تعيينهم بسهولة بدوام كامل دون الحاجة إلى تصريح عمل، كما هو الحال بالنسبة لجميع المهاجرين.

**أولوميد أوجونسانوو:** بالضبط. على الرغم من أن الحكومة تسمح للشركات بإعطائك تدريبًا داخليًا. كان حزينا جدا. على الرغم من حصولي على أعلى معدل تراكمي في قسمي، إلا أنني اضطررت إلى القبول بوظائف أخرى لا علاقة لها بشهادتي. لقد كان الأمر غريبًا بعض الشيء، لكنك تجاوزت هذه الأشياء. هذه هي الطريقة التي يتم بها إعداد الهجرة.

**أشاني سامون بياو:** إذا كنت أميركياً، فلن تفكر أبداً في القيود المفروضة على التأشيرة. أتذكر عندما تفاجأ بعض أصدقائي الفرنسيين بأن الطلاب الدوليين يحتاجون إلى تصاريح عمل. "ما هذا؟" سيسألون في حيرة. [ضحك].

**أولوميد أوجونسانوو:** [ضحك]

**أشاني سامون بياو:** عندما يتعلق الأمر بالعمل بدوام كامل، هل كانت لديك استراتيجية للبحث عن عمل؟ هل قبلت العرض الأول لأنه كان من الصعب الحصول على وظيفة أم أنك كنت متعمداً أكثر في انتظار الوظيفة المناسبة؟

**أولوميد أوجونسانوو:** كنت بحاجة إلى المال. لقد تخرجت في الصيف وأحتاج إلى الحصول على وظيفة. لم يكن لدي المزيد من الاستقلالية والقدرة على الاختيار من بين وظائف متعددة إلا في وقت لاحق من مسيرتي المهنية. من المهم فهم توازن القوى بين صاحب العمل والموظف. إذا كنت لا تفهم هذا، فمن المحتمل أن صاحب العمل لديه كل السلطة عليك.

للتلخيص: امتدت مسيرتي المهنية المبكرة من 21 إلى 25 عامًا (تخرجت من الجامعة في عام 2006 عندما كان عمري 21 عامًا، وذهبت إلى كلية إدارة الأعمال في عام 2010 عندما كان عمري 25 عامًا). ملخص حياتي المهنية المبكرة هو في الأساس وجع القلب والألم. وكما ذكرت، فقد بدأت مسيرتي المهنية كمهندس تصميم عمليات في شركة Honeywell UOP، التي كانت في طور الاستحواذ عليها من قبل شركة Honeywell في ذلك الوقت. لسوء الحظ، لم تتمكن الشركة المندمجة، Honeywell UOP، من تقديم طلب تأشيرة العمل الدائم الخاص بي، وتم تسريحي من وظيفتي الأولى في غضون ثلاثة أشهر. لقد كانت تجربة مؤلمة للغاية.

**أشاني سامون بياو:** واو.

**أولوميد أوجونسانو:** وقع هذا الحادث في يناير/كانون الثاني 2007، بعد وقت قصير من بدء عملي في سبتمبر/أيلول 2006. لقد شعرت بإحساس عميق بالخجل والإحراج. باعتباري طالبًا متميزًا في فصولي الجامعية وحصلت على أحد أعلى

المعدلات التراكمية في برنامجي، فقد أدهشني هذا التحول في الأحداث. بدأت الأفكار حول ما يمكن أن يحدث إذا اضطررت إلى مغادرة البلاد (بسبب حد البطالة لمدة 90 يومًا في تأشيرتي المؤقتة) تشغل ذهني.

لقد كان وقتًا صعبًا للغاية بالنسبة لي. وجدت نفسي أبكي وحدي في غرفتي، غير متأكدة من الخطوات التي يجب اتخاذها بعد ذلك. ولم أشعر بالارتياح عند مناقشة الأمر مع أي شخص، خاصة وأن العديد من أصدقائي هناوني قبل بضعة أشهر فقط. لقد دخلت في مكان مظلم حيث بدأت في فهم ديناميكيات السلطة. أدركت أن الحياة كانت مثل رقعة الشطرنج، وكنت بحاجة إلى العثور على استراتيجية من شأنها أن تمنحني المزيد من الحرية بدلاً من أن أكون مجرد بيدق.

كانت هذه بلا شك واحدة من أدنى النقاط في حياتي. عندما كنت في الحادية والعشرين من عمري، كنت لا أزال أحاول اكتشاف الأمور، وأتذكر أنني كنت أذرف الدموع لأيام متتالية.

**أشاني سامون بياو:** واو. كيف تمكنت من التكيف مع الوضع، وكيف غيرك؟

**أولوميد أوغونسانو:** لحسن الحظ، قبل حادثة التسريح من العمل، لم أقم بأي عمليات شراء كبيرة مثل شراء سيارة أو منزل. واصلت العيش بأسلوب حياة متواضع يشبه أيام دراستي الجامعية، حيث كنت أتقاسم الشقة مع زملائي في الغرفة. ولحسن الحظ، كان هذا يعني أن نفقات معيشتي ظلت منخفضة. لقد اعتمدت في المقام الأول على القطارات والحافلات للتنقل، وفي بعض الأحيان كنت أسافر بالسيارة مع زملائي في العمل.

كانت إحدى رفاقي في السيارة امرأة فارسية التحقت أيضًا بالمعهد الهندي للتكنولوجيا وحصلت على درجة الماجستير في الهندسة الكيميائية، بينما كنت قد أكملت درجة البكالوريوس فقط. والمثير للدهشة، على الرغم من أنها تتحمل نفس المسؤوليات الوظيفية، إلا أنها كانت تكسب 1000 دولار سنويًا فقط أكثر مني، براتب قدره 57000 دولار. وهذا قادني إلى ملاحظتين.

أولاً، أصبح من الواضح أن الشركات لا تقدر درجة الماجستير بشكل كبير مقارنة بدرجات البكالوريوس. على الرغم من أن تعليمها الإضافي كلف عامين من حياتها و40 ألف دولار، إلا أن الزيادة في الراتب كانت ضئيلة. غالبًا ما كانت تشتكي من قلة الأموال المتبقية بعد دفع ثمن سيارتها ورهنها العقاري. لقد صدمني هذا الأمر، حيث كان لدي تجربة معاكسة وتمكنت من توفير جزء كبير من دخلي.

ثانيًا، أدركت أن خيارات الإنفاق لدينا يمكن أن تؤثر بشكل كبير على مسارات حياتنا. على الرغم من أن رواتبنا كانت متشابهة، إلا أننا حصلنا على نتائج مختلفة إلى حد كبير. لقد دفعت إيجارًا ضئيلًا يتراوح بين 300 إلى 350 دولارًا شهريًا من خلال مشاركة شقة في الطابق السفلي مع صديقي نخيل، في حين كان لدى صديقي الفارسي رهن عقاري كان على الأرجح أعلى بكثير من إيجارتي. وبينما كنت أستخدم تذكرة شهرية بقيمة 75 دولارًا لوسائل النقل العام، فقد تكبدت هي نفقات سيارتها، بما في ذلك التأمين والغاز والإصلاحات.

تخيل لو أنني اشتريت منزلاً وسيارة خلال تلك الفترة. كنت قد حوصرت. ماذا كنت سأفعل برهن عقاري لمدة 30 عامًا؟ كيف كنت سأتعامل مع السيارة؟ بيعه بخسارة كبيرة؟ كان الوضع سيصبح رهيباً، مما اضطرني إلى بيع أصولي وربما حتى مغادرة البلاد.

ولا تزال تلك الذكريات حية في ذهني. لقد جعلتني هذه التجربة أكثر قسوة وقادتني إلى النظر إلى الشركات بثقة أقل. كنت أعلم أنني لا أستطيع الاعتماد على الشركات لأنهم لم يهتموا بي. لقد أثار اهتمامي بالتمويل الشخصي، والاستقلال المالي، والتقاعد المبكر. كان ذلك بمثابة بداية رحلتي نحو الاستقلال المالي.

**أشاني سامون بياو:** تلك القصة التي شاركتها مؤثرة بشكل لا يصدق. لا بد أن الأمر كان مؤلمًا للغاية ويصعب التغلب عليه.

**أولوميد أوجونسانو:** كثير من الناس على دراية باضطراب ما بعد الصدمة، والذي يرمز إلى اضطراب ما بعد الصدمة. إنها حالة صحية عقلية تؤثر على الأفراد الذين مروا بتجارب مؤلمة، مثل المحاربين القدامى، مما يجعلهم يعيشون الصدمة ويؤثرون سلبًا على حياتهم اليومية، بما في ذلك العلاقات والعمل.

من ناحية أخرى، هناك استجابة أقل شهرة للصدمة تسمى PTG، أو النمو بعد الصدمة. يشير إلى عملية النمو الشخصي والتطور والتغيير التي يمكن أن تحدث بعد التعرض للصدمة. من نواح عديدة، أشعر أنها كانت لحظة PTG في حياتي.

حتى وقت قريب، لم أتمكن من سرد القصة دون البكاء، لأنها أعادت لي ذكريات حية عما شعرت به. ومع ذلك، أخبرني أحدهم ذات مرة أنه كلما انفتحت أكثر بشأن تجاربك المؤلمة، أصبح الأمر أسهل. أستطيع أن أؤكد أن هذا صحيح.

**أشاني سامون بياو:** لقد ذكرت أنك وصديقك نخيل تعيشان في الطابق السفلي لإبقاء الإيجار منخفضًا. أود استخدام هذا المثال لتسليط الضوء على أهمية التوفير في وقت مبكر. عندما يبدأ الأشخاص في الحصول على راتب لأول مرة، فمن الشائع بالنسبة لهم أن يشعروا بالحاجة إلى إنفاق الكثير، نظرًا لدخلهم المتاح حديثًا. ومع ذلك، فإن تحقيق الاستقلال المالي يتطلب عادةً مراعاة نفقاتك منذ البداية. كلما أنفقت أكثر، قل ما هو متاح للاستثمار والتراكم بمرور الوقت. بدلًا من ذلك، قم بتحويل نفقاتك إلى استثمارات، مثل فرص التعلم أو التواصل من أجل فرص عمل جديدة.

قد تؤدي زيادة إنفاقك تلقائيًا مع زيادة دخلك إلى نتائج عكسية، خاصة إذا كان إنفاقك المتزايد لا يتوافق مع قيمك.

**أولوميد أوغونسانو:** هناك عدة استراتيجيات لتحقيق الاستقلال المالي. تتضمن إحدى الاستراتيجيات التركيز على زيادة دخلك إلى الحد الأقصى، بينما تركز الأخرى على تقليل نفقاتك. يميل الأفراد المختلفون بشكل طبيعي أكثر نحو جانب أو آخر، متأثرين بشخصيتهم، أو تعرضهم، أو الفرص، أو الموقع، أو المهارات، أو الخلفية، أو التعليم.

ومع ذلك، من المفيد متابعة كلتا الاستراتيجيتين في وقت واحد. يجب على الأفراد أن يسعوا جاهدين لزيادة دخلهم إلى الحد الأقصى من خلال التطوير المستمر لأنفسهم

واكتساب معارف ومهارات جديدة. وفي الوقت نفسه، يجب عليهم تقليل التكاليف عن طريق الإنفاق الواعي بناءً على قيمهم، وإعطاء الأولوية للمجالات التي تجلب لهم السعادة، وتقليل أو إلغاء النفقات غير الضرورية. المفتاح هو إيجاد توازن بين تعظيم الدخل وتقليل التكاليف، والتأكيد عمدًا على جانب واحد بناءً على مرحلة حياتك المحددة وظروفك وفرصك. هذا هو المكان الذي يكمن فيه الفارق الدقيق. هذا هو الفارق الدقيق.

على سبيل المثال، إذا كنت تبلغ من العمر 21 عامًا وبدأت للتو وظيفة في مدينة جديدة، فقد يكون من المهم في البداية التركيز على تقليل التكاليف. ستحتاج إلى معرفة السكن والنقل في موقعك الجديد. ومع ذلك، بمجرد قيامك بتحسين مجالات التكلفة الرئيسية، قد يكون من المفيد تحويل تركيزك نحو زيادة دخلك إلى الحد الأقصى. يمكن أن يشمل ذلك استكشاف الترقيات الوظيفية، أو النشاطات الجانبية، أو تجارب ريادة الأعمال، أو المشاريع الإبداعية. لن يكون من المفيد مضاعفة خفض تكاليفك بسبب تناقص العوائد الهامشية عندما تكون هناك فرص أكبر في جانب الإيرادات.

مثال آخر هو إذا كنت تبلغ من العمر 38 عامًا وتمارس بالفعل الاقتصاد في الإنفاق وتلتزم بالميزانية، ولديك أربعة أطفال (طفلان صغيران، واثنان من المراهقين في المدرسة الثانوية، وطالب جامعي واحد). قد يكون تحسين التكاليف أكثر صعوبة في هذه الحالة، وقد يكون الوقت قد حان للبحث عن فرص دخل إضافية.

غالبًا ما يؤكد مجتمع الاستقلال المالي على تقليل التكلفة، بينما يميل رواد الأعمال إلى التركيز على تعظيم الإيرادات. نصيحتي هي متابعة كلتا الاستراتيجيتين ولكن مع اتخاذ خيار واعٍ لتحديد أولويات إحداهما بناءً على ظروفك الخاصة.

**أشاني سامون بياو:** هذه المحادثة مليئة باللحظات المقتبسة. الانتقال إلى المرحلة التالية من حياتك المهنية: لقد ذكرت حصولك على وظيفة بعد أشهر قليلة من التخرج، ولكن لسوء الحظ، تم تسريحك من العمل. ماذا حدث بعد ذلك؟

**أولوميد أوغونسانو:** بدأت على الفور في صياغة الخطة. كان همي الأساسي هو أنني يجب أن أغادر أمريكا في غضون 90 يومًا، لذلك اتخذت قرارًا بمتابعة درجة الماجستير. وهذا من شأنه أن يمنحني تأشيرة طالب أخرى طوال مدة البرنامج، والتي كانت عامين. لقد تواصلت مع عميد قسم الهندسة الكيميائية وشرحت له الوضع في شركة Honeywell UOP. أعربت عن رغبتي في بدء برنامج الماجستير في أقرب وقت ممكن وطلبت منحة دراسية لتغطية تكاليف البرنامج. وبعد الانتهاء من كافة الأمور اللوجستية، قمت بالتسجيل في برنامج الماجستير في الهندسة الكيميائية بمنحة دراسية بنسبة 75%. أثناء دراستي، استأنفت التقدم للوظائف وحصلت في النهاية على وظيفة أخرى، وهو ما فعلته أثناء حضوري دروسًا ليلية.

**أشاني سامون بياو:** كيف تمكنت من الحصول على هذه المنحة المهمة؟ هل تفاوضت بجدية؟

**أولوميد أوجونسانو:** لقد تفاوضت بجد لأنه لم يكن من العدل أن أدفع مقابل درجة علمية لم أكن بحاجة إليها حقًا. لقد حصلت بالفعل على نفس الدرجة الجامعية اللعينة في

الهندسة الكيميائية.

**أشاني سامون بياو:** خاصة وأنك كنت على علم بتناقص العائد على درجة الماجستير من زميلك الفارسي.

**أولوميد أوجونسانوو:** بالتأكيد. على الرغم من حصولها على درجة الماجستير، إلا أن راتبها كان يزيد عن راتبي بـ 1000 دولار سنويًا فقط عندما كنت أحصل على درجة البكالوريوس فقط في ذلك الوقت. لماذا أدفع 40 ألف دولار للحصول على درجة الماجستير؟ ومع ذلك، فإن ما جعل القرار أكثر جدوى بالنسبة لي هو حقيقة أن الوظيفة الجديدة قدمت تعويضًا عن الرسوم الدراسية بنسبة 50٪ تقريبًا. وهذا يعني أنه سيتم تغطية معظم تكاليف برنامجي. بالإضافة إلى ذلك، كنت بحاجة إلى أن تتقدم الشركة الجديدة بطلب للحصول على تأشيرة العمل الخاصة بي، حيث لم أرغب في إجراء عملية الهجرة مرة أخرى. لقد أكدت مع فريق الموارد البشرية والفريق القانوني أنهم سيتعاملون مع طلب التأشيرة.

كان العمل يومًا كاملاً ثم حضور الدروس لساعات ليلاً أمرًا صعبًا. كانت أيامي مجنونة كنت أعمل من التاسعة إلى الخامسة، متبوعًا بالوضع المباشر للفصل من السادسة إلى الثامنة أو التاسعة. تلك كانت حياتي للسنتين التاليتين.

**أشاني سامون بياو:** واو. هل سمح لك بأخذ دروس ليلاً كطالب دولي؟

**أولوميد أوجونسانو:** نعم، كطالب دولي، كانت لدي المرونة اللازمة لحضور الفصول الدراسية في أي وقت، بما في ذلك الفصول الليلية. سُمح لي أيضًا بالعمل بتأشيرة عمل الطالب.

**أشاني سامون بياو:** هل أتت الوظيفة الجديدة براتب أعلى؟

**أولوميد أوغونسانو:** نعم، كان راتبي الجديد 58000 دولار في السنة، وهو أعلى قليلاً من وظيفتي الأولى. مع هذه الوظيفة، قررت شراء سيارة. لقد كانت سيارة BMW 3 Series مستعملة بتكلفة 17000 دولار. شعرت بمزيد من الأمان في هذه الوظيفة لأنهم وافقوا على تقديم طلب للحصول على تأشيرة عملي. لقد أحببت السيارة، وكان لونها الخارجي والداخلي أسود، وكان لديّ لوحات تزيين مخصصة مكتوب عليها "OLUMIDE". لقد استمتعت كثيرا بالسيارة.

**أشاني سامون بياو:** مثير للاهتمام.

**أولوميد أوجونسانو:** على الرغم من أن لدي ذكريات جميلة عن السيارة، إلا أنه إذا نظرنا إلى الوراء، فربما كانت واحدة من الأخطاء القليلة التي ارتكبتها في رحلتي المالية. لا يرجع ذلك بالضرورة إلى قرار شراء السيارة بحد ذاته، ولكن لأنني لم أقضي وقتًا كافيًا في البحث عن خيارات النقل المختلفة والتكلفة الإجمالية للملكية المرتبطة بها.

لقد مررت بالعديد من التجارب الإيجابية في الوظيفة الثانية، لكن القصة أخذت منعطفًا سيئًا مرة أخرى. تعمل تأشيرة العمل الأمريكية H1-B بنظام القرعة، ولسوء الحظ، لم يتم اختياري في المرتين الأوليين اللذين تقدمت فيهما. لم يؤثر الأمر عليّ على الفور لأنني لا أزال أمتلك تأشيرة عمل الطالب الخاصة بي. ومع ذلك، بحلول الفترة

2009-2008، انهارت أسعار النفط بسبب الأزمة المالية وما تلاها من انخفاض في الطلب. ونتيجة لذلك، تم تسريحي من وظيفتي الثانية في عام 2009، قبل عيد ميلادي الرابع والعشرين مباشرة.

**أشاني سامون بياو:** واو. مرة أخرى!

**أولوميد أوجونسانو:** لم تكن مفاجأة كاملة، حيث تم الاستغناء عن معظم أعضاء فريقي لمدة 6 أشهر. لكنني مازلت أشعر بالحزن بعض الشيء. فقدان الوظيفة يحرق دائما. لهذا السبب قلت أن قصة مسيرتي المهنية المبكرة كانت قصة حسرة. عندما كنت في الثالثة والعشرين من عمري، وعلى وشك أن أبلغ الرابعة والعشرين من عمري، تم الاستغناء عن أول وظيفتين قمت بهما على الإطلاق.

تعمل صناعة النفط والغاز في دورات، وعندما ينخفض سعر النفط، تسعى الشركات إلى تقليل تكاليفها. شعرت بالإحباط لأنني مازلت أتذكر ما حدث في وظيفتي الأولى قبل بضع سنوات.

ومع ذلك، على عكس فقدان وظيفتي الأولى في عام 2006، كنت في وضع أفضل بكثير عقليًا وماليًا هذه المرة. لقد تمكنت من توفير ما مجموعه حوالي 40.000 إلى 50.000 دولار (50% من إجمالي معدل مدخرات راتبي) على مدار العامين، لذلك كنت مرتاحًا ماليًا.

كنت لا أزال أعيش في نفس الشقة في الطابق السفلي مع نخيل. إيجاري لم يرتفع بشكل ملحوظ. لقد دفعت إيجارًا يتراوح بين 300 إلى 350 دولارًا شهريًا من عمر 21 إلى 25 عامًا.

ولأنني تمكنت من إدارة نفقاتي بشكل فعال، فقد تمكنت من التخطيط واتخاذ القرارات من مكان يتمتع بسلطة نسبية. لقد طورت عقلية صارمة وكنت على استعداد لاتخاذ إجراء. ولحسن الحظ، لم أضطر إلى مغادرة البلاد لأنه لا يزال لدي تأشيرة طالب من برنامج الماجستير الخاص بي. كنت أعرف في قلبي أن الهندسة الكيميائية لم تكن مناسبة لي، ولهذا السبب فكرت في الحصول على شهادة مزدوجة في الاقتصاد في الجامعة ولماذا افتقرت إلى الحماس لأول وظيفتين لي.

بدلاً من الاستمرار في التقدم للحصول على المزيد من الوظائف والتعامل مع نظام اليانصيب الذي لا يمكن التنبؤ به، قررت أن أذهب إلى كلية إدارة الأعمال وأغير حياتي. لم أكن متأكدًا تمامًا مما أريد أن أفعله بعد كلية إدارة الأعمال، لكنني كنت أعلم أن الأمر سيشمل مزيجًا من التمويل والتكنولوجيا والأعمال. لقد بدأت التقديم إلى كليات إدارة الأعمال في عام 2009، وسوف أتعمق أكثر في ذلك في الفصل التالي.

**أشاني سامون بياو:** واو. هذه القصة تبدو مؤلمة جدا. لقد كنت خريجًا حديثًا، في أوائل العشرينات من عمرك، ومع ذلك فقد مررت بالكثير بالفعل.

**أولوميد أوغونسانو:** لم يكن لدي من يعتني بي. والدي لم يكن هناك. كنت مهاجرًا في البلاد وفقد وظيفته مرتين عندما كان عمري 23 عامًا.

**أشاني سامون بياو:** قد يرفض الأشخاص الذين يعيشون في البلدان النامية قصتك

بالقول إن العيش في أمريكا يمنحك بالفعل حياة أفضل، ولكن كل شخص لديه مشاكله الخاصة، بغض النظر عن مدى جودة حياتهم.

أوروبا والولايات المتحدة مختلفتان للغاية. من الصعب أن نتخيل سيناريو في فرنسا حيث يمكن الاستغناء عن شخص ما مرتين في هذه المرحلة المبكرة من حياته المهنية، وذلك لسببين:

1. من الصعب جدًا الاستغناء عن الشركة إلا إذا كانت الشركة على وشك الإفلاس. لا تقوم الشركات عادة بتقليص حجمها للحفاظ على الربحية.

2. إذا تم تسريحك من العمل، فعادةً ما يكون لديك أكثر من 90 يومًا للعثور على وظيفة جديدة. لا أستطيع أن أذكر المدة بالضبط، لكنها أكثر سخاء.

**أولوميد أوغونسانو:** أوه، حتى بالنسبة للمهاجرين؟

**أشاني سامون بياو:** نعم، إنه أكثر كرماً. عادة ما تكون العقبة الوحيدة في فرنسا هي العثور على عمل. لا يوجد نظام قرعة، وإذا كان لديك وظيفة في نفس مستوى دراستك، فإنك تحصل على تصريح عمل.

لقد ذكرت أنك بدأت التفكير في طلبات الالتحاق بكلية إدارة الأعمال عندما كان عمرك 23/24. وفي المقابل، لم أتقدم إلى كلية إدارة الأعمال حتى بلغت التاسعة والعشرين من عمري. كثير من الناس في فرنسا لا يقدرون درجة الماجستير في إدارة الأعمال. هناك أيضًا اعتقاد سائد بأنه يجب أن تتمتع بخبرة عمل كبيرة وأن يكون عمرك عادةً أقرب إلى 30 عامًا للتقدم. إن الجداول الزمنية ووجهات النظر مختلفة، والأمور أكثر تأخيراً في أوروبا. في ألمانيا، على سبيل المثال، لا يكمل العديد من طلاب الجامعات دراستهم ويبدأون العمل في منتصف العشرينيات من عمرهم. تميل حياة الشركات إلى أن تكون أكثر استقرارا في أوروبا، في حين أنها يمكن أن تكون أكثر تقلبا في أمريكا.

اسمحوا لي أن ألخص المشاعر الرئيسية التي ترددت في ذهني عندما سمعت قصتك. أولاً، الصدمة والإدراك الذي كان عليك أن تدافع عنه بنفسك من تلك الوظيفة الأولى. ثانيًا، التصميم على تولي مسؤولية حياتك بطريقة مختلفة من خلال متابعة التجديد أو التجديد من خلال كلية إدارة الأعمال.

ما الذي يجب أن يعرفه الناس عنك خلال تلك السنوات الأولى والذي له صلة بالاستقلال المالي؟

**أولوميد أوغونسانو:** الخيط الأساسي طوال قصتي هو أنني شخص مخلص. لذلك، عندما اتخذت قرار الالتحاق بكلية إدارة الأعمال، اتخذت قراري بكل ما في وسعي. لقد أصبحت هذه أولويتي القصوى، وكأنها وظيفة بدوام كامل تقريبًا. كنت أستيقظ مبكرًا، وأستحم، وأتوجه إلى المدرسة للدراسة. كنت سأبقى في الحرم الجامعي لأنني كنت لا أزال طالبة ماجستير، وكانت دروسي في المساء. كنت أحضر كتب اختبار GMAT الخاصة بي إلى الفصل الدراسي وأدرس حتى تبدأ فصولي ليلاً. عندما يكون لديك هدف، فمن المهم أن تقطع كل الطريق لتحقيقه.

أنا من النوع الذي يمكنه الالتزام الكامل وتكريس كل وقتي وطاقتي لمهمة ما. عندما

وضعت نصب عيني تحقيق درجة تزيد عن 700 درجة في اختبار GMAT، كان من الواضح لي أنه كان عليّ أن أدرس كل يوم تقريبًا. السبب الوحيد الذي جعلني أدرك أنه يعتبر غير عادي هو عندما فوجئ الناس بمدى رغبتي في الذهاب عندما شاركت نهجي. على سبيل المثال، سيستغرق الأمر من 3 إلى 5 أشهر تقريبًا لوضع اللمسات النهائية على هذا الكتاب وإصداره لأننا ملتزمون ومتحمسون لهذه العملية. في بعض الأحيان، من الأفضل أن تؤسس قناعاتك الخاصة بناءً على ما هو مهم بالنسبة لك قبل طلب التحقق الخارجي. إذا كنت تعتمد على التأثيرات الخارجية أولاً، فقد تجعلك تشكك في دوافعك الداخلية.

قم بتطوير قناعتك الداخلية دون الاعتماد على التحقق من الآخرين.

**أشاني سامون بياو:** أنت تذكرني بنقطة ناقشناها في المقدمة وهي ما لا نريد أن يأخذه الناس من هذا الكتاب. لقد أنشأ العالم نماذج وأدلة لعب ليتبعها الناس. من الصعب أن نتخيل كيف يمكن أن يؤدي اتباع هذه القواعد ببساطة إلى الاستقلال المالي. في قصتك، لم تطلب آراء الآخرين حول أفضل كثافة للتحضير لاختبار GMAT. لقد عرفت أهميتها بالنسبة لك، لذلك قررت تطبيق أقصى قدر من الشدة.

**أولوميد أوغونسانو:** بالضبط، اتبع إيقاعك الطبيعي إلى النقطة التي تشعر فيها بالنشاط. **لا يوجد كتاب قواعد أو دليل قواعد أو دليل أو قالب للحياة. كل ما تبقى هو أن تكون نفسك وتجعل نفسك أفضل كل يوم. كل شيء آخر هو هراء.** لا تريد أن تبلغ السبعين من عمرك مع الكثير من الندم. الآن هو الوقت المناسب لتحقيق الأمور.

لا أعرف الحقيقة المغايرة لما كان سيحدث لولا فقدان وظيفتي. أشك في أنني كنت سأستمر في هذا المسار لأصبح مديرًا تنفيذيًا للهندسة يتمتع بخبرة 17 عامًا في تصميم العمليات. كم كانت ستكون تلك الحياة دنيوية؟

سار كل شيء على ما يرام لأنني اضطررت إلى المخاطرة من أجل البقاء. قد لا يكون لدى الجميع نفس التأثيرات التي دفعتني إلى المخاطرة، ولكن يمكنهم دفع أنفسهم إلى تحمل المخاطر.

**أشاني سامون بياو:** قد لا يفهم بعض الناس ما تعنيه بالمخاطرة. ماذا يعني أن يخاطر شاب يبلغ من العمر 18 عامًا من عائلة ثرية في غانا؟ أو أن يخاطر مواطن أمريكي يتمتع بالفعل بحياة لطيفة وبسيطة وخالية من التوتر؟ ماذا يعني المجازفة بالنسبة للأشخاص الذين يشعرون بالارتياح بالفعل؟

**أولوميد أوجونسانوو:** سأحاول أن أشرح. أولاً، يجب على الأفراد التفكير في حياتهم ووضع خطة لما يريدون تحقيقه. يمكن أن تشمل هذه الخطة الأهداف المتعلقة بالعلاقات، أو الصحة، أو ريادة الأعمال، أو الوظيفة، أو الشؤون المالية، أو الخبرات، أو أي جانب آخر يريدون التركيز عليه.

من المحتمل أن تكون هناك مسارات متعددة يمكنك اتباعها لتحقيق كل فئة من فئات الأهداف تلك. على سبيل المثال، يمكن أن يكون هناك أربعة أو خمسة مسارات يمكنك اتباعها لتحسين علاقاتك. تحتوي جميع هذه المسارات المتعددة على مستويات مختلفة من

المخاطر المرتبطة بها.

ضمن كل فئة من الأهداف، من المحتمل أن يكون هناك مسارات متعددة لتحقيقها. على سبيل المثال، يمكن أن يكون هناك أربعة أو خمسة مسارات مختلفة لتحسين العلاقات، ولكل منها مستويات مختلفة من المخاطر المرتبطة بها. غالبًا ما يختار العديد من الأشخاص النهج المحافظ، باتباع المسار المحدد الذي عادةً ما يكون الخيار الأقل خطورة (اتباع الجمهور). كانت نقطتي السابقة تتلخص في تشجيع الناس على التفكير في خوض المزيد من المخاطر المحسوبة، وخاصة عندما يقيمون الجوانب السلبية المحتملة ويفهمونها بشكل شامل. ما هو هناك ليخسره؟ يستطيع العديد من الأفراد، وخاصة أولئك في أوروبا أو أمريكا، تحمل المزيد من المخاطر بسبب شبكات الأمان والدعم المتاحة لهم.

في الأمثلة التي ذكرتها، حيث يكون شخص ما في وضع مالي جيد، فإن ذلك يتعلق في المقام الأول بمنظوره المالي. الحياة تشمل أكثر من مجرد الشؤون المالية. على الرغم من أن هذا الكتاب قد يبدو يركز على الاستقلال المالي، إلا أنه في الواقع يدور حول خلق وعيش الحياة التي تريدها. إن عيش الحياة التي تريدها يتعلق بأكثر من مجرد الأمور المالية. ربما لا يزال لدى هذا الشخص أهداف تتعلق بالعلاقات، مثل العثور على شريك رومانسي، أو أهداف صحية، من بين أمور أخرى. وبالتالي، لا يزال بإمكانهم رسم المسار وإيجاد طرق لتحمل المزيد من المخاطر لأنهم لم يحلوا سوى الجانب المالي من الحياة.

**أشاني سامون بياو:** عندما لا يكون هناك تحدٍ كافٍ، أبحث عن أهداف أخرى. إذا كنت لا تشعر بأنك تقوم بالمخاطرة الكافية، فيمكنك وضع أهداف أكثر جرأة لما تفعله بالفعل.

عندما لا يبدو الأمر صعبًا بدرجة كافية، أسعى إلى تحقيق أهداف جديدة. إذا كنت تشعر بأنك لا تتحمل ما يكفي من المخاطر، فيمكنك وضع أهداف أكثر طموحًا ضمن مساعيك الحالية. على سبيل المثال، عندما كنت أعمل في ألمانيا، أتيحت لي الفرصة للسفر إلى بلدان مختلفة، بما في ذلك الإمارات العربية المتحدة. بعد قضاء بعض الوقت في الإمارات العربية المتحدة، شعرت بالرغبة في شيء جديد يتجاوز وظيفتي. عندها قررت شراء أجهزة كمبيوتر في دبي وبيعها في بنين. لم يكن لذلك أي علاقة بعملي، حيث كنت أكسب المال بالفعل هناك، لكنني رأيت ذلك بمثابة تحدي جديد.

**أولوميد أوجونسانو:** بالتأكيد، وهنا بعض مجالات الحياة التي يمكنك فيها تحمل المزيد من المخاطر: العلاقات، والصحة، والتنمية الشخصية/النمو/التعليم، وريادة الأعمال، والتمويل الشخصي، والبيئة المادية، والخبرات.

باختصار، اتسمت السنوات الأولى من مسيرتي المهنية بالحزن والألم. إن فقدان العديد من الوظائف بحلول سن 23 عامًا جعل من الواضح أنني بحاجة إلى رسم مسار جديد في حياتي. ولهذا السبب قررت إعادة ضبط حياتي والتقدم إلى كلية إدارة الأعمال

# 4 ب: قصة سامون المهنية المبكرة

**أولوميد أوغونسانو:** سامون، ماذا حدث بعد أن أنهيت الجامعة؟

**أشاني سامون بياو:** بعد التخرج من الجامعة، بدأت التقدم لوظائف مختلفة، وكنت مهتمًا بشكل خاص بالعثور على عمل في المملكة المتحدة. لقد سمعت قصصًا عن أشخاص من فرنسا "هربوا" إلى المملكة المتحدة بحثًا عن حياة أفضل. لقد بدا الأمر وكأنه واقع مختلف هناك، حيث كان الجميع يتحدثون الإنجليزية ويمارسون الأعمال التجارية بطريقة فريدة من نوعها. لقد قمت بتحميل سيرتي الذاتية على مواقع مثل monster.com وتقدمت أيضًا بطلبات إلى شركات في فرنسا.

**أولوميد أوجونسانو:** كان تركيزك في المقام الأول على إيجاد فرص دولية خارج فرنسا، وتحديدًا في المملكة المتحدة؟

**أشاني سامون بياو:** نعم، قبل كل شيء، أردت العمل في بيئة يمكنني من خلالها استخدام اللغة الإنجليزية. بدت المملكة المتحدة خيارا طبيعيا، ولكنني فكرت أيضا في خيارات أخرى مثل الدول الاسكندنافية، أو سويسرا، أو ألمانيا، حيث انتهى بي الأمر في نهاية المطاف.

**أولوميد أوجونسانو:** ما مدى كفاءتك في اللغة الإنجليزية في ذلك الوقت؟ لغتك الإنجليزية الآن رائعة.

**أشاني سامون بياو:** في ذلك الوقت، كانت مهاراتي في اللغة الإنجليزية في المستوى المتوسط.

بالمناسبة، لست متأكدًا مما إذا كنت قد شاركت معك قصة تعلم اللغة الإنجليزية. لقد كنت مهووسًا بها حقًا. لم أتبع المنهج الذي يدرس في المدرسة. عندما كنت في العاشرة من عمري، كانت لدي رغبة قوية في فهم اللغة الإنجليزية الأمريكية والتحدث بها. اشتريت أشرطة كاسيت، بل وقمت بزيارة المركز الثقافي الأمريكي في كوتونو لكي أتعمق في اللغة.

وبالعودة إلى البحث عن وظيفة، شعرت أن "لغتي الفرنسية" كانت تحد من تعرضي للعالم. عندما أردت قراءة الأخبار، كانت دائمًا باللغة الفرنسية. تخيل أن رؤيتك للعالم بأكملها تقتصر على لغة غير الإنجليزية.

**أولوميد أوغونسانو:** هناك فرق واضح بين أفريقيا الناطقة بالفرنسية وأفريقيا الناطقة بالإنجليزية. أثناء نشأتي في نيجيريا، كانت اللغة الإنجليزية هي اللغة الوطنية، مما يعني أنه عند التفكير في مستقبل خارج نيجيريا، غالبًا ما كانت المملكة المتحدة أو أمريكا هي الخيارات الأساسية، مع كون كندا احتمالية أيضًا. للغة تأثير كبير على فرص الفرد وحياته المستقبلية.

إذا كنت والدًا يقرأ هذا الكتاب وكنت مهتمًا بالاستقلال المالي لنفسك و/أو لأطفالك، فسيكون من الرائع أن تقدم لهم هدية اللغات المتعددة. على سبيل المثال، أختي، كونها نيجيرية، سجلت أطفالها في مدرسة فرنسية في سن مبكرة. لقد كانوا يجيدون اللغة الفرنسية منذ الطفولة، مما يفتح لهم العديد من الفرص.

نيجيريا محاطة بالدول الناطقة بالفرنسية، لذلك كان علينا أن نأخذ العديد من دروس اللغة الفرنسية، على الرغم من أنني لم آخذ الأمر على محمل الجد في ذلك الوقت بسبب عدم كفاية المعلمين والمناهج الدراسية. ومع ذلك، إذا كانت لديك الإمكانيات، سيكون من المفيد منح أطفالك موهبة اللغات المتعددة في وقت مبكر. ما هي أفكارك حول هذا؟

**أشاني سامون بياو**: لدي وجهة نظر أكثر تطرفاً. أعتقد أن كل من يستطيع أن يصبح مستقلاً مالياً في وقت مبكر، مما يمكنه من التعامل مع تعليم أطفاله، إذا اختاروا إنجاب الأطفال، كوظيفة. إذا كان لدي أطفال، فإنني أطمح إلى أن يصبحوا على الأقل أربع لغات بحلول سن العاشرة. وهذا ينطوي على العيش عمدا في بلدان حيث لا يتعلمون اللغة في المدرسة فحسب، بل ينغمسون أيضا في الثقافة. اللغة ليست مفهوما معزولا. إنها متشابكة بعمق مع الثقافة. على سبيل المثال، تخيل شخصًا نرويجيًا يتعلم ويتحدث لغة اليوروبا في النرويج. قد يتحدثون غالبًا عن أشياء مثل "الطقس رائع اليوم، وأنا سعيد جدًا". لا حرج في ذلك، لكن النيجيريين عادة لا يناقشون الطقس في المحادثات الروتينية. ومن خلال الانغماس في الثقافة، يتم التوصل إلى فهم عميق وأساسي للغة، بدلاً من مجرد الترجمة.

**أولوميد أوجونسانوو**: أوافقك الرأي تمامًا. الحياة مخصصة للتجارب، ويمكن للمرء أن يقدر هذه التجارب حقًا عندما يتمكن من التواصل مع الأشخاص بلغتهم المحلية. إنها بهذه السهولة. ناهيك عن المزايا المهنية والمالية، وهي اعتبارات ثانوية.

**أشاني سامون بياو**: حسنًا، دعنا نعود إلى قصة تعثري في الوظيفة. في ذلك الوقت، لم يكن اختياري للوظيفة مدفوعًا في المقام الأول بالاعتبارات المالية، ولم أهتم كثيرًا بالرواتب. ما كان يهمني هو أن أكون في بيئة عمل رائعة وأن يكون لدي شيء ذو معنى للقيام به. على الرغم من أن الراتب كان أحد الاعتبارات، إلا أنني لم أكن أعلم أنه قد تكون هناك اختلافات كبيرة في الرواتب بين الأدوار. لقد قمت بتحميل سيرتي الذاتية على Monster وكتبت رسالة تعريفية باللغة الإنجليزية. وفي نهاية المطاف، حصلت بالفعل على عرض من شركة أكسنتشر في فرنسا، والتي كانت تدفع حوالي 32 ألف يورو سنويًا. بشكل غير متوقع، تلقيت مكالمة هاتفية من شركة Deutsche Telekom Consulting في ألمانيا. لم تكن الشركات الفرنسية عادةً تقوم بنقل المرشحين أو تغطية نفقات السفر لإجراء المقابلات في فرنسا. ومع ذلك، نقلتني شركة Deutsche Telekom Consulting من باريس إلى بون لإجراء المقابلة، دون أي قلق بشأن تكلفة التذكرة.

لقد كانت المرة الأولى التي أزور فيها ألمانيا، وكنت متحمسًا لهذه الفرصة. في مقابلاتي السابقة في فرنسا، كان من المتوقع ببساطة أن أحضر، دون أي مناقشات حول نفقات السفر، وبالتأكيد لم يتم تقديم وجبة الغداء لي. أتذكر أنني تلقيت قسيمة طعام لإجراء إحدى المقابلات في فرنسا.

مع تقدم المقابلة، بدأنا في النهاية مناقشة الرواتب، وسألوني عن توقعاتي. ولشعوري بالجرأة، طلبت مبلغ 38000 يورو، وهو ما يزيد بنسبة 25% عن العرض الذي قدمته شركة Accenture. اعتقدت أنني سأكون غنيًا إذا وافقوا على ذلك. ولدهشتي وسعادتي، أجاب موظف الموارد البشرية، وبدا وكأنه يعتذر، "أوه، كما تعلم، سوف نقدم لك 45000 يورو. وهذه هي نقطة البداية للرواتب هنا."

**أولوميد أوجونسانوو**: [ضحك]

**أشاني سامون بياو**: تجمدت للحظة. وكان هذا أعلى بحوالي 50% من العرض الذي قدمته في فرنسا. أسئلة عديدة غمرت ذهني. "45000 يورو؟" "لماذا هو مرتفع جدا؟" "كيف يكون هذا ممكنا عندما يكون مبلغ 32 ألف يورو يعتبر بالفعل راتبا كبيرا في فرنسا المتقدمة على قدم المساواة عبر الحدود؟" "لماذا لم أعلم بهذا؟" "كم سأكون ثريًا؟" "هل هناك صيد؟"

على الفور، امتلأت بالفضول والندم لعدم استكشاف الفرص خارج فرنسا في وقت سابق. لقد عقدت العزم على عدم ارتكاب نفس الخطأ إذا قررت الانتقال إلى ألمانيا. لقد عقدت العزم على البحث عن فرص في مواقع جغرافية أخرى خارج منطقة الراحة الخاصة بي.

لقد شعرت بسعادة غامرة بشأن احتمال الثراء. كان أصدقائي الفرنسيين والأفارقة الناطقين بالفرنسية في فرنسا إما يشعرون بالغيرة أو يجهلون عندما تساءلوا عن سبب اختياري للانتقال إلى ألمانيا. وسألوني أيضًا عما إذا كنت قد فكرت في الآثار المترتبة على الانتقال إلى مثل هذا البلد.

على الرغم من أنني لم أخطط بدقة، فقد اعتقدت أنه إذا تمكن المهاجرون الآخرون من النجاح هناك، فيمكنني أن أفهم ذلك أيضًا. كان لدي فضول للتعرف على أماكن أخرى. خلال مقابلتي، لم أر أي شخص يرتدي الصليب المعقوف أو يواجه أي شيء غير عادي.

**أولوميد أوغونسانو**: [ضحك] لا يوجد وشم غريب.

**أشاني سامون بياو**: اعتقدت أنني سأكون بخير في ألمانيا. رأيت عددًا قليلاً من السود الآخرين وواجهت عددًا كبيرًا من السكان الأتراك. سألت من حولي لأنني أشعر بالفضول تجاه الحياة في ألمانيا. ووصفها البعض بأنها عظيمة وسلمية وعادلة. ذكر آخرون العنصرية وتحديات التقدم كشخص أسود في الإدارة. وخلصت إلى أن ألمانيا، مثل فرنسا وغيرها من الدول الغربية، لديها أناس محترمون وحالات من العنصرية. ومن المحتمل أن تكون هناك ديناميكيات مماثلة في نيجيريا بين المجموعات العرقية المختلفة.

**أولوميد أوجونسانو**: في الفصل السابق عن سنوات الدراسة الجامعية، بدا أننا كنا متعمدين وكان لدينا منظور أوسع حول الفرص. لماذا لم تتعامل مع بحثك عن العمل بنفس العقلية؟ يبدو أن بحثك عن وظيفة كان أقل قصدًا.

**أشاني سامون بياو**: أنا سعيد لأنك طرحت هذا السؤال. أثناء بحثي عن وظائف للطلاب في المرحلة الجامعية، كنت حقًا متعمدًا ومغامرًا. ومع ذلك، عندما يتعلق الأمر

بالبحث عن عمل بعد التخرج، وبينما كنت أفكر في المملكة المتحدة وألمانيا، كنت لا أزال أتقدم بطلب للحصول على وظائف اتصالات عادية في تلك البلدان. وفي فرنسا، تقدمت بطلب إلى شركات معروفة مثل Accenture وAlcatel.

لقد أدرجت المملكة المتحدة وألمانيا في بحثي عن العمل لأنني أردت الاستفادة من مهاراتي في اللغة الإنجليزية. ومع ذلك، لم أفكر إلا بشكل غامض في الفوائد المالية لأنني لم أفهم الأرقام بشكل كامل في ذلك الوقت. وفي وقت لاحق اكتسبت فهمًا أعمق للاستقلال المالي. ما ساعدني في تلك الرحلة هو مزيج من الفضول والقدرة التنافسية. على الرغم من أنه لم يكن لدي دائمًا فكرة واضحة عما أريده، إلا أنني كنت منفتحًا على تجربة أشياء جديدة. لقد وضعني هذا الفضول في وضع يسمح لي باكتشاف فرص غير متوقعة.

إذا لم تخرج نفسك من منطقة الراحة الخاصة بك وظلت فضوليًا، فلن تعرف أبدًا عن الفرص المتاحة. لقد اعتقدت دائمًا أنني أستطيع متابعة أي خيار وظيفي أرغب فيه. بعد كل شيء، أولئك الذين يفعلون ذلك بالفعل، هل يمتلكون بعض المزايا الخاصة؟

**أولوميد أوغونسانو:** نعم. فكرت: "لماذا لا أستطيع أن أفعل ذلك أيضًا؟"

**أشاني سامون بياو:** في الواقع، لماذا لا نفعل ذلك ونفعله بشكل أفضل؟

وبالعودة إلى تجربتي في ألمانيا، انضممت إلى شركة Deutsche Telekom Consulting في عام 2006 عندما كان عمري 24 عامًا، وقد شعرت بسعادة غامرة بشأن راتبي البالغ 45 ألف يورو. ومع ذلك، واجهت بعض المفاجآت على طول الطريق. أولاً، صدمة ارتفاع الضرائب في ألمانيا مقارنة بفرنسا. والمثير للدهشة أنني انتهى بي الأمر إلى كسب نفس الدخل الصافي تقريبًا أو ربما أكثر قليلاً. ثانيًا، بعد شهرين أو ثلاثة أشهر فقط من وظيفتي الجديدة، عُرضت عليّ فرصة لمشروع دولي مدته ثلاثة أشهر في جنوب إفريقيا. إن قبول المهمة سيؤدي إلى زيادة في الراتب، وكنت أتوقع زيادة متواضعة من صافي راتبي الأولي الذي يبلغ حوالي 2000 يورو شهريًا (24000 يورو سنويًا) في ألمانيا إلى حوالي 2500 يورو شهريًا (30000 يورو سنويًا).

**أولوميد أوجونسانوو:** هذا راتب صافي منخفض للغاية. صافي 24000 يورو من إجمالي الراتب 45000 يورو. هذا جنون.

**أشاني سامون بياو:** لقد دفعت مبلغاً كبيراً من الضرائب، بما في ذلك ضريبة الدخل العادية، وضريبة التضامن لدعم إعادة إعمار شرق ألمانيا الغربية، وضريبة الكنيسة الاختيارية. باعتباري مسيحيًا غير ملتزم، اخترت إلغاء الاشتراك في ضريبة الكنيسة.

**أولوميد أوغونسانو:** من منظور عقلاني بحت، من الأفضل أن تعلن أنك لا تنتمي إلى الكنيسة وتساهم بنسبة مئوية من اختيارك، بدلاً من أن تحدد الحكومة المبلغ لك. يبدو من الجنون أنهم سيفعلون ذلك.

**أشاني سامون بياو:** بعد ثلاثة أشهر من انضمامي إلى شركة دويتشه تيليكوم للاستشارات في أكتوبر/تشرين الأول 2006، بدأت مهمة دولية في بداية العام الجديد، وتضاعف صافي راتبي ثلاث مرات تقريباً ليصل إلى 7000 يورو شهرياً. قبل نهاية عام 2007، كنت قد جمعت أكثر من 100.000 يورو من مدخراتي من راتبي ومكافأتي.

قدمت الشركة الإقامة في الفنادق، وقامت بتأجير السيارات لزيارات العملاء، وسمحت لنا بتحمل تكاليف سيارات الأجرة. لقد تمكنت من توفير مبلغ كبير من المال.

**أولوميد أوغونسانو:** ما المدة التي قضيتها في الفنادق؟ هل انتقلت في النهاية إلى سكن الشركات؟

**أشاني سامون بياو:** مكثت في فنادق في جنوب أفريقيا ثم في وقت لاحق في دبي. في دبي، كان لدينا بدل يمكننا استخدامه لاستئجار مكان. استأجرت أنا وأحد زملائي مكانًا مكونًا من 3 غرف نوم في حي مذهل يسمى جزيرة نخلة جميرا.

الأمور لم تكن منطقية بالنسبة لي. قبل بضعة أشهر فقط، كنت طالبًا في فرنسا، وهي دولة متقدمة. ثم انتقلت إلى ألمانيا وأدركت أن فرنسا لديها اقتصاد أصغر، وهو أمر لم أكن أعرفه حتى، حيث نادرًا ما تتم مناقشة ألمانيا في العالم الناطق بالفرنسية. لم يحسب بالنسبة لي. في ألمانيا، بدأت بسيارة الشركة، مرسيدس C-Class، مع تغطية تكاليف الوقود بالكامل. كنت أسافر إلى جنوب أفريقيا ودبي، وأكسب أموالاً أكثر مما يكسبه الأشخاص عادةً خلال 20 عامًا من حياتهم المهنية في فرنسا أو ألمانيا. لماذا كان يحدث لي كل هذا؟ لقد كنت سعيدًا للغاية ولكني أشعر بالفضول بشأن كيفية تطور الأمر.

**أولوميد أوغونسانو:** هل كانت زيادة الراتب 3 أضعاف بسبب بدل المشقة الدولي؟

**أشاني سامون بياو:** نعم، كانت هناك بدلات مختلفة، بما في ذلك بدل المشقة. بالإضافة إلى ذلك، باعتباري موظفًا مقيمًا خارج ألمانيا لأكثر من ستة أشهر في السنة، كان لدي بعض المدخرات الضريبية لأنني لم أكن خاضعًا للضرائب الكاملة في ألمانيا.

خلال عامي الأول في شركة Deutsche Telekom، سافرت كثيرًا، والتقيت بالعديد من الأشخاص الجدد، وقمت بتحسين مهاراتي في اللغة الإنجليزية. لقد اعتدت على الإقامة في الفنادق الفاخرة عندما كان عمري 23 عامًا. ولم أشتري أثاثًا إلا في سبتمبر 2022، مبتعدًا عن أثاث الجامعة الرديء الذي كنت أستخدمه حتى ذلك الحين.

**أولوميد أوغونسانو:** بالنسبة لأولئك الذين قرأوا قصتك ويعتقدون أنها مجرد حظ، ما هي المبادئ التي يمكنهم استخلاصها منها؟

**أشاني سامون بياو:** المفتاح هو عدم مقارنة رحلتك الخاصة برحلة شخص آخر ومحاولة اعتبار إنجازاته مجرد حظ. إن مسار كل شخص فريد من نوعه، وربما يكون بعض الأشخاص قد بدأوا رحلة الاستقلال المالي في وقت لاحق من حياتهم. وربما ولد آخرون مستقلين ماليا لأن آباءهم كانوا ملياردیرات.

**أولوميد أوجونسانوو:** [ضحكة هستيرية]

**أشاني سامون بياو:** المبادئ التي يجب التركيز عليها هي الفضول والطموح. راقب الأشياء التي تحدث من حولك وادفع نفسك لاستكشاف فرص جديدة.

ليس عليك أن تتبع نفس المسار الذي يتبعه الآخرون. كن فضوليًا وتنافسيًا، وحاول دائمًا التفوق على نفسك. من السهل أن تصبح راضيًا عن وضعك وبيئتك الحالية، لكنني أشجع القراء على عدم تقييد ما يمكنهم تحقيقه. هذه هي الوجبات الرئيسية من قصتي.

**أولوميد أوغونسانو:** الأشخاص المتطرفون يحصلون على نتائج متطرفة. قد لا

أصف نفسي بأنني متطرف، ولكن هناك شيء رائع في المحاولة الجريئة لإحداث تغيير إيجابي في حياتك. إذا كنت راضيًا بالفعل عن مكانك، فلا يجوز لك اتخاذ أي إجراء. ولكن كما تظهر قصة سامون، فإن فضوله واندفاعه قاداه إلى تحقيق أقصى استفادة من الفرص المتاحة له. من غير المرجح أن يؤدي الاستلقاء على أمجادك إلى الاستقلال المالي.

أحد المبادئ التي أخذتها من قصتك هو البحث بنشاط عن الفرص، والفضول، والاستعداد لتحمل المخاطر المحسوبة.

إذا كنت طفلاً فرنسيًا قوقازيًا نشأ في باريس، محاطًا بأصدقاء فرنسيين وتعلم في فرنسا فقط، فقد تشعر بالقلق بشأن الانتقال إلى المملكة العربية السعودية أو الإمارات العربية المتحدة. ستكون السلامة والمخاطر مصدر قلق كبير. وعلى العكس من ذلك، فإن كونك مهاجرًا يوفر مزايا فريدة للاستفادة منها. بعد أن انتقلت من مكان آخر، أصبحت معتادًا على ثقافات غير مألوفة وتشعر بالراحة عند تجربة أشياء جديدة. على سبيل المثال، كان سامون مهاجرًا عاش بالفعل الحياة الزراعية الريفية والحياة الحضرية في بنين قبل انتقاله إلى فرنسا. وقد سهلت له هذه الخلفية احتضان مشاريع دولية في جنوب أفريقيا أو الإمارات العربية المتحدة، حيث كان أكثر مرونة وأقل خوفا من استكشاف بيئات جديدة.

كل ما مررت به في حياتك هو الذي جعلك ما أنت عليه. احتضن ماضيك واستخدمه لصنع مستقبل أفضل. تاريخك هو مصلحتك الشخصية. إنها قوتك العظمى للتفرد في عالم يعزز التوحيد اللطيف.

إذا نشأت في بيئة حيث كان عليك المشي إلى المدرسة عدة ساعات كل يوم، فيمكنك أن ترى ذلك على أنه عيب. ومع ذلك، فإن المنظور الأفضل هو النظر في الفوائد الصحية المذهلة للمشي، والوقت الإضافي للتأمل، وفرصة مقابلة الناس واستكشاف أجزاء مختلفة من البلاد. لا يوجد واقع موضوعي، هناك فقط تفسيرنا الذاتي المستمر للحياة. فلماذا لا تتبنى منظورًا إيجابيًا لقصة حياتك لتمكين نفسك؟ سيكون هذا أكثر فائدة من الشكوى وإلقاء اللوم على الآخرين بسبب ظروفك.

**أشاني سامون بياو**: متفق عليه. كما أن المال في حد ذاته لم يكن يهمني كثيرًا في ذلك الوقت. من المهم أن تتذكر أنه إذا كان تركيزك الوحيد هو المال أو الممتلكات المادية، فلن تشعر بالرضا أبدًا، وسوف تفوت الاستمتاع بالقيمة الحقيقية التي يمكن أن يوفرها المال.

**أولوميد أوجونسانوو**: سأضيف المزيد من النكهة إلى ذلك. تخيل شخصًا ماهرًا في التمويل الشخصي. حتى لو بدأوا في منتصف العشرينات من العمر، فقد يستغرق الأمر من 10 إلى 15 عامًا لتحقيق الاستقلال المالي. بالنسبة للشخص العادي، قد يستغرق الأمر من 30 إلى 50 عامًا. خلال تلك السنوات، من الضروري أن تجد الفرح والرضا في الحياة وأن تشم رائحة الورود.

لذلك، لا يهم إذا كنت جيدًا في التمويل الشخصي أو كنت شخصًا عاديًا يحاول معرفة الأساسيات، فسوف يستغرق الأمر سنوات من حياتك لتصبح مستقلاً ماليًا! إذا أصبحت شديد التركيز على الشؤون المالية، فقد تفوت عقودًا من حياتك أثناء انتظار الحرية

المالية. لا ينبغي أن يكون المال هو الهدف النهائي. استمتع بالرحلة في طريق الاستقلال المالي لأن الرحلة هي حياتك.

**أشاني سامون بياو:** لقد كنت ضحية لذلك بطرق عديدة. يفترض الناس أن الاستمتاع بحياتهم يعني إضاعة أو إنفاق الكثير من المال. لم يحدث ذلك. هناك الكثير من الطرق للعثور على الرضا وإنشاء تجارب لا تُنسى في حدود إمكانياتك ودون تعريض مستقبلك للخطر.

**أولوميد أوجونسانو:** هل هناك أي قصة أخرى ترغب في مشاركتها والتي أثرت على تمويلك الشخصي أو استقلالك المالي أو توقعاتك أو رؤيتك؟

**أشاني سامون بياو:** بالتأكيد. لدي قصة من إحدى أولى مشاريعي الريادية التي أود مشاركتها. ساعدتني هذه التجربة على فهم مزايا وجود مصادر دخل متعددة.

كما تتذكرون، كان والدي يشارك في العديد من الأعمال، لذلك كنت أعتبر دائمًا أنه من الطبيعي استكشاف المشاريع والمشاريع المختلفة. وفي عام 2007، بعد بضعة أشهر فقط من مسيرتي المهنية، تضاعف صافي راتبي إلى ثلاثة أمثاله، من 2500 يورو في ألمانيا إلى نطاق يتراوح بين 7000 إلى 9000 يورو شهرياً كمغترب في جنوب أفريقيا، ودبي، وماليزيا، وأماكن أخرى. بالإضافة إلى ذلك، لم يكن لدي سوى الحد الأدنى من نفقات السكن نظرًا لأن شركتي توفر السكن وتغطي فواتير الكهرباء والماء. وقد سمح لي هذا بتوفير جزء كبير من دخلي، أي ما يقرب من سبعة أضعاف ما كنت أستطيع توفيره في ألمانيا بسبب الحد الأدنى من النفقات المرتبطة بعقد الاغتراب الخاص بي.

**أولوميد أوجونسانوو:** لا يصدق!

**أشاني سامون بياو:** كان عمري 27 عامًا وكنت أعمل في DT لمدة ثلاث سنوات عندما بدأت أشعر بالملل. فكرت في توسيع مشروع ريادة الأعمال الصغيرة الذي كنت أمارسه عندما كنت طالبًا في فرنسا خلال العطلات المدرسية. في ذلك الوقت، كنت أحضر أجهزة الكمبيوتر من فرنسا إلى بنين وأبيعها بمساعدة أحد الأصدقاء. كنت في الإمارات العربية المتحدة وكان لدي المزيد من رأس المال المتاح، لذلك اعتقدت أنه يمكنني تحويل هذا إلى مشروع تجاري أكبر. بدلاً من شراء أجهزة الكمبيوتر المحمولة من فرنسا، قررنا شراءها من الإمارات العربية المتحدة حيث تكون بأسعار معقولة.

ومع ذلك، واجهنا بعض التحديات. وكانت لوحات المفاتيح في دولة الإمارات العربية المتحدة هي QWERTY، بينما كانت لوحات المفاتيح باللغة الفرنسية هي AZERTY. بالإضافة إلى ذلك، تختلف كابلات الطاقة في الإمارات عن تلك الموجودة في بنين وفرنسا. وكان علينا إيجاد حلول لهذه المشكلات قبل نقل أجهزة الكمبيوتر المحمولة من الإمارات إلى بنين للبيع.

لقد اكتشفنا في النهاية اقتصاديات الوحدة لشراء أجهزة الكمبيوتر المحمولة وكابلات الشحن ولكن بقينا مع مشكلة تخطيط لوحة المفاتيح. ثم اقترح صديقي أن نرسم الحروف الفرنسية على لوحات المفاتيح الإماراتية في بنين!

**أولوميد أوغونسانو:** [تبتسم] هل تمزح معي؟ هذا يبدو مجنونا 100٪.

**أشاني سامون بياو:** في النهاية، قررنا شراء الملصقات ووضعها على لوحات مفاتيح QWERTY كحل أكثر عملية. لقد اتخذنا قرارًا وبدأنا عملًا تجاريًا، حيث قمنا بتأسيس شركة برأس مال قدره 20,000 يورو (10,000 يورو لكل منها). كان دوري هو شراء أجهزة كمبيوتر محمولة من الإمارات والسفر إلى بنين لبيعها. بالنسبة للطلبات الحساسة للوقت، سنقوم بشحن أجهزة الكمبيوتر المحمولة باستخدام قارب. ولتقليل تكاليف الرحلة، كنت سأسافر عبر نيروبي مع الخطوط الجوية الكينية.

**أولوميد أوجونسانوو:** يا إلهي. كيف تعاملت مع السفر مع الكثير من أجهزة الكمبيوتر المحمولة؟ هل قمت بفحصهم؟ هل كنتم خائفين من تدميرهم؟

**أشاني سامون بياو:** في البداية، كنت أحمل معظم أجهزة الكمبيوتر في حقيبة يدي وأقوم بفحص الكابلات. ومع نمو العمل، بدأت في التحقق من بعض أجهزة الكمبيوتر المحمولة، وتغليفها بالملابس لحمايتها من التلف. لقد قمنا بمراقبة الأسعار عن كثب في مواقع مختلفة وسنقوم بالشحن من فرنسا أو دبي اعتمادًا على أفضل الأسعار. وفي نهاية المطاف، بدأنا بالشراء من الصين. ازدهرت الأعمال، حيث حققت مبيعات سنوية تزيد عن 200 ألف دولار وشهدت نموًا في العائدات يبلغ عشرة أضعاف تقريبًا في غضون عامين فقط.

لقد تعلمت أنه حتى لو كنت ناجحًا في كسب المال من خلال طريق واحد، فلا داعي للتوقف عند هذا الحد. يمكنك الاستمرار في التعلم واستكشاف فرص جديدة.

لقد كنت في وضع مريح، ولم أفعل ذلك بالضرورة من أجل المال. لقد وجدت المراجحة وذهبت بعد ذلك. لم أفعل ذلك باستخدام جهاز كمبيوتر واحد فحسب، بل على نطاق أوسع باستخدام مئات أجهزة الكمبيوتر.

ومع ذلك، واجهت الأعمال في نهاية المطاف تحديات. لقد ارتكبنا "خطأ" الصدق من خلال تقديم الضرائب ودفع الضمان الاجتماعي لموظفينا في بنين. وفي أحد الأيام، جاءت سلطات الضرائب وكشفت أن معظم الشركات في المنطقة أعلنت فقط عن حوالي 10٪ من مبيعاتها الفعلية. أصدروا مشروع قانون الضرائب الذي تضمن تنقيحات للسنوات السابقة. لقد صدمنا ولكننا شعرنا بالعجز. نظرًا لعدم قدرتنا على محاربة النظام، قررنا تصفية المخزون وإنهاء العمل.

ومع ذلك، فقد عرفتني هذه التجربة على عالم ريادة الأعمال. كان علينا توظيف موظفين، وإدارة المخزون، وتحسين تكاليف الأعمال. لقد كانت تجربة تعليمية قيمة حدثت حتى قبل أن ألتحق بكلية إدارة الأعمال.

**أشاني سامون بياو:** المغزى من القصة هو البحث عن فرص جديدة عندما تشعر بالقلق ويصبح منحنى التعلم لديك مسطحًا. لا تكن مرتاحًا وراضيًا عن نفسك كثيرًا؛ نسعى دائما لإضافة شيء جديد. العالم مليء بالإمكانيات والفرص اللانهائية. هناك فرح داخلي ورضا يأتي من تعلم أشياء جديدة وتطوير مهارات جديدة، حتى لو لم ينتج عنها مكاسب مالية على الفور.

**أولوميد أوجونسانوو:** جميل. شكرا لمشاركتنا قصتك.

# 4ج: مبادئ الطموح والشجاعة

**أولوميد أوجونسانو:** الآن بعد أن شاركنا قصصنا الشخصية، دعونا نحول تركيزنا ونتعمق في مبادئ محددة يمكنها تسريع الرحلة نحو الاستقلال المالي. في هذا الفصل، سنستكشف مبادئ الطموح والشجاعة، مقسمة إلى ثلاثة أقسام. أولا، سوف نحدد هذه المبادئ. ثانياً، سنناقش كيف يمكنهم المساهمة في تحقيق الاستقلال المالي. وأخيرا، سنقدم توصيات بشأن الكتب لمزيد من الاستكشاف لهذه المبادئ.

لنبدأ بالطموح، وهو الرغبة القوية في إنجاز شيء يتطلب التصميم والعمل الجاد. كيف يرتبط الطموح بالمبادئ التي ناقشناها سابقًا، وكيف يمكن أن يدعم السعي لتحقيق الاستقلال المالي؟

في البداية، تحدثنا عن الثقة بالنفس والاعتماد على الذات. يمكنك تطوير عقلية تقضي على المعتقدات المقيدة للذات وتعزز الإيمان بقدرتك على تحقيق أي شيء. أنت أيضًا تتحمل المسؤولية الوحيدة عن حياتك. بعد ذلك، يقودك فضولك إلى استكشاف فرص جديدة والتفكير بشكل مستقل، متحررًا من الخوف من تفويت الفرصة (FOMO). تشعر بالإثارة والفضول بشأن ما يمكن أن تصبح عليه الحياة.

بعد ذلك، تنمي لديك الرغبة الملحة في خلق الحياة التي تريدها، والتي تتضمن أن تكون مستقلاً ماليًا. تلك الرغبة المشتعلة هي الطموح. وهو يتطور بشكل طبيعي من الإيمان بالذات، والاعتماد على الذات، والفضول، والتفكير المستقل. ويصبح الطموح حاسما بشكل خاص بالنسبة للمستضعفين، والغرباء، والمغتربين، والبدو، والأقليات، والمهاجرين. باعتبارك غريبًا، فإن فهم بيئتك الجديدة والتعرف على الإمكانيات أمر حيوي. كونك طموحًا يسمح لك بالتصور والسعي من أجل حياة جديدة.

**أشاني سامون بياو:** أوافقك الرأي تماماً. في البداية، قد يكون المبلغ المطلوب للاستقلال المالي مخيفًا. على سبيل المثال، إذا كنت تكسب 12000 دولار شهريًا وتعتقد أنك بحاجة إلى مليون دولار لتحقيق الاستقلال المالي، فمن الطبيعي أن تعتقد أن ذلك مستحيل وتستسلم دون حتى المحاولة.

الطموح هو حالة ذهنية تمكنك من الإيمان بقدرتك على تحديد الأهداف الطموحة وتحقيقها. يرتبط الطموح ارتباطًا وثيقًا بالتفكير المستقل ويعززه تحديد الأهداف. لكي تخلق رؤية لحياتك تشمل أحلامك ورغباتك، يجب أن تكون قادرًا على التفكير بشكل مختلف عن الآخرين.

ومع ذلك، بدون أهداف، يصبح الطموح وحده بلا اتجاه ويؤدي إلى جهود غير مركزة. وبالمثل، بدون الطموح، من المحتمل أن تضع أهدافًا صغيرة تؤدي إلى إمكانات لم تتحقق.

**أولوميد أوجونسانوو**: مفصل بشكل جيد. يعمل الطموح كجسر بين التفكير المستقل من الفصل الأخير وتحديد الأهداف، وهو ما سنناقشه في الفصل التالي. ينصح روبرت[1] كيوساكي الأفراد بتحدي أنفسهم من خلال تحويل عقليتهم من "لا أستطيع تحمل ذلك" إلى "كيف يمكنني تحمل ذلك؟". يمكن تطبيق هذا النهج على نطاق واسع على الفرص والتحديات من خلال الامتناع عن قول "لا أستطيع أن أفعل ذلك" أو "هذا غير ممكن". وبدلاً من ذلك، يؤمن الأفراد الطموحون بقدراتهم ويتخذون إجراءات استباقية لتحقيق الأشياء.

من خلال شراء هذا الكتاب، لقد أظهرت بالفعل اهتمامك بتحقيق الاستقلال المالي. ومع ذلك، فإنه لن يحدث من تلقاء نفسه. اتخذ إجراءً اليوم، وليس غدًا، وليس قريبًا، وبالتأكيد ليس في "المستقبل". اتخذ إجراءً اليوم لتضع نفسك على طريق النجاح.

**أشاني سامون بياو**: إذا كنت تسعى إلى تنمية الطموح، فإليك بعض التوصيات بشأن الكتب. في البداية، يُعد كتاب " قوة الطموح[2]" بقلم جيم رون مصدرًا ممتازًا. يتعمق هذا الكتاب في إيقاظ القوة الجبارة بداخلك لتصبح أكثر طموحًا.

**أولوميد أوغونسانو**: [تبتسم] هل تعرف ما هو الشيء المذهل يا سامون؟ كنت سأوصي بنفس الكتاب بالضبط. إنه أمر لا يصدق لأننا لم نتواطأ أو نناقش التوصيات قبل الآن.

**أشاني سامون بياو**: نعم بالفعل. وهو كتاب الثاقبة بشكل غير عادي. يعيد المؤلف في عمله تعريف الطموح باعتباره حالة ذهنية وليس مجرد عمل. ويجادل بأن الطموح الحقيقي ليس رغبة عابرة، بل هو شوق منضبط ومتلهف ويكاد يكون مهووسًا. من الضروري أن تتبنى عقلية تفكر فيها باستمرار في إنجازك المهم التالي، بدلاً من القبول بظروفك الحالية. إذا نجحت في المشاركة في سباق الماراثون، فلا تتوقف عند هذا الحد؛ تهدف للترياتلون.

**أولوميد أوجونسانو**: جمال مبدأ الطموح هو أنه بينما نناقشه غالبًا في سياق الاستقلال المالي، إلا أن له تطبيقات بعيدة المدى في التنمية الشخصية. يمكن للطموح أن يمكّنك من بدء مشروع تجاري، أو العثور على شريك، أو تحقيق أي هدف تضعه في ذهنك. إن العقلية والمهارات وسعة الحيلة التي يتم تنميتها في السعي لتحقيق الاستقلال المالي تمتد دائمًا إلى مجالات حيوية أخرى في الحياة، مثل العلاقات والصحة وريادة الأعمال والمزيد.

**أشاني سامون بياو**: كما يقول المثل، أنت الشركة التي تحافظ عليها. إن إحاطة نفسك بأشخاص يفتقرون إلى الطموح يمكن أن يعيق دافعك الخاص، حتى لو كان لديك بطبيعة الحال رغبة قوية في النجاح. إذا كنت تفكر حاليًا في إجراء تغيير كبير، فقد يكون من المفيد قضاء المزيد من الوقت مع الأصدقاء الذين حققوا أهدافًا طموحة أو

---

1. https://www.goodreads.com/quotes/645564-i-can-t-afford-it-shut-down-your-brain-it-didn-t

2. https://www.amazon.com/Power-Ambition-Awakening-Powerful-Within-ebook/dp/
B09FNP7GCX

يسعون لتحقيقها بنشاط. إن التواجد بصحبة أفراد متشابهين في التفكير ومتحمسين يمكن أن يلهمك، ويقدم رؤى قيمة، ويقدم الدعم أثناء سعيك لتحقيق طموحاتك الخاصة.

**أولوميد أوجونسانو:** خمن من الذي نشر المثل الشائع، "أنت متوسط الأشخاص الخمسة الذين تقضي معظم وقتك معهم"؟

**أشاني سامون بياو:** من؟

**أولوميد أوجونسانوو:** [ضحك] جيم رون. لقد فاجأني أيضًا. نعم، نفس جيم رون الذي قام بتأليف الكتاب الذي أوصيت به. إن دائرتك الاجتماعية ومستوى طموحك مترابطان.

معظم المبادئ مترابطة. على سبيل المثال، ناقشنا الثقة بالنفس قبل بضعة فصول. إذا كان لديك ثقة عالية بنفسك، فمن المرجح أن تتخذ إجراءات شجاعة. الآن، نحن نستكشف الطموح. إن الطموح يتطلب في كثير من الأحيان الشجاعة. قد يتم عرض هذه المفاهيم بشكل منفصل في الكتاب، لكنها تمييزات مصطنعة. هدفنا هو إلهامك لتطوير ورعاية هذه السمات والإيمان بقدرتك على تحقيق شيء رائع في حياتك.

**أشاني سامون بياو:** بالتأكيد. من المهم التمييز بين الطموح الأجوف والطموح المصمم، حيث أن الأخير مصحوب بسمات حيوية أخرى مثل التنفيذ. الطموح الذي يحركه الحسد قد لا يتوافق مع أهدافك الحقيقية.

عند البدء، من الضروري اختيار شيء تهتم به حقًا، لأنه حتى لو كنت معجبًا بنجاح شخص آخر وتطمح إلى تكراره، فمن غير المرجح أن تستثمر الجهد اللازم إذا لم يكن لديك شغف حقيقي به.. بمعنى آخر، إذا كان طموحك يفتقر إلى الشغف الحقيقي، فقد تجد صعوبة في الحفاظ على الحافز والالتزام طوال العملية.

**أولوميد أوغونسانو:** يتبع هذا الفصل الذي يتحدث عن الطموح الفصل الذي يتحدث عن التفكير المستقل لسبب ما. من خلال التفكير في الفصل السابق وتبني التفكير المستقل، من المرجح أن تكون طموحًا بشأن الأشياء التي لها صدى حقيقي لديك كفرد. عادةً ما يكون البقاء صادقًا مع نفسك هو الطريقة الأفضل بالنسبة لك.

**أشاني سامون بياو:** إذا كان لديك شغف قوي بشيء مهم بالنسبة لك، فمن المحتمل أنك ستنجح وتحقق الأهداف التي تهدف إليها. على العكس من ذلك، إذا كنت تسعى وراء طموحاتك فقط لأنك تحسد الآخرين أو ترغب في الاعتراف بهم، فقد تصل إلى المركز الذي تريده، ولكن قد لا تشعر بالرضا الحقيقي.

**أولوميد أوجونسانو:** بالتأكيد، يجب أن تأتي أهدافك الطموحة من الداخل ولها أهمية شخصية بالنسبة لك. الآن، أريد أن أقدم بعض التوصيات. كنت سأقترح في البداية "قوة الطموح"، ولكن بما أنك ذكرت ذلك بالفعل، فسوف أتخطى ذلك. بدلاً من ذلك، أوصي بـ "أدوات العمالقة [3]"، بقلم تيم فيريس. يعرض الكتاب فنانين عالميين من مختلف المجالات. ومن خلال قصصهم، يمكن للقراء اكتساب رؤى قيمة، ليس فقط عن طريق تقليد أفعالهم، ولكن عن طريق التعلم منها. يمكنك أن تبدأ في إدراك أنه إذا حقق الآخرون أشياء عظيمة،

---

فيمكنك أيضًا وضع أهداف طموحة لنفسك. لماذا ترضى بحياة لا تريد أن تعيشها بينما يعيش الآخرون حياة أحلامهم؟

وبهذا ينتهي مبدأ الطموح. هل سنتحدث عن الشجاعة بعد ذلك؟

**أشاني سامون بياو:** نعم ، دعنا ننتقل إلى موضوع الشجاعة، أحد موضوعاتي المفضلة. تفصل الشجاعة بين الدجاج الخجول والأسد الجريء في كثير من جوانب الحياة. لقد تم تقديرها كفضيلة من قبل البشر لعدة قرون، وهذا صحيح. الشجاعة هي القوة العقلية التي تدفعنا إلى ما هو أبعد من التوقعات، سواء كان ذلك ينطوي على الشروع في شيء جديد أو المثابرة في مواجهة التحديات التي قد نواجهها. فهو يمكّننا من مواجهة العقبات والمخاطر والصعوبات بشكل مباشر، ويمكّننا من التغلب عليها بمرونة لا تتزعزع، حتى في مواجهة الشدائد.

**أولوميد أوجونسانوو:** قوي! تلعب الشجاعة دورًا حاسمًا في الرحلة نحو الاستقلال المالي، المليئة بالصعود والهبوط، والتحويلات، والنكسات. بدون الشجاعة، من السهل أن تصاب بالإحباط والاستسلام. ومع ذلك، بالشجاعة، يمكنك التغلب على هذه التحديات، والبقاء متحفزًا، ومواصلة التقدم نحو أهدافك. الشجاعة هي العامل الحاسم الذي يفصل بين أولئك الذين يحققون الاستقلال المالي وأولئك الذين لا يحاولون أبدًا أو يتخلون عن السعي على طول الطريق. وهذا يذكرني بمقولة لفيل نايت، مؤسس شركة نايكي: "الجبناء لم يبدأوا قط، والضعفاء ماتوا على طول الطريق. وهذا يتركنا".

هدفنا هو أن تكتشف حياة ذات معنى بالنسبة لك وأن تكون على استعداد للذهاب في الرحلة لأنك تعتقد أن الأمر يستحق ذلك. الشجاعة هي ما يدفعك إلى المثابرة في تلك الرحلة.

**أشاني سامون بياو:** جميعنا نختبر الخوف، لكن الشجاعة هي القدرة على الاعتراف بتلك المشاعر، وفهم مدى تأثيرها علينا، والاستمرار في المضي قدمًا بالرغم منها.

**أولوميد أوغونسانو:** الخوف يكاد يكون جزءًا لا مفر منه من القيام بالأشياء المهمة. احتضن الخوف والضعف وعدم اليقين واستمر في المضي قدمًا بغض النظر.

**أشاني سامون بياو:** من المهم أن ندرك أن الشخص الشجاع ليس الشخص الذي لا يرى الخطر، بل الشخص الذي يراه ويعترف بالخوف الذي قد يجلبه. إلا أنهم يمتلكون قوة داخلية تمكنهم من مواجهة التحدي رغم خوفهم. ليس من الضروري أن تكون شخصًا غير عادي لتكون شجاعًا؛ كل ما عليك فعله هو أن تتعلم كيفية التحكم في عواطفك والاعتراف بالمخاطر التي تنطوي عليها مواجهة التحدي. تذكر أن الفشل الحقيقي الوحيد هو عدم المحاولة على الإطلاق، ومن خلال مواجهة مخاوفك واتخاذ الإجراءات اللازمة، قد تفاجئ نفسك بما أنت قادر على تحقيقه. وأنا أعترف بهذا التحدي. قد أخسر، لكنني سأستمر وأتعامل مع الأمر بالرغم من ذلك.

اسمحوا لي أن أشاركم حكاية لتوضيح هذه النقطة: كان هناك قائد وجنوده يستعدون لغزو جزيرة. ركبوا قواربهم ووصلوا إلى الشاطئ، ولكن كان الجنود مليئين بالإثارة وعدم اليقين. ثم قاد القائد القوات إلى الداخل وتركهم هناك ليحتفظوا بمواقعهم. عاد إلى

الشاطئ مع أشجع الجنود وأشعل النار في قواربهم، مما أزال أي احتمال للتراجع. وهذا أجبر جميع الجنود على القتال بتصميم لا يتزعزع. لقد فهم القائد أن شجاعة جنوده ستزداد إذا علموا أنه ليس لديهم خيار سوى القتال.

**أولوميد أوجونسانوو:** لن نعود. إما أن نتقدم أو نموت! مضحك.

**أشاني سامون بياو:** عندما شهد الجنود قواربهم المحترقة، شهد الجنود تحولًا عقليًا. كانوا لا يزالون خائفين، ولكن كان لديهم التصميم الذي يأتي من الوضوح. قتال أو موت. الشجاعة لا تعني بالضرورة غياب الخوف، بل تعني القدرة على إقناع النفس بأن هذا هو الطريق الصحيح والمضي قدماً بكل عزيمة.

**أولوميد أوغونسانو:** سامون، الآن هو الوقت المثالي لتقديم مفهوم من كتاب MJ DeMarco " Unscripted "[4]، يسمى FTE (اللعنة على هذا الحدث). ويحدث ذلك عندما يصل الفرد إلى نقطة يدرك فيها أنه وصل إلى الحضيض ويحتاج إلى تغيير حياته بشكل عاجل واتباع اتجاه مختلف.

لقد فقدت العديد من الوظائف قبل أن أبلغ 24 عامًا. وأدركت على الفور أن الشركات لم تضع مصلحتي في الاعتبار. كنت أعلم أنه كان علي أن أفعل شيئًا آخر في حياتي. السؤال الذي يحتاج معظم الناس إلى طرحه على أنفسهم هو: هل تريد الانتظار حتى يحدث FTE الخاص بك؟ هل تريد الانتظار حتى تسمح لك شركتك بالرحيل؟ هل تحتاج إلى الانتظار حتى تصل إلى الحضيض، أم يمكنك اتخاذ خطوات استباقية <u>الآن</u> نحو تحقيق أهدافك دون التعرض لحادث FTE مؤلم؟

FTEs يحدث حتماً. الشركة التي تعمل بها ليست عائلتك، بغض النظر عما يقولونه لك. ليس لديهم مصالحك الفضلى في القلب. سوف يفسدون عليك أي فرصة تتاح لهم. إنهم يستخدمونك فقط في عملك.

**أشاني سامون بياو:** على الرغم من ادعاء الشركات في بعض الأحيان أن كل فرد في الشركة يقوم بمهمة مشتركة، فمن المهم أن نتذكر أن كل فرد لديه مهمته الشخصية الخاصة، وهو في النهاية مسؤول عن حياته المهنية ورفاهيته. في حين أن الزملاء قد يصبحون أصدقاء بفضل الظروف المشتركة، سيحتاج الجميع إلى متابعة طريقهم الخاص عندما تتغير الظروف.

**أولوميد أوغونسانو:** الشجاعة ضرورية للشروع في رحلة نحو أهدافك. ومع ذلك، إذا كنت تفتقر إليها، فإن FTE سيجبرك في النهاية على القيام بشيء ما على أي حال. دعونا نناقش أيضًا أهمية المخاطرة المحسوبة. الشجاعة والبقاء في منطقة الراحة الخاصة بك غير متوافقين. إن اتباع الوضع الراهن لن يؤدي إلى الاستقلال المالي، ومن المرجح أن تبقيك منطقة الراحة الخاصة بك عالقًا في الوضع الراهن. الشجاعة هي الترياق.

**أشاني سامون بياو:** كلماتك تذكرني بقصيدة فرنسية تقول: "**A vaincre sans**

---

4. https://www.amazon.com/UNSCRIPTED-Life-Liberty-Pursuit-Entrepreneurship/dp/
0984358161

peril, on triomphe sans gloire" (**إذا فزت بلا خطر، فإنك تنتصر بلا مجد**). عندما تكون في منطقة الراحة الخاصة بك، فإنك تفوز بشكل أساسي بلعبة لا يوجد بها أي تحدي.

**أولوميد أوغونسانو:** يبدو الأمر كما يقول المثل: "العب ألعابًا غبية واربح جوائز غبية". إن البقاء في منطقة الراحة الخاصة بك يشبه إلى حد ما ممارسة لعبة غبية. أنت تتبع روتينك الآمن والمسار المحدد مسبقًا بشكل مريح وتقنع نفسك بأن الزيادة السنوية بنسبة 3٪ مقبولة وأن حياتك "على ما يرام" بشكل عام. ولكن لماذا ترضى بحياة جيدة بينما يمكنك أن تعيش حياة مذهلة؟

حتى لو كنت تخطط لتحقيق الاستقلال المالي بحلول سن الأربعين وينتهي بك الأمر بتحقيق ذلك بحلول سن 48، فلا يزال هذا أفضل من الوضع الراهن. ربما كان الوضع الراهن قد جعلك تعمل حتى سن 75 عامًا. الأمر لا يتعلق بالأرقام فقط؛ يتعلق الأمر بدفع نفسك لتكون متحمسًا للمستقبل وأن تكون شجاعًا وطموحًا بما يكفي لخلق هذا المستقبل.

إن المخاطرة المحسوبة أمر ضروري للاستقلال المالي. ذكر سامون في وقت سابق الدور الذي يلعبه الخوف. قد تكون خائفًا من استكشاف فرص جديدة والخروج بها، ولكن حتى وظيفتك تحمل مخاطر. هل قمت بتقييم تلك المخاطر بدقة؟ ماذا يحدث عندما تقرر شركتك أنها لم تعد بحاجة إلى خدماتك؟ من منظور عقلاني بحت، فمن المنطقي التحوط من المخاطر الخاصة بك والبقاء يقظين. من خلال التقييم الصحيح للمخاطر المرتبطة بوضعك الحالي، قد يتم تشجيعك على تحمل المزيد من المخاطر المحسوبة.

**أشاني سامون بياو:** كلمات حكيمة بالفعل. كيف تدعم الشجاعة الرحلة إلى الاستقلال المالي؟ فكر في الشجاعة باعتبارها الوقود الذي يدفعك إلى سلم الاستقلال المالي ويبقيك على الصعود.

**أولوميد أوغونسانو:** لا تنتظر FTE أو الظروف الخارجية لتجبرك على أن تكون جريئًا. ماذا لو لم يكن لديك رفاهية FTE إلا في وقت لاحق من الحياة؟ قد تجد نفسك في الستينيات من عمرك، وقد أدركت أنك بحاجة إلى أن تأخذ شؤونك المالية الشخصية على محمل الجد وأن التقاعد لن يستغرق سوى عشر سنوات. عند هذه النقطة، قد تندم على عدم اتخاذ أي إجراء في وقت سابق. ابدأ الآن! حتى لو كنت أكبر سنًا قليلًا، لم يفت الأوان أبدًا للبدء. أنت لست في سباق مع أي شخص.

من الأسهل أن تكون جريئًا عندما تفهم معظم المخاطر. الشخص الشجاع ليس هو الشخص الذي يندفع إلى المعركة بشكل أعمى؛ إنه الشخص الذي يقيم المخاطر بعناية ويختار المضي قدمًا لأنه يعتقد أن الفوائد تفوق التكاليف. ولكن لتحديد ما إذا كانت الفوائد تفوق التكاليف، عليك أن تفتح عينيك، وتتصور، وتفهم المقايضات في موقفك.

**أشاني سامون بياو:** أثار أولوميد سؤالاً حول كيفية إنشاء حدث FTE هذا في حياتك. إذا كنت ترغب في تنمية الشجاعة والاعتماد على الذات والثقة بالنفس لدى أطفالك، فمن المفيد أن تمنحهم فرصًا لقضاء بعض الوقت بعيدًا عنك وبعيدًا عن وسائل الراحة في حياتهم. هل تتذكر حكاية السفينة المحترقة التي ذكرتها سابقًا؟ تخيل أن تقوم بإسقاط طفلك في مكان ما دون أي وسيلة للاتصال بك للحصول على المساعدة. سيتعين عليهم معرفة

كيفية البقاء على قيد الحياة بمفردهم.

قد يعتبر بعض الناس هذه فكرة رهيبة لأن الطفل قد يتعرض لصدمة مدى الحياة. ولكن هذا هو الأمر: من خلال حمايتهم من العالم الحقيقي، فإنك في الواقع تسبب لهم أكبر صدمة في حياتهم. أنت تحرمهم من تجربة العالم على حقيقته، مما يخلق تجربة إيجابية زائفة. من خلال السماح للأطفال بتجربة مستوى معين من الاستقلالية ومواجهة التحديات، قد توفر لهم فرصًا قيمة للنمو.

**أولوميد أوجونسانوو:** نعم، الأمر كله يعود إلى تقييم المخاطر. إن التقليل من خطورة عدم منحهم القدر الكافي من الاستقلال والاكتفاء الذاتي والثقة بالنفس ينطوي على مخاطرة أكبر. ومن خلال عدم تزويدهم بهذه الأدوات، قد لا تقوم بإعدادهم لتحقيق النجاح في المستقبل. هذا مؤسف.

**أشاني سامون بياو:** ضع في اعتبارك هذا ـ عندما تبالغ في حماية أطفالك وتمنعهم من مواجهة التحديات، فإنك في الواقع تهيئهم للفشل على المدى الطويل. من المهم السماح لهم بمواجهة التحديات واكتشاف الأشياء بأنفسهم.

على سبيل المثال، تصور سيناريو حيث يدخل أطفالك سوق العمل ولكنهم يكافحون من أجل تأمين العمل. إذا قررت إنشاء وظيفة لهم داخل شركتك الخاصة، فإنك تعيق عن غير قصد نجاحهم على المدى الطويل. ومن خلال القيام بذلك، فإنك تعيق قدرتهم على تنمية المهارات الأساسية واكتساب الخبرة القيمة اللازمة لتحقيق الاكتفاء الذاتي. علاوة على ذلك، ماذا يحدث عندما لا تكون موجودًا لإنقاذهم؟ ومن الضروري السماح لهم بمواجهة التحديات وتطوير الاستقلالية. حتى لو كان ذلك ينطوي على مواجهة انتكاسات مؤقتة. حتى لو ورثوا ثروتك، فمن المرجح أن يهدروها لأنهم لم يتعلموا أن يكونوا مستقلين.

كشخص بالغ، الشجاعة تعني القدرة على التحدث إلى رئيسك في العمل والدفاع عن نفسك. على سبيل المثال، يمكنك أن تقول بثقة: "مرحبًا، لقد حققت هذه الأشياء، وأعتقد أنني أستحق الترقية". يمكنك أيضًا الإشارة ضمنًا إلى أنه إذا لم تسير الأمور على ما يرام، فسوف تستكشف فرصًا أخرى. من المهم أن تتمتع بالشجاعة للدفاع عن نفسك واستكشاف فرص العمل خارج منصبك الحالي، خاصة إذا كنت تعتقد أنك تحصل على أجر أقل من اللازم، أو مقومة بأقل من قيمتها، أو لا يتم استغلالها بشكل كافٍ.

**أولوميد أوغونسانو:** أو ربما تجربة الثلاثة في وقت واحد! [ضحك]

**أشاني سامون بياو:** في مقابلة العمل، قد تقابل أحد القائمين على المقابلة الذي يحاول الضغط عليك عاطفيًا. امتلك الشجاعة لتحدي معتقداتهم والدفاع عن نفسك. لا تخف من القول: "أنا آسف، ولكن مما أستطيع رؤيته رياضيًا هنا، يبدو أنني على حق. هل يمكنك شرح السبب وراء اعتقادك؟"

**أولوميد أوجونسانو:** من خلال تنمية الطموح من خلال الإجراءات اليومية الصغيرة، فإنك تعزز قدرتك على تحقيق أهداف أكبر، مثل تحقيق الاستقلال المالي.

**أشاني سامون بياو:** أود أن أوصي بكتاب " افعل الأشياء الصعبة "[5] للكاتب ستيف

ماغنوس. يستكثف التغلب على الخوف ويسلط الضوء على قيمة الصلابة في الرياضة والمجالات الأخرى كوسيلة لمواجهة التحديات. يؤكد ماغنوس، وهو عالم ومدرب للرياضيين ذوي الأداء العالي، على أهمية العمل مع كل من العقل والجسم لتحقيق أعلى مستوى من الأداء. ويقترح ماغنوس التركيز على بناء القوة الداخلية من خلال عدة ركائز، منها:

- احتضان الواقع من خلال قبول الوضع كما هو وإسقاط أي واجهة.
- الاستماع إلى جسدك والوعي بكيفية استجابته للضغوط والتحديات.
- الاستجابة لجسمك بدلاً من الرد بشكل متهور على حالات الخوف والهروب.
- خلق مساحة لاتخاذ إجراءات مدروسة وتنمية المرونة والصلابة.

**أولوميد أوغونسانو:** رد الفعل تلقائي، لكن الاستجابة متعمدة. إنه نموذج مصغر للاستقلال المالي: الحياة التلقائية في الوضع الراهن مقابل الحياة المتعمدة.

**أشاني سامون بياو:** الركيزة الأخيرة التي يناقشها ستيف ماغنوس هي تجاوز الانزعاج. غالبًا ما تروج وسائل الإعلام والإعلانات للراحة والرفاهية كهدف نهائي، لكن هذه العقلية يمكن أن تعيق النمو الشخصي. على سبيل المثال، عندما يفشل طفل في الرياضيات، يجب على الآباء تجنب إخباره بأنه لا يزال رائعًا.

**أولوميد أوجونسانوو:** [ضحك] أو في بعض الأحيان يلوم الآباء المعلم.

**أشاني سامون بياو:** تجاوز الانزعاج أمر ضروري لأنه بدونه، لن تتمكن من تحقيق أي شيء ذي معنى في الحياة. في بعض الأحيان، قد لا نشعر بالقدرة على تحمل هذه المهمة، ولكن يجب أن نتحلى بالشجاعة للمضي قدمًا.

**أولوميد أوجونسانوو:** لدي كتابان توصيان بهما. الأول هو " Shoe Dog "[6] لفيل نايت، مؤسس شركة Nike. يقدم هذا الكتاب وصفًا آسرًا لكيفية إنشاء شركة Nike والعقبات التي واجهها، بما في ذلك الصعوبات المالية والنزاعات القانونية والمنافسة الشرسة. يمكننا جميعًا أن نتعلم من الشجاعة والمثابرة التي أظهرها طوال رحلة Nike. تعد ريادة الأعمال واحدة من أفضل الطرق للاستقلال المالي، ويقدم هذا الكتاب نظرة أولية لبناء مشروع تجاري.

التوصية الثانية هي " اليوم الذي يقلب حياتك "[7] بقلم جيم رون. يقدم الكتاب أمثلة لأفراد وصلوا إلى لحظة محورية في حياتهم حيث أدركوا الحاجة إلى التغيير. لقد وصلوا إلى الحضيض وأدركوا أنه يجب عليهم التعامل مع الأمور بشكل مختلف للمضي قدمًا. لقد واجهت هذا عندما كان عمري 21 و 23 عامًا عندما فقدت كلا الوظيفتين، ويقدم هذا الكتاب أمثلة مختلفة لأشخاص يواجهون FTEs مماثلة ولحظات الأزمات.

هدفنا من كتابة هذا الكتاب هو إلهامك للتفكير فيما هو أبعد من وضعك الحالي واتخاذ الإجراءات اللازمة نحو الحياة التي ترغب فيها حقًا. نريد أن نتحداك لتسأل نفسك: "هل

---


5. https://www.amazon.com/Hard-Things-Resilience-Surprising-Toughness/dp/006309861X

6. https://www.amazon.com/Shoe-Dog-Phil-Knight-audiobook/dp/B01CRJA470

7. https://www.amazon.com/That-Turns-Your-Life-Around/dp/B01M7VOBM8

هذه هي الحياة التي أريد أن أعيشها حقًا؟" وإجراء تغيير. نحن ندرك أنه في بعض الأحيان يتطلب الأمر حدثًا مؤلمًا لتحفيز هذا النوع من التفكير، ولكننا نأمل أن يكون كتابنا بمثابة حافز للتغيير الإيجابي في حياتك. تجاوز الرضا عن النفس واتجه نحو الحياة التي تثيرك حقًا. وبهذا يمكننا أن نختتم هذا الفصل، ونراكم في الفصل التالي.

# 5: قصص كلية إدارة الأعمال ومبادئ تحديد الأهداف والتنمية الشخصية

**أولوميد أوجونسانو:** لدي ذكريات جميلة عن الفترة التي أمضيتها في كلية إدارة الأعمال، وأنا متحمس لمشاركة القصص ومناقشة كيف يمكن لرأس المال البشري المتوسع أن يمهد الطريق نحو الاستقلال المالي.

**أشاني سامون بياو:** في هذا الفصل، سنستكشف تجاربنا خلال سنوات دراسة إدارة الأعمال، والتي كانت بمثابة محفزات للنمو الشخصي الكبير ورسمت مسارًا جديدًا لحياتنا.

**أولوميد أوغونسانو:** بالإضافة إلى ذلك، سنناقش مبادئ تحديد الأهداف والتنمية الشخصية. تحديد أهداف طموحة وتطوير نفسك لتحقيق تلك الأهداف. مذهل. دعنا نذهب!

# 5أ: قصة كلية إدارة الأعمال في أولوميد

**أشاني سامون بياو:** أولوميد، في الفصل السابق، ناقشنا بداية حياتك المهنية، بما في ذلك فقدان الوظائف المؤسف وقرارك بإعادة ضبط حياتك من خلال الالتحاق بكلية إدارة الأعمال. هل يمكنك مشاركة كيف تكشفت تلك الرحلة؟

**أولوميد أوجونسانوو:** بالتأكيد. كان دافعي لمتابعة كلية إدارة الأعمال متجذرًا في الرغبة في الحصول على مزيد من السيطرة على حياتي ووضع نفسي على مسار محتمل أعلى. اسمحوا لي أن أرسم صورة لأشرح ما شعرت به خلال تلك الفترة. تخيل نفسك في سيارة مع 10 أشخاص، كل منهم يعطيك اتجاهات وآراء مختلفة. بعضها يشتت انتباهك بشكل بسيط، بينما البعض الآخر يعيق رؤيتك بل ويدفعك ويركلك. يصبح من الصعب التنقل والتحكم في حياتك عندما يكون هناك الكثير من التأثيرات الخارجية. يمثل هؤلاء الأفراد الضغوط المختلفة في حياتك، مثل الرؤساء أو الزملاء أو أي شخص له تأثير. على الرغم من أنك قد تكون السائق، إلا أن السيارة مصممة فقط لخمسة أشخاص كحد أقصى، أو ربما حتى لشخصين فقط في حالة السيارة الرياضية. في هذا التشبيه، الهدف النهائي هو قيادة السيارة بهدوء، بكلتا يديك على عجلة القيادة، وتقليل عوامل التشتيت، مما يسمح لك باستعادة السيطرة على حياتك.

سعيت لمزيد من الوكالة، واعتقدت أن كلية إدارة الأعمال ستوفر لي إعادة ضبط، مما يسمح لي بتعلم أشياء جديدة، والتواصل مع الناس، وتأمين وظيفة ذات أجر أفضل. وإليك كيف تكشفت رحلتي في كلية إدارة الأعمال:

**السياق:** كان ذلك في عام 2009، وكان عمري 24 عامًا. لقد وجدت نفسي في موقف صعب بسبب الأحداث المؤسفة التي تعرضت لها في وظيفتي السابقة، كما ذكرت في الفصل السابق. واصلت متابعة درجة الماجستير ليلاً كوسيلة للبقاء في أمريكا.

**اختيار المدرسة:** بعد أن عشت في نيجيريا حتى عمر 17 عامًا ثم في أمريكا، أردت تجربة شيء مختلف من خلال العيش في أوروبا. رغم أنني زرت أوروبا عدة مرات من قبل، إلا أنني لم أعش هناك قط. بدت فرصة الالتحاق بإحدى كليات إدارة الأعمال الأوروبية مثيرة، كما كان لدي ارتباط عاطفي بأكسفورد منذ أن التحق والدي بالجامعة في السبعينيات. ركزت في المقام الأول على المدارس الأوروبية ذات التصنيف العالي مثل LBS، وأكسفورد، وكامبريدج، وإنسياد، مع عدد قليل من المدارس الأمريكية كنسخ احتياطية.

**الإجراءات:** انغمست في الاستعدادات لاختبار GMAT، وحصلت على جميع الكتب والدورات اللازمة. أصبحت أيامي منظمة، بدءًا من الاستيقاظ والاستحمام والذهاب إلى المعهد الهندي للتكنولوجيا للتحضير لاختبار GMAT طوال اليوم، تليها الدروس في

الليل. قد يبدو الأمر رتيبًا ومملًا، لكنني استمتعت بهذه العملية لأنني كنت أعلم أنني سأغير حياتي. لقد كان أدائي جيدًا في اختبار GMAT وأكملت جميع الجوانب الأخرى لطلب الحصول على ماجستير إدارة الأعمال، بما في ذلك رسائل التوصية والمقالات.

**النتيجة:** أتذكر بوضوح أنني تلقيت بريدًا إلكترونيًا من جامعة أكسفورد في 11 ديسمبر 2009، بعنوان موضوع غامض "برنامج الماجستير في إدارة الأعمال بجامعة أكسفورد 2010/11". عندما فتحت البريد الإلكتروني، رأيت عرض القبول. لقد غمرتني العاطفة وكادت أن أبكي بدموع الفرح. رقصت في غرفتي (فالرقص من اهتماماتي كما ذكرنا في الفصل السابق). لقد كانت لحظة مجيدة وغيرت الحياة! كنت أعلم أن حياتي لن تكون هي نفسها أبدًا.

كانت رحلتي للتقدم إلى كلية إدارة الأعمال في الغالب مسعى فرديًا. لم أخبر والدي بخططي للتقدم، ولم أشارك في دراسة جماعية أو أشارك مقالات التقديم الخاصة بي مع أي شخص للحصول على تعليقات. كما أنني لم أطلب النصيحة بشأن كليات إدارة الأعمال التي سأتقدم إليها. لم يكن الأمر فرديًا تمامًا بالطبع، كنت بحاجة إلى رسائل توصية من زملائي السابقين في العمل وأساتذتي (تحية لكل من كتب رسائل توصية في كلية إدارة الأعمال). لا أوصي بهذا النهج لأي شخص اليوم. لقد فعلت ذلك لأنني لم أكن أعرف أي شخص مر بهذه العملية أو حصل على ماجستير في إدارة الأعمال في ذلك الوقت، حيث كان معظم زملائي في أوائل العشرينات من عمرهم وبدأوا حياتهم المهنية.

وبالتأمل في هذه التجربة بعد سنوات، فكرت فيما إذا كان اختياري للمدارس الأوروبية كان مدفوعًا برغبتي في العيش في أوروبا أو بسبب عدم رضاي عن النظام الأمريكي. ومازلت أتألم من الأحداث التي أحاطت بفقدان وظيفتي، وشعرت أن النظام الأمريكي خذلني. ولذلك، فإن قراري بالانتقال إلى أوروبا ربما كان جزئيًا هروبًا من أمريكا وليس انجذابًا محددًا إلى أوروبا.

**أشاني سامون بياو:** هناك الكثير مما يجب تفريغه هنا. دعنا نعيد النظر في قرارك بمتابعة كلية إدارة الأعمال. لقد ذكرت الشعور بالإحباط من النظام الأمريكي، والرغبة في العيش في أوروبا، والارتباط العاطفي بجامعة والدك، أكسفورد. ومع ذلك، لم تذكر صراحةً الاستقلال المالي كعامل دافع. هل يمكنك توضيح أفكارك حول الاستقلال المالي خلال تلك الفترة؟

**أولوميد أوغونسانو:** لقد كنت مهتمًا بالتمويل الشخصي منذ طفولتي. استمر هذا بعد أن حصلت على وظيفتي الأولى حيث بدأت في تطوير جداول البيانات للتنبؤ بمدخراتي وتعمقت في مدونات التمويل الشخصي بين عامي 2006 و2010. قرأت العديد من المدونات مثل JD Roth)[1] (Get Rich Slowly و Early Retirement Extreme [2](جاكوب لوند فيسكر) ومدونتي المالية (جوناثان بينج)[3]. قرأت أيضًا مواقع ويب أخرى

---


1. http://getrichslowly.org

2. http://earlyretirementextreme.com

3. https://www.mymoneyblog.com/

أصبحت الآن غير نشطة، مثل thesimpledollar.com وallfinancialmatters.com، وnetbanker.com وBawgeeering.com، والمزيد. كانت حركة FIRE (الاستقلال المالي والتقاعد المبكر) صغيرة نسبيًا في ذلك الوقت، ولم يكن المصطلح نفسه معترفًا به على نطاق واسع. وبالتالي، فقد اعتبرت هذه المدونات بمثابة موارد مالية شخصية أكثر من كونها مصادر مرتبطة بـ FIRE بشكل صريح.

**أشاني سامون بياو:** ما الذي جذبك إلى مدونات التمويل الشخصي تلك في ذلك الوقت بالذات؟

**أولوميد أوغونسانو:** لقد استمتعت بالقراءة عن التمويل الشخصي واكتشاف طرق لتكون أكثر كفاءة في التعامل مع المال قبل دخولي كلية إدارة الأعمال. عندما بدأت عملية التقديم لكلية إدارة الأعمال، تحولت أهدافي الأساسية إلى التركيز بشكل أكبر على الحصول على أفضل وظيفة ممكنة بأعلى دخل. لم يكن الاستقلال المالي في ذهني بشكل صريح؛ لقد كنت مهتمًا أكثر بتعظيم أرباحي المحتملة.

**أشاني سامون بياو:** لذا، فقط للتوضيح لجمهورنا، عندما فقدت وظيفتك وبدأت في التقديم إلى كلية إدارة الأعمال أثناء متابعة برنامج ماجستير آخر، كان دافعك الرئيسي هو استعادة السيطرة وإعادة تشكيل حياتك. على الرغم من اهتمامك بالتمويل الشخصي، إلا أن تحقيق الاستقلال المالي لم يكن هدفًا محددًا بالنسبة لك عند دخولك كلية إدارة الأعمال.

**أولوميد أوجونسانوو:** هذا صحيح. لم يكن الاستقلال المالي شيئًا أسعى إليه بنشاط أو حتى أفهمه تمامًا في ذلك الوقت. لو سألتني عن ذلك في عام 2009، لم أكن لأستوعب هذا المفهوم. على الرغم من أنني كنت أعرف ما يعنيه أن تصبح ثريًا، إلا أن فكرة الاستقلال المالي لم تكن مطروحة للنقاش على نطاق واسع أو منتشرة في ذلك الوقت.

**أشاني سامون بياو:** كيف كانت تجربتك في كلية إدارة الأعمال؟

**أولوميد أوجونسانوو:** لقد كان رائعًا! لقد تعلمت درسين في الاستقلال المالي خلال فترة دراستي في كلية إدارة الأعمال.

أولاً، تعد زيادة رأس المال البشري الخاص بك أمرًا ضروريًا لتعزيز إمكاناتك في تحقيق الأرباح. لا تحتاج بالضرورة إلى الالتحاق بكلية إدارة الأعمال أو الحصول على درجة الماجستير، ولكن من الضروري التركيز على التنمية الشخصية وتوسيع معرفتك لتعزيز دخلك.

الدرس الثاني هو أهمية تعريض نفسك لأشخاص جدد ووجهات نظر جديدة لتوسيع آفاقك. وهذان الدرسان مترابطان لأن توسيع نظرتك للعالم يزيد من قدرتك على النمو الشخصي، مما يؤدي بدوره إلى تعزيز دخلك المحتمل. في حين أن زيادة رأس المال البشري الخاص بك يمكن تحقيقه من خلال وسائل مختلفة (على سبيل المثال، يمكنك استخدام يوتيوب، كورسيرا، وما إلى ذلك)، فإن مقابلة الأشخاص والحصول على تجارب جديدة هي وسيلة فعالة لتوسيع رؤيتك للعالم وفرص الدخل. هذان هما الدرسان الرئيسيان للأشخاص المهتمين بالاستقلال المالي من هذه القصة. هاتان هما الوجبتان الرئيسيتان للمهتمين بالاستقلال المالي من قصتي. حتى لو لم تلتحق بكلية إدارة الأعمال،

فمن الممكن تطبيق هذه المبادئ بعدة طرق مختلفة.

**أشاني سامون بياو: ** حسنًا.

**أولوميد أوجونسانو: ** الآن، دعونا نتعمق في بعض التفاصيل المحددة حول تجربتي في أكسفورد ومعهد ماساتشوستس للتكنولوجيا.

على عكس معظم طلاب الدراسات العليا الذين لديهم فجوة كبيرة بين دراساتهم الجامعية والدراسات العليا، بدأت في جامعة أكسفورد عندما كان عمري 25 عامًا فقط، بعد أربع سنوات فقط من إكمال شهادتي الجامعية. بدا الأمر وكأنه امتداد لتجربتي الجامعية لأنني كنت صغيرًا جدًا.

في أكسفورد، اتخذت قرارًا واعيًا بعدم تكرار الأخطاء التي ارتكبتها عندما كنت طالبًا جامعيًا، حيث ركزت فقط على الأكاديميين. وبدلاً من ذلك، كنت أهدف إلى أن أكون أكثر شمولاً وأن أستفيد استفادة كاملة من جميع الفرص التي توفرها كلية إدارة الأعمال. ونتيجة لذلك، شاركت بنشاط في مختلف الحكومات والأندية والمجموعات الطلابية.

لقد تم انتخابي كممثل لفئة ماجستير إدارة الأعمال للقسم C، وهو أحد الأقسام الثلاثة في برنامج الماجستير في إدارة الأعمال لدينا والذي يتكون كل قسم من 80 طالبًا. بالإضافة إلى ذلك، عملت كرئيس مشارك لمجموعة أفريقيا ونائب الرئيس للتسويق/ العلاقات الخارجية. مقارنةً بأيام دراستي الجامعية في المعهد الهندي للتكنولوجيا، كنت منخرطًا بشكل كبير في العديد من الأنشطة وكنت مشغولًا دائمًا. كنت مثل طفل في متجر للحلوى، لقد كانت تجربة رائعة وأحببتها!

كوني أنحدر من خلفية هندسية، ولم يكن لدي سوى تعرض محدود لمفاهيم الأعمال مثل التمويل والاقتصاد والتسويق. لقد كنت مصممًا على تحقيق أقصى استفادة من وقتي في أكسفورد، إلى الحد الذي يمكنني من خلاله حضور نفس الفصول الدراسية عدة مرات في اليوم الواحد (حيث يتم تدريس المحاضرات بشكل منفصل عن قسمي ماجستير إدارة الأعمال الآخرين في أوقات مختلفة). لقد رأيت ذلك كفرصة لاستيعاب أكبر قدر ممكن من المعرفة. وفي مرحلة ما، تساءل أستاذ الاقتصاد الكلي عن سبب حضوري نفس الفصل عدة مرات. لقد أوضحت أنني أريد الاستفادة من الاختلافات في الجدولة واستيعاب كل جزء من المعرفة المتاحة. علاوة على ذلك، لاحظت أن طلاب ماجستير إدارة الأعمال التنفيذية (EMBA) أتيحت لهم الفرصة لحضور المزيد من الفصول الدراسية خلال فصل الصيف، لذلك قمت بمراجعة العديد من دروس ماجستير إدارة الأعمال التنفيذية. كان التعلم والنمو والتواصل مع الناس في أكسفورد تجربة مبهجة بالنسبة لي.

لدي عدد لا يحصى من الذكريات الجميلة عن الوقت الذي قضيته هناك. أحد الأمثلة السريعة هو عندما أدركت أن برامج كلية إدارة الأعمال المختلفة في أكسفورد ـ ماجستير إدارة الأعمال، وماجستير العلوم المالية، وماجستير إدارة الأعمال التنفيذي، والتعليم التنفيذي ـ كانت معزولة إلى حد ما عن بعضها البعض. أخذت زمام المبادرة لتنظيم حدث يمكن للطلاب من جميع هذه البرامج أن يجتمعوا معًا. لقد كانت ليلة بار، لقد قضينا

وقتاً رائعاً!

لم أكن مجرد طالب في جامعة أكسفورد؛ لقد كنت متأصلًا بعمق في نظام ماجستير إدارة الأعمال البيئي، حيث شاركت بنشاط وتواصلت مع شبكة متنوعة من الأشخاص الذين يمرون بتجارب تحويلية.

يعيش طلاب أكسفورد في الكليات، بغض النظر عن برنامجهم. منذ أن تقدمت مبكرًا لبرنامج الماجستير في إدارة الأعمال، كان لدي الكثير من الخيارات الجامعية للاختيار من بينها. كان تركيزي الأساسي هو العثور على خيار ميسور التكلفة، لذلك لم أهتم كثيرًا بالعوامل الأخرى. وفي نهاية المطاف، اخترت كلية وورسستر لأنها تضم نوعًا محددًا من الغرف التي تناسب الميزانية. لقد كانت علية صغيرة في الجزء العلوي من المنزل، حيث كنت أكاد ألمس كلا الجانبين عندما أتمدد. لم تكن هناك خزانة، لذلك اشتريت خزانة قائمة من Argos قبل بدء الدراسة. على الرغم من المساحة الصغيرة، فقد تبين أن Worcester هي كلية رائعة بها بحيرة جميلة وبط. وخلال عطلة عيد الميلاد، قمت بتنظيم جولات في ورسستر لزملائي من طلاب ماجستير إدارة الأعمال. لقد أحببت وورسستر تمامًا.

**أشاني سامون بياو:** هناك الكثير لتفريغه. كيف ومتى ظهر معهد ماساتشوستس للتكنولوجيا في الصورة؟

**أولوميد أوجونسانو:** أثناء دراستي في جامعة أكسفورد، كانت خطتي الأولية هي التخرج والبدء فورًا في العمل. ومع ذلك، خلال الربع الأخير من عام 2010، أجريت محادثة مع مايكل صن، الذي التقيت به من خلال مجلس الحكومة الطلابية. أخبرني عن برنامج MIT MSMS (ماجستير في الدراسات الإدارية) لمدة عام واحد، والذي يمكن متابعته بعد الانتهاء من برنامجنا في أكسفورد. في معظم الحالات، تستمر برامج ماجستير إدارة الأعمال غير الأمريكية لمدة عام واحد، في حين أن كليات إدارة الأعمال الأمريكية عادةً ما يكون لديها برامج مدتها سنتان. لتلبية احتياجات طلاب ماجستير إدارة الأعمال الدوليين، صمم معهد ماساتشوستس للتكنولوجيا هذا البرنامج ليقدم لهم سنة إضافية من تعليم إدارة الأعمال في معهد ماساتشوستس للتكنولوجيا. لقد أثارت الفكرة اهتمامي، لكنني لم أكن مقتنعًا تمامًا لأنني اعتقدت أنني سأتخرج من جامعة أكسفورد وأجد عملاً في أوروبا.

على الرغم من شكوكي، قررت التقديم على أي حال لأنه لم يكن لدي الكثير لأخسره، ويمكنني دائمًا اتخاذ قرار لاحقًا. علاوة على ذلك، لم أتلق أي عروض عمل بعد لأنني كنت في أكسفورد لمدة ثلاثة أشهر فقط (انضممت إلى أكسفورد في سبتمبر 2010 وتقدمت بطلب إلى معهد ماساتشوستس للتكنولوجيا في ديسمبر 2010).

**أشاني سامون بياو:** كان دافعك الرئيسي للالتحاق بكلية إدارة الأعمال هو العثور على وظيفة من شأنها أن تغير مسار حياتك وتمنحك المزيد من التحكم. كيف كان معهد ماساتشوستس للتكنولوجيا متوافقًا مع هذا الأمر، خاصة بالنظر إلى خيبة أملك تجاه نظام التعليم الأمريكي؟

**أولوميد أوجونسانوو:** هذا سؤال جيد. لعبت عدة عوامل دورًا في قراري بالالتحاق بمعهد ماساتشوستس للتكنولوجيا.

أولاً، كمهندس سابق، كنت منجذبًا بشكل طبيعي إلى معهد ماساتشوستس للتكنولوجيا، لكنني لم أرغب في أن أكون متحمسًا جدًا لذلك. لقد تقدمت بطلب وقررت تقييم الوضع فقط إذا تلقيت عرضًا. أعتقد أنه من الأفضل إنفاق طاقتك العقلية في تقييم الخيارات المتاحة لك بالفعل بدلاً من التكهن أو الرغبة في الخيارات التي قد لا تتحقق.

ثانيًا، كان الذهاب إلى معهد ماساتشوستس للتكنولوجيا بمثابة وسيلة وقائية لبحثي عن عمل. يواجه الطلاب في برامج ماجستير إدارة الأعمال التي مدتها عام واحد، مثل برنامج أكسفورد، أحيانًا تحديات في العثور على وظائف لأن لديهم نصف الوقت مقارنة بطلاب البرامج الأمريكية التي تستغرق عامين. علاوة على ذلك، فإن درجات الماجستير في إدارة الأعمال لا تحظى بتقدير كبير خارج الولايات المتحدة، وعادة لا تتاح لطلاب ماجستير إدارة الأعمال لمدة عام واحد فرصة التدريب الصيفي. ومن خلال الالتحاق بمعهد ماساتشوستس للتكنولوجيا بعد أكسفورد، كان بإمكاني التخفيف من هذه المشكلات، على الرغم من أن ذلك يعني البقاء عاطلاً عن العمل لمدة عام إضافي.

ثالثًا، حصلت على منحة دراسية من معهد ماساتشوستس للتكنولوجيا (MIT)، مما أحدث فرقًا كبيرًا. وبدون هذا الدعم المالي، لست متأكدًا مما إذا كنت سأقبل العرض. لقد شعرت بسعادة غامرة إزاء الفرصة التي أتيحت لي لبناء شبكة أخرى من الأصدقاء في بلد جديد وأن أكون جزءًا من جامعتين رائعتين.

إذا نظرنا إلى الوراء اليوم، في عام 2023، بعد اثني عشر عامًا، كان الالتحاق بمعهد ماساتشوستس للتكنولوجيا أحد أفضل القرارات التي اتخذتها على الإطلاق. التقيت بالعديد من الأشخاص الرائعين وقمت ببناء شبكة أعمال ثانية للخريجين. في أكسفورد، كان لدينا مجتمع طلابي عالمي، حيث كان أكثر من 90% من الطلاب طلابًا دوليين من خارج المملكة المتحدة. في المقابل، في معهد ماساتشوستس للتكنولوجيا، كان التركيز أكثر على الولايات المتحدة، حيث كان أقل من 40٪ من طلاب كلية إدارة الأعمال أفرادًا دوليين غير أمريكيين. تم دمج كلية أكسفورد سعيد للأعمال (SBS) بالكامل في أكسفورد وجزء من آلة واحدة بينما كان معهد ماساتشوستس للتكنولوجيا سلون منفصلاً بشكل واضح ومستقلًا في الغالب عن معهد ماساتشوستس للتكنولوجيا. وشددت أكسفورد على النقاء الأكاديمي، في حين اتخذ معهد ماساتشوستس للتكنولوجيا نهجا أكثر شمولية في التعليم. على سبيل المثال، في أكسفورد، لم تؤثر المشاركة في الصف على درجاتي الإجمالية، ولكن في العديد من فصول معهد ماساتشوستس للتكنولوجيا سلون، كانت تمثل جزءًا كبيرًا (30-50٪) من درجاتي. كانت التكاليف في معهد ماساتشوستس للتكنولوجيا أعلى، بما في ذلك الرسوم الدراسية والكتب وإيجار السكن في معهد ماساتشوستس للتكنولوجيا تانغ هول (800 دولار) مقارنة بكلية ورستر في أكسفورد (275 جنيهًا إسترلينيًا أو 440 دولارًا).

أشعر بالفخر لحضوري في كل من أكسفورد ومعهد ماساتشوستس للتكنولوجيا، لقد

كانت تجارب مذهلة! كنت أقول إن الوقت الذي أمضيته في أكسفورد كان أفضل عام في حياتي، والآن أقول إن كل عام أعيشه الآن هو أفضل عام في حياتي.

من المؤسف أن التكاليف المرتبطة بكليات إدارة الأعمال الأمريكية ارتفعت بشكل كبير في الآونة الأخيرة، حيث تراوحت بين 150 ألف دولار إلى 250 ألف دولار للبرامج التي تستغرق عامين. من المحتمل ألا يكون هذا السعر الباهظ مبررًا بالنسبة لمعظم الناس. لقد التحقت بكلية إدارة الأعمال لأن ذلك سيغير حياتي، لكنني أعتقد الآن أنها مجرد عملية احتيال ولا تستحق العناء بالنسبة لمعظم الناس. لا أنصح معظم الناس بالذهاب إلى كلية إدارة الأعمال ما لم يكن لديهم سبب واضح ويكون العائد **على** الاستثمار منطقيًا.

**أشاني سامون بياو:** هذا مثير للاهتمام. عندما التحقت بكلية إدارة الأعمال، أردت أيضًا تحقيق أقصى استفادة من هذه التجربة. قررت متابعة درجة الماجستير في التعليم لأنني كنت أدفع بالفعل مقابل الحصول على درجة الماجستير في إدارة الأعمال، ولم تكن هناك أي تكاليف إضافية. بالعودة إلى قصتك، ذكرت رغبتك في "تغيير حياتك". هل يمكنك مشاركة المزيد عن طريقة تفكيرك خلال فترة وجودك في أكسفورد ومعهد ماساتشوستس للتكنولوجيا؟

**أولوميد أوجونساتو:** عندما بدأت دراسة إدارة الأعمال، كان لدي هدفان رئيسيان: الحصول على أفضل وظيفة ممكنة والتعلم قدر الإمكان من فصولي الدراسية. إن بناء شبكة والالتقاء بالناس لم يكن حتى على رادارتي في البداية.

في الواقع، إذا اضطررت إلى الاختيار بين الذهاب إلى حانة في وقت متأخر من الليل أو الدراسة للاختبارات القادمة في جامعة أكسفورد، فسوف أختار الدراسة بنسبة 80% من الوقت. إذا نظرنا إلى الوراء، أدرك أن هذا ربما لم يكن النهج الأفضل، لكنه نجح بشكل جيد في النهاية. السبب الذي جعلني ألتقي بالعديد من الأشخاص الرائعين هو أنني بدأت أكون اجتماعيًا للغاية وأشارك في الحفلات والمناسبات في أكسفورد (قبل أن أتراجع في النهاية لدراسة المزيد). بالإضافة إلى ذلك، كانت مشاركتي النشطة في الحكومة الطلابية وسيلة جيدة للتواصل الاجتماعي والتعرف على المزيد من الأشخاص.

كان معهد ماساتشوستس للتكنولوجيا مختلفًا عن أكسفورد لأنني اخترت أن أكون أقل انخراطًا في المجموعات لأنني قمت بالفعل بالكثير من ذلك في أكسفورد. في معهد ماساتشوستس للتكنولوجيا، كنت أركز أكثر على العثور على وظيفة والمشاركة فقط في المجموعات التي كانت ذات معنى بالنسبة لي، مثل المساعدة في تنظيم مؤتمر معهد ماساتشوستس للتكنولوجيا سلون 2012 الأفريقي.

**أشاني سامون بياو:** ما الذي دفعك إلى الرغبة القوية في التواصل؟ هل كانت استراتيجية متعمدة؟

**أولوميد أوغونساتو:** لم تكن هناك خطة للتواصل. أردت فقط أن أكون جزءًا من كل ما يحدث حولي. ولهذا السبب انضممت إلى العديد من المجموعات في أكسفورد وشاركت في أنشطة مختلفة. كان الأمر مجنونًا تقريبًا. لم أفعل ذلك من أجل "الشبكة"،

لقد فعلت ذلك لأنني أردت الحصول على تجربة شاملة والاستفادة القصوى من وقتي في مكان خاص مثل أكسفورد. هذا يذكرني بقصة عن أهمية أن يكون الشخص صادقًا مع نفسه.

كان علي أن أكتب أطروحة في معهد ماساتشوستس للتكنولوجيا لأن برنامجي كان عبارة عن درجة الماجستير. كانت استراتيجيتي الأولية هي اختيار موضوع يساعدني في الحصول على وظيفة. اعتقدت أن التركيز على قطاع النفط والغاز، نظرًا لخلفيتي كمهندس كيميائي في مصفاة تكرير، سيكون الطريقة "الأسهل" للعثور على وظيفة في قطاع الطاقة. بدأت بكتابة رسالتي حول هذا الموضوع، لكن الرسالة أصابتني بالملل، ووجدت نفسي أحدق في الشاشة بلا تفكير لأسابيع. في نهاية المطاف، قلت "برغي هذا!" وقررت تغيير المسار والكتابة عن شيء يثير اهتمامي حقًا: أنظمة تشغيل الهواتف الذكية. كان الفرق فوريًا وواضحًا، وكل لحظة قضيتها في أطروحتي أصبحت مبهجة. لقد بحثت بحماس في مجالات جديدة وتعلمت المزيد عن النظام البيئي للهاتف المحمول. يمكنك بالفعل قراءة أطروحتي هنا [4]إذا كنت مهتمًا.

لم يكن ينبغي لي أن أضيع وقتي في كتابة أطروحة حول قطاع الطاقة. ربما كانت الأطروحة غزرًا على أي حال. كنت أعلم في أعماقي أنني لا أحب قطاع النفط والغاز. أحب التكنولوجيا والهواتف الذكية، ولكني كنت أحاول تحسين الوظيفة.

أنا أشارك هذه القصة الآن لتسليط الضوء على مزايا احتضان ذاتك الفريدة والملتوية والملونة ومقاومة الرغبة في التوافق مع المعايير المتوسطة اللطيفة والبيجية والمتوسطة في المجتمع السائد. قلت في وقت سابق من الكتاب: **كن على طبيعتك واجعل نفسك أفضل كل يوم**. أريد الآن تعزيز هذا البيان من خلال دمج المبادئ التي لاحظناها: **ثق بنفسك، وكن نفسك الأصيل، وحدد أهدافًا طموحة قائمة على القيم، وقم بتطوير نفسك كل يوم لتحقيق أهدافك.**

أنت بحاجة إلى اتخاذ إجراءات تتوافق مع قيمك وأهدافك واهتماماتك الفريدة. الحياة أقصر من أن لا تستمتع بها.

**أشاني سامون بياو:** إنني أقدر حقًا الفارق الدقيق الذي أثرته في النهاية. قد يشعر بعض القراء بالتمزق بين كونهم على طبيعتهم والانفتاح على تجارب جديدة. إن توضيحك مهم لأنك لا تنصح بعدم الانفتاح على أشياء جديدة، بل تؤكد على أهمية القيام بالأشياء التي تجلب لك السعادة. هذا هو المكان الذي يمكنك أن تزدهر فيه حقًا وتحقق أعلى مستوى من الأداء والنتائج.

**أولوميد أوغونسانو:** بالتأكيد، هذا هو جوهر هذا الكتاب. لقد ذكرنا من قبل أن FIREDOM لا يتعلق فقط بالأمور المالية، بل يتعلق بعيش الحياة التي ترغب بها حقًا. وكيف يمكنك أن تعيش تلك الحياة إذا لم تكن قادرًا على القيام بالأشياء التي تريدها؟ ولهذا السبب يعتبر الاستقلال المالي ذا قيمة كبيرة. عندما تصل إلى نقطة حيث ما يكفي من المال لتستمر بقية حياتك، سيكون لديك المزيد من الفرص للقيام بما تريد. بدون الاستقلال

---

المالي، سوف تنفق طاقتك العقلية ووقتك في محاولة كسب المال والقيام بما يطلبه منك الآخرون.

إن أهم درس تعلمته من هذا الفصل من حياتي حول التمويل المالي هو زيادة رأس المال البشري الخاص بك لفهم المزيد عن كيفية عمل العالم وزيادة أرباحك المحتملة. تعريض نفسك لأشخاص وأفكار جديدة. كن مغامرًا واخرج من منطقة الراحة الخاصة بك لتجربة أشياء جديدة. كان بإمكاني بسهولة اختيار البقاء في شيكاغو والالتحاق بكلية إدارة الأعمال في جامعة شيكاغو بوث أو جامعة نورث وسترن كيلوج. ولكن أين المتعة والمغامرة في ذلك؟ لقد كان الأمر أكثر إثارة بكثير أن أذهب إلى أكسفورد، وأرتدي بدلة امتحانات أكسفورد، وأكتب اختباراتي في مبنى مدارس الامتحانات الجميل.

كان بإمكاني الحصول على وظيفة في لندن، ولكن كان من المثير جدًا الانضمام إلى معهد ماساتشوستس للتكنولوجيا وتجربة بيئة جديدة تمامًا. لم أكن قد تخرجت حتى من أكسفورد عندما بدأت في معهد ماساتشوستس للتكنولوجيا. سافرت إلى معهد ماساتشوستس للتكنولوجيا للحصول على شهادة الثانوية العامة، ثم عدت إلى أكسفورد للتخرج، ثم عدت إلى معهد ماساتشوستس للتكنولوجيا لبدء الدراسة. لقد كان مجيدًا. لم أستقر على الأمور الدنيوية، بل اخترت المغامرة.

كان علي أن أكون مغامرًا وأجرب أشياء مختلفة لتغيير حياتي. ومع ذلك، ليس عليك أن تشعر بالحاجة إلى تغيير حياتك بأكملها لتتقبل المغامرة. حتى لو كان لديك بالفعل وظيفة مستقرة أو عمل ناجح، فلا يزال بإمكانك تطوير نفسك واختيار المغامرة من خلال استكشاف الفرص خارج منطقة الراحة الخاصة بك.

**أشاني سامون بياو:** شكرًا لك على مشاركة هذه القصة الرائعة. لا أنت ولا أنا سعينا للحصول على ماجستير إدارة الأعمال بهدف وحيد هو تحقيق الاستقلال المالي. كان لدينا دافع داخلي للتفوق والنمو على المستوى الشخصي واستكشاف إمكانيات جديدة. كنت تريد تغيير مسار حياتك. بدلاً من البقاء في شيكاغو والاستمرار في التقدم للوظائف، على أمل أن تتحسن الأمور، اتخذت قرارًا جريئًا بالخروج من منطقة الراحة الخاصة بك والقيام بشيء مثير للغاية.

**أولوميد أوغونسانو:** كانت مغادرة الولايات المتحدة تنطوي على مخاطرة كبيرة لأنني لم يكن لدي البطاقة الخضراء أو جواز سفر أمريكي. لكنني كنت على استعداد لتحمل هذه المخاطرة لأنني أردت تغيير حياتي. في بعض الأحيان، عليك أن تكون على استعداد لتحمل المخاطر.

**أشاني سامون بياو:** يبدو أن العزيمة هي القاسم المشترك في قصتك. كان لديك هذا الدافع والحماس، ولم تستسلم أبدًا. حتى عندما لم تكن فرص العمل متاحة لك، فقد التحقت بجامعة أكسفورد وكنت مصممًا على تجاوز مجرد التركيز على الأكاديميين. قد يكون لدى بعض الأشخاص الرغبة في التغيير، لكنهم قد لا يكونون مستعدين لبذل الجهد اللازم. قد لا يتوافق اتباع قائمة المراجعة الخاصة بشخص آخر مع أهدافك الخاصة، وحتى لو كان الأمر كذلك، فسيتطلب الأمر تلك الطاقة الشخصية لتنفيذها.

**أولوميد أوجونسانو:** تلك الشرارة الأولية والتحفيز أمران حاسمان لدفع نفسك إلى الأمام. أتذكر أنني سُئلت في أحد الأيام عن سبب تصميمي على هذا النحو منذ سنوات عديدة. لقد فوجئت لأنني اعتقدت أن هذا هو ما يرغب فيه الجميع. أريد أن أفعل أشياء لا تصدق. أريد أن يحدث فرقا. أريد أن أعيش حياة أفتخر بها حيث أكون صادقًا مع نفسي.

سامون، أنت على حق تماما. من الضروري أن يكون لديك تلك النار الداخلية، وهذا الدافع لتحسين نفسك والقيام بشيء ذي معنى في حياتك. ابحث عن تلك الشرارة بداخلك واستخدمها لدفع نفسك نحو أهدافك وشغفك. لا تقبل بحياة غير مُرضية؛ تصور الحياة التي تريدها وافعل ما يلزم لإنشائها. نراكم في الفصل التالي!

# 5 ب: قصة مدرسة سامون للأعمال

**أولوميد أوغونسانو:** سامون، أنا متحمس للحديث عن رحلتك في كلية إدارة الأعمال. دعونا نبدأ من البداية. ما الذي جعلك تقرر متابعة كلية إدارة الأعمال في المقام الأول؟

**أشاني سامون بياو:** بدأت أفكر في كلية إدارة الأعمال لأول مرة عندما كنت أعمل في شركة Deutsche Telekom Consulting في ألمانيا وأسافر إلى بلدان مختلفة للمشاركة في مشاريع استشارية. أدركت أن العمل الفني الذي كنت أقوم به لم يكن ذا قيمة كما كنت آمل. كان دوري يتضمن بناء دراسات الجدوى وتصميم شبكات الراديو لمشغلي الاتصالات الجدد خلال الوقت الذي كانت فيه البلدان تضيف مشغلي شبكات الهاتف المحمول الجدد.

على الرغم من أن عملي الفني كان معقدًا، إلا أنني أدركت أنني لم أكن موجودًا في الغرف التي يتم فيها اتخاذ القرارات المهمة. لقد كان "المستشارون الإداريون" هم الذين حصلوا على هذا الامتياز، بينما كانت وظيفتي هي تقديم الدعم لهم. كنت أرغب في الحصول على مقعد على الطاولة حيث يتم اتخاذ القرارات.

**أولوميد أوجونسانوو:** فهمت. لقد كنت جزءًا من الفريق الفني ولكنك شعرت أن فريق العمل قام بعمل أكثر إثارة للاهتمام.

**أشاني سامون بياو:** بالضبط. خلال مشاريعي في دول مثل جنوب أفريقيا وليبيا والإمارات العربية المتحدة، لاحظت ديناميكيتين أثرتا في قراري بالحصول على ماجستير إدارة الأعمال. أولاً، كان هناك ضمن فرق شركة Deutsche Telekom "مستشارون فنيون" و"مستشارون تجاريون". كنت أنتمي إلى مجموعة "الاستشاريين الفنيين"، المسؤولة عن تحليلات البرمجيات وتقديم المدخلات إلى "الاستشاريين التجاريين" الذين عملوا على التوقعات المالية. غالبًا ما يتفاعل "المستشارون التجاريون" مع قادة جانب العميل، الذين كانوا أقل من مستوى الرئيس التنفيذي بمستوى أو اثنين.

ثانيًا، كثيرًا ما واجهنا "مستشارين إداريين" من شركات مثل BCG وMcKinsey الذين كانوا يعملون أحيانًا لنفس العملاء. سيتعامل هؤلاء المستشارون الإداريون من BCG وMcKinsey في المقام الأول مع الرئيس التنفيذي للشركة العميلة لدينا ويراجعون العمل المقدم من قبل "المستشارين التجاريين" التابعين لشركة Deutsche Telekom، ويقدمون المشورة بشأن القرارات الرئيسية.

بطريقة ما، شعرت بالابتعاد بشكل مضاعف عن عملية صنع القرار وتساءلت عن التأثير الحقيقي لعملي في الصورة الأكبر. لم تكن مصطلحات الأعمال التي يستخدمها فريق BCG/McKinsey أو حتى "المستشارون التجاريون" التابعون لشركة Deutsche Telekom مألوفة بالنسبة لي. لا يسعني إلا أن أشعر أن مساهماتي لم تكن ذات قيمة حقًا.

دفعني هذا إلى التساؤل عما إذا كنت بحاجة إلى تدريب إضافي للتقدم في مسيرتي المهنية. تساءلت عما إذا كان ينبغي لي اكتساب المزيد من المعرفة حول مفاهيم الأعمال والتمويل. هل يجب أن أقرأ الكتب ببساطة؟ في عام 2010، اكتشفت مفهوم ماجستير إدارة الأعمال وقدرته على تعزيز مهاراتي وفتح فرص مهنية جديدة. وبعد بضعة أشهر، فكرت جديًا في التقدم للبرنامج. اعتقدت أن استكمال خبرتي الفنية بفهم قوي للأعمال من شأنه أن يمكّنني من دعم العملاء بشكل أفضل وإحداث تأثير أكثر أهمية.

**أولوميد أوجونسانوو:** سامون، دعنا ننتقل سريعًا من قصتك ونتحدث عن التنمية الشخصية. كانت كلية إدارة الأعمال ذات قيمة بالنسبة لنا، لكنها قد لا تكون المسار الصحيح لمعظم الناس. قد يختار بعض الأشخاص طرقًا بديلة للنمو الشخصي.

نحن في عصر يمكن فيه للأشخاص التعلم من منصات مثل YouTube وUdemy وedX وCoursera وTik Tok والعديد من الدورات التدريبية المفتوحة الضخمة عبر الإنترنت (MOOCs) والمواقع الإلكترونية. كيف يجب على الشاب أن يقرر بين أخذ دورات مجانية، أو الدفع مقابل الدورات عبر الإنترنت، أو التسجيل في برنامج رسمي لتعزيز مهاراته ومعارفه؟ ومع وجود العديد من خيارات التعلم المختلفة المتاحة، كيف يمكنهم إجراء المفاضلة وتحديد الخيار الأفضل الذي يناسب احتياجاتهم؟

**أشاني سامون بياو:** نصيحتي لأي شاب هي أن يبدأ بتحديد هدف ثم تحديد المهارات والشبكات اللازمة لتحقيق هذا الهدف. الآن، دعونا نتحدث عن سؤالك. في حالتي، أردت أن يكون لي تأثير وأن أقدم خدمات استشارية للعملاء، لذلك أدركت أن الاستشارات الإدارية هي الطريق الواضح. تعلمت أن معظم شركات الاستشارات الإدارية تتطلب ماجستير إدارة الأعمال. يجب أن تختلف عملية التفكير هذه من شخص لآخر حسب ظروفه. على سبيل المثال، إذا كان شخص ما حاصلًا بالفعل على شهادة جامعية من جامعة أكسفورد، فقد يستفيد من شبكة خريجيه للحصول على وظيفة دون متابعة ماجستير إدارة الأعمال وبدلاً من ذلك يكتسب المهارات من خلال منصات مثل Udemy.

إن تنمية المهارات هي ممارسة مستمرة، وليست مجرد اكتساب للمعرفة لمرة واحدة. هناك طرق مختلفة لتطوير المهارات وتحسين نفسك:

أولاً، اكتسب خبرة عملية من خلال العمل في شركة متخصصة في المجال الذي ترغب في التفوق فيه. إذا كنت تريد إتقان الميزانيات العمومية، فاعمل في شركة تتعامل مع الميزانيات العمومية.

ثانيًا، فكر في التسجيل في برنامج للحصول على درجة علمية مثل ماجستير إدارة الأعمال أو دورة تدريبية تعتمد على الفوج، حيث يمكنك التفاعل مع المعلمين والأقران والتعلم من تجاربهم.

وأخيرًا، يمكنك اختيار دورات تدريبية ذاتية وغير تفاعلية أو الاستفادة من موارد التعلم الأخرى المتاحة.

**أولوميد أوجونسانو:** التطوير الشخصي هو رحلة فريدة لكل فرد، ومن المهم تحديد أي شكل من أشكال التعلم والتحسين الذاتي يناسب ظروفك الخاصة. تذكر أنك المسؤول

عن تطويرك، وليس شركتك، وليس رئيسك في العمل، وبالتأكيد ليس معلميك أو مدرسيك. شركتك لا تهتم بك، وأي مادة تعليمية تقدمها ستساعدك على أن تصبح موظفًا أفضل، وليس على تحقيق أهداف حياتك والعيش حياة الحرية.

وبالتالي، تحتاج إلى وضع أهداف طموحة (الفصل القادم، 5ج، سيوفر معلومات أكثر شمولاً حول كيفية تحديد الأهداف بشكل فعال) وإنشاء خطة تنمية شخصية لتحقيق تلك الأهداف. ستتضمن هذه الخطة إجراءات يومية، وتشكيل عادة التحسين الذاتي. لحسن الحظ، ليس عليك الاختيار بين خيارات التعلم المختلفة لأنها ليست متنافية. يمكنك تخصيص الوقت لخيارات متعددة في وقت واحد، مثل مشاهدة مقاطع فيديو YouTube أثناء حضور الدورات التدريبية على edX أو متابعة برنامج الماجستير واستكمال تعلمك باستخدام Coursera.

والخبر السار هو أن العديد من خيارات التعلم أصبحت ميسورة التكلفة، وفي الواقع، الكثير من الدورات التدريبية مجانية. ومع ذلك، فإن الشهادات الجامعية مثل ماجستير إدارة الأعمال يمكن أن تكون باهظة الثمن، لذلك من المهم النظر في البدائل والعائد على الاستثمار قبل متابعتها.

الخبر السيئ هو أنك تحتاج إلى التحمس والتحفيز لتعلم مهارات جديدة وبناء قدراتك البشرية. معدل إتمام الدورات التدريبية المفتوحة عبر الإنترنت (MOOCs) منخفض عمومًا، حيث يتراوح من 5% إلى 15%. ولهذا السبب أكدنا على وضع أهداف طموحة وخلق رؤية لحياة مستقبلية تثيرك. عندما تكون متحمسًا حقًا لمستقبلك المحتمل، فمن المرجح أن تكون ملتزمًا بالتنمية الشخصية على أساس يومي.

على أية حال، مع ذلك، سامون، دعنا نعود إلى قصتك.

**أشاني سامون بياو:** بدأت البحث والتحضير لاختبار GMAT وتقدمت إلى العديد من المدارس الأمريكية. لقد تلقيت خطاب رفض من معهد ماساتشوستس للتكنولوجيا (MIT)، والذي كان أحد أفضل خياراتي بسبب سمعته الهندسية. لقد كانت ضربة قاسية. ومع ذلك، فقد تلقيت بعد ذلك خطاب قبول من جامعة ستانفورد، والذي بدا وكأنه بمثابة تأكيد لأن كلا المدرستين كان لهما برامج هندسية قوية.

هناك نقطتان أساسيتان من تجربتي في التقديم إلى كلية إدارة الأعمال هما:

أولاً، بقيت فضوليًا وانتبهت لما يفعله الآخرون. أثار فضولي بشأن "المستشارين التجاريين" في شركة Deutsche Telekom والمستشارين الإداريين من BCG وMcKinsey اهتمامي ببرامج الماجستير في إدارة الأعمال. كنت أحاول في كثير من الأحيان حضور اجتماعات الإدارة حيث كانت شركة McKinsey أو BCG تقدم عروضها للعملاء فقط لمراقبة تحليلاتهم وشرائحهم. كنت متشوقًا لمعرفة ما لم أكن أعرفه ولم أكن أعرفه. العديد من أصدقائي من المدرسة لم يكن لديهم نفس المستوى من الفضول.

ثانيًا، من المهم أن تسعى دائمًا لتحقيق الأفضل وأن تكون لديك الثقة في قدرتك على تحقيق أي شيء. لم يسبق لي أن رأيت مستشاري McKinsey أو BCG على مستوى

أعلى ولم أعتقد أن حياتهم المهنية كانت بعيدة المنال بالنسبة لي. كان الأمر ببساطة يتعلق بما إذا كان بإمكاني أن أتحمس للعمل الذي قاموا به. إذا وجدت الأمر مثيرًا، فسأجد طريقة للانضمام إلى تلك الشركات. الثقة بالنفس أمر بالغ الأهمية.

**أولوميد أوجونسانو:** من المهم ممارسة الامتنان والشكر لما لديك، لكن هذا لا يعني أنه يجب عليك أن تشعر بالرضا عن النفس. يجب أن تستمر في البحث عن فرص لتحسين وضعك. سامون، قصتك توضح هذا جيدا. لقد حصلت على وظيفة رائعة في شركة Deutsche Telekom، وسافرت حول العالم وحصلت على دخل جيد. لقد كنت ممتنًا لهذه التجربة، ولكن لا تزال لديك الرغبة في النمو والتحسن. إن الموازنة بين الامتنان واستكشاف الفرص أمر بالغ الأهمية. التعبير عن الامتنان دون استكشاف الفرص يؤدي إلى الركود، بينما استكشاف الفرص دون امتنان يؤدي إلى عدم الرضا والشكوى.

**أشاني سامون بياو:** أوافقك الرأي تماماً. كان لدي ما أسميه "عقلية المستضعف". لم أكن مرتاحًا أبدًا في موقف لم أكن فيه المستضعف. لقد بحثت باستمرار عن التحديات ودفعت نفسي لتسلق أعلى وتجاوز حدودي. خلال رحلتي إلى كلية إدارة الأعمال، تعلمت بعض الأشياء المهمة:

يعد تحديد الأهداف أمرًا ضروريًا عند بدء شيء جديد. إذا كنت تواجه صعوبة في تحديد أهدافك، فركز على التعلم أو استكشاف الموضوعات التي تهمك حقًا. بالنسبة لي، كان هدفي هو التأثير على عملية صنع القرار، وفي ذلك الوقت، لم يكن المال على رأس أولوياتي. على الرغم من أنني كنت أكسب دخلاً جيدًا في شركة Deutsche Telekom، إلا أنني كنت أعلم أنني بحاجة إلى رفع مستوى معرفتي. ومع ذلك، أدركت أن هذا الهدف كان واسعًا جدًا. إذا نظرنا إلى الوراء، اكتشفت أن الناس يلتحقون بكلية إدارة الأعمال لثلاثة أسباب رئيسية: الأكاديميين، والتقدم الوظيفي، وفرص التواصل.

**أولوميد أوجونسانو:** نعم، بمجرد أن بدأت دراسة إدارة الأعمال، أدركت أن هناك نهجًا استراتيجيًا لرحلة الماجستير في إدارة الأعمال. يمكنك اختيار التركيز على الأكاديميين، أو الحصول على وظيفة، أو بناء شبكة علاقات. هذا يذكرني بمفهوم تحديد الأهداف التكيفية الذي ناقشناه أنا وأنت أثناء كتابة هذا الكتاب.

**أشاني سامون بياو:** نعم، دعنا نتحدث عن تحديد الأهداف التكيفية. عند طلب المشورة من الآخرين الذين مروا بتجربة مماثلة لما أنت على وشك الشروع فيه، فمن المهم فهم السياق والأهداف التي كانت لديهم في ذلك الوقت. عند طلب المشورة بشأن الاختيار بين مكتب غربي أو شرق أوسطي لشركة BCG، كنت أحاول دائمًا فهم ما كان الشخص يقوم بتحسينه عندما قام باختياره.

**أولوميد أوغونسانو:** لا تأخذ النصيحة دون فهم الأسباب الكامنة وراءها ودون تكييفها مع موقفك الفريد. قد لا تكون مواقفهم المحددة ذات صلة بك.

**أشاني سامون بياو:** نعم، لقد تحدثت إلى الناس لفهم الأهداف التي كانت لديهم من كلية إدارة الأعمال. أردت أن أفهم كيف تتوافق تصرفاتهم في كلية إدارة الأعمال مع خططهم لمرحلة ما بعد كلية إدارة الأعمال.

**أولوميد أوغونسانو:** في نهاية المطاف، من المهم أن تتذكر أن هذه هي حياتك، وأنك الشخص الذي يحتاج إلى اتخاذ القرارات التي تتماشى مع أهدافك وقيمك المحددة. ولكن يجب عليك اتخاذ تلك القرارات بناءً على فهم شامل للسياق الكامل.

على سبيل المثال، عند اختيار وجبة، لن تذهب إلى المطعم الأول وتختار طبقًا بشكل عشوائي. يمكنك استكشاف قوائم من مطاعم مختلفة، والنظر في اهتماماتك، واختيار الوجبة التي تتوافق مع تفضيلاتك. يضمن هذا النهج اتخاذ قرار مستنير من خلال النظر في جميع الخيارات المتاحة، بدلاً من الاكتفاء باختيار أقل مثالية بناءً على معلومات محدودة.

**أشاني سامون بياو:** عندما بدأت برنامج ماجستير إدارة الأعمال، لم أكن متأكداً من كيفية تحديد أولويات الفرص المتنوعة في جامعة ستانفورد. لقد طلبت النصيحة من زملاء الدراسة الذين لا يبدو أنهم يعانون من هذه المشكلة. بدأت بالسؤال عن أهدافهم من الالتحاق بجامعة ستانفورد والخيارات التي اتخذوها حتى الآن. ومن خلال مناقشاتنا، اكتسبت الأفكار التالية:

أولاً، يُنصح ببناء علاقات مع الأساتذة وأعضاء هيئة التدريس. حتى لو لم تكن متأكدًا مما قد ينتج عن تلك الاتصالات، فمن الحكمة التعامل معهم من خلال حضور ساعات العمل أو ترتيب اجتماعات القهوة.

ثانيًا، من المفيد اغتنام الفرص لاستكشاف مسارات وظيفية مختلفة. لقد اكتشفت أن بعض زملائي كانوا يتابعون تدريبًا داخليًا في شركات رأس المال الاستثماري (VC) جنبًا إلى جنب مع دراسات الماجستير في إدارة الأعمال. وقد أثار هذا اهتمامي، وتقدمت بطلب للحصول على تدريب داخلي في مجال رأس المال الاستثماري وتم قبولي. على الرغم من أن تركيزي الأولي كان منصبًا على الحصول على وظيفة في مجال الاستشارات الإدارية، إلا أنني ظللت منفتحًا على استكشاف مجالات أخرى.

**أولوميد أوغونسانو:** لقد حصلت على هذه الفرصة لأنك كنت فضوليًا. لقد تحدثنا عن أهمية الفضول لتحقيق الاستقلال المالي من قبل. أريد أن أؤكد مرة أخرى على مدى أهمية استكشاف الأشياء التي تتجاوز تركيزك المباشر. إحدى الإستراتيجيات التي تجعلك أكثر فضولًا هي التواصل مع الكثير من الأشخاص الذين يقومون بأشياء مثيرة للاهتمام.

**أشاني سامون بياو:** يعرف بعض الأشخاص ما يريدون بالضبط، ولكن إذا لم تكن متأكدًا، فمن المهم أن تكون متواضعًا بشأن ما تعرفه وما لا تعرفه. بعد حصولي على درجة الماجستير في إدارة الأعمال، كان هدفي هو الدخول في مجال الاستشارات الإدارية، لكنني ظللت منفتحًا على الفرص الأخرى التي من شأنها أن تساعدني في تحقيق هدفي النهائي المتمثل في التواجد في أدوار صنع القرار.

على سبيل المثال، خلال فترة تدريبي في مجال رأس المال الاستثماري، اكتسبت معرفة بصناعة رأس المال الاستثماري. لقد تعلمت أن الحصول على مناصب مرغوبة في الشركات الناشئة غالبًا ما يتضمن العمل كمساعد لرأس المال الاستثماري ثم الانتقال

إلى إحدى شركات المحفظة الناجحة. بدون هذا التعرض، لم أكن لأعرف عن هذا المسار. في النهاية، لم يغير ذلك مساري، على الرغم من أنني تلقيت عروضًا من الاستشارات وشركات التكنولوجيا الكبرى ورأس المال الاستثماري. ومع ذلك، وبفضل تلك المعرفة، تمكنت من تقييم العروض بشكل صحيح.

**أولوميد أوغونسانو:** هذه هي القصة الكاملة لكيفية انتقالك من التفكير في التقديم إلى جامعة ستانفورد إلى التقديم الفعلي والحصول على القبول ووضع الاستراتيجيات لتحقيق أقصى استفادة من وقتك هناك. الآن، هل يمكنك أن ترشدنا خلال ختام هذا الفصل من حياتك؟ كيف أنهيت وقتك في جامعة ستانفورد في النهاية؟ ماذا حدث في الجزء الأخير من تجربتك في كلية إدارة الأعمال، وما الذي دفعك إلى اختيار العرض الاستشاري الذي تقدمه مجموعة BCG؟

**أشاني سامون بياو:** اسمحوا لي أن أشارككم قصة سريعة أخرى عن بداية كلية إدارة الأعمال. قررت الحصول على شهادة مشتركة في التعليم لتعظيم قيمة استثماري. كانت الرسوم الدراسية في جامعة ستانفورد أعلى بحوالي 200 مرة من إجمالي الرسوم الدراسية التي دفعتها مقابل دراستي الجامعية بأكملها. وانتهى بي الأمر بدفع أكثر من 100 ألف دولار كرسوم دراسية بمفردي في جامعة ستانفورد، في حين أن رسومي الدراسية في فرنسا لم تتجاوز بضع مئات من اليورو في المتوسط.

**أولوميد أوجونسانوو:** يا إلهي!

**أشاني سامون بياو:** أردت تحقيق أقصى استفادة من وقتي في جامعة ستانفورد، لذلك عندما تلقيت رسالة بريد إلكتروني حول خيار متابعة درجة مشتركة، رأيت أنها فرصة مثالية لمتابعة درجة تعليمية أيضًا، مع الأخذ في الاعتبار خططي المستقبلية بناء المدارس. نصحني بعض زملائي بعدم تحمل الكثير مما قد يؤدي إلى تدمير تجربتي في ماجستير إدارة الأعمال، لكنني أوضحت بكل احترام أن هدفي لم يكن الاستمتاع بالتجربة فحسب، بل توسيع خياراتي للمستقبل.

الآن، ننتقل إلى الجزء الأخير من رحلتي في كلية إدارة الأعمال. لقد أخذت دورتين دراسيتين قويتين في جامعة ستانفورد. إحداها كانت تسمى "الديناميكيات الشخصية"، حيث أجرينا مناقشات سرية في مجموعات صغيرة للحصول على نظرة ثاقبة حول كيفية نظر الآخرين إلينا. أما الدورة الأخرى فكانت بعنوان "إدارة المؤسسات المتنامية"، والتي استخدمت عمليات المحاكاة لتعليم مهارات مثل إنهاء خدمة الموظفين، وتعيين موظفين جدد، وإعطاء ردود فعل سلبية.

ومن المثير للاهتمام أن هاتين الدورتين تبين أنهما الأكثر قيمة من حيث التعلم، حتى أكثر من دروس المالية. لقد جعلني ذلك أدرك أنه كان بإمكاني تعلم تلك المهارات المالية والمهارات الصعبة بمفردي، لكن المهارات الشخصية التي اكتسبتها من هاتين الدورتين كانت لا تقدر بثمن.

الدرس الذي تعلمته من هذه التجربة هو أنه عند الدخول إلى بيئة جديدة، من المهم أن يكون لديك أهداف واضحة واتخاذ الإجراءات التي تتماشى مع تلك الأهداف. ابحث عن

الآخرين الذين يشاركونك أهدافك وتعلم من تجاربهم لتجنب النقاط العمياء.

**أولوميد أوغونسانو:** قصتك تظهر حبك للتحسين. لقد وصلت إلى وضع جديد في كلية ستانفورد للأعمال وبدأت على الفور في معرفة كيفية تحسين وقتك هناك لتحقيق أقصى استفادة منه.

لتحقيق الاستقلال المالي، من المهم التركيز على تحسين حياتك. ومع ذلك، لا يمكن أن يحدث هذا إلا بعد تحديد الأهداف التي تثير اهتمامك واتخاذ الإجراءات اللازمة لمعرفة ما يجب تغييره أو تحسينه للوصول إلى تلك الأهداف. العادة الأولى في الكتاب الرائع "العادات السبع للأشخاص ذوي الفعالية العالية" هي أن تكون استباقيًا ـ وهي سمة تشبه التحسين. والبديل هو قبول الحياة كما هي، الأمر الذي قد يزيد من صعوبة تحقيق الاستقلال المالي.

**أشاني سامون بياو:** لسوء الحظ، غالباً ما يشجعنا المجتمع على تجنب اتخاذ القرارات، مما يؤدي إلى الرضا عن النفس. على سبيل المثال، توصي الخوارزميات مثل تلك التي تستخدمها أمازون بالكتب والمطاعم بناءً على تفضيلاتنا السابقة. هذه العقلية تجعل من الصعب علينا بذل العمل الشاق المطلوب لتحقيق أهدافنا، حيث نصبح معتمدين بشكل متزايد على الآخرين لاتخاذ القرارات نيابة عنا.

ومع ذلك، من خلال تبني هذه العقلية، فإننا نخاطر بفقدان إحساسنا بالفضول والاعتماد على الآخرين لتحقيق سعادتنا. في النهاية، الأمر متروك لنا لاتخاذ قراراتنا وتحمل المسؤولية عن حياتنا.

**أولوميد أوجونسانو:** أنت تعرف ما هو الأفضل لحياتك لأنك تفهم نفسك أفضل من أي شخص يفرض وجهات نظره عليك. إذا كنت تسعى باستمرار للحصول على المصادقة والدعم الخارجي، فقد ينتهي بك الأمر بعيدًا عن المكان الذي تريد أن تكون فيه.

هناك العديد من المبادئ العظيمة في قصتك. ناقشنا تحديد الأهداف، وأود أيضًا أن أضيف التطوير الشخصي لأنه لا يرغب الجميع في الالتحاق بكلية إدارة الأعمال أو الحصول على درجات علمية إضافية. يدور هذا الفصل حول كلية إدارة الأعمال، ولكنه في النهاية يتعلق بزيادة رأس المال البشري والمهارات والشبكات لتحقيق أهداف حياتك.

**أشاني سامون بياو:** أراد بعض أصدقائي في جامعة ستانفورد الانضمام إلى الشركات الناشئة، بينما كنت مهتمًا بالاستشارات الإدارية أو رأس المال الاستثماري أو الأدوار التقنية الكبيرة مثل Google وMicrosoft. ومن المثير للاهتمام أن العديد من الأفراد الذين أعتبرهم يتمتعون بإحساس واضح بالاتجاه لم يكونوا يشغلون مناصب في الشركات الكبيرة. وبدلاً من ذلك، كانوا يهدفون إلى إنشاء شركاتهم الناشئة أو الانضمام إلى شركات في مراحلها المبكرة.

وذلك عندما تعلمت عن مفهوم "ثلاثمائة". Triple مائة هي قاعدة تساعدك على اختيار الشركة الناشئة التي تريد الانضمام إليها للحصول على فرصة أكبر لكسب الكثير من المال في وقت قصير. تتمثل القاعدة في استهداف الشركات الناشئة التي تنمو إيراداتها السنوية بنسبة 100% أو أكثر كل عام، والتي تسير على الطريق الصحيح للوصول إلى

إيرادات قدرها 100 مليون دولار، ويعمل بها أقل من 100 موظف. إذا انضممت إلى مثل هذه الشركة على مستوى إداري أو أعلى مع حقوق ملكية معقولة، فمن المحتمل أن يكون لديك أسهم بقيمة الملايين خلال 7-5 سنوات إذا تم الاستحواذ على الشركة أو طرحها للاكتتاب العام. ركز العديد من زملائي في كلية إدارة الأعمال على تطبيق هذا المبدأ والتوظيف بنشاط لأدوار في مثل هذه الشركات الناشئة.

**أولوميد أوغونسانو:** الحياة لا تتبع مسارًا محددًا مسبقًا. إنها تتكشف بشكل احتمالي وليس حتمي. من وصفك للثلاثمائة، إنها بالتأكيد استراتيجية عالية المخاطر مع مكافآت أعلى محتملة مقارنة بالانضمام إلى شركة تكنولوجيا كبيرة.

**Achani Samon Biaou:** لم أتعلم عن Triple مائة لأنني لم أتحدث إلى عدد كافٍ من الأشخاص لفهم أهدافهم المالية وكيف يعتقدون أنهم يستطيعون تحقيقها. لم أطرح هذه الأسئلة لأن وجهة نظري كانت محدودة. عندما تشعر بالفضول، يمكنك العثور على طرق لجمع المعلومات التي قد لا تكون واضحة، ولكنها تتطلب بعض التفكير.

**أولوميد أوغونسانو:** في الواقع، هذا الكتاب مخصص لأي شخص لديه فضول ويريد بدء رحلته نحو الاستقلال المالي أو تسريعها. أنا وسامون مهاجران أفريقيان، لذا أفترض أن العديد من القراء قد يكونون من المهاجرين، أو الأقليات، أو المغتربين، أو الغرباء، على الرغم من أن المبادئ تنطبق على الجميع. كغرباء، يمكننا الاستفادة بشكل كبير من تنمية الفضول لأن الأعضاء الآخرين في النظام البيئي لديهم بالفعل علاقات جيدة ومألوفة مع بعضهم البعض. الأمر متروك لنا لمعرفة كيفية لعب اللعبة، الأمر الذي يمكن أن يكون تحديًا. ومع ذلك، من خلال كوننا فضوليين وطرح الأسئلة، يمكننا الحصول على فهم أعمق للنظام البيئي وأعماله، مما سيساعدنا في النهاية على النجاح.

**أشاني سامون بياو:** في الأشهر الأخيرة من دراستي في كلية إدارة الأعمال، قضيت الكثير من الوقت في التفكير فيما كان يمكنني فعله بشكل أفضل وخصصت وقتًا للاسترخاء وتكوين صداقات.

**أولوميد أوجونسانو:** سامون، كان لديك هدفان: الهدف القصير إلى المتوسط المدى وهو أن تصبح مستشارًا إداريًا والهدف التعليمي طويل المدى وهو بناء المدارس.

**أشاني سامون بياو:** نعم، كان هدفي في البداية أن أصبح مستشارًا إداريًا فقط. لكن عندما كتبت مقال التقديم الخاص بي، بدأت أفكر في تطلعات حياتي، مما دفعني إلى وضع هدف ثانٍ وهو بناء المدارس وإحداث تأثير إيجابي في التعليم. ألهمني هذا الإدراك لمتابعة درجة الماجستير الثانية في التربية، والتي أعتقد أنها ستزودني بالمهارات اللازمة لتحقيق أهدافي.

ومع ذلك، عندما اقتربت من نهاية رحلتي في كلية إدارة الأعمال، بدأت أولوياتي تتغير. أدركت أن ما كنت أرغب فيه حقًا هو أن أكون في وضع يمكنني من خلاله اتخاذ قرارات مؤثرة بدلاً من مجرد تقديم المشورة للآخرين. وعندما تساءلت عن سبب كون الاستشارة هي السبيل الوحيد لإحداث تأثير، فهمت الحاجة إلى تطوير مهاراتي الخاصة لإحداث التغيير. لذلك، رأيت الاستشارات بمثابة ساحة تدريب يمكنني من

خلالها اكتساب المهارات اللازمة لإحداث تغيير في التعليم. بحلول نهاية دراستي للماجستير في إدارة الأعمال، أصبح الحصول على علامة تجارية تابعة لجامعة ستانفورد أكثر أهمية بالنسبة لي من إضافة علامة BCG التجارية إلى سيرتي الذاتية.

لم أعد أشعر بالحاجة إلى التحقق الخارجي. كنت راضيًا عن المكان الذي كنت فيه وممتنًا للفرص التي أتيحت لي. علمتني هذه الرحلة أن أعطي الأولوية للتأثير والتركيز على خلق فرق ذي معنى في العالم.

**أولوميد أوغونسانو:** سامون، هل يمكننا استكشاف ما قلته حول التحقق من الصحة؟ أشعر وكأننا نجري جلسة علاج الآن. ماذا تقصد بالتحقق من صحة العلامة التجارية؟

**أشاني سامون بياو:** في بعض الأحيان، الفرق بين أولئك الذين يحققون الأشياء وأولئك الذين لا يكذبون لا يكمن فقط في افتقارهم إلى المعرفة، ولكن أيضًا في افتقارهم إلى الثقة. اعتقد العديد من أصدقائي أن بإمكانهم الالتحاق بجامعة ستانفورد بعد أن فعلت ذلك. كانوا يفتقرون إلى الثقة قبل ذلك.

توفر العلامات التجارية للجامعة مستوى معينًا من الثقة. ومع ذلك، لا أعتقد أن هذا هو النوع الصحيح من الثقة لأنه يعتمد على التحقق الخارجي. الشكل النهائي للثقة يأتي من معرفة أنك كامل وكافي داخل نفسك. عندما تنمو وتعمل على تحقيق أهدافك، تدرك أنه لا يوجد أحد أفضل منك، ويمكنك أن تصبح أي شيء تطمح إليه.

**أولوميد أوجونسانوو:** كان ذلك رائعًا. عندما تقرأ هذا الكتاب وتستكشف ملفاتنا الشخصية، قد تشعر بالخوف من علاماتنا الخارجية مثل خلفية Samon في جامعة ستانفورد وBCG أو تعليمي في أكسفورد ومعهد ماساتشوستس للتكنولوجيا. ومع ذلك، من المهم أن نتذكر أن الإيمان بالنفس وتقدير الذات ينبعان من الداخل، وليس من التحقق الخارجي.

يدور هذا الكتاب حول تحقيق الاستقلال المالي، ولكن كما ذكرنا سابقًا، فهو يدور أيضًا حول التنمية الشخصية. يبدأ النمو الشخصي بالتأمل وتنمية العقلية القوية. قد يبدو الإيمان بالنفس وتقدير الذات أمرًا مجردًا، لكنهما ضروريان للتنمية الشخصية. بدون الإيمان بنفسك، من المحتمل أن تواجه عقبات عندما تكتشف نفسك وتحدد الأهداف. يجب أن تثق بنفسك لتبدأ الرحلة. على الرغم من أهمية طلب المساعدة والدعم، إلا أنك تحتاج إلى التحكم في تطويرك الذاتي والإيمان بقدرتك على تحقيق أهدافك.

**أشاني سامون بياو:** كان الدرس الأكثر قيمة الذي تعلمته من تجربتي في كلية إدارة الأعمال هو اكتساب الثقة، في البداية من خلال التحقق الخارجي ولكن لاحقًا من خلال التحقق الداخلي. عندما نضجت، بدأت أرى الجميع متساوين. وقد سمحت لي هذه العقلية بوضع أهداف طويلة المدى، مثل تحقيق الاستقلال المالي وبناء المدارس في أفريقيا. ومع ذلك، لم أرغب في الاعتماد على الآخرين لتحقيق هذه الأهداف. الثقة التي اكتسبتها جعلتني أدرك أنني كنت مهمًا بما يكفي لتحديد مسار حياتي المهنية. لقد أعاد لي الشعور بالحرية الذي كنت أشعر به عندما كنت طفلاً، ومنحني القدرة على متابعة أي شيء أريده.

**أولوميد أوغونسانو:** هذه هي النتيجة التي حققها سامون خلال رحلته إلى كلية إدارة

الأعمال. ومع ذلك، من المهم ملاحظة أن الالتحاق بكلية إدارة الأعمال أو الحصول على درجة الماجستير ليس ضروريًا للوصول إلى هذه النتيجة. المفتاح هو فهم قيمتك الذاتية، والتعرف على إمكاناتك كإنسان، واستخدام ذلك لتحقيق أهدافك ورغباتك في الحياة. نراكم جميعا في الفصل التالي!

# 5ج: مبادئ تحديد الأهداف والتنمية الشخصية

**أولوميد أوغونسانو:** دعونا نغير المسار ونناقش مبادئ محددة يمكنها تسريع الرحلة نحو الاستقلال المالي. سنناقش مبادئ تحديد الأهداف والتنمية الشخصية في ثلاثة أقسام. أولا، سوف نحدد هذه المبادئ. ثانياً، سوف نستكشف كيف يمكنهم تسريع الطريق نحو الاستقلال المالي. وثالثًا، سنوصي ببعض الكتب التي يمكنك من خلالها معرفة المزيد حول تطوير هذه المبادئ وممارستها.

لنبدأ بتحديد الأهداف. تحديد الأهداف هو عملية تحديد شيء تريد تحقيقه وإنشاء خريطة طريق استراتيجية لإظهار تطلعاتك. لقد ناقشنا مبادئ مثل الإيمان بالنفس، والاعتماد على الذات، والفضول، والتفكير المستقل، والطموح، والشجاعة. لقد تطرقنا أيضًا إلى مفهوم FTE عندما يصل الفرد إلى الحضيض ويدرك الحاجة إلى التغيير الفوري. الآن، حان الوقت لتوجيه عقليتك وشجاعتك لإنشاء رؤية واسعة، وتحديد أهداف طموحة محددة، واتخاذ إجراءات يومية لتحقيق تلك الأهداف.

الرؤية هي صورة ذهنية واضحة ومقنعة لما تريد أن يبدو عليه مستقبلك. هذه الحالة المستقبلية المرغوبة تلهمك وتحفزك على اتخاذ الإجراءات اللازمة لتحقيق أهدافك. لإنشاء رؤية، عليك أن تسأل نفسك أسئلة حول الحياة التي ترغب فيها. على سبيل المثال: ما هو نوع نمط الحياة الذي تريده؟ ما هي الصفات التي تبحث عنها في الشريك؟ اين تريد ان تعيش؟ ما نوع المجتمع الذي تريد أن تكون جزءًا منه؟ ماذا تريد العمل عليه؟ مع من تريد العمل؟ ما نوع التجارب والمغامرات التي ترغب في متابعتها؟ ما هي فرص التعلم والنمو الشخصي التي تسعى إليها؟

الرؤية المستقبلية هي الصورة الكبيرة لما تريد. بعد ذلك، تحتاج إلى إنشاء أهداف طويلة المدى للوصول إلى هذه الرؤية. دعنا نقضي بعض الوقت في التعمق في الجزء المالي من أهدافك طويلة المدى. ستتضمن هذه الأهداف طويلة المدى القيمة المستهدفة لاستقلالك المالي (FI) والجدول الزمني اللازم للوصول إلى الهدف. يمكنك تقدير هذا الهدف والجدول الزمني باستخدام حاسبات التقاعد عبر الإنترنت (مثل Empower Personal Dashboard المعروفة سابقًا باسم Personalcapital.com). على سبيل المثال، قد يكون هدفك هو تجميع مليوني دولار خلال 20 عامًا. تذكر أن هذا المثال مجرد تعسفي، نظرًا لأن هدف FI الخاص بك وجدولك الزمني يعتمدان على عادات الإنفاق الحالية لديك وقدرتك على ضبط إنفاقك التقاعدي المستقبلي ليتوافق مع رؤيتك في مجالات مثل الموقع والضرائب وحجم الأسرة وتفضيلات السكن والممتلكات والتكاليف الطبية وما إلى ذلك. على سبيل المثال، لدى أعضاء حركة الاستقلال المالي الهزيل / التقاعد المبكر ) أهداف FI أقل تتراوح من 300 ألف دولار إلى 600 ألف دولار.

توفر حاسبات التقاعد طريقة شاملة ودقيقة لتحديد هدف FI الخاص بك. ومع ذلك، إذا كنت تبحث عن تقدير تقريبي، يمكنك أيضًا استخدام القاعدة الأساسية 3%-4% (ومضاعف 25X-33X المقابل) كطريقة أبسط. في حين أن الآلات الحاسبة للتقاعد توفر المزيد من الدقة، فإن القاعدة الأساسية 3% -4% توفر طريقة سريعة ومريحة للحصول على تقدير أولي لهدف FI الخاص بك.

توفر القاعدة الأساسية 3%-4% إرشادات حول معدل السحب الآمن (SWR) من محفظة استثمار التقاعد. ويقدر المبلغ الذي يمكن سحبه كل عام أثناء التقاعد لتقليل مخاطر نفاد الأموال. وفقا لهذه القاعدة، في السنة الأولى من التقاعد، يمكنك سحب 3-4% من قيمة محفظتك. على سبيل المثال، مع محفظة بقيمة مليون دولار، سيصل هذا إلى 30 ألف دولار ـ 40 ألف دولار. وفي كل سنة لاحقة، تقوم بتعديل مبلغ السحب الخاص بك ليأخذ في الاعتبار التضخم. في السنة الثانية، يمكنك سحب مبلغ العام السابق بالإضافة إلى الجزء المعدل حسب التضخم، مما يضمن مواكبة عمليات السحب الخاصة بك لارتفاع الأسعار. على الرغم من أن قاعدة 4% معروفة على نطاق واسع، إلا أنني شخصيًا أفضل الإشارة إليها على أنها قاعدة 3-4% لأنها تخدم كمبدأ توجيهي أكثر من كونها قاعدة صارمة. أيضًا، تم تصميمه في الأصل لحالات التقاعد لمدة 30 عامًا، لذلك بالنسبة لأولئك الذين يحققون الاستقلال المالي في سن مبكرة ولديهم فترات تقاعد أطول تمتد من 40 إلى 60 عامًا، قد يكون من المستحسن اتباع نهج أكثر حذرًا، مثل النظر في معدل انسحاب قدره 3% إلى 3.5%.

يتم اشتقاق المضاعف 25X-33X من معدلات السحب بنسبة 3%-4% ويستخدم لتقدير حجم المحفظة الاستثمارية المستهدفة اللازمة للوسيط المالي. وهو يمثل عكس معدلات السحب، مما يشير إلى المبلغ المطلوب للوسيط المالي بافتراض سحب سنوي بنسبة 3% إلى 4% من المحفظة بعد ذلك. لحساب المضاعف، نأخذ معكوس قاعدة 3%، وهي 1 مقسومًا على 3% (1/3% = 33X)، وبالنسبة لقاعدة 4%، فهي 1 مقسومًا على 4% ( 1/4% = 25س).

الجانب الإيجابي من القاعدة الأساسية 3%-4% هو سهولة استخدامها. على سبيل المثال، يوضح الجدول أدناه أهداف FI المختلفة اللازمة لتغطية مستويات مختلفة من الإنفاق على التقاعد.

| هدف المحفظة الاستثمارية للاستقلال المالي (اللازمة لتستمر مدى الحياة $) | | التقاعد الإنفاق المتوقع | |
|---|---|---|---|
| قاعدة X) تقدير مرتفع باستخدام مضاعف 33 (الأساسية 3%) | X تقدير منخفض باستخدام مضاعف 25 (قاعدة 4%) | سنوي (دولار/سنة) | شهريًا (دولار/شهر) |
| 0.7 مليون دولار | 0.5 مليون دولار | 20 ألف دولار | 1700 دولار |
| 1.3 مليون دولار | 1.0 مليون دولار | 40 ألف دولار | 3300 دولار |
| 2.7 مليون دولار | 2.0 مليون دولار | 80 ألف دولار | 6700 دولار |
| 4.0 مليون دولار | 3.0 مليون دولار | 120 ألف دولار | 10000 دولار |
| 5.3 مليون دولار | 4.0 مليون دولار | 160 ألف دولار | 13300 دولار |
| 6.7 مليون دولار | 5.0 مليون دولار | 200 ألف دولار | 16,700 دولار |

ومع ذلك، هناك جوانب سلبية لاستخدام قاعدة 3%-4%. أولاً، تم تصميمه خصيصًا للمحافظ الاستثمارية التي تحتوي على 50% على الأقل من الأسهم (الأسهم) ولا ينبغي تطبيقه على العقارات أو النقد أو فئات الأصول الأخرى في صافي ثروتك التي لا يتم استثمارها في سوق الأوراق المالية. ثانيًا، لا يأخذ في الاعتبار السنوات المقبلة التي قد يكون لديك فيها إنفاق أعلى مؤقتًا، مثل نفقات التعليم الجامعي للأطفال.

لتلخيص ذلك، يعد إنشاء رؤية وتحديد أهداف طويلة المدى خطوات حاسمة على طريق الاستقلال المالي. سواء كنت تستخدم الآلات الحاسبة للتقاعد أو القاعدة الأساسية 3%-4%، يمكن أن تساعدك هذه الطرق في تقدير هدفك، وتوجيه تخطيطك، وتمنحك نجمة الشمال الساطعة أثناء رحلتك نحو FI.

بعد ذلك، تحتاج إلى إنشاء أهداف قصيرة المدى ستساعدك على الوصول إلى هدف FI والجدول الزمني. على سبيل المثال، يمكنك أن تهدف إلى استثمار مبلغ معين كل عام، مثل 50 ألف دولار في السنة الأولى و60 ألف دولار في السنة الثانية. يمكن أن تساعد الآلات الحاسبة المالية في تقدير المبالغ السنوية اللازمة لمبلغ الاستثمارات اللازمة للوصول إلى هدفك.

وأخيرًا، من المهم تقسيم هذه الأهداف قصيرة المدى إلى **إجراءات يومية** ستساعدك على تحقيقها.

هذه العملية برمتها لإنشاء رؤيتك وأهدافك طويلة المدى وقصيرة المدى واتخاذ الإجراءات اليومية هي ما نعنيه بتحديد الأهداف. الطموح ضروري لتحديد النوع الصحيح من الأهداف، والشجاعة ضرورية للتغلب على التحديات على طول الرحلة.

**أشاني سامون بياو:** فكر في تحديد الأهداف مثل السكر، فهو يمنحنا الاندفاع والرضا العاطفي. عندما نتولى مهام صعبة أو نخرج من روتيننا، قد يكون من الصعب أن نبقى متحمسين باستمرار. خذ يوسين بولت، على سبيل المثال. إذا كان يركض كل

يوم من أجل ذلك فقط، فقد يجد صعوبة في الحفاظ على الدافع. ولكن مع العلم أن الألعاب الأولمبية تفصلنا ستة أشهر وأن رؤيته هي الفوز بالميدالية الذهبية، فإن هذا الهدف يشعل نارًا بداخله ويجعله يتدرب.

من المهم التمييز بين تحديد الأهداف على المدى الطويل والقصير. لقد ارتكب العديد من الأشخاص، بما فيهم أنا، خطأ التركيز فقط على الأهداف طويلة المدى دون الإجراءات اليومية أو الأهداف قصيرة المدى. لكن ذلك يؤدي في كثير من الأحيان إلى الفشل في تحقيقها.

**أولوميد أوغونسانو:** عليك أن تجمع بين الأهداف والأفعال. لا يمكنك الحصول على واحد دون الآخر. بدون أهداف، أنت تقود بسرعة إلى لا مكان. وبدون الإجراءات اليومية، لن تتحقق أهدافك لأنك لا تتخذ إجراءات مركبة متسقة ولا تتتبع تقدمك. نحن نؤدي بشكل أفضل عندما نتتبع الأشياء ونقيسها.

**أشاني سامون بياو:** بالضبط. بمجرد تحديد هدف طويل المدى، ستحتاج إلى تقسيمه إلى خطوات قابلة للتحقيق يمكنك اتخاذها كل يوم. هذا النهج له فائدتان. أولاً، ستدرك أن الإجراءات اليومية المطلوبة عادة ما تكون أصغر وأقل إرهاقًا مقارنة بالرؤية الشاملة. ثانيًا، من الضروري أن يكون لديك طريقة لقياس تقدمك وجهودك.

**أولوميد أوغونسانو:** لهذا السبب من المهم النظر في هذه المبادئ بترتيب محدد. قد يكون تحديد الأهداف واتخاذ الإجراءات اليومية اللازمة دون الإيمان بالنفس والتفكير المستقل والشجاعة والطموح أمرًا صعبًا. إذا لم تتماشى رؤيتك مع قيمك ورغباتك، فقد لا تكون مستدامة.

**أشاني سامون بياو:** تحديد الأهداف يساعدنا على حل المشكلات بشكل فعال. اسمحوا لي أن أقدم لكم مثالًا. باعتباري مستشارًا إداريًا يسافر بشكل متكرر، قمت بتجميع النقاط على العديد من بطاقات الائتمان وبرامج الولاء. ومع ذلك، لم أدرك الخطوات اليومية المحددة المطلوبة لتحقيق ذلك إلا بعد أن حددت هدفًا محددًا بأن أصبح عضوًا بلاتينيًا مدى الحياة في إحدى شركات الطيران. لقد قمت بحساب عدد الرحلات التي أحتاج إلى القيام بها شهريًا وقدرت الوقت الذي سيستغرقه الوصول إلى هذه الحالة. ومن هنا، قمت بتطوير استراتيجية من خلال تحديد أولويات المشاريع والأنشطة التي تزيد من سفري إلى الحد الأقصى، مثل إجراء المقابلات بدلاً من التدريب. واستهدفت أيضًا مناطق محددة، مثل الولايات المتحدة، للرحلات الطويلة. ومن خلال تقسيم هذا الهدف الذي يبدو شاقًا إلى إجراءات صغيرة يمكن التحكم فيها، حققت المركز البلاتيني مدى الحياة في غضون خمس سنوات.

**أولوميد أوغونسانو:** بعد إنشاء رؤيتك وأهدافك طويلة المدى وقصيرة المدى وإجراءاتك اليومية، قد تشعر بالإرهاق بسبب مقدار المال الذي تحتاج إلى ادخاره كل شهر. إذا كان هذا يسبب لك الخوف والقلق، فأنت بحاجة إلى إعادة تقييم طموحك وشجاعتك. هل أتقنت هذه الصفات حقًا وهل تمارسها بنشاط؟ إذا كان الأمر كذلك، فلا ينبغي أن تكون هناك مشكلة لأن لديك رؤية واضحة لما تريده في الحياة، ويمكنك تطوير

الشجاعة اللازمة لتحقيق ذلك.

نقطة أخرى يجب مراعاتها هي أنه لا توجد خطة مثالية. كل ما تحتاجه هو خطة بداية جيدة بما فيه الكفاية. قم بإنشاء خطة، وتنفيذها، ومراجعتها، وتعديلها، وتكرارها. لا تنتظر الخطة المثالية لأنها غير موجودة. الشيء الأكثر أهمية هو أن تبدأ. يمكنك دائمًا إجراء التعديلات لاحقًا. لا يتعلق الأمر بالدقة القصوى، بل يتعلق بالإثارة والتنفيذ. كشخص لديه خلفية في العلوم والهندسة، فأنا أفهم التحيز نحو الدقة، ولكن في هذه الحالة، فإن الإثارة والزخم والتنفيذ والمرونة هي الأكثر أهمية.

**أشاني سامون بياو:** أود أن أشارككم بعض الممارسات التي يمكن أن تساعد الأطفال على تحديد الأهداف. على سبيل المثال، لدي ستة أبناء، وعندما أزور والديهم لفترات طويلة، أقوم بتنفيذ ممارسة يومية مع أحدهم. نبدأ اليوم بتحديد الأهداف لأنفسنا. يسأل عن أهدافي وأنا أسأل عن أهدافه. وفي الليل، نناقش التقدم الذي أحرزناه، وما ساعدنا على تحقيق أهدافنا، والعقبات التي واجهتنا.

أصبحت ممارسة تحديد الأهداف طقوسًا ممتعة بيننا وساعدتني في إقامة علاقة أوثق مع ابني الروحي. لم أكن أنا فقط من أسأل عن أهدافه؛ كان أيضًا مهتمًا بمعرفتي. في بعض الأحيان يذكرني بشكل مازح بالبقاء على المسار الصحيح لتحقيق أهدافي، ويستمتع بمحاسبتي أيضًا. وبعد أن غادرت، طلب من والده مواصلة هذه الممارسة.

**أولوميد أوغونسانو:** هل تعتقد أنه من الممكن أن تصبح مستقلاً مالياً دون تحديد الأهداف؟

**أشاني سامون بياو:** ربما لا.

**أولوميد أوجونساوو:** سيكون من الصعب للغاية أن تصبح مستقلاً ماليًا بدون أهداف. حتى لو انتهى بك الأمر بطريقة ما إلى الحصول على الكثير من المال، فمن الممكن أن تخسره كله بسهولة. إن التحول إلى FI والبقاء FI هما مجموعتان من المهارات المختلفة.

**أشاني سامون بياو:** قد تحافظ على تلك الثروة إذا كنت محظوظًا. لدي أصدقاء أنهوا دراستهم دون اتجاه واضح وتعثروا في تأسيس شركة ناشئة. لم يكونوا يبحثون بنشاط عن عمل، وجاءت لهم فرصة الانضمام إلى الشركة الناشئة من خلال العمل الشاق الذي قام به شخص آخر. أصبحت الشركة الناشئة ناجحة في النهاية، وفجأة تدفقت الأموال إلى جميع المشاركين. كانت إحدى صديقاتي محظوظة بالزواج من زوجة تتمتع بالذكاء المالي. ومع ذلك، من المهم ملاحظة أن هذا السيناريو نادر. لقد اكتسب عدد لا يحصى من الأشخاص الثروة بسرعة، لكنهم فقدوها بنفس السرعة.

**أولوميد أوغونسانو:** ربما يكون من الأفضل التركيز على السيناريوهات المتوسطة (الواقعية) بدلاً من السيناريوهات الخارجية. يتطلب الاستقلال المالي منك اتخاذ إجراءات صغيرة مختلفة، وفهم المقايضات، وإدارة المخاطر، وتجنب الوقوع ضحية لـ FOMO. وحتى لو عثرت على مكاسب غير متوقعة دون بذل جهد كبير، فمن المحتمل أن هذا المال لن يدوم طويلاً لأنك لم تطور المهارات اللازمة لإدارته وتقييمه. وكما قال

جيم رون، يجب أن يكون الهدف هو أن تصبح ثريًا ليس فقط من أجل المال، ولكن أيضًا من أجل الشخص الذي تصبح عليه في هذه العملية.

**أشاني سامون بياو:** قد يقول بعض الناس أنه إذا كسبت الكثير من المال، فمن الأسهل أن تصبح مستقلاً ماليًا دون تحديد أهداف محددة. أرجو أن تتغير. المشكلة هي أنه عندما تفتقر إلى الانضباط، كلما ارتفع دخلك، ارتفعت نفقاتك أيضًا. بدون أن تكون محددًا جيدًا للأهداف، فمن غير المرجح أن تحقق الاستقلال المالي.

يمكن أن يكون اتخاذ الإجراءات بشكل مستمر كل يوم أمرًا قويًا بشكل لا يصدق. لقد واجهت هذا عندما قررت تعلم لغة الماندرين. لقد حددت هدفًا لتعلم تعبير جديد في اللغة كل يوم، وقبل أن أعرف ذلك، تمكنت من قول بعض الأشياء. كلما التقيت بشخص صيني في المصعد، كنت أجري معه محادثة وأقوم في كثير من الأحيان بتكوين صداقات جديدة. هذه هي قوة العادات، فهي يمكن أن تؤدي إلى نتائج غير متوقعة. يمكن أن يؤدي التأثير التراكمي للأفعال اليومية إلى الإتقان، مما يسمح لك بعد ذلك بتجاوز هدفك الأولي.

**أولوميد أوغونسانو:** لا يمكنك التقليل من الإثارة التي تأتي من تتبع التقدم الذي تحرزه نحو الاستقلال المالي. شعرت بالنشاط الشديد عندما رأيت مدى التقدم الذي أحرزته. ربما أكون مجنونًا بعض الشيء، لكنني كنت في الواقع أتتبع كيفية نمو صافي ثروتي للوصول إلى هدف FI الخاص بي على أساس يومي.

**أشاني سامون بياو:** [تبتسم] مذهل. مجرد تخيل تتبعك يجلب البسمة على وجهي.

**أولوميد أوجونسانوو:** شعرت بالروعة.

**أشاني سامون بياو:** في بعض الأحيان يعتقد الناس أن تحديد أهداف الاستقلال المالي يعني أنه يتعين عليك أن تعيش حياة بائسة. قد يقرؤون هذا ويعتقدون أنك تعاني. لكن دعني أخبرك أن أولوميد ليس حزينًا على الإطلاق. إنه في الواقع يحب التحسين.

**أولوميد أوجونسانوو:** بالتأكيد! لقد استمتعت كثيرًا طوال العملية، وبالتأكيد لم أكن بائسًا. الأمر كله يتعلق بتحسين وإدارة إنفاقك بناءً على قيمك، وهو ما سنتحدث عنه أكثر في الفصل السادس (ج).

**أشاني سامون بياو:** إنه لأمر رائع أن نسمع! الآن، كنت أتساءل عما إذا كان بإمكانك مشاركة بعض النصائح أو الممارسات أو توصيات الكتب أو أي نصيحة أخرى لقرائنا المهتمين بالاستقلال المالي.

**أولوميد أوغونسانو:** نعم، لدي كتابين أوصي بهما.

أولاً، " الحافة الطفيفة [1] " لجيف أولسون. الكتاب رائع وجميل . يتحدث عن تحويل جميع أهدافك في الحياة إلى أفعال يومية. قد تكون أهدافك أهدافًا مالية، أو أهدافًا صحية، أو أهدافًا تتعلق بالعلاقات، أو أهدافًا مجتمعية، أو أهدافًا مهنية. لقد كان أحد الكتب التي غيرت حياتي لأنني كنت أضع أهداف الأهداف، لكنني لم أفهم أبدًا أهمية اتخاذ إجراءات يومية متسقة. إن القيام بشيء كل يوم يغير طريقة تفكيرك ويساعدك على إحراز التقدم. على سبيل المثال، عملت أنا وسامون على هذا الكتاب لمدة شهرين ونصف تقريبًا، وأحرص

---

على العمل عليه كل يوم. إنه يحدث فرقًا كبيرًا في مقدار التقدم الذي يمكنني تحقيقه من خلال القيام بالقليل كل يوم.

يبدو من الواضح أن بناء العادات من خلال اتخاذ إجراءات كل يوم، لكنني لم أفعل ذلك أبدًا حتى قرأت الكتاب. لقد صادفته بالفعل بفضل توصية قوية جدًا من مدونة Gen Y Finance Guy [2].

الكتاب الثاني هو " العادات الذرية [3] لجيمس كلير. إنه مشابه لـ "The Slight Edge" ويؤكد على أهمية اتخاذ إجراءات يومية، وتقسيم الأهداف إلى خطوات أصغر، وتحويلها إلى عادات تلقائية. دعني أعطيك مثالاً: أذهب إلى صالة الألعاب الرياضية كل يوم تقريبًا، ولا أفكر في الأمر مرتين. إنه مجرد جزء من روتيني اليومي، مثل تنظيف أسناني. لقد أصبحت عادة لا يتعين علي أن أقرر القيام بها بشكل فعال. إنه جزء من جدول أعمالي إلى الأبد. أنا أشجع الناس على قراءة هذه الكتب والتفكير في الممارسات اليومية لإيصالهم إلى حيث يريدون.

**أشاني سامون بياو:** أحد الجوانب الحاسمة في تحديد الأهداف هو القدرة على الدوران. في بعض الأحيان، عندما لا يقودك مسارك الحالي نحو النتائج المرجوة أو عندما تتغير الظروف، قد تحتاج إلى إجراء تغيير كبير في حياتك المهنية أو أهدافك أو اتجاه حياتك. يسمى هذا الفعل المتمثل في تغيير الاتجاه للتوافق مع أهدافك بالتمحور.

**أولوميد أوغونسانو:** التمحور يعني الانفتاح على تغيير اتجاهك من أجل الوصول إلى أهدافك. يمكن أن يكون تغييرًا كبيرًا أو تعديلًا طفيفًا؛ حجم التغيير لا يهم. المهم هو أن تكون مرنًا بما يكفي لتعرف متى يكون التغيير ضروريًا وأن تكون مرتاحًا لإجراء هذا التغيير. المرونة هي أداة حاسمة في رحلتك نحو الاستقلال المالي. إذا كنت متصلبًا جدًا ومقاومًا للتغيير، فسيكون من الصعب تحقيق الاستقلال المالي لأنك لا تستطيع التنبؤ بكيفية تطور المستقبل.

**أشاني سامون بياو:** دعنا نناقش التأثير العملي للتركيز على رحلة الاستقلال المالي. كثير من الناس الذين ذهبوا إلى كلية إدارة الأعمال ينتهي بهم الأمر إلى تغيير حياتهم المهنية. يمكنهم حتى تغيير هويتهم المهنية. على سبيل المثال، كنت مهندس اتصالات قبل الالتحاق بكلية إدارة الأعمال، ولكن خلال فترة وجودي هناك، قمت بالتمحور ودخلت مجال الاستشارات الإدارية. وكان هذا التغيير محورا في حياتي. المفتاح هو تحديد الأهداف والعمل بنشاط على إيجاد حلول لتحقيق تلك الأهداف.

**أولوميد أوجونسانو:** عندما تبدأ في صياغة الخطط، من الضروري أن تفهم أن الخطط التي تضعها من المحتمل أن تتغير. هذا هو المكان الذي يلعب فيه التمحور. يجب أن ترتاح للغموض والتغيير لأن الحياة في تطور مستمر. مع تغير الأمور، يجب أن تكون قادرًا على التكيف بما يكفي لمواكبة التدفق، حيث قد تظل رؤيتك ذات المستوى الأعلى كما هي، لكن الخطة اليومية يمكن أن تتغير. قال كارل ريتشاردز (من موقع

---

2. https://www.genyfinanceguy.com/

3. https://jamesclear.com/atomic-habits

(healthgap.com): "لا تلتزم بالخطة، بل كن ملتزمًا بعملية التخطيط". قام جيف بيزوس بتعميم عبارة "تطوير التحيز للعمل". قال بريان تراسي، وهو مؤلف رائع في مجال التنمية الشخصية: "النجاح يكمن في الجانب البعيد من الفشل".

إن تجميع هذه الأفكار معًا يعني اتخاذ الإجراءات اللازمة مع الانفتاح على التغيير، وعدم الإحباط عندما لا تسير الأمور وفقًا للخطة. استمر في المضي قدمًا، وجرب أساليب مختلفة، وقم بالتمحور عند الضرورة، وضع دائمًا رؤيتك وأهدافك طويلة المدى في الاعتبار. يتعلق الأمر بضبط وتعديل إستراتيجياتك مع الاستمرار في التركيز على الصورة الأكبر.

**أشاني سامون بياو:** هذا مفيد. أما بالنسبة للتوصيات، فهناك عدد قليل من الكتب حول تحديد الأهداف التي أعتقد أنها قوية. كانت هذه الكتب في سياق التغيير الوظيفي، لكنني أعتقد أنها قابلة للتطبيق في جوانب أخرى من الحياة، مثل الصحة واللياقة البدنية والحب والعلاقات. كتاب واحد يسمى " المحور 4" لآدم ماركل. يقدم كتاب آدم ماركل خريطة طريق للأفراد الذين يغيرون وظائفهم ويسعون إلى تحقيق إمكاناتهم الكاملة أثناء التعامل مع المخاوف بشأن المخاطر والفشل. يعد هذا الكتاب بمثابة دليل عملي للأفراد الذين يتنقلون في التحولات المهنية ويسعون جاهدين للوصول إلى إمكاناتهم الكاملة، ومعالجة المخاوف المحيطة بالمخاطر والفشل. فهو يوفر سلسلة من التمارين والإرشادات خطوة بخطوة لتسهيل التفكير الذاتي ومساعدة القراء على تحديد العقبات التي قد تعيق تقدمهم والتغلب عليها. ومن خلال إنشاء رؤية واضحة، ومعالجة العقبات بشكل مباشر، واتخاذ إجراءات حاسمة لتحقيق أهدافهم، يمكن للأفراد تمهيد الطريق لتحقيق إمكاناتهم الكاملة.

**أولوميد أوغونسانو:** سامون، ماذا لو وجد قارئ FIREDOM أن مفهوم خلق رؤية مجردة للغاية ويشك في فائدتها؟ ماذا ستقول لشخص يعتقد أن ضبط الرؤية "ناعم" وغير عملي للغاية؟

**أشاني سامون بياو:** الرؤية مفيدة لأنها توفر نقطة انطلاق لما ترغب فيه.

**أولوميد أوغونسانو:** يتعلق الأمر بالرغبة الشديدة والسيطرة على حياتك. لا يمكن لأي شخص آخر أن يضعها لك.

**أشاني سامون بياو:** إذا شعر شخص ما أن رؤيته غامضة أو اسفنجية للغاية، فقد لا تكون هذه هي الرؤية الصحيحة بعد. من المهم تحسين رؤيتك وتوضيحها حتى تجد صدى لديك وتثير اهتمامك.

**أولوميد أوجونسانوو:** الأهداف غالبًا لا تكون في خط مستقيم. إنها رحلة متعرجة حيث يمكنك معرفة ما هو الأفضل بالنسبة لك. تذكر أن سامون لم يكن لديه خطة نهائية كاملة لوجهته عندما بدأ شركة Deutsche Telekom. لقد أدرك الفرصة المتاحة في الاستشارات الإدارية وركز على متابعتها.

**أشاني سامون بياو:** لتقديم مثال عملي، لنفترض أنك حددت هدفًا لتحقيق الاستقلال

---

4. https://www.amazon.com/Pivot-Science-Reinventing-Your-Career/dp/1476779473

المالي بحلول سن 35 عامًا عندما كان عمرك 30 عامًا. أنت تعمل حاليًا كمحامي، وعلى الرغم من أنك تحب هذا المجال ويدفع لك أجرًا جيدًا، إلا أن ذلك ليس بالضرورة شغفك. في أحد الأيام، يقدم لك أحد الأصدقاء فكرة رائعة لبرنامج جهاز طبي في مجال الرعاية الصحية. في البداية، لن تكون متأكدًا مما إذا كانت هذه الفرصة تتوافق مع مهاراتك كمحامي. ومع ذلك، عندما تتعلم المزيد عن الفكرة وإمكاناتها، تصبح متحمسًا بشأن هذا الاحتمال. لقد قررت متابعة الفرصة والتحول الوظيفي من القانون إلى قطاع الرعاية الصحية. يمثل هذا التغيير تحولًا كبيرًا في مسار حياتك المهنية.

**أولوميد أوجونسانو:** إن اتخاذ هذا المحور يتطلب الشجاعة والطموح لفهم ما هو مهم حقًا بالنسبة لك.

**أشاني سامون بياو:** حتى في أسوأ السيناريوهات، إذا لم تنجح الفرصة الجديدة، كنت ستتعلم ذلك في غضون عامين. للتخفيف من المخاطر، يمكنك التفاوض على راتب مع الشركة الناشئة يعادل 80% مما كنت تحصل عليه كمحامي. يمكنك أيضًا تعديل نفقاتك بحيث تظل تدخر نفس المبلغ بينما تقوم ببناء رأس مال يمكن أن ينمو إلى الملايين إذا سارت الأمور على ما يرام.

**أولوميد أوغونسانو:** إذا استمع شخص ما إلى هذا الفصل ووجد في البداية أن مفاهيم تحديد الرؤية وتحديد الأهداف مجردة للغاية أو غير عملية، فإنني أحثهم على تذكر مبدأ الفضول. كن فضوليًا بما يكفي لتفهم سبب تأكيدنا على هذا. لقد حققنا أنا وسامون الاستقلال المالي في الثلاثينيات من عمرنا، ولهذا السبب نعتقد أنه مهم. ضع أي شكوك جانبًا وكن منفتحًا على تجربة تحديد الأهداف. ليس هناك ضرر في تجربتها. ضع رؤية لشيء ما وحدد أهدافًا يومية لمعرفة ما سيحدث.

أنا أحب التجارب، لذا أشجعك على النظر إلى هذا على أنه تجربة. ماذا لديك لتخسر؟ عندما تواجه أفكارًا لا توافق عليها، تعامل معها بفضول وقم بالتجربة لمعرفة ما إذا كانت تناسبك أم لا. لا ترفض تلقائيًا المعلومات من مصادر مطلعة لمجرد أنها تتحدى غرورك أو مفاهيمك المسبقة.

**أشاني سامون بياو:** تعرف على الطبيعة المركبة لهذه الأفعال. إذا كانت لديك عادة تجربة التجارب عندما كنت طفلاً، فمن المرجح أن تستمر في إجراء التجارب كشخص بالغ. إذا واجهت التحولات أثناء طفولتك، مثل تغيير المدارس أو ممارسة هوايات جديدة، فمن المرجح أن تشعر بالارتياح تجاه إجراء المحاورات كشخص بالغ.

أود أن أؤكد للآباء والأمهات أن التغيير لا ينبغي أن يُنظر إليه على أنه العدو، بل كفرصة لتنمية المرونة لدى أطفالكم من خلال التجارب الصعبة. يعتقد العديد من الآباء أن توفير بيئة مستقرة هو الأفضل لأطفالهم، وأن الانتقال إلى بلد آخر، على سبيل المثال، من شأنه أن يربكهم ويربكهم.

ومع ذلك، قد لا يكون هذا هو المنظور الأمثل. واجبك كوالد هو إعداد أطفالك للمرونة من خلال تعريضهم للتجارب التي تتحديهم. تعمل هذه التجارب على بناء الثقة بالنفس والاعتماد على الذات والشجاعة والفضول لدى أطفالك. عندما يواجه الأطفال

بيئات جديدة، فإنهم يطورون استراتيجيات التكيف التي يمكن أن تفيدهم في المواقف المستقبلية. على سبيل المثال، إذا اضطرت الأسرة إلى الانتقال إلى بلد جديد بسبب فقدان الوظيفة ومشاكل التأشيرة، فإن الطفل الذي شهد بالفعل مثل هذه التغييرات سيكون مجهزًا بشكل أفضل للتكيف مع البيئة الجديدة. إن حماية الأطفال من التغيير قد لا يؤهلهم بشكل كافٍ للتغييرات الحتمية التي سيواجهونها في الحياة. يمكن أن يكون التغيير قوة إيجابية في نمو طفلك. يمكن أن يساعدهم على التعلم والنمو بطرق جديدة.

**أولوميد أوجونسانوو:** أحب ذلك. انها جميلة جدا. شكرا لك على ذلك، سامون.

**أشاني سامون بياو:** عندما كنت في السادسة والعشرين من عمري، أعطاني أحد المرشدين نصيحة غير متوقعة ولكنها مفيدة فيما يتعلق بتحديد الأهداف المهنية. كنت قد بدأت للتو في شركة Deutsche Telekom، وسألني معلمي: "ما هي الشركة التي ستنضم إليها بعد ذلك؟"

لقد أذهلتني هذا السؤال لأنني كنت قد بدأت مؤخرًا فقط واعتقدت أنه من السابق لأوانه التفكير في الخطوة التالية. وتابع قائلاً: "آخر ما يجب أن تبدأ في إعداد خطوتك التالية هو اليوم الذي تحصل فيه على عرض لشركتك الحالية". كانت النقطة الأوسع لمرشدي تتعلق بأهمية تحديد الأهداف. وأعرب عن اعتقاده بأن وجود صورة واضحة للخطوات التالية المحتملة من شأنه أن يساعد في تحديد الأهداف والمبادرات المهنية الشخصية للوظيفة الحالية. في ذلك الوقت، كنت عديم الخبرة ولم أفهم تمامًا كيفية تطبيق نصيحته. لكن منذ ذلك الحين، جعلته جزءًا من تدريبي للفرق الشابة، وقد نجح ثلاثة أفراد على الأقل في تطبيقه.

على سبيل المثال، انضم أحد طلابي إلى شركة ناشئة تعمل في مجال تكنولوجيا الأغذية، وقد شجعته على توضيح أهدافه للسنتين أو الثلاث سنوات القادمة وما بعدها. كان يطمح إلى أن يصبح مديرًا تنفيذيًا للعمليات في شركة أكثر نضجًا في أوروبا أو الولايات المتحدة. بناءً على نصيحتي، بدأ بنشر كتيبات قواعد اللعبة حول كيفية تشغيل شركة ناشئة في مجال تكنولوجيا الأغذية خلال شهر واحد فقط من بدء عمله. وقد حضر مؤتمرات، وتواصل مع مديري العمليات والمؤسسين، ودعا داخليًا إلى تغيير المسمى الوظيفي إلى رئيس العمليات. وبعد عامين، عندما كان مستعدًا للمضي قدماً، قام ببساطة بإجراء مكالمة، وفي غضون أسبوع، تلقى عرضين للعمل.

**أولوميد أوجونسانوو:** ممتاز. دعنا ننتقل إلى التنمية الشخصية. في هذا القسم، سنناقش كيف يمكن للتنمية الشخصية تسريع الاستقلال المالي وتقديم بعض التوصيات. تشير التنمية الشخصية إلى عملية تحسين الذات جسديًا وعقليًا لتحقيق قدر أكبر من الرضا والسعادة والنجاح في الحياة. ولا ينطبق هذا على التمويل الشخصي فحسب، بل ينطبق أيضًا على الصحة والوظيفة والأعمال وأهداف الحياة الأخرى. على الرغم من أن هذا الكتاب يركز في المقام الأول على الاستقلال المالي والتمويل الشخصي، فمن الضروري أن ندرك كيف يمكن للتنمية الشخصية أن تسرع أهدافك. إن عملية التحسين الذاتي أساسية وقابلة للتطبيق في جميع مجالات الحياة. في الجزء السابق من هذا الفصل،

ناقشنا تحديد الأهداف. بمجرد تحديد أهدافك، فإن الخطوة الطبيعية التالية هي العمل على تحسين نفسك لتحقيقها. إنه انتقال سلس.

**أشاني سامون بياو:** لبدء مناقشتنا حول التنمية الشخصية، دعونا نستكشف مفهوم الممارسة المتعمدة. الممارسة المتعمدة هي نهج مركّز للتعلم وتحسين المهارة أو القدرة. وهو يتضمن تقسيم المهام المعقدة إلى مكونات أصغر، وتحديد المجالات التي تتطلب التحسين، واستخدام تقنيات التدريب المستهدفة لمعالجة تلك المجالات. تتكون الممارسة المتعمدة من ثلاثة مكونات رئيسية.

أولاً، من المهم أن تعرض نفسك لأمثلة للأداء المتميز. إن تجربة الأداء الاستثنائي تعمل على توعية عقلك وتمنحك شيئًا تطمح إليه أو تسعى إليه. بعد ذلك، أنت بحاجة إلى آلية ردود الفعل لتقييم أدائك. عادة، يمكن للشخص الذي حقق التميز أو اعترف به أن يقدم تعليقات قيمة من خلال تحديد مجالات معينة قد تكون فيها قصورًا. وأخيرًا، عند الانخراط في ممارسة متعمدة، من المهم أن تكون على دراية بتحيزاتك وأن تضع أهدافًا محددة للتحسين. تدرب، وراقب أدائك، واستمر في العمل عليه حتى تتقن هذه الممارسة.

يمكن أيضًا تطبيق الممارسة المتعمدة لتصبح أفضل في الإنفاق القائم على القيم (وهو إعادة تنظيم الإنفاق بناءً على قيمك الفريدة وسنتعمق أكثر في الفصل 6ج). ابدأ بفهم الشكل المثالي للإنفاق القائم على القيم وابحث عن الأمثلة ذات الصلة. على سبيل المثال، تمكنت من العيش بمبلغ 800 دولار شهريًا في دبي، بينما قام أولوميد بتحسين إيجاره في كاليفورنيا من خلال وجود زملاء في السكن والعيش بالقرب من العمل. وهذا يدل على الطبيعة المركزة للإنفاق الحقيقي القائم على القيم.

فكر في حياتك الخاصة وحدد الأولوية للجانب الذي تريد تحسينه. قم بإنشاء إستراتيجية مخصصة لنفسك بدلاً من مجرد نسخ الآخرين. على سبيل المثال، إذا كان الإنفاق على أساس القيم يعني خفض نفقات النقل إلى الصفر، فحدد هدفًا ووضع استراتيجية، مثل اختيار استخدام خدمة الحافلات المجانية. قد يكون اليوم الأول صعبًا حيث تتكيف مع الاستيقاظ في وقت محدد وتبدأ في رحلة الحافلة. راقب نفسك أثناء سيرك إلى محطة الحافلات وأثناء ركوبك للحافلة. يحيط علما بما يحدث والعواطف التي تواجهها. حدد المشاعر الإيجابية التي يجب أن تتبناها والمشاعر السلبية التي يجب التغلب عليها. حدد هدفًا للتكرار وإجراء التعديلات في اليوم التالي. ومن خلال التكرار والتفكير، يمكنك تحسين ممارساتك المتعلقة بالإنفاق القائم على القيم بشكل مستمر.

**أولوميد أوجونسانوو:** شكرًا لك، سامون، على مشاركتنا هذه الرؤية القيمة. بما أنك قدمت مثالاً عن التطوير الشخصي والنفقات، فاسمح لي أن أقدم مثالاً عن كيفية تحسين الذات من خلال زيادة الدخل. لنفترض أنك تبلغ من العمر 35 عامًا وتهدف إلى تحقيق الاستقلال المالي بحلول سن الخمسين، مع صافي ثروة مستهدفة تبلغ 3 ملايين دولار، بدءًا من الصفر.

إذا كنت متحمسًا حقًا لهذا الهدف طويل المدى، فيمكنك الانتقال إلى الخطوة التالية: تحديد أهداف فورية قصيرة المدى. لنفترض أنك بحاجة إلى توفير 100000 دولار سنويًا

بحلول العام الثالث، ولكنك توفر حاليًا 3000 دولار فقط. من الواضح أن هناك فجوة بين وضعك الحالي والنتيجة المرجوة. لسد هذه الفجوة، يجب عليك تحديد إجراءات محددة يمكنك اتخاذها على أساس يومي وشهري ومنتظم لتحسين وضعك المالي.

في هذه المرحلة، يصبح التطوير الشخصي أمرًا بالغ الأهمية، حيث تبدأ في صياغة طرق لتعزيز مهاراتك أو توسيع نطاق عملك أو الحصول على راتب أعلى. قد تتضمن استراتيجيات التطوير الشخصي إنشاء مجموعة العقل المدبر لرواد الأعمال، حيث يمكن لزملائهم من أصحاب الأعمال التعاون وتبادل الأفكار. وقد يعني ذلك أيضًا الاستفادة من منصات التعلم مثل Coursera أو edX أو Udemy لاكتساب مهارات جديدة لتحسين فرص العمل.

يخدم التطوير الشخصي أغراضًا مختلفة، مثل زيادة إمكانات الكسب، أو تحسين عادات الإنفاق القائمة على القيم، أو تعزيز المهارات الاجتماعية لتعزيز العلاقات وبناء المجتمعات. بالإضافة إلى ذلك، من المهم أن تدرك أن التطوير الشخصي يمكن أن يجعلك محبوبًا أكثر ويساعدك على توسيع شبكتك، وهو ما يمكن أن يكون ذا قيمة لا تقدر بثمن في تحقيق الأهداف الشخصية والمهنية.

**أشاني سامون بياو:** اعتبر شبكتك كجزء من تقييمك الإجمالي. يمكنك تحديد هدف للتواصل مع 500 شخص في Google خلال العامين المقبلين. قم بتقسيمها إلى أهداف أصغر، مثل مقابلة خمسة أشخاص جدد كل أسبوع. قم بتقييم التقدم الذي تحرزه باستمرار من خلال سؤال نفسك عن عدد الاتصالات التي تقوم بها وما إذا كانت أي علاقات تتلاشى. فكر في الأمور التي لم تسر على ما يرام في التفاعلات السابقة واستخدم تلك المعرفة كأساس لاتصالات أفضل في المستقبل. استمر في التكرار وتحسين النهج الذي تتبعه.

**أولوميد أوغونسانو:** لقد أكدنا على أهمية الفضول والطموح كمبدأين حاسمين. إنهم يحاربون الرضا عن النفس وفكرة أن المرء قد وصل إلى إمكاناته الكاملة في الحياة. فبدون الفضول لا يوجد دافع للاستكشاف ومعرفة المزيد، وبدون الطموح لا يوجد دافع لتحديد الأهداف والسعي لتحقيقها.

قد يعتقد بعض الأفراد أنه بمجرد تحقيق بعض المعالم، مثل التخرج من الجامعة، فإنهم لا يحتاجون إلى مواصلة تحسين أنفسهم. ومع ذلك، فإن التطوير الشخصي هو عملية مستمرة تمتد طوال حياة الفرد بأكملها. هناك دائمًا مجال للنمو والتحسين في مختلف جوانب الحياة. إذا وجدت نفسك تقول: "لقد تخرجت من الجامعة. لماذا يجب أن أركز على تحسين الذات؟" فأنت في عداد المفقودين هذه النقطة. التنمية الشخصية لا تقتصر فقط على التعليم أو الحصول على درجة علمية. ويشمل تعزيز قدراتك البشرية وإمكاناتك لتحقيق أهدافك. في حين أن هذا الكتاب يتضمن فصلاً عن كلية إدارة الأعمال، فإن التنمية الشخصية يمكن أن تتخذ أشكالاً مختلفة وتمكنك من الوصول إلى المستوى التالي.

قال ديريك سيفرز ذات مرة: "إذا كان المزيد من المعلومات هو الحل، فسنصبح

جميعًا ملياديرات ونمتلك عضلات بطن ستة". التنمية الشخصية تتجاوز مجرد الحصول على معلومات جديدة؛ فهو ينطوي على استيعاب تلك المعرفة وتطبيقها باستمرار مع مرور الوقت. يجب عليك أيضًا دمجها في حياتك اليومية وجعلها جزءًا معتادًا من روتينك حتى يحدث النمو الشخصي الحقيقي.

أنت تقرأ هذا الكتاب لأنك مهتم بالاستقلال المالي. وتخيل ماذا؟ لقد اتخذت بالفعل الخطوة الأولى في رحلة التطوير الشخصي! يدور هذا الكتاب حول الاستقلال المالي، لكنه أكثر من ذلك بكثير. يتعلق الأمر باحتضان النمو الشخصي في كل جانب من جوانب حياتك. التنمية الشخصية هي مثل القوة العظمى. يتعلق الأمر بالارتقاء المستمر والسعي الذي لا ينتهي لتصبح نسخة أفضل من نفسك كل يوم. ستشعر بإحساس بالإنجاز وزيادة تقدير الذات بينما تعمل باستمرار على تحسين نفسك وتعمل بنشاط على تحقيق الأهداف التي تتوافق مع قيمك وشغفك.

أنا أحب هذا المفهوم. أخصص ساعة كل يوم للتطوير الشخصي في المجالات التي تهمني. لقد مارست ذلك حتى قبل تحقيق الاستقلال المالي، وسوف أستمر في القيام بذلك لبقية حياتي.

**أشاني سامون بياو:** أتفق بشدة مع ما شاركه أولوميد. وإليك كيفية تنفيذ ذلك في حياتي. لقد أدركت أن سعادتي تعتمد على الشعور بالإنجاز، في حين أن التعاسة تنبع من الركود أو الشعور بالتعثر. بعد تحقيق الاستقلال المالي، قررت أن أتحدى نفسي بشكل دوري من خلال تعلم لغات جديدة.

روتيني بسيط: أستيقظ، وأطلق تطبيقي المجاني لتعلم اللغة، وأبدأ يومي به. أخصص حوالي 15 دقيقة لإكمال وحدة واحدة. التحدي الشخصي الذي أواجهه هو إضافة لغة أو لغتين جديدتين كل عام حتى أبلغ الخمسين من عمري، اعتمادًا على التزاماتي الأخرى. وهذا بمثابة مثال على التنمية الشخصية. أنا شغوف باللغات، لذا فإن متعة تعلم لغات جديدة تحفزني.

**أولوميد أوغونسانو:** أنا ممتن جدًا لكوني على قيد الحياة في هذا العصر حيث تقدم العديد من منصات التعلم عبر الإنترنت دورات مجانية (مثل YouTube) أو تحتوي على مكونات مجانية (مثل Coursera وUdemy). لم يعد المال والتوافر عائقين؛ ويكمن التحدي الحقيقي الآن في رغبتنا في التعلم. هذه الرغبة تغذيها الإثارة، ولهذا السبب نؤكد على الخطوة الحاسمة المتمثلة في إنشاء رؤية لحياتك والإثارة بشأنها.

كان الناس من الستينيات والسبعينيات سيقتلون من أجل الفرص المتاحة لنا اليوم. كل ما عليك فعله هو تخصيص الوقت وتنمية الإثارة واتخاذ الإجراءات اللازمة. خذ بعين الاعتبار القصة المذهلة التي شاركها سامون للتو. يستخدم Duolingo مجانًا لتعلم لغات متعددة. ما هو العذر الذي لديك؟

**أشاني سامون بياو:** نعم. عندما أسافر، أفضل شركات الطيران التي توفر الأفلام بلغتها الأصلية، مما يسمح لي بممارسة مهاراتي اللغوية. في أيامنا هذه، كثيرًا ما أختار السفر مع طيران الإمارات، حتى لو كان ذلك يعني طريقًا أطول، لأنها تقدم مجموعة

متنوعة من الأفلام "العرقية". على سبيل المثال، تستغرق رحلتي من كاليفورنيا إلى الإمارات العربية المتحدة حوالي 14 ساعة، ثم لدي 6 ساعات أخرى أو أكثر حسب وجهتي النهائية. وبما أنني أسافر بشكل متكرر، فإنني أستفيد من وقت رحلتي من خلال مشاهدة الأفلام وممارسة مهاراتي اللغوية. يتضمن ذلك مشاهدة فيلم مع ترجمة وإعادة لف الأجزاء ومشاهدتها مرة أخرى. أحيانًا أقضي ما يصل إلى أربع ساعات في فيلم واحد لأنني أتوقف كثيرًا للتدرب على قول الجمل بصوت عالٍ. وعندما لا تكون الرحلة مزدحمة للغاية، أتوقف مؤقتًا وأتحدث بالجمل بصوت عالٍ.

**أولوميد أوجونسانوو:** لا يصدق! إنني أحث الجميع بشدة على اعتناق الطموح، ووضع رؤية واضحة، وتحديد أهداف لحياتهم، والشروع في رحلة لا تنتهي أبدًا من التطوير الشخصي. لديها القدرة على تحويل حياتك كلها. فيما يلي بعض التوصيات التي تنمي عقلية التطوير الشخصي:

أولاً: " خطة النجاح لمدة عام [5] بقلم جيم رون. هذا البرنامج مذهل ويمكن أن يغير حياتك. إنها رحلة تنمية شخصية مدتها عام كامل ومليئة بالتمارين. لسوء الحظ، النسخة الأصلية لم تعد متوفرة، لكن يمكنك تجربة النسخة المحدثة ، [6]على الرغم من أنني لا أستطيع ضمان جودتها لأنني قمت بعمل النسخة الأصلية.

ثانياً: " كيف وجدت الحرية في عالم غير حر [7] بقلم هاري براون. يتعمق الكتاب في مفهوم الحرية، الذي يتوافق بشكل وثيق مع موضوعات الاستقلال المالي والحرية التي تم استكشافها في FIREDOM. يستكشف براون الإطار العقلي اللازم لتحديد الحواجز التي تعيقنا والتغلب عليها، ويقدم رؤى حول كيفية اتخاذ الإجراءات اللازمة وتحقيق الحرية الحقيقية. قرأتها ثلاث مرات وأحبها أكثر مع كل قراءة.

**أشاني سامون بياو:** شكرًا لك على مشاركة هذه التوصيات. أود أن أقدم لك حيلة يمكن أن تبدأ رحلة التطوير الشخصي الخاصة بك. لدي نفور شديد من خذلان الآخرين، وهذه السمة تلعب دورًا مهمًا في حياتي. عندما أحدد هدفًا لنفسي، فإنني أخلق شعورًا بالإلحاح أو الأزمة التي تجبرني على البقاء ملتزمًا. إحدى الإستراتيجيات الفعالة هي التواصل مع شخص أعرف أنه سيحاسبني ويجعلني أشعر بالخجل إذا فشلت في تحقيق هدفي. على سبيل المثال، عندما قررت تعلم اللغة العربية، أبلغت كبار القادة في منطقة الخليج بأنني أقوم بهذا المسعى وأعتزم مشاركة التحديثات المنتظمة باللغة العربية. إن الضغط الذي يفرضه عليّ هائل، ولكنه بمثابة حافز قوي للمتابعة. يمكنك ابتكار حيلة خاصة بك بناءً على شخصيتك وما يناسبك بشكل أفضل.

**أولوميد أوجونسانو:** نعم، يمكن لاستراتيجية "الالتزام العام" أو "شريك المساءلة" أن تعزز حافزك ومثابرتك في السعي لتحقيق أهدافك. من خلال الإعلان علنًا عن نواياك أو حشد الدعم من شريك موثوق للمساءلة، فإنك تنشئ شبكة دعم قوية.


5. https://www.amazon.com/Rohn-Year-Success-Plan-Workbook/dp/B003OYMDKY

6. https://store.jimrohn.com/the-new-jim-rohn-one-year-success-plan.html

7. http://www.amazon.com/How-Found-Freedom-Unfree-World/dp/0965603679

على مر السنين، قمت بجمع مجموعة من الاقتباسات الملهمة. بينما نقترب من نهاية هذا الفصل، قمت بتجميعها هنا بكل محبة، على أمل أن تشعل شرارة بداخلك أيضًا. لقد حاولت تقديم الإسناد المناسب، على الرغم من أنه قد تكون هناك حالات يتم فيها إسناد بعض الاقتباسات بشكل خاطئ. وآمل أن تجد لهم قيمة. نراكم في الفصل التالي!

"لكي تحصل على المزيد، يجب أن تصبح أكثر" (جيم رون)

"يمكنك قضاء حياتك بالطريقة التي تريدها ولكن يمكنك قضاءها مرة واحدة فقط" (ليليان ديكسون)

"يمكنك الحصول على أي شيء تريده إذا ساعدت عددًا كافيًا من الأشخاص الآخرين احصل على ما يريدون" (زيج زيجلار)

"لا تتمنى أن يكون الأمر أسهل، أتمنى أن تكون أفضل" (جيم رون)

"أنا لست ضحية، أنا ناجٍ" (إليزابيث إدواردز)

"النجاح ليس شيئًا تسعى إلى تحقيقه. النجاح هو شيء تجذبه من خلال الشخص الذي تصبح عليه" (جيم رون)

"ابدأ والنهاية في ذهنك" (ستيف كوفي)

"لا تنس أن تكون رائعًا" (جون جرين)

"فكر كالبطل" (زيج زيجلار)

"المشاكل قابلة للحل" (ديفيد دويتش من "بداية اللانهاية")

"الفوز أمر بسيط. استيقظ كل يوم وافعل الأشياء التي يتجنبها الآخرون" (جيم رون)

"كن حذراً من أصابع قدميك التي تطأها اليوم لأنها قد تكون متصلة بالمؤخرة التي عليك تقبيلها غداً" (غير معروف)

"النجاح يكمن في الجانب البعيد من الفشل" (براين تريسي)

"طوّر انحيازًا للعمل" (جيف بيزوس)

"أكبر عدو للخطة الجيدة، هو الحلم بخطة مثالية" (كارل فون كلاوزفيتز)

"الهروب من المنافسة من خلال الأصالة" (نافال رافيكانت)

"كن على طبيعتك الغريبة دون اعتذار" (كريس ساكا)

"عندما تتغير الحقائق، أغير رأيي. ماذا تفعل يا سيدي؟" (جون ماينارد كينز)

"يبدو الأمر وكأنه فترة طويلة قادمة يا عائلتي. منذ اليوم الذي فكرت فيه في تلك الخطة الماكرة. في أحد الأيام كان لدي فكرة "الحلم، حاولت مطاردته. لكنني لم أذهب إلى أي مكان، أيها الرجل الهارب. كنت أعلم أنه ربما في يوم من الأيام سأتفهم ذلك. حاول تغيير عشرة تينر إلى مائة ألف. الجميع أطفال لا أحد يهتم بهم. عليك فقط أن تحافظ عليه الصراخ حتى يسمعوك" (تيني تمباه)

"تمامًا كما أن التحكم في الإنفاق يصعب القيام به كلما زاد دخلك، فإن التحكم في غرورك يصعب القيام به كلما أصبحت أكثر نجاحًا" (سام دوجن المعروف أيضًا باسم الساموراي المالي)

"تحقق من الوقود الخاص بك، لقد أوصلتك إلى حيث أردت أن تذهب" (شخصية

جون جالت من كتاب آين راند "أطلس مستهجن"

"أعتقد أنه من الخطأ أن أسقط قيمي وتوقعاتي في الحياة على الآخرين " (واين داير)

"الجبناء لم يبدأوا أبدًا والضعفاء ماتوا على طول الطريق. هذا يتركنا" (فيل نايت)

"الأمس كان الموعد النهائي لجميع الشكاوى " (براين تريسي)

"الانضباط الذاتي هو أن تفعل ما يجب عليك، عندما ينبغي عليك ذلك، سواء كنت ترغب في ذلك أم لا " (براين تريسي)

"مصعد النجاح معطل ولكن الدرج مفتوح دائما " (زيج زيجلار)

"لا تلتزم بالخطة، بل التزم بعملية التخطيط " (كارل ريتشاردز)

"العزم هو أن تعد نفسك أنك لن تتخلى عنك أبدًا " (جيم رون)

"إن الحب الحقيقي للقراءة في حد ذاته، عندما يتم تنميته، يصبح قوة خارقة. وسائل التعلم وفيرة ـ والرغبة في التعلم نادرة " (نافال رافيكانت)

" إذا كنت تقسو على نفسك فستكون الحياة سهلة عليك، ولكن إذا أصررت على التساهل مع نفسك فستصعب عليك الحياة " (زيج زيجلار)

" السعادة هي حل المشاكل. حل المشاكل يؤدي إلى خلق مشاكل جديدة " (مارك مانسون)

" عليك أن تعلم الرجال في مدرسة القدوة لأنهم لن يتعلموا في غيرها " (ألبرت شفايتزر)

"لقد جئت من أجل الكعكة وليس الفتات " (كاتي ستانتون)

" فهم وقبول أنني المشكلة يتيح لي أن أكون الحل " (مجهول)

" هناك الكثير من المنافسة في المجالات العادية ولكن هناك القليل في المجالات غير العادية " (روبن شارما)

" عندما تصل إلى نهاية حبلك، اربط فيه عقدة وتمسك به " (مجهول)

" لا توجد مخططات لتحقيق الثراء، فقط الأشخاص يصبحون أثرياء منك " (نافال رافيكانت)

" هذه الطريقة غير الرسمية لإدارة الأمور لم تروق لي. " (جون دي روكفلر)

كلما تعلمت أكثر، قل خوفك. "تعلم" ليس بمعنى الدراسة الأكاديمية، ولكن بالفهم العملي للحياة. كلما عرفت أكثر عن كيفية عمل العالم، قل خوفك منه. أنت سوف ترى أنه (ليس هناك ما نخاف منه إلا الجهل." (جوليان بارنز

استخدم مزايا الشباب عندما تمتلكها، ومزايا العمر عندما تمتلكها. مزايا الشباب" هي الطاقة والوقت والتفاؤل والحرية. مزايا العمر هي المعرفة والكفاءة والمال والقوة. وبالجهد يمكنك أن تكتسب بعضًا من الأخير عندما تكون صغيرًا وتحتفظ ببعض الأول (عندما تتقدم في السن. (بول جراهام

ليس الناقد هو المهم، وليس الرجل الذي يشير إلى كيف يتعثر الرجل القوي، أو إلى " أين كان يمكن لفاعل الأفعال أن يفعلها بشكل أفضل. والفضل يعود إلى الرجل الموجود بالفعل في الساحة، والذي شوه وجهه بالغبار والعرق والدم، الذي يسعى ببسالة، والذي

يخطئ، والذي يفشل مرارًا وتكرارًا، لأنه لا يوجد جهد بدون خطأ وتقصير" (ثيودور روزفلت)

# 6: القصص المهنية المتأخرة ومبادئ تعظيم الإيرادات والإنفاق على أساس القيم

**أولوميد أوغونسانو:** مرحبًا بكم في هذا الفصل المثير، حيث نتعمق في رحلة المغامرة التي أعقبت تجربة كلية إدارة الأعمال. انضم إلينا ونحن نكشف النقاب عن المسارات التي سلكناها في حياتنا المهنية في سعينا لتحقيق الاستقلال المالي.

**أشاني سامون بياو:** لقد استثمرنا وقتنا الثمين وأموالنا في الحصول على تلك الشهادات المرغوبة في كلية إدارة الأعمال. لقد حان الوقت الآن للعودة إلى العالم المهني وتعزيز تقدمنا نحو الاستقلال المالي.

**أولوميد أوجونسانو:** سنكشف أيضًا عن مبدأين أساسيين: تعظيم الإيرادات، وكسب أكبر قدر ممكن من المال، والإنفاق على أساس القيم، وإنفاق كل دولار تم الحصول عليه بشق الأنفس للتوافق مع قيمك ورؤيتك. تعتبر هذه المبادئ حاسمة لأنها تمثل تقريبًا تتويجًا لجهودك نحو تحقيق الاستقلال المالي.

# 6A: قصة أولوميد المهنية المتأخرة

**أشاني سامون بياو:** أولوميد، دعنا نعود إلى نهاية دراستك في كلية إدارة الأعمال وبداية حياتك المهنية الجديدة. ما هي المهنة التي اخترتها وكيف كان دور الاستقلال المالي في اتخاذ هذا القرار؟

**أولوميد أوجونسانو:** كما تتذكر من الفصل الأخير، التحقت بكلية إدارة الأعمال في جامعة أكسفورد ومعهد ماساتشوستس للتكنولوجيا في الفترة من 2010 إلى 2012. وقبل ذلك عملت كمهندس ولم أسمع عن الاستشارات الإدارية من قبل. كان معظم أصدقائي مهندسين أيضًا، وكان هذا هو العالم الذي أعرفه. ولكن بعد ذلك اكتشفت هذا المجال الذي يسمى الاستشارات الإدارية، مع شركات مثل ماكينزي، وباين، وبي سي جي. كانوا يرتدون بدلات فاخرة ويقدمون النصائح للشركات، وقد وجدت ذلك مثيرًا للاهتمام.

في طفولتي في نيجيريا، اشترت لنا أمي جهاز كمبيوتر، وبدأت في استكشاف الإنترنت قبل أن أنتقل إلى أمريكا. أثار هذا التعرض المبكر اهتمامي بشركات التكنولوجيا. أثناء دراستي في إدارة الأعمال، وضعت نصب عيني العمل إما في مجال الاستشارات الإدارية أو التقنية، ولكن كان لدي ميل أقوى نحو صناعة التكنولوجيا.

قبل كلية إدارة الأعمال، كنت أحصل على راتب سنوي يتراوح بين 50 ألف دولار و60 ألف دولار، وبعد كلية إدارة الأعمال، كان من المتوقع أن يتراوح بين 110 آلاف و130 ألف دولار بناءً على متوسط الرواتب لطلاب معهد ماساتشوستس للتكنولوجيا السابقين في سلون. لقد كانت في الأساس فرصة لمضاعفة دخلي. لقد قمت بإجراءات التقدم للوظيفة في معهد ماساتشوستس للتكنولوجيا (MIT) وتلقيت عروضًا من شركات التكنولوجيا الكبرى، الأمر الذي جعلني متحمسًا. ولكن بعد ذلك اقتربت مني شركة ماكينزي لاغوس. لم يكن الأمر شيئًا فكرت فيه في البداية، حيث ركزت على شركة ماكينزي في سان فرانسيسكو، أو بوسطن، أو نيويورك. ومع ذلك، فقد وجدت الأمر مثيرًا للاهتمام عندما بدأت التحدث معهم. يبدو أن نيجيريا تمر بنقطة تحول حيث كان الوضع السياسي والتضخم وسعر الصرف تحت السيطرة في الغالب.

بعد أن غادرت نيجيريا في عام 2002 وأنا الآن في عام 2012، لم أكن متأكداً مما إذا كانت العودة هي ما أردت. ومع ذلك، فإن العرض الجذاب الذي قدمته شركة ماكينزي لاغوس، برواتب مماثل للمواقع الأخرى وانخفاض الضرائب وتكاليف السكن، إلى جانب تحسن الظروف الكلية، دفعني إلى اتخاذ قرار بالتخلي عن عروض التكنولوجيا والعودة إلى نيجيريا.

في ذلك الوقت، لم أكن أفهم تمامًا مفهوم الاستقلال المالي. لكنني تعلمت بسرعة أن الاستشارات الإدارية كانت دورًا مربحًا لكسب المال وتوفيره. لقد كانت معادلة بسيطة

بالنسبة لي: أداء جيد في وظيفتي للحصول على مكافآت وترقيات مرتبطة بأدائي، وتوفير أكبر قدر ممكن. في الاستشارات الإدارية، هناك فرص كبيرة لتوفير المال. على سبيل المثال، إحدى صديقاتي لم يكن لديها شقة خلال السنتين اللتين قضتهما في الميدان. أما بالنسبة لي، فقد استأجرت شقة رخيصة الثمن مقابل 700 إلى 800 دولار في الشهر. لقد سافرت أيضًا بشكل متكرر، وجمعت النقاط التي تعلمت كيفية الاستفادة منها.

لقد تعلمت كيفية تعظيم الفوائد التي تقدمها ماكينزي. يعد فهم الفوائد المالية وغير المفيدة التي تقدمها شركتك أمرًا بالغ الأهمية.

**أشاني سامون بياو:** لقد قررت رفض عروض التكنولوجيا ومتابعة الاستشارات الإدارية في لاغوس. ما كان يدور في ذهنك؟ هل اعتبرتها منعطفًا قصير المدى؟

**أولوميد أوجونسانو:** في ذلك الوقت، لم أكن حقًا أعرف كيفية تحديد الأهداف طويلة المدى وتتبعها، ولم تكن لدي أي خطط محددة فيما يتعلق بالموقع أو المهنة. لقد ركزت على الاستفادة القصوى من فرصة ماكينزي واتخاذ القرارات بناءً على كيفية تطور الأمور. خلال فترة وجودي في ماكينزي، كنت أركز أكثر على المدى القصير، وأهدف إلى تحقيق أعلى تقييمات الأداء مع تقليل نفقاتي. لم تكن هذه العقلية مدفوعة بفهمي للاستقلال المالي، وهو الأمر الذي لم أستوعبه بالكامل في ذلك الوقت. وبدلا من ذلك، كان السبب في ذلك هو أنني كنت عاطلا عن العمل لأكثر من ثلاث سنوات منذ عام 2009. ونتيجة لذلك، كانت الكفاءة والتحسين في غاية الأهمية بالنسبة لي.

كانت تجربتي في لاجوس رائعة لأنني قمت بتحسين إنفاقي ليتوافق مع قيمي الأساسية وإيجاد أقصى قدر من المتعة بأقل تكلفة ممكنة، بدلاً من خفض التكاليف إلى الحد الأدنى. سيتم استكشاف هذا المبدأ، المعروف باسم الإنفاق على أساس القيم، بمزيد من التفصيل في الفصل السادس (ج). تذكر أن الهدف ليس خفض النفقات بشكل عشوائي في طريقك إلى الاستقلال المالي؛ يتعلق الأمر بمواءمة نفقاتك مع ما يهم روحك حقًا. من المرجح أن يؤدي التخفيض العشوائي للتكاليف إلى التعاسة والارتداد المحتمل إلى أنماط الإنفاق السابقة.

**أشاني سامون بياو:** أرى بعض الأفكار الرئيسية هنا. اسمحوا لي أن أحاول التلخيص ويمكنك أن تخبرني إذا كنت على صواب. يبدو أن التفكير المستقل والإنفاق القائم على القيم من العوامل المهمة. إذا كنت شخصًا يميل إلى متابعة الجمهور، فقد ينتهي بك الأمر إلى إنفاق المال على أشياء لا تضيف قيمة حقيقية لحياتك.

على سبيل المثال، قد تقتنع بالانضمام إلى الأصدقاء لمدة أربع ساعات في الحانة حتى لو كنت لا تستمتع بالشرب.

**أولوميد أوجونسانوو:** بالتأكيد. ولا يتعلق الأمر بالمال فقط. ويمتد الإنفاق القائم على القيم إلى ما هو أبعد من القرارات المالية؛ كما ينطبق أيضًا على كيفية اختيارك لاستثمار وقتك. كل لحظة تحمل تكلفة فرصة بديلة، وقضاء ساعات في الحانة، على سبيل المثال، يعني التضحية بإمكانية المشاركة في أنشطة أخرى ذات معنى. في حين أن إنفاق الوقت غالبًا ما يتم التغاضي عنه نظرًا لطبيعته غير الملموسة، إلا أن أهميته تصبح واضحة

بشكل متزايد مع تقدمك في السن. من الصعب تحديد بعض الأشياء الأكثر قيمة في الحياة.

**أشاني سامون بياو:** يبدو أن الرحلة إلى عيش الحياة وفقًا لشروطك الخاصة تتضمن فهم نفسك ومواءمة أفعالك مع قيمك الحقيقية. على سبيل المثال، إذا كنت تستمتع بالحفلات، فيجب عليك التفكير في عدد المرات التي تشارك فيها والمتعة الفعلية التي تجلبها لك. إذا كانت الحفلات ذات أهمية كبيرة بالنسبة لك، فركز عليها واكتشف ما تحتاج إلى إزالته من حياتك للاستمتاع به حقًا. إن تحديد أولويات إنفاقك على أساس الجوهرية يعني تحديد الشيء الوحيد من بين الأشياء الكثيرة التي تجلب لك أكبر قدر من السعادة وتخصيص مواردك لذلك.

**أولوميد أوجونسانوو:** اسمحوا لي أن أقدم مثالاً عمليًا. من بين النفقات المختلفة التي نواجهها، يميل السكن والطعام والنقل إلى أن يكون الأكثر أهمية. لاتخاذ خيارات فعالة من حيث التكلفة، فكر في ما يهمك حقًا. هل أنت من الأشخاص الذين يجدون المتعة في المساكن الفاخرة والواسعة، أو هل تكفي شقة أصغر حجمًا وبأسعار معقولة لتلبية احتياجاتك وتطلعاتك؟ هل جاذبية المفروشات الراقية لها أهمية حقيقية، أم يمكنك تبني بدائل أكثر ملائمة للميزانية دون المساس بسعادتك؟ إذا لم يكن العيش في موقع متميز أولوية قصوى، فاستكشف إمكانيات الاستقرار في منطقة بأسعار معقولة. تذكر أنه من المهم أن تفكر بعناية في خياراتك وأن تظل منفتحًا ومرنًا للمقايضات التي تتوافق مع أهدافك المالية.

وينطبق نفس المبدأ على النقل. إذا كان امتلاك سيارة فاخرة أمرًا غير قابل للتفاوض بالنسبة لك، فاتبعه بكل إخلاص. ومع ذلك، إذا لم تكن على رأس قائمة أولوياتك، ففكر في بدائل أكثر بأسعار معقولة مثل سيارة هوندا المستعملة الموثوقة. ضع في اعتبارك دائمًا أنه في كل مرة تختار فيها الخيار الأكثر تكلفة، فغالبًا ما يترجم ذلك إلى العمل لفترة أطول لتحمل تكاليفه. من خلال اختيار سيارة هوندا مستعملة بدلاً من سيارة تسلا الجديدة تمامًا، على سبيل المثال، قد تجد نفسك تحقق الاستقلال المالي في عمر 35 عامًا بدلاً من 45 عامًا، وتستمتع فعليًا بـ 10 سنوات إضافية من الحرية من متطلبات وظيفتك.

الآن، دعونا نتحدث عن جانب الإيرادات. عند تقييم فرص العمل، لا تأخذ في الاعتبار الراتب فقط، بل أيضًا سعادتك ورضاك. إذا كنت تعتقد أن الوظيفة ذات الأجر المنخفض لديها احتمالية أكبر لتحقيق الرضا، فلا بأس في الذهاب في هذا الاتجاه. ومع ذلك، كن مستعدًا لاحتمال العمل لفترة أطول لتحقيق أهدافك المالية المرجوة. تذكر أن ما يجلب لك الرضا قد يتطور بمرور الوقت، وأن قرارك بمتابعة وظيفة ذات أجر أقل قد لا يؤدي دائمًا إلى النتيجة المرجوة. الحياة مليئة بالمقايضات، وعليك أن تقرر ما إذا كنت تعطي الأولوية للسعادة أو تعظيم الدخل على المدى القصير والطويل، وإجراء التنازلات اللازمة وفقًا لذلك. لا يمكننا اتخاذ هذه القرارات نيابةً عنك؛ إنها تتطلب تفكيرًا شخصيًا عميقًا بناءً على قيمك وتطلعاتك.

على سبيل المثال، إذا كان شغفك يكمن في ممارسة مهنة كموسيقي، فقد يستلزم ذلك العمل حتى مرحلة لاحقة من الحياة، وربما حتى تبلغ 85 عامًا. ومع ذلك، إذا كان

ذلك يجلب لك متعة وإشباعًا هائلين، فقد تكون الرحلة الأطول يستحق كل هذا العناء بالنسبة لك. على العكس من ذلك، إذا كنت تمتلك مهارات تحليلية قوية ووجدت نفسك تعمل في شركة استشارية ولكن الموسيقى هي شغفك، فقد ينتهي بك الأمر إلى الشعور الدائم بالتعاسة وعدم الرضا.

**أشاني سامون بياو:** ما هي النصيحة التي تقدمها لشخص يريد أن يصبح موسيقياً ولكنه يشعر بالقلق من أن القرار لا رجعة فيه؟

**أولوميد أوغونسانو:** لحسن الحظ، العديد من القرارات يمكن التراجع عنها. ومع ذلك، حتى لو قمت بتغيير القرار، لا تزال هناك تكاليف الفرصة البديلة المرتبطة بالوقت الذي قضيته في القرار الأولي. لقد انتهى هذا الوقت، لذا عليك أن تتركه ولا تدعه يؤثر على قدرتك على اتخاذ القرار. لا تقع ضحية لمغالطة التكلفة الغارقة. ما أقوله للناس هو أن تكونوا جريئين عند اتخاذ القرارات وأن تنسوا كل القرارات السابقة التي اتخذتموها.

أنصح الشخص بالعمل على عقليته، مع التركيز على الثقة بالنفس، والاعتماد على الذات، والفضول، والتفكير المستقل. بعد ذلك، قم بإنشاء أهداف طموحة طويلة وقصيرة المدى تأخذ في الاعتبار المقايضات التي ينطوي عليها اختيار مهنة ذات دخل منخفض ولكن مرضية للغاية مقابل مهنة ذات دخل أعلى ولكن أقل إرضاءً. وأود أيضًا أن أشجعهم على التفكير خارج الصندوق. على سبيل المثال، قد تكون هناك طرق للحصول على مهنة ذات رواتب عالية أثناء متابعة الموسيقى في أوقات فراغهم أو القيام بوظائف متعددة لتغطية احتياجات الدخل. الاحتمالات لا حصر لها إذا كان لديك الفضول وحل المشكلات من جانبك.

بدلاً من الإفراط في انتقاد أنفسنا والتفكير في كيف كانت الأمور مختلفة في الماضي، مارس مسامحة الذات والتركيز على اللحظة الحالية. بدلاً من ذلك، أؤمن بالتركيز على الإيجابية والتفاؤل وممارسة التفكير الصفري والتعلم من الماضي ولكن عدم الخوض فيه والمضي قدمًا.

**أشاني سامون بياو:** هل يمكنك أن تعطي مثالاً على متى مارست التفكير الصفري في ماكينزي؟

**أولوميد أوجونسانو:** عندما كنت على وشك مغادرة شركة ماكينزي، شعرت بالرغبة في البقاء للحصول على ترقية محتملة بعد استثمار عامين في الشركة. ومع ذلك، فقد أدركت الفخ الذي يشكله هذا النمط من التفكير واحتضنت مفهوم التفكير الصفري. أخذت خطوة إلى الوراء وأعدت تقييم أهدافي وعواطفي. لقد كان لدي دائمًا شغف بالتكنولوجيا، حتى أنني كتبت أطروحتي حول أنظمة تشغيل الهواتف الذكية. كما أنني رفضت العديد من العروض المقدمة من شركات التكنولوجيا قبل أن أخطط أنا وماكينزي للقيام بمشاريع تقنية أثناء وجودنا هناك. في النهاية، مفتاح التفكير الصفري هو البدء من جديد والاسترشاد بقيمك وعواطفك الأساسية، بدلاً من الإجراءات السابقة أو الضغوط الخارجية.

لقد بدأت في القيام بالمزيد من التخطيط للحياة واستكشاف ما يعنيه العمل في مجال

التكنولوجيا. شعرت أن التكنولوجيا هي المكان المناسب لي. لقد تواصلت مع الأشخاص العاملين في قطاع التكنولوجيا من خلال مواقع خريجي جامعة أكسفورد ومعهد ماساتشوستس للتكنولوجيا وشاركت في المحادثات. وفي نهاية المطاف، تلقيت عرضًا من جوجل، وفي عام 2014، ودعتُ نيجيريا مرة أخرى للانضمام إلى عملاق التكنولوجيا.

**أشاني سامون بياو:** دعنا نتعمق في تجربتك في Google. ما الذي كنت تفكر فيه وما هي أهدافك لتحقيق الاستقلال المالي عندما بدأت العمل هناك؟

**أولوميد أوغونسانو:** وذلك عندما أصبح الاستقلال المالي حقيقيًا! دعونا نضع الجدول الزمني في نصابه الصحيح: إنه عام 2014، عمري 29 عامًا، وقد تلقيت عرضًا من Google للبدء في أكتوبر. بدلاً من البقاء في ماكينزي حتى تاريخ البدء في استخدام Google، قررت المغادرة في أغسطس 2014، وهو ما تبين أنه قرار رائع. لقد أعطاني الحرية في استكشاف حياتي والتخطيط لها خلال شهري أغسطس وسبتمبر. أخذت وقتًا للتفكير في حياتي ومعرفة كيف يمكنني الانتقال إلى صناعة التكنولوجيا والعودة إلى أمريكا. خلال هذه الفترة قمت بإعادة اكتشاف حركة الاستقلال المالي (FI).

في وقت سابق من مسيرتي المهنية، كنت قد قرأت بعض مدونات التمويل الشخصي للتعرف على كيفية تحسين النفقات. ومع ذلك، عندما تعثرت في الاستقلال المالي للمرة الثانية، وقعت في الحب. لقد انغمست في العديد من الموارد الممتازة، أبرزها: سلسلة Stock (جيه إل كولينز) [1]، Mr. [3] Get Rich Slowly (JD Roth)، Mad Fientist [2]، Living a FI [4] Money Moustache [5]وبالطبع مجموعة Reddit للاستقلال المالي [6]. كان المصدر الأكثر تأثيرًا هو سلسلة Stock التي كتبها جي إل كولينز. لقد فتح عيني على مدى سهولة تحقيق الاستقلال المالي. أصبحت مهووسًا، حيث أقضي ما بين خمس إلى ست ساعات يوميًا لمدة شهرين مفتونًا بالعالم المعقد لبناء المحافظ الاستثمارية، وإدارة المخاطر، واستراتيجيات الاستثمار، ومعدلات السحب الآمنة، ومجموعة من حسابات الاستثمار المتاحة، مثل الحسابات الخاضعة للضريبة، و401K، وحسابات IRA، و HSAs. كنت أعرف أنني أستطيع أن أفعل ذلك. شعرت أن عقلي يتوسع. شعرت بالقوة. لقد كان مجيدًا.

حتى قبل أن أبدأ العمل رسميًا في Google، كانت لدي خطة عمل واضحة. لقد حددت هدفًا للادخار: ادخار 50% من إجمالي دخلي أو 90% من راتبي بعد خصم الضرائب. للبقاء على المسار الصحيح، قمت بإنشاء ميزانية لمراقبة تقدمي. لقد قمت

---


1. https://jlcollinsnh.com/stock-series/

2. https://www.madfientist.com/

3. https://www.getrichslowly.org/the-get-rich-slowly-philosophy/

4. https://www.mrmoneymustache.com/

5. https://livingafi.com

6. https://www.reddit.com/r/financialindependence/

أيضًا بتطوير استراتيجية استثمار تركز على صناديق المؤشرات ذات القاعدة العريضة. بمجرد انضمامي إلى Google، بدأت في التنفيذ كالوحش.

أثناء التوجيه، كان أحد أسئلتي الأولى يتعلق بكيفية تعظيم مطابقة Google 401k. وأوضح الميسر أنه نظرًا لأننا قد وصلنا بالفعل إلى شهر أكتوبر، فإن معظم الموظفين سيجدون صعوبة في توفير مبلغ 17500 دولار بالكامل اللازم للحصول على الحد الأقصى من المطابقة في غضون بضعة أشهر فقط. ابتسمت. لم يفهم نوع الشخص الذي كنت عليه. لم أكن مثل معظم الناس.

أصبح تحقيق الاستقلال المالي من أهم الأمور بالنسبة لي، وأصبحت مهووساً به. من عام 2014 إلى عام 2020، وهو العام الذي حققت فيه الاستقلال المالي، كان الأمر كالساعة: نفذ، وتعلم، وجرب، واضبط، ثم نفذ المزيد. لقد وجدت بشكل استراتيجي أفضل الشقق لتحسين التكاليف من خلال العيش مع زملائي في السكن. لم أزعج نفسي بالحصول على سيارة لأنني كنت أعيش بالقرب من العمل؛ وبدلاً من ذلك، اعتمدت على الحافلة أو دراجتي واستأجرت سيارة فقط عند الضرورة في عطلات نهاية الأسبوع. أصبحت خبيرًا في استخدام النقاط لدعم نفقات سفري. لقد استمتعت تقريبًا بجميع وجباتي في Google، مما يلغي الحاجة إلى عادة تناول الطعام خارج المنزل المكلفة. لقد تخطيت عضوية الصالة الرياضية واستخدمت مرافق الصالة الرياضية في Google. لقد حصلت على ترقية عدة مرات. لقد كنت سعيدًا واستمتعت كثيرًا. **كان اتخاذ الإجراءات اليومية وتتبع التقدم في صافي ثروتي جزءًا أساسيًا من خطتي**. لقد حققت أهداف الادخار باستمرار طوال مسيرتي المهنية وأصبحت مستقلاً ماليًا في سن 35 عامًا في عام 2020.

كانت نقطة التحول في رحلة استقلالي المالي تلك الأشهر الجميلة في شهري أغسطس وسبتمبر من عام 2014 عندما وقعت في حب الاستقلال المالي، وأصبحت متحمسًا حقًا لمستقبلي، وحددت أهدافًا واضحة للوصول إلى هناك. الاستقلال المالي هو المفتاح الذي يطلق العنان للقدرة على تحقيق أحلامك المستقبلية بشكل أسرع، حيث أن تلك الأحلام غالبًا ما تأتي مصحوبة بتكاليف مرتبطة بها. ولحسن الحظ، كنت أعمل بالفعل في صناعة ـ التكنولوجيا ـ التي وفرت فرصًا كبيرة لمنح الأسهم الكبيرة والترقيات على أساس الأداء.

غالبًا ما يقترب مني الأشخاص بأسئلة تتعلق بالتمويل الشخصي مثل "كيف يمكنني تقدير المبلغ الذي أحتاجه للتقاعد؟" أو "ما المبلغ الذي يجب أن أدخره للوصول إلى أهدافي؟" أو "ما هو أفضل استثمار يمكنك القيام به؟" الإجابات على هذه الأسئلة متاحة بسهولة على شبكة الإنترنت. جميع المعلومات اللازمة لتحقيق الاستقلال المالي موجودة بالفعل. هناك الآلاف، وربما الملايين، من الكتب والمدونات والدورات التدريبية والبودكاست ومقاطع الفيديو والمقالات حول التمويل الشخصي. هناك بالفعل وفرة من المعلومات المتاحة حول كيفية تقدير المبلغ الذي تحتاجه للتقاعد، وكيفية توفير المال، وأنواع الاستثمارات المختلفة التي يمكنك القيام بها للوصول إلى أهدافك، وما إلى ذلك. **ومع ذلك، فإن السبب الذي قد يجعل الناس يجدون صعوبة في العثور على هذه**

**المعلومات هو أنهم لم يطوروا بعد ما يكفي من الإثارة والتحفيز بشأن رحلتهم المالية**. ولذلك، فإن السؤال الذي يجب أن يطرحه الأفراد على أنفسهم هو كيفية إشعال هذا الاهتمام العميق والحماس بشأن حياتهم المستقبلية، وكيف يمكن أن تكون الموارد المالية بمثابة حافز لدعم رؤيتهم الفريدة. عندما تكون متحمسًا حقًا لشيء ما، يرتفع الحجاب، وفجأة تبدو المعلومات في كل مكان. يتم التركيز على الموارد التي تحتاجها، وتصبح أكثر تقبلاً للحكمة والرؤى التي يمكن أن ترشدك نحو الاستقلال المالي. إن تنمية هذه الإثارة هي رحلة شخصية. قد يتضمن ذلك تصور مستقبلك المثالي، أو تحديد أهداف ذات معنى، أو إيجاد هدف في قراراتك المالية، أو البحث عن الإلهام من الآخرين الذين حققوا نجاحًا ماليًا.

خذ الوقت الكافي لاستكشاف ما يثير اهتمامك حقًا في رحلتك المالية. تخيل الإمكانيات التي يمكن أن يجلبها الاستقلال المالي لحياتك والحرية التي يمكن أن يقدمها. انخرط في المحادثات، وانضم إلى المجتمعات، وانغمس في قصص وتجارب أولئك الذين شرعوا بالفعل في هذا المسار. من خلال رعاية شغفك وتحفيزك، ستخلق قوة قوية تغذي سعيك لتحقيق الاستقلال المالي. تذكر أن المعلومات التي تبحث عنها موجودة بالفعل، في انتظار أن تتقبلها. ومن خلال تنمية الإثارة والتحفيز لديك، يمكنك إطلاق العنان لوفرة المعرفة والموارد اللازمة لصياغة قصة نجاحك المالي الفريدة. دع حماسك يرشدك بينما تستكشف ثروة المعلومات المتاحة وتبدأ رحلتك التحويلية نحو مستقبل من الاستقلال المالي.

هذه هي الحقيقة: ليس هناك سر لتحقيق الاستقلال المالي. إذا اشتريت هذا الكتاب على أمل الحصول على سر، حسنًا، مفاجأة! لا يوجد واحد. لا تعيد الكتاب [تبتسم]. بدلًا من ذلك، ابدأ في تصور حياة مستقبلية مثيرة وابدأ في البحث عن المعلومات الموجودة هناك. منحنى التعلم لا ينتهي أبدا. ما زلت أحب التمويل الشخصي حتى طوال هذه السنوات. منذ بضع ساعات فقط، قضيت ساعة ونصف في البحث عن بطاقة الائتمان التي أخطط للتقدم بطلب للحصول عليها. تخيل كم كنت متحمسًا في عام 2014 لاستمرار تلك الإثارة طوال هذه السنوات.

وهذا هو جوهر هذا الكتاب بأكمله. نحن لا نقدم اختصارات، أو رصاصات فضية، أو صلصات سرية، أو صيغ سحرية، أو فاصوليا سحرية، أو مفاتيح ذهبية، أو استراتيجيات استثمار سحرية خاصة للغاية. كل تلك الأشياء هراء. ما نشجعك على القيام به هو تصور الحياة التي ترغب فيها وحشد الشجاعة لتنفيذ خطة يومية ستوصلك إلى هناك.

**أشاني سامون بياو:** واو. لحظات رائعة قابلة للاقتباس. شكرًا جزيلاً لك على مشاركة رحلتك معنا. هل يمكنك إعادتنا إلى تلك اللحظة التي شعرت فيها بهذه الإثارة لأول مرة؟ ما الذي جعلك سعيدًا جدًا؟

**أولوميد أوجونسانو:** لقد شعرت بالحماس عندما أدركت أنه بإمكاني الوصول إلى نقطة في الحياة حيث لم أعد بحاجة إلى العمل. سيكون لدي ما يكفي من الموارد المالية

لإعالتي لبقية حياتي. لقد أشعلت هذه الفكرة شرارة قوية بداخلي. لقد كان اكتشافًا لم أفكر فيه بمثل هذا الوضوح والبساطة من قبل. وبدلاً من أن أعتبره حلماً بعيد المنال، بدأت أتصوره كهدف ملموس وقابل للتحقيق. لم أقابل قط أي شخص مستقل ماليًا أو تقاعد مبكرًا. لم أقابل قط شخصًا يشعر بالراحة عند ترك وظيفته. أبداً. كان المفهوم غريبًا تمامًا بالنسبة لي.

وبالتأمل في تجاربي السابقة، أدركت أنني مررت بدورات من النمو الشخصي، وتوسيع نظرتي للعالم وتحدي الأعراف المجتمعية. على سبيل المثال، كنت قد انطلقت في رحلة تفكير مستقل واكتشفت الإلحاد، وشككت في المعتقدات الدينية التي كانت متأصلة في داخلي، واكتشفت أن كل الأمور الدينية مختلقة. وبالمثل، اتخذت قرارًا واعيًا بأن أصبح نباتيًا، وأعيد تقييم اختياراتي ومواءمتها مع قيمي. إن هذه التحولات الماضية وما أحدثته من تغيرات كبيرة قد زرعت في نفسي شعوراً بالإثارة والإيمان بإمكانية تحقيق ما كنت أرغب فيه حقاً. كان من السهل جدًا بالنسبة لي أن أشعر بالحماس، وأصبح السعي لتحقيق الاستقلال المالي امتدادًا طبيعيًا لرحلتي التي استمرت مدى الحياة من التفكير المستقل والنمو الشخصي.

**أشاني سامون بياو:** أستطيع أن أتخيل أن هناك العديد من الأفراد الذين يشعرون بأنهم عالقون. إنهم يترددون مع فكرة الاستقلال المالي ويريدون تجربة الإثارة المرتبطة بها، لكنهم غير متأكدين من كيفية المضي قدمًا أو الإجراءات التي يجب اتخاذها.

**أولوميد أوغونسانو:** حسنًا، لقد تناولت الكثير من التفاصيل حول تحديد الأهداف في بداية الفصل 5ج ولكن دعنا نتعمق في مثال آخر هنا مرة أخرى. هذا الجزء مخصص لأولئك الذين يقدرون المعلومات الدقيقة. فيما يلي بعض الخطوات التي يمكنك اتباعها:

**الخطوة الأولى (خلق الرؤية):** ابدأ بتصور حياتك المستقبلية. تخيل كيف تريد أن تبدو حياتك بعد عدد محدد من السنوات. لنقم بإنشاء مثال. لنفترض أنك ترغب في تقسيم وقتك بالتساوي بين باريس ولندن، والعيش في منزل جميل مكون من ثلاث غرف نوم مع ثلاثة أطفال. يبلغ عمرك حاليًا 40 عامًا وتهدف إلى تحقيق نمط الحياة هذا عندما تبلغ 55 عامًا.

**الخطوة 2 (حساب هدف FI):** انتقل إلى الإنترنت وأدخل هذه التفاصيل في حاسبة التقاعد. ستسألك حاسبة التقاعد عن سن التقاعد الذي تريده (55)، ونفقاتك الحالية (تحتاج إلى تتبع إنفاقك الحالي لتقدير خط الأساس هذا) ونفقاتك المستقبلية (يمكنك تقديرها من خلال البحث في تكلفة أجزاء رؤيتك المستقبلية، على سبيل المثال، يمكنك البحث للعثور على تكلفة شقة بثلاث غرف نوم في لندن هي 750.000 يورو). لنفترض أن حاسبة التقاعد تشير إلى أنك ستحتاج إلى 2.8 مليون يورو خلال 15 عامًا. يصبح ذلك الخاص بك. وبدلاً من ذلك، يمكنك استخدام القاعدة الأساسية 3%-4% FI هدف وتاريخ الخاص بك FI التي تمت مناقشتها في الفصل 5ج لتثليث هدف (33X-X)،(مضاعف 25 بناءً على إنفاقك المستقبلي.

**الخطوة 3 (تحديد الهدف):** قم بإنشاء أهداف محددة للوصول إلى هدف وتاريخ FI

الخاص بك. قم بتطوير خطة الإيرادات والمدخرات للوصول إلى هدف FI. إذا كنت تشعر أن تحقيق 2.8 مليون يورو خلال 15 عامًا سيكون أمرًا شبه مستحيل، فيمكنك تعديل الرقم المستهدف والتاريخ قبل إنشاء الخطة. قد يتضمن تعديل التاريخ والرقم المستهدف تعديل متغيرات مثل:

1) تغيير الجدول الزمني (ربما تمديده من 15 إلى 30 سنة).
2) تغيير موقعك المفضل (التفكير في مدينة منخفضة التكلفة خارج باريس) 3) تعديل خطط السكن الخاصة بك (اختيار شقة أصغر بغرفة نوم واحدة بدلاً من منزل مكون من ثلاث غرف نوم).

**الخطوة 4 (الإجراءات اليومية والتنفيذ):** ضع خططًا قصيرة المدى واتخذ إجراءات يومية لتحقيق أهداف الاستقلال المالي طويلة المدى. وهذا يعني تقسيم أهدافك طويلة المدى إلى خطوات أصغر يمكن تحقيقها لكل عام. على سبيل المثال، في السنة الأولى، قد تحتاج إلى كسب 84000 يورو وتوفير 50% من هذا الدخل. يتطلب ذلك العثور على وظيفة (أو بدء مشروع تجاري) يدفع 84000 يورو وتحديد طرق لخفض النفقات لتوفير 50% من دخلك.

المرونة هي المفتاح. إن الارتباط بجوانب محددة من خطتك، مثل العيش في باريس والحاجة إلى منزل مكون من ثلاث غرف نوم، يمكن أن يؤدي إلى الاضطرار إلى العمل لعقود أطول مما لو كانت لديك المرونة اللازمة لاختيار نمط حياة مختلف.

**أشاني سامون بياو:** أحب المثال الذي قدمته، واسمحوا لي أن أحاول استخلاص بعض المبادئ منه. المبدأ الأول هو أن الإثارة تبدأ بوضع رؤية ذات معنى. يجب أن تأتي الإثارة من الداخل وتحفزك بقوة. إذا كانت رؤيتك تتماشى حقًا مع قيمك ورغباتك الداخلية، فسوف تصمد أمام اختبار الزمن. ومع ذلك، إذا قمتَ بتعيين رؤية وأهداف لمجرد تقليد شخص آخر أو اتباع اتجاه ما، فقد تشعر بعدم الوفاء بمجرد أن يتلاشى هذا الشخص أو الاتجاه أو عندما تحقق الهدف بالفعل.

فهم نفسك هو الخطوة الأولى. الشيء الثاني الذي سمعته من تجربتك هو أهمية المرونة، والتي أود أن أضعها في إطار الجوهرية. للتلخيص: ابدأ بالبحث عن رؤية من الداخل؛ ثانيًا، اعتنق مبدأ الجوهرية للتخطيط لأموالك؛ وثالثًا، الحفاظ على انضباط التنفيذ. بمجرد أن يكون لديك أهداف واضحة، يصبح الأمر مثل تدريب يوسين بولت ليصبح أسرع عداء. ليس هناك سحر لذلك. لا تستسلم لـ FOMO (الخوف من تفويت شيء) لأن لديك شيئًا أكبر أنت شغوف به حقًا.

**أولوميد أوجونسانو:** لا يوجد سبب يجعلك تصاب بحالة FOMO عندما تعرف وجهتك. لنفترض أن لديك ثلاثة زملاء في السكن وأن حصتك من الإيجار تبلغ 2000 دولار. الآن، اذهب إلى منزل صديقك. إنه مكان جميل، لكن إيجاره يبلغ 6000 دولار. قد يكون لدى صديقك خطة للتقاعد في سن 86 عامًا، فلماذا تريد العيش في شقة باهظة الثمن بالمثل عندما يكون هدفك هو التقاعد في سن 46 عامًا؟

ما لم تكن تشترك في نفس الجينات والقيم والخلفية والأهداف مع صديقك، فلماذا تقلد

قراراته؟ قراراته منطقية لأهدافه، وليس بالضرورة لأهدافك. إذا أخبرت صديقك أنك تريد التقاعد في عمر 46 عامًا، فسوف يتفاجأ أنك تقلده.

في ختام قسمي المهني بعد دراسة إدارة الأعمال، اسمحوا لي أن أجيب على السؤال: "هل كان الاستقلال المالي يستحق كل هذا العناء؟" لم يكن الأمر يستحق كل هذا العناء فحسب، بل إنه أيضًا أحد أفضل الأشياء التي قمت بها في حياتي. أنا ممتن للغاية للاستراحة التي أمضيتها لمدة شهرين بين الوظائف. لقد سمح لي أن أحلم بمستقبلي وأضع خطة لتحويل هذا الحلم إلى حقيقة. كان العمل في Google تجربة مذهلة. لقد كنت جزءًا من Google Bizops، حيث عملت في مشاريع مهمة وتعلمت أشياء جديدة باستمرار.

إذا كنت تفكر في تحقيق الاستقلال المالي ولكن لديك مخاوف بشأن إجراء تغييرات كبيرة في حياتك مثل تقليص حجم منزلك أو بيع سيارتك، فاسمح لي أن أؤكد لك أن الأمر يستحق ذلك في النهاية. يمنحك تحقيق الاستقلال المالي الحرية والمرونة لتعيش الحياة وفقًا لشروطك الخاصة، دون تحمل عبء الضغوط المالية. حتى لو كنت تحب وظيفتك الحالية، فمن الأفضل أن يكون لديك المزيد من الخيارات وألا تشعر بأنك محاصر بالالتزامات المالية. العوامل التي تجعلك تحب وظيفتك، مثل مديرك وفريقك وثقافتك وراتبك، يمكن أن تتغير في أي وقت. الوظيفة أو العمل الذي تحبه اليوم قد يصبح أكبر مصدر للحزن غدًا. قم بحماية نفسك عن طريق التحوط على رهانك من خلال وضع خطة لتصبح مستقلاً مالياً في أسرع وقت ممكن.

أنت لا تريد أن تكون في وضع يتعين عليك فيه العمل من أجل المال فقط والتأكيد باستمرار على ما إذا كان رئيسك أو مديرك معجبًا بك. في حين أن هناك مخاطر مرتبطة بالاستقلال المالي، إلا أن هناك أيضًا مخاطر مرتبطة بوظيفتك ومسارك الحالي. في النهاية، الخيار لك.

الآن، اسمحوا لي أن أجمع كل هذه القطع المختلفة معًا. كانت لدي رؤية لحياة الاستقلال والحرية بشروطي الخاصة. لقد قمت بإنشاء أهداف محددة تتماشى مع تلك الرؤية. كان أحد الأهداف هو أن تصبح مستقلاً مالياً وأن تستمتع بأسلوب حياة مريح يشمل العيش في مدن مختلفة، والسفر، وإنفاق المال حسب الرغبة، ومتابعة المشاريع الشخصية. وتضمنت هذه الأهداف أيضًا تقديرات للنفقات مثل السكن والأطفال والتعليم والتكاليف الأخرى ذات الصلة. هذا مهم جدًا لدرجة أنني سأناقش بعض الاستراتيجيات والتكتيكات رفيعة المستوى التي استخدمتها للوصول إلى أهدافي.

لقد قمت بتطوير استراتيجية تسمى ESIPL ( الكسب، والادخار، والاستثمار، والحماية، والإرث) والتي طورتها من خلال الجمع بين أطر العمل من ESI Money [7] و Todd Tresidder) Financial Mentor [8]).

<u>الربح</u>: كانت إستراتيجية أرباحي واضحة ومباشرة ـ احصل على أكبر قدر ممكن

---

من المال من خلال الأداء الجيد للحصول على الترقيات والمكافآت ومنح الأسهم من وظيفتي. لقد قمت أيضًا ببعض الأبحاث حول خيارات أخرى غير وظيفية مدرة للدخل، مثل العقارات وريادة الأعمال، وفي النهاية قررت التركيز على وظيفتي كمصدر أساسي للدخل. استند هذا القرار إلى حقيقة أن راتبي السنوي من وظيفتي وصل بالفعل إلى عدة مئات الآلاف من الدولارات، مما يجعله خيارًا أكثر ربحًا مقارنة بالبدائل الأخرى (سنتعمق أكثر في استراتيجيات تعظيم الإيرادات في الفصل 6ج).

<u>الادخار</u>: كما ذكرت سابقًا، كنت أهدف إلى توفير 50% من راتبي الإجمالي أو 90% من راتبي بعد خصم الضرائب.

**أشاني سامون بياو**: لقد كان هذا هدفًا عدوانيًا للغاية.

**أولوميد أوغونسانو**: نعم، لقد كان الأمر عدوانيًا ولكنه بالتأكيد قابل للتنفيذ. لقد ركزت الليزر على هدفي والرؤية الحية لمستقبلي. كنت أعرف بالضبط ما أريد تحقيقه، وشعرت بدافع قوي للوصول إلى المستقبل الذي تصورته. لقد اعتنقت مبدأ الإنفاق القائم على القيم، وقمت بمواءمة نفقاتي بعناية مع ما جلب لي السعادة والوفاء حقًا. كان لنفقات السكن أكبر الأثر على معدل مدخراتي. كان إيجاري يتراوح بين 1000 إلى 1500 دولار شهريًا طوال حياتي المهنية لأنه كان لدي زملاء في السكن. كانت تكاليف النقل وفواتير الطعام الخاصة بي ضئيلة للغاية لأنني استقلت حافلة Google للذهاب إلى العمل وتناولت معظم وجباتي في الحرم الجامعي. قضيت وقتًا رائعًا دون حرمان نفسي. كوني مهاجرة، حظيت بميزة نشأتي في دولة نامية حيث اعتاد الناس على إعطاء الأولوية للاقتصاد. جعلت هذه الخلفية من السهل بالنسبة لي أن أتبنى عقلية الإنفاق الأقل مع الاستمرار في الاستمتاع بحياة مُرضية.

**أشاني سامون بياو**: شكرًا لك على مشاركة هذه الأفكار. أود أن أتعمق في شيئَين. لقد ذكرت استراتيجيات الإيرادات والتكلفة الخاصة بك. ومن ناحية الإيرادات، فقد ركزت فقط على وظيفتك، وهو أمر منطقي نظرًا لوظيفتك ذات الأجر المرتفع في مجال التكنولوجيا وشغفك بالمجال. ومع ذلك، بالنسبة للآخرين، قد يكون تنويع الدخل هو النهج الأكثر ملاءمة.

**أولوميد أوجونسانو**: مع راتبي المرتفع في مجال التكنولوجيا وحبي لهذا المجال، كان من المنطقي بالنسبة لي أن أعطي الأولوية لوظيفتي كمصدر أساسي للدخل. أنا أحب التكنولوجيا. لقد أنشأت بودكاست (Afrobility) حيث أقوم بالبحث عن شركات التكنولوجيا وأقرأ عنها في الليل وفي عطلات نهاية الأسبوع. ومع ذلك، إذا كان راتبي 48000 دولار، فأنت تراهن على أنني سأستكشف طرقًا أخرى لكسب المال. قد يكون التركيز على الوظيفة أمرًا منطقيًا بالنسبة للبعض، لكنه ليس استراتيجية واحدة تناسب الجميع. يجب أن يعتمد اختيارك على عوامل مثل عمرك، وقاعدة المعرفة، والشبكة، والفرص، والأهداف، والراتب، وإمكانية الترقيات، والحاجة إلى الاستقلالية، والعوامل الأخرى ذات الصلة.

**أشاني سامون بياو**: فيما يتعلق بالتكلفة، ذكرت كيفية تنفيذ الإنفاق على أساس القيم.

هل يمكنك التحدث على وجه التحديد عن بعض الحيل التي تستخدمها لإضفاء القليل من النكهة عليها؟

**أولوميد أوجونسانوو:** بالتأكيد. سيكون لدينا فصل كامل من الفصل 6ج مخصص لهذا ولكن يمكنني التحدث عنه قليلًا الآن في سياق قصتي. بالنسبة لمعظم الناس، ترتبط أكبر النفقات بالضرائب والإسكان والنقل. لسوء الحظ، لم أتمكن من تحسين ضرائبي كثيرًا حيث كان علي أن أكون في المكتب طوال معظم حياتي المهنية. تم إصلاح ذلك في الغالب. يفترض الكثير من الناس أن ضرائبهم يتم تحديدها فقط من خلال وضعهم الوظيفي، ولكن هذا ليس هو الحال دائمًا. من خلال تجربتي، دفع حوالي 40% من الضرائب خلال معظم حياتي المهنية جعل من الصعب زيادة إجمالي معدل مدخراتي إلى ما يزيد عن 50%.

النقطة الثانية هي السكن. كان العديد من الآخرين في نطاق راتبي أو عمري ينفقون ما بين 3000 إلى 6000 دولار شهريًا على الإيجار أو الرهن العقاري في سان فرانسيسكو. لم أكن على استعداد للقيام بذلك. لقد حافظت على إيجاري الشهري بين 1000 دولار و1500 دولار منذ تخرجي من كلية إدارة الأعمال في السابعة والعشرين من عمري حتى أصبحت مستقلاً مالياً في عمر 35 عاماً. إذا قارنت إنفاقي الذي يتراوح بين 1000 إلى 1500 دولار على الإيجار مع شخص ينفق 3000 إلى 6000 دولار، فإن الفجوة الشهرية تبلغ حوالي 2000 دولار. إلى 4500 دولار، على مدى 8 سنوات، يُحدث فرقًا كبيرًا. وهذا وحده يمكن أن يكون العامل الحاسم بين تحقيق الاستقلال المالي في الثلاثينيات من عمري مقابل الخمسينيات من عمري. كان لدي زملاء في السكن في أوائل الثلاثينيات من عمري، وهو ما قد لا يروق للجميع، لكنني كنت سعيدًا جدًا بهذه المقايضة لأنها سرعت وضعي المالي وأعطتني حياة الحرية التي أتمتع بها اليوم.

أما بالنسبة للمواصلات فلم أكن بحاجة إلى سيارة لأنني أعيش في شقة تبعد 15 دقيقة عن العمل. إما استقلت حافلة Google أو مشيت، مما أدى إلى انخفاض تكاليف النقل تقريبًا. ارتفعت التكاليف قليلاً عندما بدأت أقضي معظم عطلات نهاية الأسبوع في سان فرانسيسكو، حيث كنت أستأجر سيارة. وحتى في ذلك الوقت، عرضت Google خصومات ممتازة على السيارات المستأجرة، وعادةً ما كنت أدفع ما بين 10 إلى 30 دولارًا في اليوم مقابل استئجار السيارات.

كانت جميع خيارات الإنفاق الخاصة بي متوافقة مع قيمي.

**أشاني سامون بياو:** لقد أثرت نقطة مهمة في قصتك. عند النظر في خيارات العمل، من المهم عدم النظر إلى الأشياء بمعزل عن غيرها. تحقق مما إذا كانت فوائد الوظيفة تتوافق مع استراتيجية الاستقلال المالي الخاصة بك.

**أولوميد أوغونسانو:** الأمر كله يتعلق بالتفكير القائم على الأنظمة. كل شيء مترابط. في الحقيقة اخترت شقتي لأنني أردت أن أكون قريبة من العمل، مع العلم أن تكاليف السكن والنقل مرتبطة بقوة. وبالمثل، تتأثر الضرائب بالموقع، ويوفر العمل عن بعد مرونة أكبر في هذا الصدد. انظر إلى الأشياء بشكل كلي كنظام.

**أشاني سامون بياو**: شكرًا لك على مشاركة ذلك. أريد أن أسلط الضوء على فكرتين اكتسبتهما مما قلته: التفكير المنظومي والتخطيط القائم على القيم.

**التفكير المنظومي**: عند البحث عن وظيفة، لا تفكر في الراتب فحسب، بل أيضًا كيف يمكن للوظيفة أن تساعدك على تقليل النفقات. على سبيل المثال، إذا كنت تفكر في الحصول على وظيفة في شركة ناشئة، ففكر فيما إذا كنت تفضل الحصول على المزيد من الأسهم أو النقد بناءً على مسار الشركة. بالإضافة إلى ذلك، انظر إلى الامتيازات التي تتوافق مع قيمك التي تتجاوز مجرد الوجبات المجانية، مثل القدرة على العمل عن بعد. تحمل هذه الاعتبارات أهمية أكبر من الفوائد السطحية مثل الطعام المجاني.

**أولوميد أوجونسانو**: العمل عن بعد أكثر قيمة بكثير من الطعام المجاني، والذي غالبًا ما يكون ميزة مبالغ فيها. إذا كان عليك أن تدفع ثمن وجبات الطعام الخاصة بك، فسوف تنفق حوالي 15 دولارًا لكل وجبة، مرتين يوميًا، بإجمالي 30 دولارًا يوميًا. مع 200 يوم عمل في السنة، فهذا يعني مبلغ ضخم قدره 6000 دولار. إذا قمت بطهي وجباتك، فسيكون ذلك أرخص. تبلغ قيمة الطعام المجاني الذي تقدمه الشركات في أيام العمل حوالي 6000 دولار سنويًا. يمكن أن يوفر لك العمل عن بعد عشرات الآلاف من الدولارات بسهولة من خلال خفض الضرائب والإيجار وحده. من الصعب تبرير الطعام المجاني باعتباره ميزة كبيرة إلا إذا كنت تطلب 3-5 وجبات يوميًا أو تدفع أسعارًا باهظة تتراوح بين 50 إلى 70 دولارًا لكل وجبة.

**أشاني سامون بياو**: من منظور التفكير النظمي، من المهم ألا نركز فقط على الأجر الذي تدفعه الوظيفة، ولكن أيضًا على الفوائد التي توفرها. وبالمثل، عند النظر في النفقات التي تتجاوز احتياجاتك الأساسية، يجب أن تكون استثمارات يمكن أن تولد المزيد من النقود الآن أو تزيد من أرباحك المحتملة في المستقبل.

**أولوميد أوغونسانو**: كنت أقوم بما بين 5 إلى 15 رحلة دولية كل عام. قد تتساءل كيف تمكنت من توفير الكثير من المال أثناء السفر. لقد تعرفت على أنظمة بطاقات الائتمان ونقاط المسافر الدائم، مما سمح لي بزيادة قيمة مصاريفي إلى الحد الأقصى. ينبغي لنا أيضًا أن نناقش أهمية **تتبع إنفاقك**. عندما تراقب نفقاتك عن كثب، فمن المرجح أن تنفق أقل لأن رؤية الأرقام يمكن أن تؤدي إلى تغيير في عقليتك. على سبيل المثال، إذا قمت بتتبع إنفاقك على القهوة وأدركت أنك أنفقت 485 دولارًا في ستاربكس الشهر الماضي، فقد يجعلك ذلك تتساءل عما إذا كنت تستمتع حقًا بالقهوة إلى هذا الحد. الآن، دعنا نعود إلى إطار عمل ESIPL:

<u>**الاستثمار**</u>: لقد استكشفت خيارات الاستثمار واستقرت على استراتيجية الاستثمار في سوق الأوراق المالية التي تتماشى مع وضعي الشخصي. دعنا نفحص خيارات الاستثمار الرئيسية المتاحة لتمكينك من اتخاذ قرارات مستنيرة لتنمية أموالك التي كسبتها بشق الأنفس:

1) **الأسهم (الأسهم)**: الاستثمار في الأسهم العامة التي تمثل الملكية في الشركات يوفر الاستثمار في الأسهم إمكانية تحقيق عوائد كبيرة ولكنه يكون مصحوبًا بمخاطر

مختلفة، بما في ذلك المخاطر الخاصة بالشركة، ومخاطر الاقتصاد الكلي، والمخاطر النظامية، والسياسية، والتنظيمية، ومخاطر توزيعات الأرباح.

2) **السندات (الدخل الثابت):** الاستثمار في السندات وهي قروض تصدرها الحكومات والشركات لزيادة رأس المال. توفر السندات دخلاً ثابتًا وتحافظ على رأس المال ولكنها تخضع أيضًا لمخاطر مختلفة مثل تقلبات أسعار الفائدة، وتآكل التضخم في القوة الشرائية، وتحديات السيولة، ومخاطر الائتمان.

3) **العقارات:** استثمر في العقارات المادية مثل المنازل السكنية أو المباني التجارية أو الأراضي، مع توقع توليد الدخل من خلال عوائد الإيجار أو زيادة رأس المال. ومع ذلك، فإن الاستثمارات العقارية تأتي مع مخاطر مثل تقلبات السوق، وعدم السيولة، وتكاليف إدارة الممتلكات.

4) **النقد (الأصول السائلة):** استثمر في الأصول عالية السيولة، بما في ذلك حسابات التوفير وشهادات الإيداع (CDs) التي توفر خيارًا آمنًا ومنخفض المخاطر لكسب الفائدة على أموالك. تختلف أسعار الفائدة وتتأثر بسياسة البنك المركزي، والطلب/العرض في السوق، والتضخم، والمنافسة المصرفية، ونوع الحساب. على الرغم من أنه قد يقدم عوائد أقل مقارنة ببعض خيارات الاستثمار الأخرى، إلا أنه يوفر لك السيولة والأمان.

5) **الأسهم الخاصة (PE):** استثمر في صندوق الأسهم الخاصة حيث يقوم المستثمرون بتجميع رؤوس أموالهم للاستحواذ على شركة بأكملها أو حصة في الشركة. يمكن أن تكون استثمارات الأسهم الخاصة معقدة وغير سائلة، لذا فهي مناسبة عادةً للأفراد ذوي الثروات العالية الذين يشعرون بمخاطر أعلى لتحقيق عوائد محتملة على المدى الطويل.

6) **رأس المال الاستثماري (VC):** الاستثمار في الشركات ذات النمو المرتفع في المراحل المبكرة من خلال الصناديق المجمعة التي تديرها شركات رأس المال الاستثماري. إنها مخاطرة عالية مع إمكانية تحقيق عوائد كبيرة، ولكنها تتميز أيضًا بعدم السيولة والرسوم المرتفعة وإمكانية خسارة الاستثمار بالكامل.

7) **الاستثمار الملائكي:** استثمر مباشرة في الشركات الخاصة في مرحلة مبكرة. يعد الاستثمار الملائكي شكلاً محفوفًا بالمخاطر من الاستثمار، ولكنه يتمتع أيضًا بإمكانية تحقيق عوائد عالية جدًا. يعد إجراء بحث شامل والعناية الواجبة أمرًا بالغ الأهمية لأن الأفراد يستثمرون رؤوس أموالهم الخاصة بشكل مباشر وليس من خلال مديري صناديق رأس المال الاستثماري المحترفين.

8) **العملات المشفرة:** استثمر في العملات المشفرة وهي أصول رقمية لا مركزية تستخدم التشفير للأمان. ينطوي الاستثمار في العملات المشفرة، مثل البيتكوين والإيثريوم، على تقلبات ومخاطر كبيرة. تعتبر العملات المشفرة فئة أصول جديدة نسبيًا وسريعة التطور، لذا فإن البقاء على اطلاع بالتطورات التنظيمية أمر مفيد.

9) **السلع:** الاستثمار في المواد الخام، مثل النفط، والذهب، والقمح. يمكن أن تتقلب أسعار السلع بشكل كبير، لذلك تعتبر استثمارا عالي المخاطر.

**10) صرف العملات الأجنبية (FX):** شراء وبيع العملات. يمكن أن يكون استثمارًا محفوفًا بالمخاطر للغاية، ولكنه يتمتع أيضًا بالقدرة على تحقيق عوائد عالية.

**11) المقتنيات:** قم بشراء وبيع المقتنيات التي تتراوح من العملات النادرة إلى الفنون الجميلة. يمكن أن تكون استثمارًا جيدًا إذا كنت على استعداد لإجراء البحث وشراء العناصر التي من المرجح أن تزيد قيمتها.

**12) الإقراض من نظير إلى نظير (P2P):** قم بإقراض الأموال للأفراد أو الشركات من خلال منصة P2P. يمكن أن تقدم أسعار فائدة أعلى من الحسابات المصرفية التقليدية ولكنها تأتي أيضًا مع زيادة المخاطر.

يمكنك الاستثمار بنشاط عبر هذه الخيارات عن طريق شراء وبيع الأصول بشكل مستمر واستراتيجي. وبدلاً من ذلك، يمكنك الاستثمار بشكل سلبي عن طريق شراء الاستثمارات والاحتفاظ بها على المدى الطويل بدلاً من إجراء عمليات تداول متكررة لمحاولة التغلب على السوق. يستثمر المستثمرون السلبيون عادةً في صناديق الاستثمار المشتركة، مثل صناديق المؤشرات أو صناديق الاستثمار المتداولة (ETFs)، والتي تجمع الأموال من مستثمرين متعددين لتتبع سوق معين وإنشاء محفظة متنوعة من الأوراق المالية.

قد لا يوفر الاستثمار بشكل أساسي في الخيار (4) عوائد كبيرة لتحقيق الاستقلال المالي خلال إطار زمني معقول بسبب انخفاض العائدات مقارنة بالتضخم. عادةً ما تكون الخيارات (5) و(6) و(7) غير سائلة ومتاحة للأفراد ذوي الثروات العالية (أكثر من مليون دولار)، في حين تعتبر الخيارات (8) و(9) و(10) و(11) ذات أهمية كبيرة. المضاربة وقد تشبه القمار بدلا من الاستثمار. الخيار (12) غير مثبت نسبيًا على مدار دورات السوق الطويلة.

لذلك، أعتقد أن (1) و(2) و(3) غالبًا ما تكون الخيارات الأكثر ملاءمة لتوليد الثروة التي يمكن الوصول إليها بالنسبة للأغلبية، على الرغم من أن وجهة النظر هذه قد تعكس تحيّزي الخاص. على وجه التحديد، يمكن أن يكون الاستثمار في صناديق مؤشرات الأسهم أو السندات وصناديق الاستثمار المتداولة نقطة انطلاق مثالية. وتوفر هذه الخيارات التنويع، والقدرة على تحمل التكاليف، والاستثمارات الأولية المنخفضة، مما يسهل بناء الثقة تدريجيا.

لا توجد طريقة واحدة صحيحة لاستثمار أموالك ولكن هناك طريقة تناسب احتياجاتك وأهدافك الفردية. ابحث عن المسار الذي يناسبك من خلال تقييم واختيار خيارات الاستثمار المناسبة بناءً على أهدافك المالية وتحمل المخاطر والأفق الزمني والآثار الضريبية واستراتيجيات التنويع. يمكنك أن تفعل ذلك! جميع المعلومات اللازمة لتحقيق الاستقلال المالي موجودة بالفعل، كل ما عليك فعله هو أن تتحمس لمستقبلك وتبدأ في البحث.

<u>الحماية</u>: لحماية تقدمي المالي، كان لدي أنواع متعددة من التأمين، بما في ذلك التأمين على الحياة، والتأمين الصحي، والتأمين ضد العجز، والتأمين المظلي، وتأمين

تأجير السيارات. لم أكن أرغب في أن يؤدي حدث واحد غير متوقع إلى التراجع عن سنوات من العمل الشاق، لذلك استثمرت الوقت في البحث عن آليات الحماية المختلفة وتنفيذها. ليس هناك ما هو أسوأ من أن تكون بنسبة 80% نحو الاستقلال المالي وخسارة كل ذلك في حدث غريب.

**الإرث**: عندما اقتربت من الاستقلال المالي، بحثت في الجانب الحاسم للتخطيط العقاري. لقد قمت بالبحث وأعدت جميع وثائق التخطيط العقاري اللازمة، بما في ذلك الثقة والوصية والتوكيل المالي والتوجيه الطبي المتقدم (المعروف باسم وصية الحياة أو التوكيل الطبي أو وكيل الرعاية الصحية). وعلى الرغم من أن هذه الوثائق خاصة بالإطار القانوني الأمريكي، إلا أنها بمثابة مخطط لحماية أصولي وضمان وجود خطة محددة جيدًا في حالة وفاتي. من المهم ملاحظة أن متطلبات التخطيط العقاري قد تختلف وفقًا لولايتك القضائية، لذلك من الضروري البحث عن المعلومات والوثائق ذات الصلة الخاصة بموقعك.

بدأت أيضًا أفكر في كيفية إحداث فرق ومساعدة الآخرين. لقد قادني ذلك إلى الشروع في مسار جديد لاستشارات الاستقلال المالي، حيث أقدم التوجيه والدعم للأفراد في رحلاتهم المالية الشخصية. أسعى جاهداً لتمكين الآخرين ومساعدتهم على التغلب على تعقيدات الاستقلال المالي بثقة ووضوح.

**للتلخيص**: جميع المعلومات التي تحتاجها لتصبح مستقلاً مالياً متاحة بالفعل. ليس هناك سر لكونك مستقلاً مالياً. الناس الذين يقولون لك ذلك هم هراء لك. لم أبحث عن اختصارات أو رصاصات فضية. لقد شعرت بالحماس عندما أدركت أنني أستطيع الوصول إلى نقطة لن أضطر فيها إلى العمل بعد الآن. لقد أنشأت رؤية واضحة بأهداف طويلة المدى واتبعت باستمرار استراتيجية ESIPL حتى أصبحت العادات متأصلة في دورة قابلة للتكرار. أدى ذلك إلى تحقيق الاستقلال المالي في سن 35 عامًا في عام 2020. لقد حذفت عمدًا الرقم المستهدف لاستقلالي المالي لتجنب الإضرار بالقراء. رقمي لا يهمك لأن رقم استقلالك المالي سيكون فريدًا ومختلفًا ومصممًا ليناسب ظروفك وتطلعاتك الفردية. إنه اكتشاف يجب عليك تحديده ومتابعته. ما يهم حقًا هو مواءمة أهدافك مع رؤيتك الخاصة للاستقلال المالي.

**أشاني سامون بياو**: واو، ما تخبرنا به هو أن الاستقلال المالي لا يعني أن تصبح شيئًا ما، بل يعني أن تعيش في انسجام أكبر مع نفسك وقيمك.

**أولوميد أوجونسانوو**: بالضبط. عيش حياة ذات معنى حيث تكون حراً وغير مقيد بالأعراف المجتمعية. إن تحقيق نمط الحياة هذا له قيمة مالية مرتبطة به.

**أشاني سامون بياو**: ما الفرق بين أن تكون غنياً وأن تصبح مستقلاً مالياً؟

**أولوميد أوغونسانو**: هذا سؤال بسيط، لكن به بعض الفروق الدقيقة. أن تكون ثريًا هو مفهوم شخصي بدون معايير موضوعية. إنه شعور نفسي مبني على مقارنات مع الآخرين أو مع ماضيك. بعض الأفراد الذين تبلغ ثروتهم الصافية 50 مليون دولار قد لا يعتبرون أنفسهم أغنياء، في حين أن آخرين يملكون 20 مليون دولار قد يعتبرون أنفسهم

أغنياء. إن كونك ثريًا هو في الغالب مفهوم مقارن ويفتقر إلى الفائدة ما لم يتم تعريفه بدقة (على سبيل المثال، أن تكون ضمن أعلى 1% من حيث صافي الثروة أو أعلى 5% من حيث الأرباح).

من ناحية أخرى، يعد الاستقلال المالي مفهومًا أكثر عملية وفائدة لأنه يحتوي على تعريف صارم. هل توفر أصولك المالية الحالية ما يكفي لإدامة بقية حياتك؟ ذلك ما تريده. ن. فوق الاستقلال المالي، هناك طبقات إضافية يمكنك تتبعها وقياسها. على سبيل المثال، يمكنك زيادة هدف الاستقلال المالي الخاص بك عن طريق إضافة قدر من الأمان والسعي إلى تحقيق رقم أعلى، على سبيل المثال، بنسبة 20% إلى 50% أعلى من هدفك الأصلي.

إن الهدف من الاستقلال المالي هو رحلة داخلية لتعيش الحياة وفقًا لشروطك، في حين أن الهدف من أن تكون ثريًا هو أكثر تركيزًا على الخارج، مما يؤدي إلى المقارنة، والخوف من الخوف، والتعاسة المحتملة.

**أشاني سامون بياو:** عندما يكون لديك هدف ينسجم معك حقًا، فإن كل ما تفعله لتحقيق هذا الهدف يبدو هادفًا ومرضيًا. لا يبدو الأمر وكأنه عبء أو إلهاء أو شيء يهمك بشدة.

**أولوميد أوغونسانو:** يعد التمسك برؤية وهدف واضحين تمامًا أمرًا ضروريًا في طريقك إلى الاستقلال المالي. إذا لم تكن متأكدًا من كيفية تحديد الأهداف أو تصور حياتك المثالية، فهناك العديد من الأطر المتاحة لإرشادك. خذ لحظة للتفكير بعمق في ما أشعل شغفك حقًا عندما كنت طفلاً، وتعمق في أعمق رغباتك، واستكشف الاحتمالات التي يمكن أن تتكشف إذا كان لديك وقت غير محدود ولم يعيقك الخوف من الفشل. ستكون هذه التمارين الاستبطانية بمثابة بوصلة لرسم مسارك الفريد. تذكر أنها حياتك، ولديك القدرة على تصميمها. لا تتردد في استكشاف الموارد عبر الإنترنت لمزيد من الأفكار وإشراك شريكك، إن أمكن، في عملية التخطيط. الخطط ليست ثابتة ويمكن أن تتطور بمرور الوقت. قد تكتشف أن افتراضاتك الأولية، مثل حجم منزلك، تحتاج إلى تعديل. لا سامون ولا أنا نستطيع أن نخلق لك رؤية مقنعة ومثيرة. إنها رحلة شخصية لا يمكن لأحد سواك الشروع فيها.

الاستقلال المالي هو طيف، وليس حالة ثنائية إما 0 أو 1، يمكّنك من السيطرة بشكل أكبر على حياتك ويجعلك أقرب إلى أحلامك. حتى لو وجدت نفسك بعيدًا عن أهدافك المالية، فمن المهم أن تظل متحفزًا وتستمتع بالرحلة نحو رؤيتك. تذكر أن السعادة لا حيث أن تحديد أهداف ذات معنى وإحراز تقدم FI، تحتاج إلى التأجيل حتى تصل إلى نحوها يمكن أن يحقق الرضا في الوقت الحاضر. بدلاً من التركيز على طول الوقت الذي قد يستغرقه تحقيق أهدافك، ركز على احتضان عملية الوصول إلى هناك والاستمتاع بها. احتضن الحاضر وابحث عن المتعة في كل خطوة للأمام. نراكم في الفصل التالي!

# 6 ب: قصة سامون المهنية المتأخرة

**أولوميد أوغونسانو:** سامون، أنا متحمس حقًا لسماع حياتك المهنية بعد كلية إدارة الأعمال وكيف شكلت وجهة نظرك بشأن الاستقلال المالي.

**أشاني سامون بياو:** كان دافعي الرئيسي للالتحاق بكلية إدارة الأعمال هو الانضمام إلى الشركات التي لها تأثير كبير على عملية صنع القرار على أعلى المستويات. ومع ذلك، اكتشفت أن العديد من زملائي في الصف لديهم طموحات أكبر لإنشاء وبناء الأشياء بدلاً من مجرد العمل في الشركات القائمة. لقد عزز هذا الإدراك ثقتي بنفسي وحوّل تفكيري نحو الاعتقاد بأنني أستطيع تحقيق أي شيء. بدأت أرى الاستشارات الإدارية كنقطة انطلاق لاكتساب مهارات قيمة، لكن هدفي النهائي أصبح إنشاء شيء ذي معنى من خلال إنشاء شركتي الخاصة.

**أولوميد أوجونسانو:** بعد تخرجك من كلية إدارة الأعمال، هل كانت لديك خطة أوسع للاستقلال المالي حيث ستترك في نهاية المطاف حياة الشركة؟

**أشاني سامون بياو:** كان لدي هدفان في ذهني. أولاً، أردت تطبيق المهارات التي تعلمتها في كلية إدارة الأعمال في شركة سريعة الخطى. اعتقدت أن الاستشارات ستسمح لي بالعمل في مشاريع متعددة وتحقيق هذا الهدف.

ثانيًا، أردت أن أضيف بسرعة إلى شبكة الأمان المالي التي حصلت عليها بالفعل من سنوات حصولي على راتب مرتفع كمغترب أثناء سفري حول العالم. كنت أهدف إلى زيادة دخلي بشكل كبير على مدى عامين حتى أتمكن من الحصول على مئات الآلاف من الدولارات. وكانت خطتي هي استخدام تلك الوسادة المالية لتحقيق هدفي، وهو بناء المدارس.

**أولوميد أوجونسانوو:** هل كنت تتوقع تحقيق الاستقلال المالي في غضون عامين من العمل الاستشاري في مجموعة بوسطن الاستشارية، أو هل كنت تتوقع تحقيق ما يكفي من الاستقرار المالي لأخذ إجازة مهنية/إجازة تفرغ واستكشاف فرص مختلفة قبل العودة إلى العمل لاحقًا؟

**أشاني سامون بياو:** في البداية، اعتقدت أنني سأحقق الاستقلال المالي. كان لدي نموذج مالي ساذج يستهدف صافي ثروة قدرها 500000 دولار كهدف للـFI. كانت الخطة هي استثمار هذا المبلغ وكسب دخل كافٍ (حوالي 5% سنويًا) لإعالة نفسي والعيش كعازب أثناء بناء المدارس في بلد صغير في إفريقيا. ومع ذلك، لم أفكر في التغييرات المحتملة في الحياة، مثل التقدم في السن، أو الزواج، أو إنجاب الأطفال. حسبت أن دخلي الشهري المستهدف يبلغ حوالي 1500 دولار أو 2000 دولار بعد خصم الضرائب، معتقدًا أنه سيكون كافيًا لأسلوب حياتي المرغوب. خططت للعمل في BCG لمدة عامين،

وأكسب بضع مئات الآلاف من الدولارات، وتصل ثروة صافية إلى 500000 دولار.

**أولوميد أوغونسانو:** حسنًا، ماذا حدث بعد ذلك؟

**أشاني سامون بياو:** بعد أن بدأت العمل في مجموعة بوسطن الاستشارية، تطورت وجهة نظري بشأن تكلفة المعيشة والمدن المفضلة، مما أدى إلى تحقيق هدف أعلى للاستقلال المالي. اكتشفت أنه يمكنني الحفاظ على نفقاتي أقل من 1000 دولار في دبي، مما يؤدي إلى زيادات كبيرة في المدخرات. لقد مكنني هذا الظرف غير المتوقع ومعدل ادخاري المرتفع من إعادة ضبط هدف الاستقلال المالي الخاص بي، ومواءمته مع تكلفة المعيشة المتوقعة في المدن التي أطمح إلى الإقامة فيها في المستقبل.

كان وجود العقلية الصحيحة أمرًا بالغ الأهمية. لقد تعاملت مع نفقاتي بعقلية ترشيد وتوفير المال، على الرغم من أنني لم أكن على دراية بالطريقة الدقيقة بعد. عندما سافرت خلال الأسبوع وحصلت على نقاط فندقية، أدركت أنني لم أكن بحاجة حتى إلى استئجار شقة. بالإضافة إلى ذلك، أدى انخفاض الوقت الذي قضيته في دبي إلى تقليل الإنفاق والحفلات غير الضرورية، حيث ظللت أركز على أهدافي المالية. قم بتقييم وضعك الفريد وحدد أولويات النفقات الضرورية مع تقليل النفقات غير الضرورية بلا رحمة. بدلاً من اتباع صيغة محددة بشكل أعمى أو محاولة تكرار نهجي المحدد، فإن المفتاح يكمن في تنمية خطة شخصية تتوافق مع تطلعاتك وقيمك الخاصة.

**أولوميد أوغونسانو:** يتوافق هذا تمامًا مع مبدأ الإنفاق القائم على القيم. نحن نؤمن إيمانًا راسخًا بأن الاستقلال المالي لا يعني التضحية بكل وسائل الراحة الخاصة بك أو خفض كل النفقات. يتعلق الأمر بمواءمة إنفاقك بوعي مع قيمك وتطلعاتك. لا تذهب مع التدفق. لا تكن على الطيار الآلي. بدلاً من اتباع الأعراف المجتمعية بلا وعي أو الالتزام الأعمى بأسلوب حياة مقتصد، فإننا نشجعك على عيش حياة تتوافق مع ذاتك الحقيقية وأهدافك الفريدة. قد يتضمن ذلك زيادة الإنفاق في المجالات التي تهمك حقًا مع إجراء تخفيضات مدروسة في مجالات أخرى.

من المهم أن تدرك أن الاستقلال المالي لا ينبغي أن يكون على حساب سعادتك ورفاهيتك. لا نريدك أن تشعر بالإرهاق بسبب النهج الجذري وغير المستدام الذي يستنزف الفرح من حياتك. من غير المجدي تبني خطة تجعلك غير سعيد. إذا لم تكن سعيدًا، فسوف تقوم بإلغاء الخطة بأكملها. الشيء الوحيد الأسوأ من عدم وجود خطة هو وجود خطة لا تدوم.

ابدأ بمراجعة نفقاتك وتحديد المجالات التي يمكن إجراء التعديلات فيها. ابحث عن فرص لتحسين إنفاقك واتخاذ الخيارات التي تتوافق مع قيمك وأهدافك المالية طويلة المدى. إنها عملية مستمرة، لذا تابع التقدم الذي تحرزه واحتفل بالمعالم الرئيسية على طول الطريق. عندما تشهد التأثير الإيجابي لجهودك، ستجد نفسك متحفزًا ومتحمسًا بشكل متزايد لرحلتك المالية. مع كل خطوة للأمام، يصبح من الأسهل الحفاظ على الزخم والبقاء ملتزمًا بمسارك.

**أشاني سامون بياو:** بالنسبة لي وأولوميد، يبدأ الأمر بالقيم. توجه قيمنا قراراتنا

وتمنحنا الدافع لاستكشاف أساليب جديدة تتوافق مع ما يهمنا أكثر. على سبيل المثال، أقدر السفر والتعرف على الثقافات الأخرى. لقد أنفقت على السفر أكثر مما أنفقه المستشار العادي خلال فترة وجودي في مجموعة بوسطن الاستشارية، ولكن معظم التكاليف تمت تغطيتها من قبل الشركة والنقاط التي اكتسبتها من سفر العمل. كان علي أن أدفع حوالي 400 دولار شهريًا فقط. اخترت إعطاء الأولوية لإنفاق المال على السفر بدلاً من دفع الإيجار الكامل للشقة. وقد سمح لي ذلك باستكشاف وجهات جديدة كل أسبوع تقريبًا والانغماس في ثقافات مختلفة.

العودة إلى قصتي في وقت متأخر من حياتي المهنية. بعد حوالي سبعة أشهر من رحلتي في مجموعة بوسطن الاستشارية، ومع خطتي الساذجة الأولية للاستقلال المالي للتقاعد في بلد أفريقي رخيص أو تايلاند، أدركت شيئين. أولاً، كانت إدارة التكاليف بشكل فعال أمرًا صعبًا بسبب جدول عملي المزدحم. وثانيًا، رأيت إمكانية الحصول على دخل أعلى إذا بقيت لفترة أطول في مجموعة بوسطن الاستشارية ووصلت إلى المستوى الإداري. قادني هذا الإدراك إلى تعديل نهجي. وبدلاً من السعي لتحقيق الاستقلال المالي قبل أن أصبح مديراً، أدركت فوائد اكتساب عامين من الخبرة الإدارية، والتي يمكن أن توفر المزيد من الاستقرار وتعزز مصداقيتي عند البحث عن التمويل لمشروع مدرستي. لا أستطيع أن أقول على وجه اليقين ما إذا كانت هذه القرارات مبررة أم متأثرة بالنظام، لكن أصبح من الواضح أن الخطة الجديدة أكثر منطقية.

ومع ذلك، فإن الحياة لديها طريقة في إلقاء تحديات غير متوقعة علينا جميعًا. وبعد سلسلة من الفحوصات الطبية، تلقيت أخبارًا صادمة مفادها أنني بحاجة إلى إجراء عملية جراحية كبرى في الدماغ لمنع حدوث ضرر لا يمكن إصلاحه بسبب الكيس العنكبوتي، على الرغم من عدم ظهور أي أعراض مؤلمة. ظهرت الحاجة إلى إجراء عملية جراحية فجأة وعاجلة، حيث كانت العملية تحمل مخاطر كامنة يمكن أن تنهي حياتي بين عشية وضحاها.

**أولوميد أوغونسانو:** [مصدومًا] كنت بحاجة إلى عملية جراحية عاجلة في الدماغ. رائع.

**أشاني سامون بياو:** قيل لي أنه في أي لحظة، يمكن للكيس أن يتحرك ويضغط على الجزء السفلي من الدماغ ـ وهو جزء من الدماغ الذي يتحكم في التنفس والقلب. لقد كان موقفًا مخيفًا، وصدمتني الحقيقة عندما اضطررت إلى التوقيع على أوراق تعترف فيها بالمخاطر التي ينطوي عليها الأمر، بما في ذلك احتمال الوفاة، قبل الجراحة مباشرة. بدت التجربة برمتها سريالية، حتى عندما كنت محاطًا بمرضى آخرين في الجناح، كل منهم يخوض معاركه الخاصة.

في تلك اللحظة، شعرت بأنني صغير بشكل لا يصدق. لقد كانت بمثابة لمحة عما تشعر به عندما تواجه احتمال الموت. لم يكن لأي من إنجازاتي في سباق الفئران أي أهمية على طاولة العمليات تلك. وفقًا لمعظم المؤشرات، كنت شابًا ناجحًا. لقد سافرت حول العالم، وذهبت إلى إحدى أفضل كليات إدارة الأعمال في العالم، وكنت أعمل في

إحدى أفضل شركات الاستشارات الإدارية. لقد كنت "فائزًا" في سباق الفئران، لكن على طاولة العمليات، لم يكن لأي من ذلك أي أهمية. اشتقت لأحبائي ولم أكن أفكر في العمل أو العملاء. أصبحت هذه التجربة نقطة تحول في استعدادي للاستقلال المالي. لقد أصبحت مصممًا بطريقة يصعب شرحها. إذا نجحت في اجتياز الجراحة، فقد قررت أنني سأعيش حياتي بتركيز شديد وبشروطي الخاصة. شعرت بالاستياء قليلاً تجاه الأشياء التي كنت أطاردها، مثل جامعة ستانفورد، وبي سي جي، وما إلى ذلك. والآن، لقد امتلكت كل ذلك، ولكن من الممكن أن يُؤخذ مني في لحظة. يمكن أن أموت في غضون ساعات قليلة. مثل هذا تماما.

**أولوميد أوجونسانوو:** [ما زلت مصدومًا] كم كان عمرك في ذلك الوقت؟

**أشاني سامون بياو:** كنت في أوائل الثلاثينيات من عمري.

**أولوميد أوغونسانو:** جراحة الدماغ في أوائل الثلاثينيات من عمرك. إنها حقًا تجربة مؤلمة ومفتوحة للعين. أتذكر قولك أنه عندما كنت على طاولة العمليات، شعرت وكأن البشر لا شيء. لقد شعرت وكأنك مجرد حيوان آخر على طاولة العمليات وأن حياتك يمكن أن تُسلب منك في أي لحظة. مجنون

**أشاني سامون بياو:** لقد جعلني ذلك أدرك بالتأكيد أنني بحاجة إلى أن أكون شخصًا مختلفًا على الجانب الآخر منه. جلبت المخاوف الصحية معنى أعمق للسؤال "ما الذي يهمك أكثر ولماذا؟" ـ السؤال الذي تم طرحه في مقال التقديم لبرنامج الماجستير في إدارة الأعمال بجامعة ستانفورد. والحمد لله، تمت العملية الجراحية بشكل جيد، دون الحاجة إلى أي مضاعفات أو متابعة. عندما عدت من إجازة سفر مدتها خمسة أشهر، عدت كشخص متغير بعدة طرق.

أولاً، أدركت مستوى القوة التي يمكنني إضفاءها على عملي، وأصبحت مقتنعًا بأنه يجب علي تطبيق ذلك بشكل متعمد ومدروس على المساعي التي أستمتع بها أكثر من غيرها. لم يكن لدي أي مشكلة في العمل حتى الساعة الثانية أو الثالثة صباحًا لعدة أيام متتالية لحل المشكلة، وما إلى ذلك.

ثانيًا، أدركت أن وجود الحرية في حياتي أمر غير قابل للتفاوض. ومع ذلك، فإن العمل الاستشاري لم يوفر دائمًا مستوى الحرية الذي كنت أرغب فيه. لقد اتخذت قرارًا بالبقاء في مجال الاستشارات فقط طالما كان بإمكاني التحكم في طريقة عملي.

ثالثًا، أصبحت شديد التركيز على التخطيط المالي. أصبحت جداول بيانات Excel دليلي حيث كنت أهدف إلى الادخار والاستثمار نحو الحرية المالية. أردت أن أمنح نفسي الوقت الكافي للسفر والانغماس في الاكتشافات الثقافية دون القلق بشأن المال. وأردت أيضًا المساهمة في تحسين أنظمة التعليم دون الاعتماد على الراتب.

**أولوميد أوغونسانو:** ماذا حدث خلال إجازتك التي دامت خمسة أشهر؟

**أشاني سامون بياو:** حدثت ثلاثة أشياء مهمة. أولاً، قمت بإعادة التواصل مع الأصدقاء والعائلة، الأمر الذي جلب لي فرحة كبيرة. خلال فترة وجودي في مجموعة بوسطن الاستشارية، نادرًا ما أتيحت لي الفرصة لرؤية الأشخاص الذين أهتم بهم

والتفاعل معهم. لقد ذكّرني إحياء تلك العلاقات بأهمية المجتمع وكنت سعيدًا بإعادة الاتصال بجزء "البهجة الجيدة" من نفسي مرة أخرى.

ثانياً، سافرت إلى كوبا مع شريكي وأصدقائي. إن استكشاف الثقافات المختلفة وتجربة وجهات جديدة يجعلني على قيد الحياة. إنها طريقة بالنسبة لي لتوسيع آفاقي والتعرف على العالم بطريقة عميقة. أثناء وجودي في كوبا، تعرفت على طرق مختلفة للحياة، وراقبت الناس الذين بدوا راضين على الرغم من أنهم يعيشون في ظروف يمكن اعتبارها فقيرة. لقد كانت تجربة مهمة بالنسبة لي أن أقارن أسلوب حياتهم مع النمط الذي اعتدت عليه.

وأخيرًا، اكتشفت نوعًا جديدًا من التعلم لا يعتمد على المنفعة. لقد انغمست في قراءة الكتب التي عثرت عليها، وسعى وراء اهتمامات مثل العزف على آلة موسيقية أو تعلم لغة جديدة فقط من أجل التطوير الشخصي.

**أولوميد أوغونسانو:** كيف شكلت هذه التجارب خططك للاستقلال المالي؟ كنت تنوي في البداية ترك مجموعة BCG بعد حوالي عامين، ولكن بعد ذلك وقعت حادثة الجراحة.

**أشاني سامون بياو:** لقد تغير نهجي تجاه الاستقلال المالي بطريقة معينة. وبدلاً من التخطيط للأمام، بدأت التخطيط للخلف. لقد قمت بدمج ميزة "آخر يوم في BCG" في جدول بيانات Excel الخاص بي، مما سمح لي بالعمل بشكل عكسي وتحديد مقدار المكافأة والدخل الجانبي من الإيجارات الذي يجب أن أستهدفه كل عام.

أصبح من الواضح بالنسبة لي أنني فهمت ما يمكن أن أكسبه من مجموعة بوسطن الاستشارية وما يمكنني المساهمة به في مجموعة بوسطن الاستشارية. لقد أدركت أن هناك حياة مثيرة تنتظرني بعد BCG، حيث يمكنني التركيز على الأشياء التي استمتعت بها حقًا، مثل السفر المكثف ومعالجة المشكلات التي أعشقها. وكان هذا على النقيض من عقليتي السابقة، حيث كنت أتناول العشاء أفكر في اللجنة التوجيهية التالية، أو أقدم تعليقات إلى أحد أعضاء الفريق، أو أستعد لتقييمي القادم. كان لدي وقت محدود حتى لمعالجة وجودي.

**أولوميد أوغونسانو:** أستطيع أن أشعر بهذا الشعور منذ أن كنت في ماكينزي. كنت أحلم بعمل العميل وإجراء تغييرات على الشرائح. بعد مغادرة ماكينزي، انتهت كوابيس برنامج PowerPoint تلك [تبتسم].

**أشاني سامون بياو:** تلك التجربة ساعدتني على فهم مقدار ما يمكنني تقديمه. انها دائما في ذهني الآن. قبل BCG، كنت أركز في المقام الأول على ما يمكنني أخذه من النظام. لم أكن أدرك حقًا مقدار ما يمكنني تقديمه. خلال فترة وجودي في جامعة ستانفورد، اكتسبت الثقة، وفي غضون ستة أشهر، أصبحت أكثر قابلية للتسويق كمرشح للحصول على ماجستير إدارة الأعمال. بحلول الوقت الذي انضممت فيه إلى مجموعة بوسطن الاستشارية، لم تعد الاستشارات الإدارية تحمل نفس الأهمية بالنسبة لي بعد الآن. لقد وضعت نصب عيني أهدافًا شخصية أكبر: تحقيق الاستقلال المالي. ومع

الجراحة، أصبحت أكثر تركيزًا على ما أردت أن أساهم به في العالم وفقًا لشروطي الخاصة. لقد عمل العديد من عملائي في BCG من الساعة 9 صباحًا حتى 5 مساءً وما زالت شركاتهم مزدهرة. لقد جعلني ذلك أتساءل عما يمكنني تحقيقه إذا طبقت القوة والعاطفة التي جلبتها إلى وظيفتي في المجالات التي أهتم بها حقًا.

على أي حال، وبالعودة إلى القصة الرئيسية، تغير النموذج المالي، بمعنى أنه أصبح لدي الآن أداة تعقب تحدد مقدار المبلغ الذي أحتاجه لترك BCG بحلول موعد نهائي محدد، بدلاً من حساب عدد السنوات التي سأستغرقها لترك BCG. الوصول إلى مستوى دخل معين.

**أولوميد أوغونسانو:** الاستقلال المالي هو مجموعة من الاختيارات، وليس وجهة ثنائية لتحقيق كل شيء أو لا شيء. حتى لو كنت قد قطعت 20% فقط من الطريق إلى هناك، فلا يزال هناك فوائد ومتعة يمكن العثور عليها لأنه لديك المزيد من الخيارات. من المهم أن تقدر الرحلة وأن تكون ممتنًا للتقدم الذي أحرزته. لماذا؟ لأن الرحلة إلى الاستقلال المالي هي رحلة حياتك. لا تنتظر حتى النهاية لتحتفل، كن ممتنًا للانتصارات الصغيرة التي حققتها على طول الطريق، واستخدمها كحافز لمواصلة المضي قدمًا.

يمكنك الحصول على المزيد من الخيارات مع تقدمك، مما يزيد من فرصك في متابعة المساعي المثيرة للاهتمام والحصول على مزيد من التحكم في تفاعلاتك مع أصحاب العمل والعملاء والعملاء. أريد التأكيد على هذه النقطة لأنني كثيرًا ما أرى أشخاصًا غير سعداء وهم في طريقهم إلى الاستقلال المالي. لماذا ستكون غير سعيد؟ أنت غير سعيد لأنك تنتظر الإذن تقريبًا لتكون سعيدًا، لكن لا تحتاج إلى انتظار الإذن. السعادة موجودة في كل مكان حولك إذا قمت بتهيئة الظروف المناسبة. أردت فقط أن أضيف تلك النقطة الفلسفية.

**أشاني سامون بياو:** قال بشكل جميل. أرى أن الاستقلال المالي يشبه الذهاب إلى صالة الألعاب الرياضية. إذا ذهبت إلى صالة الألعاب الرياضية وفكرت، "يا إلهي، سيكون هذا مؤلمًا،" لمجرد أنك تريد إنقاص الوزن لحضور حفل كبير، سيكون من الصعب الاستمتاع بالعملية حقًا. وبمجرد أن تفقد بضعة جنيهات، قد تجد نفسك تعود إلى نمط حياتك القديم. يجب أن يكون الاستقلال المالي متجذرًا في قيمك؛ وإلا فلن ينجح الأمر. عليك أن تحفر عميقًا داخل نفسك وتكتشف ما الذي يجلب لك السعادة حقًا. لا تتنازل عن ذلك. بمجرد العثور على هدفك أو شغفك، قم بترتيب كل شيء آخر من حوله والتخلص من جميع عوامل التشتيت الأخرى، خاصة تلك الأفعال التي تشارك فيها فقط لأن الجميع يفعل ذلك.

في BCG، كان هناك تقليد يتمثل في قيام الأشخاص بشراء حقائب TUMI باهظة الثمن ونقش الأحرف الأولى من أسمائهم عليها. شخصياً، لم يكن لدي أي اهتمام بالحقائب، ولم أشعر بالحاجة إلى اتباع اتجاه الموضة هذا.

**أولوميد أوغونسانو:** بالنسبة للجمهور، تعد حقائب TUMI أغلى بكثير من الحقائب العادية. قد تكلف الحقيبة العادية أقل من 100 دولار، في حين يمكن أن يصل سعر حقائب

TUMI إلى ثلاثة أو أربعة أو حتى أكثر.

**أشاني سامون بياو:** أراد معظم الأشخاص في مجال الاستشارات الراحة والاسترخاء خلال عطلات نهاية الأسبوع، لكنني اخترت إنفاق أموالي على السفر والتجارب. لقد خصصت جزءًا من ميزانيتي، يعادل تكلفة حقيبة TUMI للمبتدئين، للأشياء التي جعلتني سعيدًا حقًا. عندما تضع أساسًا للسعادة وتعيش حياتك وفقًا له، ستلاحظ زيادة عامة في سعادتك. علاوة على ذلك، عندما تنظم حياتك بهذه الطريقة، فإن مواردك المالية ستسير بشكل طبيعي في مكانها الصحيح.

**أولوميد أوجونسانوو:** بالضبط. وبمرور الوقت، يصبح الحفاظ على هذه العادات أسهل لأنها تعزز بعضها البعض. يتطلب الأمر أن تكون على استعداد لأن تكون مختلفًا بعض الشيء. إذا حصلت على حقيبة TUMI لمجرد أن كل شخص آخر لديه واحدة، فمن غير المرجح أن تحقق الاستقلال المالي في الثلاثينيات من عمرك. ليس بسبب سعر الحقيبة، ولكن لأنك تتبع الحشد ولا تتخذ قرارات متعمدة مبنية على القيم. من الطبيعي أن تكون مثل أي شخص آخر، لكن لا يمكنك أن تتوقع نتائج ضخمة.

**أشاني سامون بياو:** بالعودة إلى القصة الرئيسية، أصبح جدول بيانات Excel الخاص بالتخطيط المالي أكثر تعقيدًا، ويرجع الفضل في ذلك جزئيًا إلى مهارات النمذجة التي طورتها خلال فترة وجودي في مجموعة بوسطن الاستشارية.

**أولوميد أوجونسانوو:** [ضحك] هذا أمر مضحك حقًا. لقد تعلمت كيفية إنشاء نماذج أفضل في مجموعة بوسطن الاستشارية ثم استخدمت هذه المهارات لتخطيط استراتيجية الخروج من مجموعة بوسطن الاستشارية.

**أشاني سامون بياو:** سأقوم بتحديث النموذج الخاص بي على أساس أسبوعي، مع دمج التغييرات في إنفاقي، وإضافة احتمالات الترقية في الشهر الحالي أو الشهر المقبل، وتخطيط السيناريوهات، ومجرد التطلع. في بعض الأحيان، كنت أقوم بتقديم عروض تقديمية صغيرة لنفسي، حيث أقدم الأفكار من أنماط الإنفاق الخاصة بي (أو عدم وجودها) ومسار مكافآتي المستقبلية.

**أولوميد أوجونسانوو:** [ضحك]

**أشاني سامون بياو:** كان لدي نجم شمال واضح وكنت أبحث دائمًا عن طرق لتحسين بيئتي. اسمحوا لي أن أقدم لكم مثالاً يتعلق بحالة شركة الطيران. في حياتي بعد الاستقلال المالي، أردت الحفاظ على بعض امتيازات السفر لأنني أستمتع بالسفر. من بين جميع شركات الطيران التي يمكنني استخدامها للعمل، هناك شركة واحدة فقط تقدم ميزة الحالة مدى الحياة. يسافر معظم الاستشاريين في دبي طيران الإمارات إلى المملكة العربية السعودية لتنفيذ مشاريع بسبب التوقيت المناسب ـ حيث يمكنهم قضاء عطلة نهاية الأسبوع بأكملها في دبي والسفر مبكرًا في اليوم الأول من العمل. ومع ذلك، اخترت السفر مع الخطوط الجوية العربية السعودية لأنها كانت جزءًا من تحالف يضم الخطوط الجوية الفرنسية، والتي كنت أعلم أنني سأسافر بها كثيرًا بعد تحقيق الاستقلال المالي. كان العمل للحصول على المركز البلاتيني مدى الحياة على متن الخطوط الجوية

الفرنسية أكثر قيمة بالنسبة لي من الراحة التي توفرها طيران الإمارات. كنت أسافر من دبي إلى بوسطن لإجراء مقابلات مع خريجي ماجستير إدارة الأعمال، وأختار عمدًا طريقًا أطول مع توقف في باريس، على متن الخطوط الجوية الفرنسية بدلاً من رحلة طيران بدون توقف مع طيران الإمارات. لم أهتم بكسب النقاط على طيران الإمارات؛ كانت أولويتي هي الحصول على المركز البلاتيني مدى الحياة مع الخطوط الجوية الفرنسية. لم أعتبر طول مدة الرحلة أو التوقف أمرًا مزعجًا لأنني استمتعت حقًا بالسفر، والتوقف لاستكشاف المدينة، وقضاء الوقت مع العائلة والأصدقاء في باريس.

**أولوميد أوغونسانو:** سامون، ماذا تقول للقارئ الذي يستمع إلى قصتك ويقول إن الاستقلال المالي ينطوي على الكثير من العمل؟ يقولون إنهم ليس لديهم الوقت أو الطاقة للعمل على عقليتهم أو إنشاء رؤى وأهداف. إنهم يريدون طريقًا أسهل وأسرع نحو الاستقلال المالي، خاصة إذا كان لديهم وظيفة منخفضة الأجر في مدينة صغيرة ذات فرص محدودة للنمو المالي. كيف يمكنهم تحقيق الاستقلال المالي في أسرع وقت ممكن ضمن نمط حياتهم الحالي دون إجراء تغييرات جذرية؟

**أشاني سامون بياو:** [تبتسم] هذان سؤالان في الواقع. السؤال الأول هو: "أريد أن أكون كسولا فيما يتعلق بالاستقلال المالي. فقط أخبرني بالضبط بما يجب أن أفعله للوصول إلى الاستقلال المالي في أسرع وقت ممكن." ويتعلق السؤال الثاني بالتحدي المتمثل في الرغبة في الحصول على التمويل المالي أثناء العمل في وظيفة منخفضة إلى متوسطة الأجر والعيش في منطقة ذات فرص محدودة للنمو المالي.

أولاً، بالنسبة للشخص الذي يريد منا أن نعطيه دليلاً خطوة بخطوة للاستقلال المالي دون البدء في العمل، يخبرني حدسي أنه من غير المرجح أن يحققوا الاستقلال المالي بهذه العقلية.

**أولوميد أوجونسانوو:** [ضحك]

**أشاني سامون بياو:** وحتى لو حققوا الاستقلال المالي، وهو ما آمل بصدق أن يفعلوه، فقد لا يستمتعون به حقًا. الاستقلال المالي يدور حول إيجاد الهدف واستخدام الحرية المالية لتحقيق هذا الهدف. جوهر الاستقلال المالي هو السعادة الدائمة. اسمحوا لي أن أكون واضحا، الاستقلال المالي لا يتعلق بالضرورة بالثروة. الأشخاص المستقلون ماليًا ليسوا بالضرورة أثرياء. يتعلق الأمر بالوصول إلى الحد الأدنى من الأمان المالي الذي يسمح لك بالتركيز على ما يهمك حقًا دون القلق المالي المنهك. الحرية المالية هي مجرد عامل تمكين، مما يمنحك الحرية في التركيز على ما يجلب لك الرضا دون القلق المستمر بشأن المال.

**أولوميد أوغونسانو:** يحتاج الناس إلى الشروع في رحلة لاكتشاف الذات. هذه الرحلة تتطلب جهدا من جانبهم. لا يمكننا أنا وسامون أن نخبرك بالخطوات الدقيقة التي اتخذناها لأن ما نجح معنا قد لا ينطبق على حالتك الفريدة. في وقت سابق من الكتاب، نصحناك بعدم نسخ حياة أي شخص آخر، وبدلاً من ذلك نشجعك على أن تعيش حياتك الخاصة. وهذا يشمل عدم نسخ حياتنا أيضًا.

يجب أن تتحمل المسؤولية وتتخذ الإجراءات اللازمة لتحسين حياتك. مجرد شراء كتاب لا يكفي. يجب أن تكون على استعداد للخضوع لتحول عقلي والبدء في رحلة لاكتشاف الذات لإحداث تغييرات إيجابية في حياتك، بغض النظر عما نقوله أنا وسامون. أنت مسؤول عن حياتك الخاصة، والأمر متروك لك لإجراء التغييرات اللازمة لخلق مستقبل أفضل. تذكر مبادئ الثقة بالنفس والاعتماد على الذات. يجب عليك معرفة التفاصيل الفريدة لحالة حياتك الخاصة.

**أشاني سامون بياو**: وسأكون صادقًا، أحد الأسباب التي تجعلنا نكون مباشرين معك هو أن عيش حياة أصيلة أمر مهم لكلينا. لقد حققنا الاستقلال المالي، لذلك لم نعد مهتمين ببيع الكتب بقدر اهتمامنا بقول الحقيقة.

**أولوميد أوجونسانوو**: هذا صحيح. لا أهتم إذا بيع هذا الكتاب نسخة واحدة أو مائة نسخة لأنني بالفعل مستقل ماليًا. أستطيع أن أكون صادقا معك. ليس من الضروري أن أخدعك.

**أشاني سامون بياو**: نحن نشارك رحلتنا التحويلية نحو FI لأننا اعتنقنا بكل إخلاص أسلوب حياة FI، ورغبتنا هي إشعال شرارة الإمكانية بداخلك. نريد أن نكون مرشدين لك، حيث نقدم ليس فقط التحقق من الصحة ولكن أيضًا الرفقة والتشجيع. إذا شعرت بالتردد في السعي لتحقيق الاستقلال المالي لأنك لم تشهد ذلك بشكل مباشر، فكتابنا هنا ليحطم تلك الشكوك. من خلال قصصنا وأفكارنا، نهدف إلى إلهامك، وجعلك تصرخ، "إذا كان بإمكانهم فعل ذلك، فأنا أستطيع أيضًا!"

**أولوميد أوجونسانو**: إلى جميع المهاجرين والمغتربين والغرباء والمستضعفين هناك. إذا أصبحت مستقلاً ماليًا، فيمكنكم القيام بذلك أيضًا.

**أشاني سامون بياو**: عليك إذن أن تبدأ رحلتك. يبدأ بالتأمل والتساؤل. انظر إلى طفولتك وحدد اللحظات الرئيسية التي تحدد شخصيتك. اكتشف اهتماماتك وجرب أشياء مختلفة. قم بتطوير مجموعة من المبادئ بناءً على ما تكتشفه. انظر إلى الماضي أو القصص لاستخلاص هذه المبادئ، ثم كن على استعداد للتجربة والتكرار حتى تجد التوافق مع قيمك.

**أولوميد أوغونسانو**: قم بإنشاء رؤية للحياة التي تريدها، وحدد الأهداف للوصول إليها، وابدأ في اتخاذ الإجراءات اللازمة كل يوم. كرر وكرر حتى تحقق الاستقلال المالي. لا يمكن لأي شخص آخر أن يقوم بهذه العملية نيابةً عنك، لأنها حياتك، وأنت المسؤول عنها.

عندما تبدأ الرحلة وتبني الزخم، يصبح من الأسهل الاستمرار في المضي قدمًا. عليك أن تبدأ وتتأكد من أن لديك المحفزات الصحيحة للحفاظ على زخمك. بمرور الوقت، ستكتسب عادة اتخاذ خطوات صغيرة نحو هدفك. ومع تقدمك ووصولك إلى نقطة معينة، قد تنسى أنك في رحلة لأنها أصبحت متشابكة مع حياتك اليومية. لم يعد هناك تمييز واضح بين الرحلة وحياتك. أنت ببساطة تعيش حياتك بينما تتجه نحو هدفك. ولكن لبدء هذه الرحلة، يجب أن تكون على استعداد لبذل المزيد من الجهد واتخاذ الخطوة الأولى

للأمام

عندما كنت في الكلية، تعلمنا عن طاقة التنشيط. لكي يحدث تفاعل كيميائي، تحتاج إلى التغلب على كمية معينة من الطاقة. أنت بحاجة إلى شيء يدفعك بما يكفي من طاقة التنشيط كمحفز للبدء. هذا ما نحاول أن نقدمه لك. الزخم. أكتب هذا بكل حماس وسعادة لأنني أريد أن ألهمك وأحفزك على الإيمان بإمكانية تحقيق أهدافك. آمل أن أنقل أهمية الإيمان بنفسك وأن أجعلك متحمسًا للفرص التي تنتظرك. في قصتي، تأثرت بفقدان العديد من الوظائف والمواقف الصعبة. ومع ذلك، لديك القدرة على إنشاء محفزاتك الخاصة لتحقيق النجاح. افعل ذلك اليوم ولا تنتظر الظروف الخارجية لتبدأ رحلة استقلالك المالي.

**أشاني سامون بياو:** وهذا يقودنا إلى سؤالك الثاني. كيف يمكن لشخص ما تحقيق الاستقلال المالي عندما يكون لديه وظيفة براتب منخفض أو متوسط نسبيا ويعيش في منطقة ذات قدرة محدودة على الحركة التصاعدية؟ سأبسط الأمر بتشبيه رياضي. عندما اكتشف يوسين بولت موهبته في الجري وفاز بالبطولات، كان أمامه خيار. يمكنه الاستمرار في الجري على مسار مؤقت بالقرب من منزله أو يمكنه الذهاب إلى مكان آخر، مثل ميامي، للتدريب وتحسين مهاراته.

سبب استخدامي لهذا التشبيه هو أن الأمر كله يتعلق بالقيم. إذا كنت ترغب بشدة في الاستقلال المالي وأدركت أن وظيفتك الحالية في بلدة صغيرة لن تصلك إلى هناك، فستجد طريقة إما لمتابعة مشاريع جانبية إلى جانب وظيفتك أو استكشاف الفرص في مواقع أخرى. لم أبق في بنين أتوقع تحقيق الاستقلال المالي. وبدلاً من ذلك، انتقلت إلى أوروبا، ثم أمريكا، وأخيراً الشرق الأوسط سعياً وراء فرص أفضل وتحقيق أهدافي المالية.

يمكنك الانتقال إلى مكان به المزيد من الفرص والعودة إذا كنت ترغب في ذلك. إذا كنت تطرح على نفسك هذه الأسئلة، فقد يشير ذلك إلى أنك لم تستكشف الاحتمالات بشكل كامل خارج موقعك الحالي. تكمن الإجابة في وجود فضول لا هوادة فيه للتجربة.

**أولوميد أوجونسانوو:** يمكننا الاستمرار في مناقشة هذا الأمر لساعات، لكن ربما ينبغي علينا العودة إلى القصة. لقد كنت تذكر خطة ما بعد الجراحة لمغادرة BCG.

**أشاني سامون بياو:** عندما قمت بتنشيط نموذج Excel الخاص بي، خلقت كل فرصة للسفر داخل الشركة. كان لدى مجموعة بوسطن الاستشارية برنامج يسمى السفير حيث يمكن لأفضل 10% من المستشارين الذهاب إلى دولة مختلفة. كان على الاستشاريين اختيار المواقع، وستحاول الشركة مطابقة أحد تفضيلاتهم. كنت أرغب في قضاء عام في جنوب أفريقيا لتعزيز معرفتي بالاستثمار العقاري، خاصة وأنني أملك عقارات هناك بالفعل. ستساعدني هذه التجربة في تحديد ما إذا كنت سأخصص المزيد من رأس المال لسوق جنوب إفريقيا. بالإضافة إلى ذلك، كانت أسعار جنوب أفريقيا ميسورة التكلفة، مما سمح لي بتوفير المزيد. أنا أستمتع بالتجربة من خلال السفر وتجربة الثقافات والفرص المختلفة.

**أولوميد أوجونسانو:** في ملاحظة ذات صلة، كان لدي سائق أوبر ذات مرة وكان

لديه سماعة أذن ذات ألوان زاهية في أذنه اليسرى. اعتقدت في البداية أنه كان يستمع إلى موسيقى الراب، لكن اتضح أنه كان يستخدم دورات تعلم اللغة الإنجليزية لتحسين مهاراته اللغوية. وعلى الرغم من التحديات التي واجهها، كان ملتزمًا بتحسين نفسه واستغل كل فرصة، بما في ذلك نقل الركاب، لتحقيق أهدافه. علمني هذا اللقاء أنه بغض النظر عن الوظيفة أو مستوى الدخل، هناك دائمًا فرص للنمو الشخصي. يتطلب الأمر خطة واضحة وتصميمًا وجهدًا متسقًا لتحقيق النجاح. تخيل أين سيكون سائق أوبر هذا خلال ثلاث سنوات.

الآن، نعود إليك. كيف توصلت إلى خطة لتكملة راتبك في BCG باستثمارات عقارية؟ لقد حصلت بالفعل على وظيفة ذات أجر مرتفع، فما الذي دفعك إلى اتخاذ هذا الطريق؟ وكيف نفذت خطتك؟

**أشاني سامون بياو:** بالعودة إلى طفولتي، كان والدي رجل أعمال يعمل في مجال العقارات، مما أعطاني فهمًا مبكرًا لتقدير الأصول. عندما كنت أشتري عقارًا في جنوب إفريقيا، كان زملائي في مجموعة بوسطن الاستشارية متشككين واقترحوا الاستعانة بمستثمر آلي بدلاً من ذلك، زاعمين أن الاستثمار العقاري يمثل تحديًا. لكن تجارب طفولتي وخلفيتي اليوروبية، المعروفة بالتجارة وريادة الأعمال، شكلت وجهة نظري. فكرة فصل الدخل عن الوقت كان لها صدى معي. شعرت بأنني مقيَّد ببيع وقتي نظرًا لوجود ساعات كثيرة فقط في اليوم. ومع ذلك، إذا تمكنت من تحقيق دخل من شيء يمكن التوسع فيه بشكل مستقل، فسيكون ذلك جميلاً. ولهذا السبب قررت استكشاف العقارات كفرصة استثمارية.

خلال زيارتي لجنوب أفريقيا مع صديقتي آنذاك، لاحظت أسعار العقارات وصدمت من مدى توافرها مقارنة بأماكن أخرى مثل فرنسا. أثار ذلك فضولي، وقمت بتحويل الأسعار إلى الدولار. بفضل الأموال الموجودة في حسابي البنكي، أدركت أنه يمكنني بالفعل شراء شقة هناك. لقد رأيتها فرصة للتجربة. كثير من الناس يترددون في كثير من الأحيان لأنهم يركزون على كل الأشياء التي يمكن أن تسوء. لكن إذا لم تغتنم الفرصة وتجرب، فلن تكتشف أبدًا كل الأشياء التي يمكن أن تسير بشكل صحيح.

**أولوميد أوغونسانو:** بالتأكيد، المبالغة في التحليل يمكن أن تمنعنا من اتخاذ أي إجراء. نحن نميل إلى بناء نماذج وسيناريوهات معقدة تصبح أعذارًا لعدم متابعة أهدافنا. من المهم الموازنة بين التحليل والصدق بشأن دوافعنا وأهدافنا في الحياة. الآن، دعنا نتعمق في استراتيجية وتكتيكات الاستثمار العقاري.

**أشاني سامون بياو:** أحب مناقشة هذه الرحلة لأنها تشمل الخطوات المدروسة والأخطاء التي ارتكبتها. أولا، دعونا ننظر في السياق. نظرت إلى الاستثمارات عبر ثلاث آفاق زمنية:

المدى القصير: التركيز على الاستثمارات التي من شأنها توفير دخل عالي السيولة لتغطية نفقات المعيشة للعام المقبل. وكان الدخل العقاري هو المصدر الرئيسي لاستقراره وتدفقاته النقدية المتوقعة.

المدى المتوسط: ابحث عن الاستثمارات التي من شأنها أن تستفيد من النمو خلال السنوات القليلة المقبلة. ركزت على سوق الأوراق المالية وبعض العملات المشفرة، مع التركيز على أسهم النمو ولكن أيضًا مع مراعاة أسهم القيمة. تظهر الأسهم بشكل عام اتجاهات إيجابية على مدى فترة زمنية مدتها 2-5 سنوات.

على المدى الطويل: خذ رهانات عالية المخاطر مع إمكانية تحقيق تدفق نقدي كبير خلال 7 إلى 15 عامًا. لقد استثمرت في الشركات الناشئة كمستثمر ملائكي واشتريت أرضًا في بلدان ذات عملات مستقرة، حيث يميل النمو إلى التسارع مع أحداث محددة. الهدف من هذه الرهانات طويلة المدى هو صرف الأموال بعد حدث مهم، مثل الاكتتاب العام الأولي للشركات الناشئة أو تطوير مناطق جديدة للأراضي، عادة بعد عقد من الزمن. وبعد صرف أموالي، أعيد الاستثمار في مجموعة من الأصول قصيرة الأجل (مثل العقارات)، والأصول متوسطة الأجل (مثل الأسهم)، وبعض الأصول طويلة الأجل، ثم أكرر الدورة.

**أولوميد أوغونسانو:** هل تعتقد أن تربيتك وكون والدك رجل أعمال في مجال العقارات قد أثر على توقعاتك الاستثمارية؟

**أشاني سامون بياو:** لقد كنت متحيزًا بالتأكيد بسبب تربيتي، لكنني بقيت عقلانيًا حيال ذلك. ولو لم أكن كذلك، لكنت قد استثمرت في شراء العقارات لتأجيرها في البلدان ذات العائدات المنخفضة، مثل بنين أو فرنسا. ومع ذلك، فإن الاستثمار في تلك الأماكن لن يحقق عوائد ذات مغزى إلا إذا استفدت من الحوافز الضريبية الرئيسية، حتى لو كنت تعيش هناك. كان استكشاف العقارات هو تحيزي، لكنني تأكدت من أنه منطقي. كان لدى جنوب أفريقيا مبرر استراتيجي بالنسبة لي، حيث كانت خطتي الأولية هي "التقاعد" هناك بعد تحقيق الاستقلال المالي. وإلى جانب العائدات الجيدة على العقارات، فإنه سيوفر أيضًا تحوطًا ضد تحركات صرف العملات الأجنبية لأنني سأعيش وأنفق بالعملة المحلية. وقد أثر هذا بشكل كبير على استراتيجيتي. إن التواجد على مقربة من العقارات سيسمح لي أيضًا بالإشراف على أي إصلاحات في حالة ظهور مشكلات. لقد كان قرارًا قائمًا على النظام.

**أولوميد أوغونسانو:** من المهم ألا تفترض أنه لمجرد أن أصدقائك أو عائلتك قد اتبعوا استراتيجية محددة لتوليد الدخل، فإن ذلك يناسبك تلقائيًا. إذا كان والدك وأمك يعملان في وظيفة في شركة، فهذا لا يعني أنك بحاجة إلى العمل في وظيفة في الشركة. إذا كان عملك المفضل رجل أعمال، فهذا لا يعني أنك بحاجة إلى أن تكون رجل أعمال. لا تقتصر على تجاربهم. استكشف كل الاحتمالات واتخذ القرارات بناءً على ظروفك وتطلعاتك الخاصة. لدينا جميعًا تحيزات وتفضيلات، ولكن من المهم التعامل مع القرارات بمنظور أوسع والعمل بنشاط للتغلب عليها. وإلا، فقد تفوتك رسالتك الحقيقية حتى وقت لاحق من حياتك. من المهم إنشاء إطار أولي قوي لاتخاذ القرار، حيث قد يكون من الصعب عكس بعض الاستراتيجيات. سامون، هل يمكنك أيضًا مشاركة عمرك وعقليتك عندما بدأت استكشاف الاستثمارات العقارية؟

**أشاني سامون بياو**: بدأت الاستثمار في العقارات في أوائل الثلاثينيات من عمري، بعد وقت قصير من انضمامي إلى مجموعة بوسطن الاستشارية وعندما كان هدف الاستقلال المالي لا يزال أقل من مليون دولار. ومع ذلك، سرعان ما أدركت أن هذا الهدف كان صغيرًا جدًا ويحتاج إلى زيادته بشكل كبير.

لقد بدأت باستراتيجية الأفق الثلاثة، وبدت العقارات وكأنها فئة أصول جيدة على المدى القصير لأنني توقعت أن أحتاج إلى دخل الإيجار خلال عامين عندما غادرت مجموعة بوسطن الاستشارية. لقد استكشفت العديد من البلدان، وقدمت جنوب أفريقيا فرصة للمراجحة كدولة. كان لديها عدد أكبر من السكان الذين يستأجرون بدلاً من الشراء عند مستويات اجتماعية واقتصادية منخفضة، وكان انخفاض قيمة العملة متوقعًا إلى حد ما ويمكن التحكم فيه خارج الصدمات والأزمات العالمية. كان لدى البلاد بنك مركزي مستقل وفعال وكانت غنية بالموارد، لذا فإن الانخفاض الجذري المفاجئ في قيمة العملة كما حدث في زيمبابوي أو الأرجنتين أو فنزويلا كان غير مرجح.

يميل سكان جنوب إفريقيا إلى إعطاء الأولوية للاستمتاع بالحياة الآن والإيجار لفترات أطول، وفقًا لبحثي النوعي. وهذا يعني أنني أستطيع الحصول على إيجارات أعلى لشرائح سكانية وأنواع معينة من العقارات، مما يؤدي إلى ارتفاع معدلات الإشغال. لقد كانت لدي فترات شاغرة قصيرة جدًا لجميع ممتلكاتي باستثناء مساحة واحدة فاخرة اشتريتها عن طريق الخطأ.

**أولوميد أوجونسانوو**: [رائع]

**أشاني سامون بياو**: إليك نقطة أخرى حاسمة: عندما يتعلق الأمر بالاستثمار في العقارات المستأجرة، من المهم أن تتذكر أن المنزل الذي تختار تأجيره لا ينبغي بالضرورة أن يكون المنزل الذي تتخيل أنك تعيش فيه. العقارات الفاخرة أو الراقية في كثير من الأحيان لا تحقق العوائد المالية المطلوبة، حيث أن دخل الإيجار غالبا ما يفشل في تبرير النفقات المرتبطة بها. بدلا من ذلك، فكر في استكشاف طرق بديلة. على سبيل المثال، في جنوب أفريقيا، من الممكن أن يؤدي تحويل منزل قائم بالقرب من إحدى الجامعات إلى وحدات صغيرة على طراز الاستوديو إلى توليد عائد مبهر يبلغ 20%، شريطة أن يكون مصحوباً بإدارة تشغيلية دقيقة.

**أولوميد أوغونسانو**: عوائد مثيرة للإعجاب. ما نوع السكن الذي كنت تستهدف شراءه؟

**أشاني سامون بياو**: كان عميلي المستهدف هو الطبقة الدنيا إلى المتوسطة، وركزت على أصغر الوحدات الممكنة المكونة من غرفة نوم واحدة. لم تكن العقارات الراقية منطقية لتوليد التدفق النقدي، وكانت العقارات المنخفضة تتطلب مستوى من الجهد على أرض الواقع لم أكن مهتمًا به. ضمن الطبقة المتوسطة الدنيا، استهدفت الأفراد الذين كانوا مجرد بدء حياتهم المهنية أو الذين كانوا عالقين في دوامة منخفضة الحركة ولكنهم ما زالوا قادرين على العمل. يمكنهم شراء وحدة بغرفة نوم واحدة. لتمييز العقارات الخاصة بي، اشتريت من المطورين الذين لديهم وسائل راحة جذابة داخل العقار، مثل

مدرسة مونتيسوري، وحمام سباحة كبير، ومرافق صالة الألعاب الرياضية في الموقع. في جنوب أفريقيا، هناك طلب كبير على العقارات أو المجمعات التي تحتوي على مثل هذه المرافق، مما يؤثر على الطلب على الإيجار.

ومن ناحية العرض، قام المطورون بوضع الأساس. كانوا يعرفون أين سيكون خط القطار التالي، وأين ستبني شركة ديلويت مقرها الرئيسي التالي، وأين ستقع المدرسة التالية. لقد عقدت شراكة في الغالب مع مطورين جديرين بالثقة من حيث الموقع والإكمال في الوقت المحدد وجودة التشطيب ووسائل الراحة. يتم تطوير العقارات في جنوب أفريقيا على مراحل، لذلك حرصت على الاستثمار مبكرًا عندما كانت الوحدات لا تزال قيد الإنشاء وكان المشترون المترددون يبقون الأسعار منخفضة. كان هناك عرض محدود وطلب صحي. يتم تأجير الوحدات الأقرب إلى المرافق بشكل أسرع بمجرد الانتهاء من التطوير بالكامل.

الاستثمار في العقارات ينطوي على النظر في العديد من العوامل. من الأفضل البدء بعقارات أصغر حجمًا وإدارتها بشكل فعال من خلال تطبيق أنظمة للعثور على المستأجرين وتقليل عبء العمل وتتبع النفقات باستخدام أدوات مثل Excel. من المهم أيضًا البقاء على اطلاع بالضرائب والزيادات المحتملة في الرسوم.

**أولوميد أوجونسانو:** لتلخيص ذلك، ركزت استراتيجية الاستثمار في الإيجار في جنوب إفريقيا على شقق بغرفة نوم واحدة للمبتدئين من ذوي الدخل المنخفض إلى المتوسط. لقد عقدت شراكة مع المطورين الذين أجروا البحث المناسب وقاموا بالتطورات الصحيحة. لقد قمت بتحليل معدلات الحد الأقصى والضرائب والتضخم وأسعار صرف العملات. أنا أقدر المبادئ التي تسلط الضوء عليها هنا.

**أشاني سامون بياو:** لو لم أتعرض لكل ذلك، لما تعلمت هذه الأفكار القيمة. كنت سأشتري عقارًا دون أن أفهم سبب عدم تحقيق نتائج، وكان من الممكن أن أشعر بالإحباط من الاستثمارات المستقبلية. هناك نقطة إضافية أود مشاركتها، والتي كانت السبب الرئيسي وراء شرائي لعقار في جنوب إفريقيا، وهي القدرة على تحمل التكاليف. يمكنك شراء هذه الوحدات المكونة من غرفة نوم واحدة مقابل 40.000 دولار إلى 70.000 دولار فقط.

**Olumide Ogunsanwo:** شقة بغرفة نوم واحدة لهذا النطاق السعري. من المحتمل أن يكون هذا أمرًا رائعًا إذا نجح عائد الاستثمار.

**أشاني سامون بياو:** هذا يجبرك على طرح الأسئلة الصحيحة، والانتباه، وتعلم الدروس الصحيحة. عندما تكون أموالك في خطر، فمن المرجح أن تطرح الأسئلة الصحيحة. وأيضًا، عندما يحدث شيء ما، استخلص الدروس الصحيحة منه. وجود الجلد في اللعبة أمر بالغ الأهمية. في جنوب أفريقيا، أستطيع حاليًا تحقيق عائد (صافي ضريبة الدخل) يتراوح بين 7% و8% من دخل الإيجار. وهذا يعني أن العائدات قبل الضريبية هي 10% +. في حين أن معدل الحد الأقصى هو مرجع مفيد لعائدات العقارات، فإن صافي الدخل في جيبك لا يزال أقل بسبب النفقات مثل الضرائب ورسوم الوكيل. بالإضافة إلى

عائد الإيجار، أستفيد أيضًا من نمو رأس المال. على مر السنين، أرى عادةً نموًا سنويًا يتراوح بين 3٪ إلى 7٪ في استثماري، ويمكن أن يستمر هذا الاتجاه لمدة 7 سنوات على الأقل قبل أن يستقر. وبطبيعة الحال، معرفة الوقت المناسب للبيع أمر بالغ الأهمية. عندما تأخذ في الاعتبار كل هذه العوامل، يمكن أن يكون الاستثمار العقاري أحد أكثر الاستثمارات ربحية ومنخفضة المخاطر التي يمكن للكثيرين الوصول إليها.

أولوميد أوجونسانو: حسنًا، سامون، الآن بعد أن فهمنا بداية ونهاية استراتيجيتك، دعنا نتحدث عن المنتصف. كيف حددتم عدد العقارات المراد اقتناؤها؟ كيف قررت حجم الذهاب؟

أشاني سامون بياو: [تبتسم] أنا سعيد لأنك سألت ذلك. أوافق على أن الوسط أمر بالغ الأهمية. في البداية، كان عليّ أن أقوم بالتجربة لأنه لم يكن لدي أي معرفة مسبقة بالاستثمار العقاري.

أولوميد أوغونسانو: مبدأ الفضول والطموح يلعب دورًا هنا. لقد كنت فضوليًا بما يكفي للاستكشاف وطموحًا بما يكفي لتعلم ما تحتاجه للوصول إلى المكان الذي تريد الذهاب إليه.

أشاني سامون بياو: كانت استراتيجيتي تتمثل في استثمار 10% إلى 20% من صافي ثروتي في الآفاق المتوسطة والطويلة الأجل، مع تركيز 80% على العقارات وبعض الودائع ذات العائد المرتفع. لقد أدركت نقطة ضعفي، وهي أنه بدون استراتيجية استثمار منضبطة، فإن الأموال إما ستضيع على نفقات غير إنتاجية أو ستظل خاملة في حسابي الجاري. للحفاظ على الانضباط، تأكدت من الاستمرار في استخدام أموالي. لقد قمت بإعداد نظام لا يحتوي فيه حسابي البنكي مطلقًا على أكثر من 1000 دولار طوال مسيرتي المهنية في مجموعة بوسطن الاستشارية.

أولوميد أوغونسانو: من الجدير بالذكر أنك حققت كل هذا أثناء عملك في مجموعة BCG، وهي واحدة من أكثر الوظائف تطلبًا في العالم. يطرح السؤال، ما هو العذر الذي لدى الآخرين لعدم استكشاف الفرص أثناء شغل الوظيفة؟ ولم يقدم سامون أي أعذار.

أشاني سامون بياو: بالتأكيد. أيها الناس، من فضلكم، لا تختلقوا الأعذار. كان العمل في BCG بعيدًا عن وظيفة 9-5. غالبًا ما كنت أبدأ العمل في الساعة 9:30 صباحًا وأذهب للنوم حوالي الساعة 2 صباحًا. والآن، وبالعودة إلى القصة، ماذا يعني هذا النهج؟ كان ذلك يعني أن لدي خطة سنوية لشراء العقارات وملتزمًا بودائع غير قابلة للاسترداد وتسهيلات ائتمانية قصيرة الأجل. وهذا يعني أنني دفعت ثمن العقارات التي كنت قد التزمت بشرائها بالفعل. لقد احتفظت بتقويم يضم جميع التطورات الجديدة المثيرة للاهتمام في جوهانسبرغ وكيب تاون. وهذا يعني أنه بمجرد وصول راتبي إلى حسابي، سيتم تحويله في اليوم التالي إلى مكان ما لشراء عقار أو الاستثمار في الأسهم. رأيت فقط التكلفة الشهرية التي تتراوح بين 600 إلى 800 دولار، والتي تغطي نفقات معيشتي الأساسية. لم يكن هناك نقود خاملة لإغرائي في عمليات شراء غير ضرورية. يعكس هذا النهج إنفاقي القائم على القيم والأساسية.

**أولوميد أوغونسانو:** ألم تتمكن من تحويل الأموال إلى حسابك؟

**أشاني سامون بياو:** لا، لقد ذهب الأمر مباشرة إلى المطور. لقد قمت بالفعل بدفع ودائع غير قابلة للاسترداد للعام بأكمله، وقمت للتو بزيادة المدفوعات. إذا لم أقم بتعبئة المبلغ، فسوف أخسر الممتلكات. بمجرد أن أصبحت الأموال في الضمان، لم أتمكن من استرجاعها إلا إذا كانت هناك مشكلة قانونية. ولا يمكن تحويل الأموال الملتزم بها، حتى في حالة الطوارئ. لقد استخدمت بطاقات الائتمان لحالات الطوارئ.

**أولوميد أوجونسانوو:** فهمت. الالتزام المسبق أمر بالغ الأهمية.

**أشاني سامون بياو:** بالضبط. اسمحوا لي أن أوضح أكثر. أخذت تقويمًا لكل التطورات الجديدة المثيرة للاهتمام في جنوب إفريقيا وحسبت العائدات المحتملة. سألت نفسي أسئلة مثل: "هل هذا الموقع واعد حقًا؟ هل هناك أي خطط لتمديد خط القطار؟" قمت بتقدير إجمالي دخلي السنوي في مجموعة بوسطن الاستشارية، ثم أبلغت المطورين بأنني سأشتري من خمسة إلى عشرة عقارات سنويًا. كنت أعرف كل العقارات ذات العائد المرتفع في جنوب أفريقيا، وكان لدي خطة واضحة لعدد العقارات التي أرغب في شرائها كل عام، وكذلك متى وكم أحتاج إلى نقلها إلى المطورين. يسألني البعض عن الأحداث غير المتوقعة، وكانت طريقتي في التعامل معها بسيطة. براتب مرتفع، حصلت على بطاقة ائتمانية كانت بمثابة حاجز بين الرواتب.

**أولوميد أوجونسانو:** أولئك الذين يستخدمون الأحداث غير المتوقعة كذريعة يخطئون في فهم الأمر. وبدلا من حل السيناريوهات المتطرفة، ينبغي لنا أن نخطط للسيناريوهات المتوسطة الأكثر احتمالا وأن يكون لدينا تأمين أو حماية للمواقف المتطرفة. على سبيل المثال، إذا اشتريت سيارة دفع رباعي لمجرد أنك تحتاج أحيانًا إلى نقل أربعة أصدقاء، على الرغم من أن سيارتك فارغة بنسبة 99% من الوقت، فمن المحتمل أنك تدفع مبالغ زائدة مقابل وسائل النقل. وبالمثل، إذا كنت تدفع ثمن منزل مكون من ثلاث غرف نوم لأن عائلتك تزوره مرتين في السنة أو لأنك غير متأكد من الوقت الذي سيحتاج فيه الضيوف إلى الإقامة معك، على الرغم من أن غرف النوم فارغة بنسبة 99% من الوقت، فمن المحتمل أنك دفعت مبالغ زائدة للسكن. هذا هو المأزق الشائع في الرحلة إلى الاستقلال المالي: دفع ثمن الأصول غير المستغلة بسبب حل السيناريوهات الخارجية. للأسف، قد تؤدي غرف النوم الإضافية إلى تأخير الجدول الزمني المستهدف لاستقلالك المالي بمقدار 5 إلى 10 سنوات.

**أشاني سامون بياو:** أوافقك الرأي تماماً. اسمحوا لي أن ألخص قسم الاستثمار هذا ببعض الأفكار الرئيسية. أولاً، عليك أن تضع في اعتبارك رؤية الاستقلال المالي. في حالتي، أردت الانتقال إلى جنوب أفريقيا لأنني استمتعت بالعيش هناك. لقد حسبت تكلفة المعيشة واحتسبت السفر العالمي، بالإضافة إلى إضافة حاجز. ثم قمت بترجمة هذه الأهداف المالية إلى أهداف قصيرة المدى، ومتوسطة المدى، وطويلة المدى. لقد قمت بتطوير خطة لتوليد دخل متكرر لتغطية نفقات المعيشة، والتي تضمنت شراء شقق بغرفة نوم واحدة، والاستثمار في الأسهم بهدف جني الأرباح خلال أكثر من عامين، والقيام

باستثمارات ملائكية في الشركات بهدف جني الأرباح خلال أكثر من 5 سنوات. سنين. وأخيرًا، قمت بإنشاء آليات التزام لضمان التنفيذ المنضبط للخطة.

**أولوميد أوغونسانو:** نعم، عندما نشعر براحة شديدة، نصبح راضين عن أنفسنا ولا نتخذ أي إجراء.

**أشاني سامون بياو:** كانت آلية الالتزام التي ابتكرتها هي دفع الوديعة مقدمًا. لنفترض أنني أردت شراء خمسة عقارات بتكلفة 5000 دولار لكل إيداع في السنة. لقد دفعت كامل مبلغ 25000 دولار أمريكي لجميع العقارات الخمسة في شهر يناير، وكان هذا الإيداع غير قابل للاسترداد. لم تكن هناك طريقة بالنسبة لي للتراجع. لقد أعدمت بلا رحمة. وفي الوقت نفسه، تمكنت من إدارة نفقات معيشتي على أساس الإنفاق القائم على القيم، ووضعت ميزانية قدرها 600-800 دولار شهريًا في دبي. قد يتجاوز ذلك في بعض الأشهر، لكنني لم أكن بحاجة إلى ميزانية تزيد عن 800 دولار لأنني أستطيع استخدام بطاقتي الائتمانية لتغطية الفائض. عندما أتلقى راتبي التالي، سأعوض الدين قبل أن تصل رسوم بطاقة الائتمان.

بعد ذلك، قمت بإجراء بحث دقيق وعدلت نموذجي وفقًا لذلك. في البداية، قمت بشراء عقارات مكونة من غرفتي نوم وأخرى مكونة من غرفة نوم واحدة. ومع ذلك، سرعان ما أدركت أن الشقق المكونة من غرفتي نوم لديها معدلات شغور أعلى لأن العائلات التي لديها أطفال، والتي عادة ما تستأجر مثل هذه العقارات، تميل إلى التحرك بشكل أقل من الأزواج الشباب أو العزاب. لقد كان هذا خطأي الأول، وعلمت أن عوائد الوحدات المكونة من غرفتي نوم لم تكن مواتية حتى مع الإشغال الكامل. لقد خسرت آلاف الدولارات، وبعت تلك العقارات، وأعدت استثمارها في عقارات أكثر ربحية.

**أولوميد أوجونسانوو:** نعم، هذا بالضبط ما ناقشناه ـ تحديد الأهداف والتمحور. لقد حددت هدفًا، وبدأت في تنفيذه، وقمت بإجراء التعديلات بناءً على تقدمك. التتبع ضروري.

أيضًا، ستكون هناك أوقات يشكك فيها الناس في اختياراتك وقد يكون ذلك مرهقًا، ولكن يجب أن تتذكر دائمًا "السبب". كان "سبب" سامون هو رغبته في الاستقلال المالي. ولهذا السبب تحمل ضغوط العثور على الشركاء المناسبين، والبلد المناسب مثل جنوب أفريقيا، والنوع المناسب من الشقق ـ وحدات بغرفة نوم واحدة. لقد فكر في كيفية توليد الدخل، ومع من يجب الشراكة، ونوع المستأجرين الذين يجب جذبهم. قد يبدو الأمر شاقًا، لكنني أراهن أن الأمر لم يكن مرهقًا جدًا بالنسبة لسامون لأنه كان لديه هدف نهائي واضح وقام بإجراء تعديلات كلما تقدمت نحوه.

**أشاني سامون بياو:** هناك شيء واحد لم أذكره سابقًا، والذي عزز زخمي بشكل كبير، وهو عندما بدأت في كسب أول 1000 دولار من الدخل الشهري السلبي في غضون بضعة أشهر. ثم ارتفع إلى 2000 دولار واستمر في الزيادة. كنت لا أزال أعمل في وظيفتي وألتزم بالإنفاق القائم على القيم. لقد قمت بإعادة استثمار دخل الإيجار في المزيد من الشقق. لقد منحني ذلك شعورًا بالأمان، إذ عرفت أنه حتى لو فقدت

وظيفتي، فيمكنني العيش في إحدى شققي وتحصيل الإيجار من الشقق الأخرى. كان الوفاء. بالإضافة إلى ذلك، نظرًا لوجود مصدر دخل جديد لم أكن أنفقه، فقد قمت بضبط نموذجي المالي. اليوم، يمكنني شراء عقارين جديدين كل عام فقط من دخل الإيجار الذي أحصل عليه. في السنوات القليلة الماضية، كنت أعيش في مكان مريح في دبي، أو باريس، أو سان فرانسيسكو، بينما اشترت العقارات في جنوب أفريقيا نفسها عمليًا. لا أحتاج إلى استثمار أموال إضافية إلا إذا اخترت إنفاق الكثير على أشياء أخرى بعد أن أصبحت في FIREDOM [تبتسم].

**أولوميد أوغونسانو:** لا يصدق. يا لها من قصة. إذا كان بإمكانك تلخيص النقاط الأساسية للأشخاص الذين يفهمون أن العقارات هي وسيلة لتوليد الدخل ولكنهم قد يشعرون بالخوف أو عدم اليقين بشأن ما يجب عليهم فعله، فماذا ستكون؟

**أشاني سامون بياو:** أولاً، احصل على بعض التعليم الأساسي حول الموقع المحدد ونوع الاستثمار. تعرف على كيفية جني الأموال من تأجير العقارات، وفهم العائد وارتفاع رأس المال، والتعرف على النفقات النموذجية. اقرأ بقدر ما يمكنك العثور عليه على الإنترنت. ثانيًا، ركز على استراتيجيتك الشاملة. ما هي أهداف الاستقلال المالي لديك؟ فهل تتوافق العقارات مع تلك الأهداف؟ يمكن أن تكون العقارات خيارًا جيدًا، ولكن هناك العديد من الاحتمالات الأخرى التي قد تناسبك بشكل أفضل. إذا قررت الاستثمار في العقارات، فابدأ في إجراء بحث مستهدف. ما هي الدول التي يجب أن تفكر فيها؟ ما هي أنواع العقارات؟ لا تقبل بالمعلومات العامة؛ ابحث عن المعرفة المتخصصة.

**أولوميد أوغونسانو:** لا تقتصر على البحث عن العقارات في المكان الذي تعيش فيه فقط. لا تعتقد أنه لمجرد أنك تقيم في دنفر، كولورادو، يجب عليك امتلاك عقار هناك. هذا شكل من أشكال FOMO غير المباشرة. العيش في دنفر لا يعني أنك عالق هناك. كان سامون في دبي، يشتري عقارات في جنوب أفريقيا. تذكر أنك إنسان يتمتع بإمكانيات لا حدود لها كمواطن عالمي. فكر على نطاق واسع.

**أشاني سامون بياو:** لقد استثمرت أيضًا في العقارات في المملكة المتحدة واستكشفت الفرص في أتلانتا. من المهم تثقيف نفسك حول هذه الخيارات. ابدأ بمحو الأمية المالية وتحديد الأهداف. إجراء العناية الواجبة الشاملة كبير في هذا المجال. اطلب المشورة من الأفراد في شبكتك الذين يمتلكون المعرفة حول الاستثمارات العقارية. يجب أن تزودك التشاور مع أربعة أو خمسة أشخاص بمعلومات كافية حول الاستراتيجيات الفعالة والمزالق المحتملة. بمجرد تحديد نوع معين من الصفقات، مثل البيع أو الشراء والاحتفاظ والبيع، قم بجمع نقاط البيانات الأولية لتوجيه تجربتك. جرّب إستراتيجيتك بأقل تكلفة، ولكن قم ببناء تجربتك بطريقة تضمن أنك ستشعر بالتأثير في حالة فشلها.

**أولوميد أوجونسانوو:** نعم، تكلفة منخفضة، ولكن مع بعض العناصر في اللعبة. استثمارك لكل من الدولارات والوقت.

**أشاني سامون بياو:** بالضبط، الدولارات والوقت. لسوء الحظ، العالم مليء

بالمحتالين. حوالي 90% مما تجده على اليوتيوب أو تويتر إما كاذب أو غير كامل عن عمد لأن الجميع يحاول جذب انتباهك. لكي تفهم حقًا، تحتاج إلى الحصول على خبرة عملية. لا تعتمد فقط على الآخرين في معرفتك.

**أولوميد أوغونسانو:** [ضحك] أتوجه بالتحية إلى يوتيوب وتويتر.

**أشاني سامون بياو:** [تبتسم] بالتأكيد. الجميع يقول ما يعتقدون أنه سيجذب انتباهك. عليك الخروج من هناك واكتساب خبرة حقيقية. خلاف ذلك، سوف ينتهي بك الأمر إلى حرق.

ثالثا، لا توجد طرق مختصرة. قد يتساءل بعض الناس: "فقط أعطني ثلاثة أشياء أقوم بها". حسنًا، الأشياء الثلاثة التي أقترحها مبنية على تجربتي. على الأرجح، سيكون هناك ثلاثة أشياء أخرى تنطبق عليك تحديدًا. لا تخف من اكتساب تجاربك الخاصة بدلاً من انتظار التعلم من الآخرين دائمًا.

رابعا تعلم. إذا استثمرت في جنوب أفريقيا وخسرت المال دون أن تتعلم أي دروس، فقد خسرت كل شيء حقًا. حتى لو خسرت المال، تعلم منه. لا تستخلص استنتاجات عاطفية أو سطحية. أفترض أن كل شخص في هذا المستوى يمتلك القليل من التفكير النقدي. إذا كانت الممتلكات الخاصة بك لا تجتذب المستأجرين، فلا تقفز إلى استنتاجات مثل "أوه، جنوب أفريقيا مضيعة تمامًا". حاول أن تفهم سبب عدم حصولك على مستأجرين وما إذا كان الآخرون ناجحين. كيف يجذبون المستأجرين؟ ومن خلال القيام بذلك، ستكتسب رؤى قيمة حول سبب عدم جذب وحدتك للمستأجرين. ربما لا يزال بإمكانك اختيار سحب استثمارك، ولكن على الأقل ستفعل ذلك مع الفهم الكامل لـ "السبب".

خامساً وأخيراً، إنشاء آليات الالتزام. نحن جميعا نواجه الإغراءات. قلل من العمل الذي يجب عليك القيام به عن طريق وضع نفسك في مواقف لا يتعين عليك حتى التفكير فيها. في حالتي، التزمت بشراء عدد محدد من العقارات ودفعت مبلغًا ضخمًا غير قابل للاسترداد، مما جعل من الصعب تغيير رأيي.

في الختام، بعد الانتهاء من كلية إدارة الأعمال، شرعت في رحلة نحو الاستقلال المالي. في البداية، كان لدي نموذج ساذج حيث كنت أهدف إلى تحقيق الاستقلال المالي في غضون عامين من الاستشارة ثم بناء مدارس للطلاب ذوي الدخل المنخفض. اعتقدت أن هدفي في الحياة هو السعي وراء المزيد من المساعي النبيلة وذات المغزى بما يتجاوز مجرد كسب المال. لكن صحتي أجبرتني على إعادة التقييم. أدركت أنه لا يوجد شيء مضمون، وأردت أن أكون حرًا ماليًا حتى أتمكن من التركيز على الأشياء المهمة حقًا. وذلك عندما قمت بإنشاء نموذج Excel لتحقيق أسرع خروج من حياة الشركة. لقد نفذت خطتي، واغتنمت الفرص، وبعد خمس سنوات تقريبًا في مجموعة بوسطن الاستشارية، حققت الاستقلال المالي في منتصف الثلاثينيات من عمري.

**أولوميد أوغونسانو:** اسمحوا لي أن أكرر شيئًا مهمًا لجمهورنا. نحن لا نقترح على القراء شراء شقق بغرفة نوم واحدة في جنوب أفريقيا كما فعل سامون. والوجبات

الرئيسية هي وضع رؤية وخطة للاستقلال المالي. قم بتطوير خطة على المدى القصير والطويل، وابدأ في اتخاذ الإجراءات أثناء التكيف على طول الطريق مع حصولك على معلومات جديدة. في الواقع، لقد ناقشنا ما إذا كان ينبغي تضمين تفاصيل استثمار سامون العقاري في الكتاب لتجنب تركيز الأشخاص بشكل مفرط على التكتيكات بدلاً من الرؤية والاستراتيجية الشاملة الأكثر أهمية.

إذا كنت تقرأ قصصنا وتعتقد أنه يجب عليك محاولة تكرار طريقنا لتحقيق الاستقلال المالي في منتصف الثلاثينيات من عمرك، فأنت تفتقد هذه النقطة. الهدف ليس التسرع نحو الاستقلال المالي. الهدف هو أن تعيش الحياة بشروطك الخاصة. نستمر في التأكيد على هذا حتى أنا لم أخطط لحياتي مسبقًا. كانت لدي رؤية وبقيت منفتحًا على الفرص. على سبيل المثال، لو لم أجرِ تلك المحادثة مع مايكل صن، لما كنت قد تقدمت بطلب إلى معهد ماساتشوستس للتكنولوجيا. لو لم أواجه تحديات في وظيفتي، لما ذهبت إلى أكسفورد. كان لدي نجم شمالي، وليس خريطة حياة مخططة مسبقًا. كان نجم الشمال ولا يزال يعيش بشكل مقصود وأصيل.

وهذا ما يجب أن تستخلصه من هذا الكتاب. كيف يمكنك أن تعيش الحياة التي تريدها حقًا؟ ما هي الإجراءات التي تحتاج إلى اتخاذها؟ ما هي القيم التي يجب أن تعطيها الأولوية؟ سنناقش أساليب محددة لتوليد الإيرادات والدخل لقضية ما في وقت لاحق. لكن العقلية وتحديد الأهداف لها أهمية قصوى. عليك أن تؤمن بأن FI ممكن بالنسبة لك.

وكما ذكرت سابقًا في الكتاب، يبلغ متوسط العمر المتوقع في البلدان النامية حوالي 50 عامًا، بينما يتراوح في البلدان المتقدمة بين 70 و80 عامًا. بالنظر إلى هذا الإطار الزمني المحدود، إذا كنت بالفعل في العشرينات أو الثلاثينيات من عمرك وتستمع إلى هذا الكتاب، فلديك قدر محدود من الوقت لخلق حياة ذات معنى ومرضية. فلماذا لا تتحلى بالشجاعة وتجرب شيئًا مختلفًا؟ ما أسوأ ما يمكن أن يحدث؟ من الأفضل أن تعيش حياة هادفة بدلًا من السير مع التيار، لأنه قد لا يقودك إلى حيث تريد حقًا أن تكون.

**أشاني سامون بياو:** عش حياتك بالفعل. فكر في الاستقلال المالي كوسيلة للتحرر من المسار المحدد مسبقًا الذي تفرضه علينا الحياة غالبًا. يخبرنا المسار التقليدي أن نعمل حتى سن 65 أو 70 ثم نتقاعد. يعمل بعض الأشخاص حتى سن 65 عامًا ويجمعون ثروات كبيرة، ومع ذلك لا يزالون يشعرون بالضياع لأنه لم تتح لهم الفرصة أبدًا لاستكشاف هويتهم الحقيقية أو متابعة شغفهم.

الاستقلال المالي يسمح لك بإعادة كتابة هذا السيناريو. ليس عليك الانتظار حتى سن السبعين لتسأل نفسك: "من أنا؟" أو "أين أريد أن أقضي إجازتي؟" بدلًا من ذلك، اقلب السيناريو في وقت مبكر من سنوات نشاطك. ابدأ بفهم من أنت وما الذي يجلب لك السعادة حقًا. تخيل أنك تفعل شيئًا تحبه إلى أجل غير مسمى، بغض النظر عن التعويض المالي. ثم اكتشف كيف يمكنك الوصول إلى هذه النقطة في أسرع وقت ممكن، دون القلق المستمر بشأن المال. كانت تلك قصتي المهنية الأخيرة بعد كلية إدارة الأعمال.

**أولوميد أوغونسانو:** أقدر مشاركتك قصتك الرائعة. عندما تشرع في السير على

طريق الاستقلال المالي، ستشعر بشعور متزايد بالراحة والإثارة والسعادة. سوف ترتفع ثقتك بنفسك عندما تشهد تقدمك. إن أدمغتنا مجهزة لتجلب لنا السعادة عندما نشعر بالتقدم نحو تحقيق رغباتنا. ومع ذلك، كل هذا لا يمكن أن يحدث إلا إذا اتخذت هذه الخطوة الأولى الحاسمة. بدون البدء، لا يمكنك أبدًا الوصول إلى نقطة الإنجاز هذه. لذا، أشجعك على البدء اليوم. في الواقع، ابدأ الآن. ضع هذا الكتاب جانبًا وابدأ في صياغة رؤية مقنعة واتخاذ إجراءات يومية تجاه مستقبلك المالي. أراكم في الفصل التالي!

# 6ج: مبادئ تعظيم الإيرادات والإنفاق على أساس القيم

**أولوميد أوغونسانو:** مرحبًا بكم في هذا الفصل الذي نستكشف فيه مبادئ تعظيم الإيرادات والإنفاق القائم على القيم. سنقوم بتقسيمها إلى ثلاثة أقسام: تحديد المبادئ، ومناقشة كيفية تسريع الاستقلال المالي، والتوصية بالموارد لمزيد من التعلم. لنبدأ بالتعمق في تعظيم الإيرادات.

**أشاني سامون بياو:** أجد القياسات مفيدة لفهم المفاهيم بشكل أفضل. ربما تكون على دراية بالشركات الناشئة وكيفية جمع الأموال من المستثمرين. تقييم الشركة يحدد قيمتها. الآن، فكر في نفسك كشركة ناشئة ذات تقييم محدد. تعظيم الإيرادات هو عملية اكتشاف القيمة الحقيقية الخاصة بك ومعرفة كيفية الحصول على أموال مقابلها.

**أولوميد أوجونسانو:** يعد تعظيم دخلك أحد أكثر العوامل تأثيرًا، إن لم يكن الأكثر تأثيرًا، في الرحلة نحو الاستقلال المالي. في حين أنه من الممكن تحقيق الاستقلال المالي حتى مع انخفاض الدخل، إلا أنه يميل إلى أن يكون أكثر صعوبة. فلماذا لا تستفيد من أعظم أصولك ـقدرتك البشريةـ لتوليد الدخل؟ هذا ما نستكشفه اليوم: تعظيم الإيرادات. أنا أشجع القراء على استكشاف العديد من فرص بناء الثروة المتاحة لهم. ابدأ بتقييم الخيارات التي تتوافق مع معرفتك ومهاراتك واهتماماتك وبيئتك وعلاقاتك. فيما يلي بعض الطرق لتكوين الثروة:

أولاً، هناك الوظيفة أو المهنة التقليدية. يمكنك استبدال وقتك ومهاراتك مقابل راتب من الشركة. يمكن أن يوفر العمل دخلاً ثابتًا، لكنه قد لا يوفر نفس إمكانات النمو التي توفرها ريادة الأعمال.

ثانياً، هناك ريادة الأعمال والعمل الحر. يمكنك تطوير المنتجات أو الخدمات التي تعزز حياة العملاء، مثل الكتب والدورات التدريبية والمدونات والبودكاست، أو حتى بدء الامتياز. هناك خيار آخر وهو إنشاء ممارسة مهنية، مثل أن تصبح طبيبًا أو محاميًا أو محاسبًا وما إلى ذلك. وبدلاً من ذلك، يمكنك تقديم خدمات مثل العمل الحر أو التدريب أو الاستشارات أو حتى المشاركة في اقتصاد الأعمال المؤقتة. يمكن أن تكون ريادة الأعمال وسيلة مجزية لتراكم الثروة، على الرغم من أنها تنطوي على مخاطر أكبر للفشل.

يمكن متابعة هذين الخيارين الأولين بدون رأس مال مقدم. بالإضافة إلى ذلك، السبيل الثالث لبناء الثروة ينطوي على الاستثمارات، والتي تتطلب رأس مال أولي. يمكن أن تحقق الاستثمارات دخلاً ثابتًا بمرور الوقت، ولكنها تحمل أيضًا مخاطر الخسارة المالية. في الفصل 6أ، قمنا بتغطية أنواع الاستثمار ضمن إطار ESIPL، بما في ذلك استثمارات

السوق العامة، والعقارات، ورأس المال الاستثماري، والأسهم الخاصة، والاستثمار الملائكي، والعملات المشفرة، والسلع، وتداول العملات الأجنبية، والمقتنيات، والإقراض من نظير إلى نظير، وحسابات الودائع. اهتمام. لذلك سنركز أكثر على فرص العمل وريادة الأعمال، ونتطرق بإيجاز إلى استثمارات السوق العامة والعقارات لأنها غالبًا ما تكون فرص الاستثمار الواعدة للكثيرين.

لقد استبعدت عمدا المقامرة والهدايا والمنح والمكاسب غير المتوقعة ومدفوعات التأمين ومكاسب اليانصيب والميراث كخيارات لبناء الثروة لأن FIREDOM يركز على طرق منهجية ومستدامة لبناء الثروة، بدلا من الاعتماد على الأحداث المحظوظة والنادرة.

وهذه الخيارات لا يستبعد بعضها بعضا، ويمكن اتباع مسارات متعددة في وقت واحد. بالإضافة إلى ذلك، فإن الأمثلة المذكورة هنا لا تمثل سوى جزء صغير من الخيارات المتاحة. يكمن مفتاح تكوين الثروة في تقديم شيء ذي قيمة يرغب فيه الآخرون أو يحتاجون إليه. ونتيجة لذلك، لا يمكن أن تكون هناك قائمة شاملة لخيارات توليد الثروة، حيث تتطور الاحتياجات البشرية باستمرار، مما يفتح فرصًا جديدة لتكوين الثروة كل يوم.

**أشاني سامون بياو:** بالتأكيد. وأنا أقدر كيف كنت قد وضعت بها. إنه أمر سهل الفهم وملموس، خاصة بالنسبة لأولئك الذين بدأوا أو يحتاجون إلى الإبداع في هذه العملية. أود أن أضيف بعدًا آخر: جانب التقييم. في أي مرحلة من حياتك المهنية، يجب أن تكون قادرًا على الجلوس وتسأل نفسك: ما قيمة رأس المال الفكري والطاقة والشخصية التي أعيشها طوال حياتي؟ إنه سؤال صعب للإجابة عليه. وهنا تأتي الخطوة التالية، وهي اكتشاف منهجيات التقييم، على غرار ما ذكره أولوميد. واسمحوا لي أن أشارككم مثالي الخاص: عندما كنت أعمل في شركة Deutsche Telekom كمستشار فني، حصلت على درجة الماجستير في علوم الكمبيوتر والهندسة الكهربائية. لقد حظيت بميزة المرونة الجغرافية وفرص السفر بفضل جواز السفر الخالي من المتاعب. لذلك، يمكنني تقييم القيمة التي يمكن أن أحققها في كل فئة من الفئات التي ذكرتها، يا أولوميد. في حالتي، كان لدي وظيفة في الفئة الأولى.

**أولوميد أوغونسانو:** نعم، من المهم أن تأخذ بعين الاعتبار الراتب الذي يمكن أن تتوقعه بناءً على مهاراتك.

**أشاني سامون بياو:** هذا صحيح. من المهم تحليل قدراتك الخاصة واستكشاف كيف يمكنك تعظيم مهاراتك لتحقيق دخل أعلى. خذ لحظة للتفكير في الحد الأقصى للدخل الذي يمكنك تحقيقه في كل فئة من الفئات التي ذكرها أولوميد. دعوني أعطيكم مثالاً من تجربتي الخاصة. لقد أتيحت لي الفرصة لزيارة العديد من البلدان والتحدث بعدة لغات، وحصلت على شهادة من جامعة أوروبية مرموقة. لقد شككت في قيمتي الحقيقية وأدركت أنه يمكنني متابعة نفس الوظيفة في بلد معفى من الضرائب يتماشى مع حبي للسفر. لقد قدرت الفارق المحتمل الذي سيحدثه.

**أولوميد أوجونسانو:** لقد قمت بتحليل ظروفك وحددت الأدوات التي يمكنك استخدامها لزيادة دخلك إلى الحد الأقصى.

**أشاني سامون بياو:** بالضبط. يتعلق الأمر بتحليل قدراتك الحالية والنظر في الأصول الفكرية الإضافية التي يمكنك الحصول عليها للحصول على فرص أكبر. وهذا ما أسميه "التعرف على الإيرادات"، وهو ما يتجاهله الكثير من الناس. على سبيل المثال، يسألني بعض الأشخاص عن كيفية كسب المزيد من المال، ولكن عندما أقترح استكشاف البلدان المعفاة من الضرائب أو المعفاة من الضرائب، يتوقعون مني تقديم قائمة. إذا كنت تطلب قائمة، فقد تفتقر إلى الدافع لإنجاحها. المعلومات متاحة على الإنترنت، خذ زمام المبادرة للعثور عليها بنفسك.

يذهب بعض الأشخاص إلى ما هو أبعد من البحث عن دولة معفاة من الضرائب ويركزون على مدن محددة. لقد قرأوا عن تكلفة المعيشة وسرعان ما رفضوا الفكرة لأنها تبدو مرتفعة للغاية بناءً على بحث سطحي. ومع ذلك، فإن تكلفة المعيشة ذاتية ويمكن إدارتها في أي مكان تقريبًا. على سبيل المثال، على الرغم من أن دبي معروفة بارتفاع تكاليف المعيشة، إلا أنني تمكنت من العيش بمبلغ 800 دولار شهريًا.

**أولوميد أوجونسانو:** هناك متوسط تكلفة المعيشة، وهناك تكلفة المعيشة المحددة. إنها صورة مصغرة للمفهوم الأوسع في هذا الكتاب. هناك الرحلة المالية المتوسطة وهناك رحلتك نحو الاستقلال المالي، والتي قد تكون في العشرينات أو الثلاثينات أو الأربعينات من العمر مقابل السبعينيات والثمانينيات من العمر. لا تدع أفكارك المسبقة تحد من استكشافك لتعظيم الإيرادات وتوليد الثروة. قد لا تتوافق خلفيتك وتحيزاتك مع أفضل الفرص المتاحة لك. ماضيك لا يحدد إمكاناتك.

لنفترض، من الناحية النظرية، أن والدك كان صاحب مطعم. أنت مستعد بالفعل للتفكير في امتلاك المطاعم كوسيلة لتحقيق أقصى قدر من الدخل، ولكن ربما لديك بالفعل بعض القدرات الفكرية التي قد تكون أكثر ملاءمة للاستثمار في تأجير العقارات. قد يكون من الأفضل لك في الواقع الحصول على وظيفة في شركة في مجال معين تستمتع به بالفعل ويمكن أن تجني المزيد من المال. إذا كنت تعمل بالفعل، فقد تفترض أن الوظائف هي أفضل الطرق لكسب المال. ربما لا. ربما لديك بالفعل بعض المهارات الفطرية والمواهب وظروف العلاقات لبناء مشروع تجاري رائع. وبالمثل، قد يدعي رواد الأعمال أن بدء مشروع تجاري هو الطريق النهائي إلى الثروة، ولكن قد لا يكون هذا هو الحال بالنسبة للجميع.

**لا توجد طريقة أفضل لكسب المال، ولكن قد تكون هناك طريقة أفضل لكسب المال بناءً على معرفتك ومهاراتك وعلاقاتك وظروفك الحالية والمحتملة. تحقق من جميع خيارات بناء الثروة وكن متفتحًا للتقييم والتجربة والتعديل بشكل مستمر.**

تجنب رفض استراتيجيات توليد الثروة الخاصة بالآخرين، خاصة إذا كنت لا تفهمها بشكل كامل. وهذا ببساطة انعكاس لتحيزاتك الخاصة. قد يستخف شخص ما يستثمر في الأسهم بالعقارات لأنه لا يريد التعامل مع تحدياتها، في حين قد يرفض رجل الأعمال

فكرة العمل لدى شخص آخر. لدينا جميعًا تفضيلاتنا، ولكن من المهم احترام وتقدير الاختيارات التي يتخذها الآخرون بناءً على ظروفهم الخاصة.

لدي تحيزاتي الخاصة. أستخدم في المقام الأول مهنة الشركات والاستثمار في الأسهم للحصول على الدخل، لكن ليس لدي سوى احترام رواد الأعمال والمستثمرين العقاريين وكل شخص آخر يتبع استراتيجية مختلفة لتراكم الثروة. نحن جميعًا إخوة وأخوات نحاول معرفة الخيارات الأكثر منطقية بالنسبة لنا.

**أشاني سامون بياو:** أود أن أضيف نقطتين إلى ذلك. أولاً، لا تتورط في شلل التحليل. إذا كنت تبحث عن دورات تدريبية وهناك مجموعة واسعة من الأسعار، فلا تقضي الكثير من الوقت في التحليل دون اتخاذ قرار. إن المخاطرة والتعلم من حالات الفشل يمكن أن توفر رؤى قيمة حول المخاطر التي تستحق المخاطرة. ثانياً، انتبه إلى التحيزات. قد يدعي مؤسسو الشركات الناشئة أنها أسرع طريقة لتحقيق الثراء، ولكن الحقيقة هي أن معظم الشركات الناشئة تفشل. من ناحية أخرى، فإن التحول إلى شريك في شركة استشارية بعد سنوات من الإنفاق القائم على القيم يمكن أن يؤدي إلى تراكم كبير للثروة.

**أولوميد أوغونسانو:** [تبتسم] ولم يكن على الشريك قضاء ليالٍ بلا نوم في التفكير في العملاء والمنتجات وملاءمة المنتج للسوق. نحن جميعا بحاجة إلى أن نكون أكثر استباقية في البحث عن الفرص. لا تتعلق كثيرًا بمسارك الحالي، خاصةً إذا انتهى بك الأمر بسبب الظروف. بدلاً من النظر باستخفاف إلى الأساليب المختلفة لبناء الثروة، دعونا نعزز الفضول والفهم حول الأسباب التي تجعل الناس يختارون مسارات بديلة.

**أشاني سامون بياو:** أوافق. واسمحوا لي أن أقدم مثالا لتوضيح ذلك. في يونيو 2022، عندما كنت في منطقة الخليج، قمت برحلة مع أوبر وأجريت محادثة مع السائق. لقد كان جزءًا من سعيي لفهم تجارب الحياة المختلفة. أثناء محادثتنا، اكتشفت أن السائق، الذي كان لديه زوجة وطفل، كان يعمل 40 ساعة في الأسبوع. لقد ركز بشكل استراتيجي على رحلات المطار، حيث وضع نفسه بالقرب من أماكن مثل Googleplex، أو الحرم الجامعي Meta، أو المطار خلال أوقات الذروة للسفر لتحقيق أقصى قدر من أرباحه. وعلى الرغم من وظيفته غير التقليدية، إلا أنه كان يجني مبلغًا رائعًا قدره 12 ألف دولار شهريًا.

**أولوميد أوجونسانوو:** واو، لا يصدق.

**أشاني سامون بياو:** يوضح هذا أن الوظائف غير التقليدية والمهام الجانبية، مثل القيادة لدى شركة أوبر، يمكن أن تحقق دخلاً مرتفعًا. على سبيل المثال، إذا كان لديك بالفعل وظيفة في Google وتستمتع بالتواصل الاجتماعي، فيمكنك التفكير في القيادة لصالح Uber في وقت فراغك لتوليد دخل إضافي. يمكنك أيضًا توثيق تجاربك كسائق في Uber من خلال التدوين أو البث الصوتي أو الكتابة، وبالتالي تعزيز أرباحك.

**أولوميد أوغونسانو:** يرتبط هذا المفهوم بالمبادئ الأوسع التي ناقشناها سابقًا. ومن خلال تعزيز الفضول والطموح لاستكشاف ما هو أبعد من مسارك الحالي، يمكنك

اكتشاف طرق بديلة لزيادة دخلك إلى الحد الأقصى. من المفيد التفكير في خيارات أخرى بدلاً من مجرد الالتزام بوظيفة تقليدية وقضاء وقت الفراغ في أنشطة مثل مشاهدة Netflix والتصفح عبر Instagram. إن السعي وراء مصادر دخل إضافية لديه القدرة على تسريع رحلتك نحو الاستقلال المالي. تتطلب المخاطرة والتجربة الشجاعة، ولكن هذا لا يعني بالضرورة التخلي عن دورك الحالي لاستكشاف طرق أخرى لتوليد الإيرادات. على سبيل المثال، إذا كنت تمتلك مطعمًا، فلماذا لا تقوم بإنشاء منتج تكميلي مثل مدونة مطعم؟ المفتاح هو الحفاظ على الفضول والتحلي بالشجاعة لاتخاذ الإجراءات اللازمة. يجب على كل شخص أن يحدد خيارات توليد الثروة التي سيتبعها لتحقيق أهدافه المالية.

**أشاني سامون بياو:** شكرًا لك. أود أن أضيف وجهة نظر أخرى. إذا لم تكن مرتاحًا لتقييم نفسك كعمل تجاري، ففكر على الأقل في التفكير في نفسك كمستثمر لزيادة دخلك إلى الحد الأقصى. فيما يلي نهج من ثلاث خطوات: أولاً، قم بالبحث وتحديد فرص بناء الثروة في بيئتك. ثانيًا، خصص وقتك وطاقتك ومبلغًا أوليًا صغيرًا، إذا لزم الأمر، لإحدى هذه الفرص. حتى الاستثمار الصغير يمكن أن يجذب انتباهك وتعلمك وجهودك في التحسين. ثالثًا، بمجرد العثور على عميل محتمل يمكن الاعتماد عليه، أضفه إلى محفظتك من الأنشطة الجانبية المدرة للدخل، ثم ابدأ من جديد في إمكانيات توليد الثروة الجديدة.

على سبيل المثال، عندما وصلت إلى لاغوس، لم أكن أعرف سوى القليل عن المدينة. ولكن في غضون بضعة أيام، بدأت في تقييم الفرص المختلفة المدرة للدخل. لقد طرحت أسئلة مثل: ما المبلغ الذي يمكنك كسبه من العمل لدى شركة ماكينزي؟ ماذا عن البنك أو الشركة الناشئة؟ ماذا لو كنت تمتلك سيارة أوبر وتستأجر سائقًا؟ ماذا عن الاستثمار في العملات المشفرة؟ عندما أوصى شخص ما بالعقارات في لاغوس، قمت بتدقيق الأرقام. وبالاعتماد على تجربتي مع الاستثمارات في جنوب أفريقيا، كان بإمكاني إجراء مقارنات وتحديد سريع أن شراء العقارات لتأجيرها في نيجيريا لم يكن الخيار الأفضل. من المهم تجنب التأثر بمنظور واحد والنظر في تجاربك وأفكارك الخاصة.

وفي نهاية المطاف، اكتشفت فرصة عمل للإقراض جذبت اهتمامي. عرضت عوائد آمنة بالدولار الأمريكي. كانت شركة الإقراض متورطة في اللعبة، لذلك لم تتمكن من تحمل وجود عدد كبير جدًا من القروض المعدومة على منصتها. ولاختبار الأمر، خصصت مبلغًا صغيرًا، 20 ألف دولار، لهذه الفرصة. لقد تعمقت في التفاصيل من خلال الاجتماع مع الرئيس التنفيذي، ومراجعة اقتصاديات الوحدة، وتقييم العملاء الحاليين، وفحص وضعهم المالي ومنهجيات تقييم المخاطر. لست بحاجة إلى أن تكون صاحب رأسمال مغامر لتطرح هذه الأسئلة. إذا كان هناك شيء يبدو جيدًا جدًا لدرجة يصعب تصديقها، مثل وعد بمضاعفة أموالك عندما تكون عوائد الاستثمار الفعلية 20% فقط، فمن الواضح أنك تتعامل مع مخطط هرمي محتمل.

**أولوميد أوجونسانوو:** [ضحك]

أشاني سامون بياو: لقد طرحت هذه الأمثلة لتسهيل الأمر على الأشخاص الذين يختلقون الأعذار. إن التفكير كمستثمر لتعظيم دخلك لا يتطلب مهارات رياضية أو مالية متقدمة. إذا كنت تعرف كيفية إدارة راتبك لتغطية الإيجار ولا يزال لديك أموال متبقية، فيمكنك فهم التمويل الأساسي. لكن المفتاح هو تجاوز النظرية والحصول على مظهر حقيقي في اللعبة. سيطالبك المظهر الموجود في اللعبة بطرح الأسئلة الصحيحة وفهم العمل. أن تصبح مستثمرًا جيدًا لا يحدث بين عشية وضحاها. عليك أن تمر بدورات وربما تواجه الفشل. لا يمكنك أن تتوقع أن تصبح مستثمرًا فوريًا أثناء استرخائك في غرفة المعيشة الخاصة بك مع Netflix من جهة وبعض التطبيقات العشوائية من جهة أخرى.

أولوميد أوجونسانو: أحيانًا أسمع أشخاصًا يستخدمون لغة مدمرة للذات كذريعة لتجنب استكشاف فرص بناء الثروة. على سبيل المثال، قد يرغب شخص ما في الاستثمار في العقارات المستأجرة ولكنه يرفض الفكرة بقوله: "لا أعرف إذا كان بإمكاني البدء الآن. ربما في غضون خمس أو عشر سنوات". أو قد يفكرون: "هذا الشخص الناجح في الاستثمار الإيجاري يجب أن يكون أكثر ذكاءً ويتمتع بعلاقات أفضل مني." أنا أشجع الناس على قراءة الفصول المتعلقة بالإيمان بالنفس والاعتماد على الذات في وقت سابق من الكتاب للتغلب على هذه الأعذار.

أشاني سامون بياو: أنا سعيد بالبدء. كمهاجر، من المهم أن تدرك قوتك وحدودك. قوتنا تكمن في عدم الاضطرار إلى الالتزام بوضع معين. نحن لا نحمل الأمتعة الثقافية للبلد الذي نهاجر إليه، وعلينا أن نستخدم ذلك لصالحنا. عندما ننتقل إلى بلدان أخرى، يجب أن نقرر أي عادات نريد أن نعتمدها أو نتخلص منها. على سبيل المثال، في مكان مثل دبي، حيث يوجد الكثير من الرفاهية، من المغري شراء سيارة لامبورغيني فقط لتناسب المكان. لكن هذا يقع في فخ شراء شيء ما من أجل الانتماء.

أولوميد أوجونسانوو: نعم، أكبر عقبة في رحلتك نحو الاستقلال المالي هي الخوف من الخوف، وهذا مثال رئيسي على ذلك. ربما لا تحب السيارات الفاخرة، ولكنك تشتري واحدة لأن الآخرين يمتلكونها. ولكن ماذا لو كانت أهدافهم وقيمهم مختلفة عن أهدافك وقيمك؟ أنت تسلك طريقًا لا يتماشى مع قيمك الحقيقية، وقد يؤدي ذلك إلى عدم الرضا.

أشاني سامون بياو: عندما تنتقل إلى بلد يتمتع بمستوى مرتفع من نصيب الفرد من الثروة، فمن الضروري إعطاء الأولوية لأهدافك وتطلعاتك بدلاً من مجرد اتباع العادات المحلية. على سبيل المثال، في دولة الإمارات العربية المتحدة، قد لا تجد سائقي سيارات الأجرة أو النوادل الإماراتيين. إذا وصلت إلى هناك ورفضت فرصًا مثل العمل كسائق سيارة أجرة بسبب وضعك المتصور، فقد تتجاهل السبل المحتملة للنمو المالي. وبالمثل، في أمريكا، يتم تشجيع بطاقات الائتمان على نطاق واسع، لكن هذا لا يعني تلقائيًا أنها أفضل عادة مالية يمكن تبنيها. في حين أنه قد تكون هناك حالات صالحة مثل استخدام بطاقات الائتمان بشكل مسؤول لكسب النقاط أو الاستثمار في الأعمال التجارية، فمن الضروري تقييم كل موقف بناءً على ظروفك الفردية وأهدافك المالية.

**النار: قصص الاستقلال المالي للمهاجرين الأفارقة**

أولوميد أوغونسانو: [ضحك] ماذا لو استخدمت بطاقتي الائتمانية لشراء تلفزيون بحجم مائة بوصة لا أستطيع تحمل تكلفته؟

أشاني سامون بياو: [ضحك] باعتبارك غريبًا أو مغتربًا أو مهاجرًا، فإن تنمية عقلية قوية ومركزة أمر بالغ الأهمية. لقد التقيت بأصدقاء أفارقة يعيشون في أوروبا يعبرون عن مخاوفهم بشأن الانتقال إلى دول الخليج وما إذا كانت النساء مجبرات على ارتداء الحجاب أو الحجاب. واستجابة لذلك، فإنني أحث على اتباع نهج مزدوج. أولاً، استخدم التفكير النقدي وتعمق في المعلومات التي تقدمها وسائل الإعلام الرئيسية أو الإشاعات عند اتخاذ مثل هذا القرار المهم. قم بإجراء بحث شامل، وحتى زيارة المكان المعني، للتمييز بين المفاهيم الخاطئة والواقع الفعلي. ثانيًا، اعتنق التفكير المستقل وقم بتقييم الأمور بناءً على قيمك الخاصة. في حين أن فكرة ارتداء الحجاب القسري قد تكون مضللة، فمن المهم ملاحظة أنه ليس الجميع ملزمين بارتدائه. إن البحث البسيط على الإنترنت أو تصفح منصات التواصل الاجتماعي سيكشف عن أفراد يعبرون بحرية عن اختياراتهم، بما في ذلك عارضات الأزياء اللاتي يرتدين البيكينيات على الشواطئ. ومع ذلك، باعتبارك أفريقيًا، فمن الضروري معالجة المخاوف المتعلقة بالعنصرية، والتي قد يكون لها تأثير أكبر على تجاربك. لا أقصد التقليل من أهمية القضايا الأخرى، ولكن باعتباري أفريقيًا مستفسرًا عن الحجاب، فإن فهم العنصرية ومكافحتها يجب أن يكون أيضًا من الاعتبارات القصوى.

أولوميد أوغونسانو: في كثير من الأحيان، عندما يطرح الناس مثل هذه الأسئلة، فإنهم يبحثون عن أعذار. سمعت ذات مرة شخصًا يقول إنه يريد الاستثمار في العقارات، لكن أكبر عقبة أمامه كانت حاجته إلى إنشاء شركة ذات مسؤولية محدودة أولاً. ويقول آخرون إنهم غير مهتمين بالاستثمار في سوق الأوراق المالية لأن السوق يمكن أن ينهار في أي وقت. بدلاً من تقديم هذه الأعذار، من الأفضل التركيز على الإجابة على الأسئلة الأساسية من الدرجة الأولى: ما هي أهدافي المالية؟ ما مقدار المال الذي تريد كسبه لتحقيق أهدافي المالية؟ هل ستساعدني العقارات في تحقيق أهداف دخلي؟ ما هو نوع العقار الذي يجب أن أستثمر فيه ولماذا؟

في الفصل الخامس، أكدنا على الدور الحاسم للتنمية الشخصية وبناء المهارات في تحقيق دخل أكبر. ومن خلال توسيع معرفتك وقدراتك، يمكنك رفع مستوى أرباحك وتأمين تعويضات أعلى. تصبح أكثر لكسب المزيد. احتضن عقلية المتعلم مدى الحياة وكرس نفسك لاكتساب المعرفة والمهارات الجديدة كل يوم. على سبيل المثال، أعطي الأولوية لمجالات معينة من التطوير الشخصي لمدة ساعة من التعلم على مدار الأسبوع، بدءًا من العلاقات وإدارة المنتجات في أيام السبت إلى الصحة والمبيعات في أيام الأحد، والذكاء الاصطناعي في أيام الاثنين، والحوسبة السحابية والسيارات ذاتية القيادة في أيام الثلاثاء، وسلسلة الكتل، وWeb3.، والعملات المشفرة في أيام الأربعاء، وChina/India Tech في أيام الخميس، وأخيرًا Africa Tech في أيام الجمعة.

سأختتم بمشاركة بعض التوصيات. أولاً، " Millionaire Fastlane [1]" و"

173

Unscripted "[2] من تأليف MJ DeMarco. أنا من أشد المعجبين به وقد أشرت إليه عدة مرات في هذا الكتاب. ربما تكون هذه أفضل الكتب التي قرأتها عن ريادة الأعمال. إنهم يستكشفون بدقة المزايا والمخاطر المرتبطة بالمسار الوظيفي التقليدي مقارنة بمسار ريادة الأعمال. بالإضافة إلى ذلك، فإنها توفر أطرًا وأفكارًا قيمة لبدء الأعمال التجارية وتنميتها، وجذب العملاء، وغير ذلك الكثير. هذه الكتب التي توسع العقل لا تصدق.

للمضي قدمًا، أقترح عليك الاطلاع على كتاب " كيف تصبح ثريًا "[3] بقلم Naval Ravikant، وهو متاح كبودكاست مدته 3 ساعات و35 دقيقة أو منشور مدونة. إنه يقدم تقطيرًا رائعًا للعقلية المطلوبة لتنمية الثروة. إن رؤى البحرية رائعة حقًا.

وأخيرًا، أنصح بقراءة كتاب " الدخل السلبي، التقاعد العدواني "[4]. يستكشف هذا الكتاب طرقًا مختلفة لبناء الثروة ويقدم أمثلة تفصيلية. إنه يتعمق في الشركات الصغيرة مثل المشاريع التي تديرها العملات المعدنية، والمغاسل، وغسيل السيارات، وغيرها من الأنشطة الريادية. يوسع الكتاب وجهة نظرك حول فرص كسب المال المختلفة خارج دائرتك الحالية.

بعد ذلك، دعونا نناقش الإنفاق القائم على القيم، والذي قمنا بتجميعه مع تعظيم الإيرادات لأنهما يسيران جنبًا إلى جنب وهما وجهان لعملة خلق الثروة نفسها. إنه يتضمن مواءمة نفقاتك مع قيمك الراسخة واتخاذ خيارات واعية تعكس ما يهمك حقًا. لتبني الإنفاق القائم على القيم، خذ وقتًا للتأمل لتحديد قيمك وترتيب أولوياتها. بمجرد تحديدها، حاول أن تنفق بما يتوافق مع قيمك، مدركًا أن الكمال ليس ضروريًا. حتى لو حققت محاذاة بنسبة 80% أو 90%، فإنك تحرز تقدمًا كبيرًا. لا تقسوا على نفسك إذا انحرفت من حين لآخر وتذكر أن كل يوم جديد يمثل فرصة لإعادة تنظيم إنفاقك واتخاذ الخيارات التي تتماشى مع قيمك.

**أشاني سامون بياو:** شكرًا لك. إنني أتوافق حقًا مع فكرة النظر إلى الإنفاق باعتباره فرصة للتعلم بدلاً من لوم النفس. يمر العديد من الأشخاص، بما فيهم أنا، بدورات ننفق فيها ثم نندم عليها لاحقًا، ثم نكرر نفس النمط دون التعلم منه. ومن خلال تغيير وجهة نظرنا والنظر إلى الإنفاق باعتباره فرصة للتعلم، فمن المرجح أن نستوعب دروسًا قيمة من تلك المواقف.

أرى أن الإنفاق القائم على القيم هو تحويل إنفاقك إلى استثمارات. عندما يكون لديك عقلية البحث عن عائد على كل ما تشتريه، فإنك تبدأ في البحث عن النفقات التي تقدم شكلاً من أشكال العائد، سواء كان نقديًا أو متعلقًا بعلاقاتك أو صحتك. أنت تتجنب إهدار المال


1. https://www.themillionairefastlane.com/

2. https://www.amazon.com/UNSCRIPTED-Life-Liberty-Pursuit-Entrepreneurship/dp/0984358161

3. https://nav.al/rich

4. https://www.amazon.com/Passive-Income-Aggressive-Retirement-Independence/dp/1706203020

على الأشياء التي لا تقدم أي قيمة حقيقية. على سبيل المثال، ما العائد الذي تحصل عليه من شراء الآيس كريم؟ ربما لا يكون هناك عائد كبير لأن الطعام يجب أن يساهم بشكل مثالي في صحتك.

**أولوميد أوغونسانو:** عودة سلبية. سيكون طبيب أسنانك سعيدًا بملء تجاويفك مقابل المال.

**أشاني سامون بياو:** كلما زاد تساؤلك عن العائد على النفقات، كلما تحولت من الإنفاق إلى الاستثمار. يساعدك على تطوير كفاءة الإنفاق القائم على القيم بشكل أسرع.

**أولوميد أوجونسانو:** في سعينا لتحقيق FI، غالبًا ما نركز على العوائد النقدية، لكن يجب ألا نتجاهل أهمية عصرنا. الوقت هو أغلى ما لدينا. ومن الأهمية بمكان أن نفكر في كيفية تخصيص وقتنا وطاقتنا، ومواءمتها مع قيمنا وأهدافنا. هل نتعامل مع الأمر من منظور قائم على القيم؟ هل نكرس أنفسنا لما يهمنا حقًا؟ هل نستغل وقتنا لإحراز التقدم والعيش وفقًا لقيمنا؟ ومن خلال تحديد أولويات التزاماتنا وتقليل الوقت الذي نقضيه في التشتيت، يمكننا البقاء على الطريق الصحيح. على الرغم من أننا لن نتعمق هنا في إدارة الوقت على أساس القيم، إلا أنها مهمة للغاية. الوقت والمال هما الموردان اللذان نمتلكهما، وكما يقول المثل المشهور: "أرني كيف ينفق شخص ما أمواله ووقته، ويمكنني أن أخبرك بكل شيء عن هذا الشخص".

**أشاني سامون بياو:** أحب ذلك. إلى جانب المال والوقت، تعد العواطف جانبًا مهمًا آخر يجب مراعاته عند الإنفاق على أساس القيم. يتعلق الأمر بسؤال نفسك عما إذا كان إنفاقك يتوافق مع قيمك. دعونا نركز على العواطف للحظة. نميل أحيانًا إلى لوم أنفسنا بسبب أشياء أو مواقف تافهة لا يمكننا تغييرها. هل يستحق الأمر حقًا قضاء ساعة من وقتنا وطاقتنا في القلق بشأن خطأ ارتكبناه؟ ألا ينبغي لنا بدلاً من ذلك أن نركز على التعلم منه، وتدريب أنفسنا على التخلي عنه، والتركيز على كيفية التحسن في المستقبل؟

**أولوميد أوجونسانوو:** أحب هذا الإطار. ويعني ذلك أنه يمكننا رفع مستوى المناقشة إلى ما هو أبعد من الإنفاق القائم على القيم إلى تحديد الأولويات القائمة على القيم. وتحت ذلك لدينا الطاقة والوقت والمال. وبينما ننتقل عبر هذه الجوانب، نبدأ في بناء العضلات لاتخاذ قرارات أفضل. إنه يذكرني بالأشخاص الذين يحاولون اتباع نظام غذائي صحي. في بعض الأحيان، عندما أشاهد مقاطع الفيديو الخاصة بهم، يكونون سلبيين للغاية وقساة على أنفسهم. بدلًا من توبيخ أنفسهم، قد يكون من الأفضل أن نفهم سبب قيامهم باختيارات معينة وكيف كانوا يشعرون في تلك اللحظة. استكشف المسامحة الذاتية والرحمة الذاتية وحب الذات، وحاول أن تفعل ما هو أفضل في المرة القادمة. الأمر نفسه ينطبق على التمويل الشخصي. دعونا نأخذ رد فعلين مختلفين بعد الإسراف في الإنفاق في النادي:

رد الفعل الصحي: "لقد أنفقت 200 دولار مع أصدقائي في النادي بالأمس. تناولنا بعض المشروبات. لقد كان الأمر ممتعًا، لكنني أدركت أنني لا أستمتع بالارتياد إلى هذا الحد. بناءً على أهدافي وميزانيتي، يجب أن أقتصر إنفاقي على 20 دولارًا في المرة القادمة".

رد الفعل غير الصحي: "أنا شخص فظيع. لماذا فعلت هذا؟ أنا غبي جدًا. لن أفعل ذلك مرة أخرى أبدًا"

من خلال تبني عقلية واستجابة إيجابية، يمكننا أن نتعامل مع الحياة بشكل أفضل في المرة القادمة ونشعر بإيجابية أكبر تجاه أنفسنا وتقديرنا لذاتنا.

**أشاني سامون بياو:** بالضبط. لقد قمنا بتغطية الأولويات القائمة على القيم ومبادئها الأساسية، مع التركيز على المال والوقت والعواطف. الهدف هو تدريب عقولنا على تحديد الأولويات باستمرار بناءً على قيمنا. الآن، دعونا نناقش سبب أهمية الإنفاق على أساس القيم.

**أولوميد أوغونسانو:** إن تصور الحياة التي نريدها حقًا، وتحديد هدف FI الخاص بنا، وتحديد الأهداف اليومية هي خطوات أساسية تمت مناقشتها سابقًا في هذا الكتاب. يعد الإنفاق القائم على القيم بمثابة أداة قيمة لمواءمة قراراتنا المالية مع قيمنا الأساسية، مما يدفعنا في النهاية نحو هدف FI الخاص بنا. وفي حين يعطي بعض الأفراد الأولوية للإنفاق القائم على القيم بسبب التحديات التي تواجه زيادة الدخل، فإنني أشجع على استكشاف كلتا الاستراتيجيتين في وقت واحد.

إن الإنفاق على أساس القيم هو ممارسة دقيقة، وغالباً ما يكون مبالغاً فيه أو أقل من قيمته. يركز بعض الأفراد بشكل مفرط على خفض التكاليف دون النظر إلى قيمها، في حين يتجاهل آخرون تأثير تكرار النفقات الأصغر، مما يقوض جهودهم لتعظيم الدخل. على سبيل المثال، قد ينفقون دون قصد 400 دولار شهريًا على القهوة التي لا يستمتعون بها حقًا أو يخصصون 200 دولار شهريًا لتلفزيون الكابل عندما يشاهدون عددًا قليلاً من القنوات فقط.

**أشاني سامون بياو:** اسمحوا لي أن أوضح أهمية الإنفاق القائم على القيم لتحقيق الاستقلال المالي ببعض الأرقام. يمكن أن يشكل الإنفاق على أساس القيم الفارق بين إنفاق 7000 دولار مقابل 800 دولار شهريًا في دبي. إذا أنفقت 7000 دولار على الحفلات، فسيؤثر ذلك سلبًا على صحتي بسبب الإفراط في الحفلات والشرب. كما أنه سيتركني أشعر بعدم الرضا لأنني لن أتمكن من السفر كثيرًا، والسفر يجلب لي السعادة. وبطبيعة الحال، لا ينبغي أن يكون الإنفاق القائم على القيم دائمًا متطرفًا للغاية، لكنني أردت أن أبين أن إجراء تخفيضات جذرية لا يعني بالضرورة التضحية بالسعادة.

إن تحقيق شيء ما يمنحنا دفعة من الدوبامين والطاقة. وهذا الزخم هو فائدة خفية لأنه بمجرد أن نبدأ في رؤية النتائج، نصبح أكثر سعادة وأكثر تحفيزًا لتحقيق المزيد، مما يؤدي إلى سعادة أكبر.

**أولوميد أوجونسانوو:** أقدر المثال الملموس الذي شاركته. من الشائع أن نسمع أصحاب الدخل المرتفع يرفضون الإنفاق القائم على القيم باعتباره محض هراء. قد يدعون أنهم "يتعين عليهم" إنفاق 200 ألف دولار سنويًا. ومع ذلك، عندما ننظر إلى متوسط دخل الأسرة في الولايات المتحدة الأمريكية، والذي يتراوح بين 50 ألف دولار إلى 78 ألف دولار، وحقيقة أن معظم الناس يربطون إنفاقهم بهذا النطاق، يصبح من

المفاجئ سبب إصرار شخص ما على إنفاق 200 ألف دولار.

إن استخدام عبارة "يجب أن" يضعنا في عقلية مقيدة. أشجع الناس على التحلي بالمرونة والفضول والتفكير خارج الصندوق. تصبح حريتك المالية على المحك عندما يفشل إنفاقك في التوافق مع قيمك. إنها ليست مسألة اختيار بين إنفاق 100 ألف دولار أو 60 ألف دولار سنويًا؛ يتعلق الأمر بعواقب الإنفاق المفرط، والذي قد يؤخر تقاعدك لسنوات. يمكن أن يترجم الإنفاق الإضافي البالغ 40 ألف دولار إلى عقود من العمل الإضافي. إنني أحث الجميع على إجراء الحسابات والتفكير بعمق في هذه الآثار.

**أشاني سامون بياو:** آمين. إن التوتر بين الإشباع الفوري والإشباع المؤجل يكمن في جوهر اختياراتنا. إليك سؤال للجمهور: هل يمكنك أن تتذكر أي إنجاز مهم كان متأصلًا في البحث عن الإشباع الفوري؟ شخصياً، لا أستطيع أن أتذكر إنجاز أي شيء ذي قيمة حقيقية مع التركيز على الرضا الفوري. من المهم بناء عضلات الإشباع المؤجل. يجب أن نركز على الاستمتاع بالأشياء التي تستغرق وقتًا لإنجازها ولكنها تحمل معنى أكبر من الملذات العابرة. يقصفنا المجتمع بالإغراءات، وينتهي بنا الأمر بالبحث عن السعادة من خلال تجميع عناصر الإشباع الفوري. ومع ذلك، تظل السعادة الحقيقية بعيدة المنال، مما يتركنا محاصرين في دائرة لا تشبع من الرغبة في المزيد. يؤدي هذا السعي الدؤوب في النهاية إلى زيادة الإنفاق، مما يؤدي إلى إدامة مطاردة الرضا العابر.

بدلًا من ذلك، دعونا ندرب عقولنا على إيجاد الرضا في الإشباع المتأخر. لا نحتاج إلى الانغماس في عمليات شراء متهورة أو ترفيه فوري؛ بل ينبغي لنا أن نعتنق جوهر الجوهرية. ما الذي يسعدك حقًا؟ نسيان التوقعات المجتمعية والمؤثرات الخارجية. إذا تعمقت في جوهرك، فستجد بعض الأشياء التي تجلب لك السعادة الحقيقية. بمجرد التعرف عليها واستثمار وقتك وطاقتك وأموالك فيها.

**أولوميد أوغونسانو:** كلما ركزت أكثر على الإنفاق القائم على القيم الجوهرية، كلما زاد الوقت الذي ستقضيه للاستمتاع بالأشياء التي تحبها مقابل أموال أقل لأنك ستجد حتما طرقا لتحسين تكاليفها. على سبيل المثال، إذا كنت تهتم فقط بألعاب كرة السلة، فيمكنك العثور على تذاكر مخفضة عبر الإنترنت. ولكن إذا أنفقت المال على 17 شكلاً مختلفًا من أشكال الترفيه، فسيكون لديك وقت أقل للبحث عن الخصومات لكل منها.

دعونا نتعمق أكثر في الإنفاق القائم على القيم من خلال تقسيم فئات الإنفاق المهمة إلى مجموعتين: الثلاثة الكبار وما سأسميه "ثلاثة الظل". **وتشمل الثلاثة الكبرى الإسكان والنقل والغذاء** ، والتي عادة ما تكون مجالات الإنفاق الأساسية بالنسبة لمعظم الناس. ومع ذلك، من المهم بنفس القدر تسليط الضوء على **الظل الثلاثة، بما في ذلك الضرائب والأطفال والطلاق/الأحداث الكارثية.** يمكن لهذه المجالات التي يتم تجاهلها غالبًا أن يكون لها تأثير كبير على رفاهيتك المالية. في الأقسام التالية، سنستكشف هذه المجالات الستة لفهم آثارها وتمكينك من اتخاذ قرارات مستنيرة. لنبدأ!

**1. الإسكان:** سامون، دعنا نناقش كيف يمكننا تحسين تكاليف السكن.

**أشاني سامون بياو:** إليك الطريقة التي يجب أن تتعامل بها مع الأمر: فكر في كيفية

مساهمة مسكنك في سعادتك الشاملة. النظر في بعض الأشياء. ما حجم السكن الذي يتوافق مع قيمك وأهدافك المالية؟ هل أنت منفتح على مشاركة مساحتك مع الآخرين أم تفضل العيش بمفردك؟ هل التواجد بالقرب من مكان عملك مهم بالنسبة لك؟ إذا كان لديك أطفال، ما مدى أهمية أن تكون في منطقة مدرسية جيدة وأن يكون لديك فناء خلفي؟ حدد الأولويات واختر بحكمة، مع الأخذ في الاعتبار أنه لا يمكنك الحصول على كل شيء دون الإسراف في الإنفاق. اسمحوا لي أن أشارك مثالا بسيط. عندما كنت في دبي، وجدت في البداية مكانًا على طراز Airbnb بالقرب من مكان عملي. في وقت لاحق، بدأت في استخدام نقاط الفندق للإقامات ولكني مع ذلك تأكدت من بقائي بالقرب من العمل.

**أولوميد أوجونسانو:** يلعب الموقع دورًا حاسمًا في الإسكان. ولا يؤثر ذلك على السعر فحسب، بل يؤثر أيضًا على عوامل مثل الضرائب واختيارات الوظائف. سامون، لقد نسيت حقيقة مهمة، لقد اخترت الذهاب إلى BCG Dubai vs BCG London أو BCG San Francisco. أنا أشجع الأشخاص على اتخاذ خيارات منهجية عندما يتعلق الأمر بالموقع واختيار الوظيفة والعمل عن بعد.

**أشاني سامون بياو:** أنا أتفق مع أهمية التفكير المنظومي. كثيرًا ما يقول الناس: "أنتم لا تفهمون واقعنا. علينا أن نعطي الأولوية للتواجد في منطقة مدرسية محددة لأطفالنا. على الرغم من أن هذه القيود صحيحة، إلا أنه من الضروري إعادة التقييم وتحديد أولويات ما يهم حقًا عند السعي إلى الاستقلال المالي. إذا كان ضمان وجود أطفالك في أفضل منطقة تعليمية ممكنة هو الأولوية القصوى، فقد يتطلب الأمر إلغاء إعطاء الأولوية للجوانب الأقل أهمية في أموالك.

**أولوميد أوغونسانو:** درب عقلك على تحديد الأولويات.

**أشاني سامون بياو:** قد يشعر البعض أن تحديد الأولويات يعني الخسارة. ولكن كما ذكر أولوميد سابقًا، فإن تحديد الأولويات يساعدك على التركيز وتحقيق المزيد مما تختاره.

**أولوميد أوغونسانو:** لقد ناقشنا مبدأ الفضول في فصل سابق. وأحث الناس على النظر في تحسين تكاليف السكن على مستويات مختلفة. ما هو نوع السكن المناسب لك؟ ما هي إمكانية المشاركة الموجودة؟ يمكنك أيضًا المضي قدمًا والتفكير في شراء منزل وتأجيره للآخرين (اختراق المنزل) للعيش فيه مجانًا تقريبًا. الخيارات كثيرة، ولكن يجب أن تكون على استعداد للقيام بالأشياء بشكل مختلف.

المستوى الأول، افتح عقلك وكن مرنًا وفكر بشكل مستقل في خيارات السكن المختلفة. المنازل والمجمعات السكنية والمقطورات كلها احتمالات. لا تقل: "لقد نشأت في منزل، لذا يجب أن أعيش فيه". إضافة قيود إلى المعادلة يجعل من الصعب إيجاد الحلول. أنا لا أقترح عليك أن تعيش في مقطورة، ولكن لماذا لا؟ إذا كان يمكنك من تحقيق الاستقلال المالي، فهو خيار قابل للتطبيق. كل شخص لديه خيارات مختلفة للقيام بها. أنا شخصياً لم أعيش في مقطورة، ولكن إذا كان عمري 21 عامًا وأعيش في منطقة تبلغ تكلفة المنازل المقطورة فيها 2000 دولار سنويًا مقارنة بإيجارات الشقق البالغة 40 ألف

دولار سنويًا، فلن أستبعد ذلك.

المستوى الثاني، بعد تحديد نوع السكن، من المهم النظر في إمكانية المشاركة. ربما تعتقد: "عمري 26 عامًا ولا أريد زملاء في الغرفة، لذا سأعيش في شقة بغرفة نوم واحدة". أنا أشجعك على التفكير على نطاق أوسع. في وقت سابق من هذا الفصل، ذكرت مجالات تكلفة الظل الثلاثة: الضرائب، وعدد الأطفال، والطلاق. المادة المظلمة ذات التكلفة الخفية الكامنة وراء كل مناطق الظل هذه هي FOMO ومواكبة الجيران. الفرق بين العيش بمفردك في شقة بغرفة نوم واحدة في سان فرانسيسكو مقابل 4000 إلى 5000 دولار مقابل مشاركتها مع شخصين مقابل 2000 إلى 3000 دولار يمكن أن يحدد ما إذا كنت ستحقق الاستقلال المالي في عمر 38 أو 58 عامًا.

**أشاني سامون بياو:** شكرًا لك أولوميد على دفعنا للتعمق أكثر هنا. المستوى الثالث يدور حول الشراء مقابل الإيجار ومنطقة بها الكثير من سوء الفهم. هناك فكرة مفادها أنه عندما تبلغ من العمر 30 عامًا، يجب عليك شراء منزل. حسنًا، كمستثمر عقاري، دعني أخبرك أن المنزل الذي تعيش فيه لا ينبغي بالضرورة أن يكون هو المنزل الذي تشتريه لبناء الثروة. في أماكن مثل سان فرانسيسكو، يمكنك استئجار منزل مقابل 8000 دولار شهريًا، وهو ما قد يكلفك من 4 إلى 5 ملايين دولار إذا اشتريته. إذا حصلت على رهن عقاري على هذا المنزل، فسينتهي بك الأمر بدفع أكثر من 20 ألف دولار شهريًا. الآن، فكر في الأمر. وبهذا المبلغ البالغ 4 ملايين دولار، يمكنك شراء 20 شقة في جورجيا واستخدام دخل الإيجار لتغطية الإيجار في سان فرانسيسكو. أنا شخصياً أفضّل الاستئجار هنا لأنه يوفر مرونة أكبر. مع الاستئجار، يمكنك الانتقال مع إشعار قبل شهرين فقط، في حين أن الرهن العقاري يتطلب المزيد من الوقت والجهد للعثور على مستأجر أو بيعه.

**أولوميد أوغونسانو:** يجب على غالبية الناس تحليل قرارهم بدقة قبل شراء منزل. إن اتخاذ هذا القرار الوحيد بشراء منزل بينما كان من الممكن أن يكون الإيجار خيارًا أفضل يمكن أن ينسف حلمك بالاستقلال المالي. لا تصدق ببساطة فكرة أن الإيجار هو "إهدار أموالك" أو تقبل الحكايات من العائلة أو الزملاء. والدتك، على الرغم من حسن النية، قد لا تكون خبيرة عقارية. ربما كان رئيسك في العمل أيضًا محظوظًا عندما لقد كسب المال عن طريق بيع منزله، أو كان بإمكانه كسب المزيد من المال عن طريق الاستثمار في سوق الأوراق المالية. بدلاً من ذلك، استخدم الآلات الحاسبة للإيجار مقابل الشراء عبر الإنترنت لتقييم موقفك بشكل موضوعي. أدخل المعلمات الضرورية ودع الآلة الحاسبة ترشدك نحو الخيار الأفضل لا تقم بافتراضات دون تقييم مناسب، فقد تتفاجأ عندما تكتشف أن الإيجار هو الخيار الأفضل في أجزاء كثيرة من العالم.

لنأخذ مثالا محددا. لنفترض أنك شاب أعزب في أواخر العشرينيات من عمرك وتعيش في نيوجيرسي. لديك خيارات متعددة: استوديو، شقة بغرفة نوم واحدة، شقة من غرفتي نوم مع غرفة إضافية للضيوف، أو شقة من ثلاث غرف نوم مع غرف إضافية لصالة الألعاب الرياضية أو الضيوف. يمكن أن يؤثر قرار السكن الفردي هذا ـ الاختيار

من بين هذه الخيارات الأربعة ـ بشكل كبير على مستقبلك المالي ويبقيك في عبودية مهنية لعقود من الزمن. خذ الوقت الكافي لتحليل هذا القرار بدقة. بالإضافة إلى ذلك، عليك أن تدرك أن بعض الثقافات تفضل بشدة ملكية المنازل، لذلك من المهم التغلب على أي تحيزات عند إجراء التحليل المقارن. لا تصدق كل ما تقرأه بشكل أعمى، بما في ذلك هذا الكتاب، إلا إذا تمكنت من التحقق من صحته بشكل مستقل من خلال التفكير النقدي. على الرغم من أن Samon حقق استقلاله المالي في المقام الأول من خلال الاستثمارات العقارية والإيجارية، فمن المهم بالنسبة لك التحقق من المعلومات بنفسك.

**2. وسائل النقل:** هناك خيارات مختلفة، تتراوح من المشي وركوب الدراجات إلى الحافلات والسيارات، وحتى الطائرات الخاصة. عند التفكير في وسائل النقل، من المهم التفكير في كيفية ملاءمتها للتفكير القائم على النظام على وظيفتك وإسكانك. لنكن واضحين، إذا كنت تعيش عن بعد في البرتغال، فستكون تكاليف النقل الخاصة بك ضئيلة لأنك لا تحتاج إلى التنقل إلى المكتب.

الآن، من الناحية النظرية، لنفترض أنك وجدت نفسك في موقف لا تكون فيه بعيدًا وتحتاج إلى التنقل إلى المكتب كل يوم. بدلا من شراء سيارة تلقائيا، فكر في بدائل أخرى. على سبيل المثال، يوفر المشي وركوب الدراجات فوائد صحية كبيرة. على الرغم من أن هذا الكتاب لا يتعلق بالصحة على وجه التحديد، فمن المهم ملاحظة أن المشي وركوب الدراجات من الطرق الرائعة للحفاظ على لياقة جسمك. أنا لا أتحدث فقط عن انبعاثات أول أكسيد الكربون؛ أنا أشير إلى النشاط البدني الذي يساهم في صحتك العامة. بالطبع يختلف كل ظرف عن الآخر، لذا أشجعك على التفكير بشكل إبداعي واستكشاف الخيارات غير التقليدية. لا تلجأ ببساطة إلى شراء سيارة، خاصة بالنظر إلى فرق التكلفة المرتفع بين المشي والقيادة وركوب الدراجات. يمكن أن تكلف السيارة، حتى لو كانت مستعملة بشكل جيد، حوالي 10000 دولار، في حين يمكنك العثور على دراجات جميلة مقابل 300 إلى 700 دولار.

**أشاني سامون بياو:** من الجدير بالذكر أننا لم نتطرق حتى إلى تكاليف الإصلاح والغاز والتأمين المرتبطة بامتلاك سيارة. يقول بعض الناس أنهم بحاجة إلى سيارة بسبب أسرهم. أنا لا أنكر أهمية السيارة، لكني أحثك على التفكير فيها بعمق. إذا كان السبب الرئيسي وراء شراء سيارة هو اصطحاب طفلك للتمرين مرة واحدة في الأسبوع في أيام السبت، فمن المحتمل أنك تبالغ في الإنفاق.

**أولوميد أوغونسانو:** في حين أن رحلة أوبر إلى عيادة طفلك قد تكلف حوالي 14 دولارًا، فإنك تنفق 15000 دولار على سيارة. من الضروري التفكير بشكل نقدي والنظر في العديد من الخيارات المتاحة. كما ذكرنا سابقًا، هناك المشي وركوب الدراجات ومشاركة الرحلات، واسمحوا لي أن أضيف أن النطاق السعري الذي ذكرته للدراجات يشير إلى دراجات جديدة. ومع ذلك، يمكنك العثور على دراجات مستعملة موثوقة بسعر يتراوح بين 200 و400 دولار. إنه ليس مجرد الاختيار بين سيارة ودراجة، أو سيارة وحافلة، أو سيارة ومشي. إنه قرار يمكن أن يؤثر على الجدول الزمني للتقاعد لعدة

سنوات إذا اخترت السيارة، أو يؤدي إلى صحة أفضل وسنوات عديدة من الحياة النشطة إذا أعطيت الأولوية للمشي أو ركوب الدراجة.

3. **الطعام:** أولاً وقبل كل شيء، الخيار الأكثر فعالية من حيث التكلفة هو إعداد وجبات الطعام في المنزل. إن طهي وجبات الطعام الخاصة بك يفوق تكاليف تناول الطعام خارج المنزل. يمكنك التحكم في المكونات واختيار خيارات غذائية صحية وأقل تكلفة. ثانيًا، يمكنك طهي الطعام بكميات كبيرة وحفظ بقايا الطعام لوقت لاحق. ثانياً، عندما يتعلق الأمر بالطعام الذي تستهلكه، قم باختيارات مدروسة. بعض الأطعمة هي بطبيعتها أكثر صحة من غيرها. من خلال تخصيص الوقت للطهي في المنزل، لن تتمكن فقط من الاستمتاع بوسائل الراحة في مساحتك الخاصة، ولكن ستتاح لك أيضًا الفرصة لإعداد وجبات مغذية وصديقة للميزانية. ولحسن الحظ، تميل الخضروات والفواكه الصحية مثل البروكلي واللفت والتوت إلى أن تكون ميسورة التكلفة مقارنة بالأطعمة المصنعة مثل الحلوى أو الصودا. تحتوي الفواكه والخضروات على نسبة عالية من العناصر الغذائية ومنخفضة السعرات الحرارية. من ناحية أخرى، غالبًا ما تحتوي الأطعمة المصنعة على نسبة عالية من الدهون غير الصحية والسكر والملح. لا تخف من التجربة. يجب على الأشخاص تقييم التوازن المفضل لديهم بين الطهي في المنزل وتناول الطعام بالخارج، وأهمية الأكل الصحي، ومقدار الوقت الذي يريدون قضاءه في الطهي.

**أشاني سامون بياو:** دعونا نعود إلى تحويل النفقات إلى استثمارات. جودة الطعام في المطاعم، حتى الراقية منها، يمكن أن تكون أقل بكثير مما يمكنك طهيه في المنزل.

**أولوميد أوجونسانوو:** بالتأكيد. إنهم يشترون المكونات بكميات كبيرة ويقومون بإعداد الطعام دون العناية والاهتمام الذي توليه عند الطهي بنفسك.

**أشاني سامون بياو:** الغذاء هو المصدر الرئيسي للوقود لجسمك، وجودته يمكن أن تؤثر بشكل كبير على صحتك. فكر في اختياراتك الغذائية كاستثمارات في رفاهيتك. أظهرت الأبحاث باستمرار أن تناول كميات زائدة من اللحوم الحمراء يرتبط بزيادة مخاطر الإصابة بأمراض القلب والأوعية الدموية والسرطان. من المهم أن تسأل نفسك: هل أرغب في زيادة فرصي في التمتع بالاستقلال المالي حتى السبعينات من عمري؟ قد يقودك هذا التفكير إلى تبني عادات غذائية صحية. وبدلاً من ذلك، يمكنك إعطاء الأولوية لجوانب أخرى وقبول عمر أقصر. على المستوى الشخصي، يمثل الطعام ثاني أعلى النفقات في ميزانيتي، مما يؤكد الأهمية التي أعلقها على اتخاذ خيارات واعية وموجهة نحو الصحة. يتم استيراد كل ما عندي من البروتين الحيواني مباشرة من غرب أفريقيا، حيث لدي ثقة أكبر في أنه عضوي وصحي.

**أولوميد أوجونسانو:** عندما يقترح أصدقاؤك تلقائيًا الذهاب إلى مطعم في كل مرة تريد قضاء الوقت فيها، فلماذا لا تقترح الذهاب إلى الحديقة أو الشاطئ بدلاً من ذلك؟ هناك الكثير من البدائل. يبدو أن الكثير من الناس يعتادون على الخروج لتناول الطعام، لكن لا يجب أن يكون الأمر على هذا النحو. فكر بشكل خلاق. قد تحتاج فقط إلى ضبط نسبة الوقت الذي تقضيه في تناول الطعام في المنزل مقابل الخروج، وهو ما يمكن

أن يكون له تأثير كبير بالفعل. لا تدع FOMO يسيطر عليك. إذا كان جميع أصدقائك سيذهبون إلى مطعم حيث تبلغ تكلفة الوجبة المتوسطة 120 دولارًا، فيمكنك أن تقول لهم: "يا رفاق، سأقابلكم لتناول المشروبات بعد ذلك". بهذه الطريقة، قد تنفق 20 دولارًا أو 30 دولارًا فقط. أنا أشارك هذه النصائح المحددة لأنني أشعر أن الكثير من الناس يقللون من شأن التأثير. إذا كنت تتناول العشاء بشكل متكرر وتنفق 120 دولارًا في كل مرة، فهذا يصل إلى متوسط نفقات شهرية قدرها 500 دولار، وهو ما يعادل الإيجار. من المهم أن تكون واعيًا.

**أشاني سامون بياو:** عند الحديث عن الطعام، دعونا لا نغفل تأثير المشروبات على ميزانياتنا. ويمكن أن تكون في كثير من الأحيان أغلى من الطعام نفسه. كنت أتناول كمية لا بأس بها من الكحول، على الرغم من أنني لم أعتبر نفسي مدمنًا على الكحول أبدًا. ومع ذلك، عندما اعتنقت الإنفاق القائم على القيم، تحول تركيزي إلى إعطاء الأولوية لصحتي. أدركت أن الكحول لا يستنزف مواردي المالية فحسب، بل يؤثر أيضًا سلبًا على صحتي. ونتيجة لذلك، اتخذت قرارًا واعيًا بتقليل استهلاكي للكحول بشكل كبير. في الوقت الحاضر، أحتفظ به في المناسبات النادرة، مثل أعياد الميلاد أو المناسبات الخاصة، وحتى ذلك الحين، أشربه باعتدال. أشارك هذا المثال الشخصي لتسليط الضوء على كيف يمكن لهذه التغييرات أن تحقق تحولات إيجابية في حياتك. على الرغم من أنني لا أزال أستمتع بالخروج مع الأصدقاء إلى الحانات، إلا أن خياري بالامتناع عن الشرب لا يعيق تجاربي الاجتماعية.

**أولوميد أوجونسانو:** توقفت عن الشرب عندما كان عمري 17 أو 18 عامًا، كما تعلمت في فصلي الجامعي. ومع ذلك، ما زلت أزور الحانات والنوادي من أجل الموسيقى والخبرة والناس. أنا لا أهتم بالكحول. الكحول ليس صديقك وسوف يمارس الجنس معك. فكر في نوع الطعام الذي تستهلكه، مع التركيز على الجودة بدلاً من التركيز فقط على السعر. اغتنم الفرصة لتحسين مهاراتك في الطبخ، الأمر الذي يتماشى مع مبدأ التنمية الشخصية. تجنب الوقوع في فخ FOMO وإغراء مواكبة الآخرين في تناول الطعام الاجتماعي، لأنه غالبًا ما يؤدي إلى الإفراط في الإنفاق غير الضروري.

وبهذا تنتهي المناقشة حول الثلاثة الكبار. الآن، دعنا ننتقل إلى الظل الثلاثة: الضرائب، والأطفال، والطلاق/الأحداث الكارثية.

**4. الضرائب:** يمكن أن يكون للأنواع المختلفة من الضرائب، بما في ذلك الضرائب الفيدرالية وضرائب الولاية والضرائب على الدخل والمبيعات، تأثير كبير على مواردك المالية. من المهم عدم التقليل من أهمية تحسين الضرائب. في الواقع، بالنسبة للعديد من الأفراد، يمكن أن يكون للضرائب تأثير مالي أكبر من تكاليف السكن. استكشف المواقع في جميع أنحاء العالم ذات ضرائب دخل منخفضة أو حتى خيارات معفاة من الضرائب، وفكر في معدلات الضرائب العقارية أيضًا. قم بتحليل هذه السيناريوهات وقم بتقييم مقايضات العيش في مدن مختلفة بعناية لتعظيم المزايا الضريبية الخاصة بك. ابق على اطلاع على التزاماتك الضريبية، وقم بقياس تأثيرها، وتأكد من تحقيق أقصى استفادة

من الخصومات والائتمانات المتاحة. أنا لا أقترح عليك الانتقال فقط من أجل خفض الضرائب، بل أؤكد على مراعاة الآثار الضريبية عند اختيار مكان العيش. على سبيل المثال، قد يكون العيش في مكان مثل دبي حيث ضريبة الدخل منخفضة أمرًا يستحق الاستكشاف. إذا كانت إقامتك في كندا تتوافق مع قيمك، فافعل ذلك، ولكن انتبه إلى أن الجمع بين ضرائب الدخل والمبيعات يمكن أن يأخذ جزءًا كبيرًا، يتراوح من 20% إلى 60%، من إجمالي أرباحك.

**أشاني سامون بياو:** أحب هذه الأفكار. غالبًا ما يفترض الناس أنهم مرتبطون بمدينتهم أو بلدهم الحالي، مما يدفعهم إلى إدراك أن الضرائب أمر لا مفر منه.

**أولوميد أوجونسانو:** لقد غيرت جائحة كوفيد-19 كل شيء، حيث منحت المزيد من المرونة للناس للعيش في مدن ذات هياكل ضريبية مختلفة إلى حد كبير.

**أشاني سامون بياو:** هنا في كاليفورنيا، الضرائب التي أدفعها تساوي ثلاثة أضعاف الإيجار.

**أولوميد أوجونسانوو:** بيكيس. وهذا لا يأخذ في الاعتبار حتى ضريبة الأملاك وضريبة المبيعات، والتي يمكن أن تزيد العبء بشكل كبير. تجدر الإشارة إلى ضريبة الأملاك، خاصة بالنسبة لأولئك الذين يفكرون في شراء منزل. إنه جزء من تقييم النفقات القائم على النظام.

**أشاني سامون بياو:** عندما تدفع رهناً عقارياً بنسبة 5% أو 6% وتضيف ضريبة الأملاك (والتي يمكن أن تكون باهظة في كاليفورنيا)، فإن التأثير التراكمي هو أن امتلاك منزل قد لا يتوافق مع أهداف الاستقلال المالي. ويصبح الأمر مدعاة للغرور، وهو عدو الاستقلال المالي.

**أولوميد أوغونسانو:** الغرور هو طريقة مهذبة لقول FOMO. يعطي بعض الأشخاص الأولوية لتقليد أصدقائهم على تحقيق الاستقلال المالي.

**أشاني سامون بياو:** الضرائب مهمة للغاية، ويمكنني أن أتحدث من تجربتي الشخصية. لم أكن لأتمكن من متابعة طريقي والوصول إلى الاستقلال المالي في مثل هذه المرحلة المبكرة لو كنت أعيش أسلوب حياة مرهقًا بالضرائب. على مدى مسيرتي المهنية التي دامت 20 عامًا، أمضيت أقل من عامين في دفع الضرائب.

**أولوميد أوجونسانوو:** هذا أمر لا يصدق.

**أشاني سامون بياو:** بالنسبة لأولئك الذين يعتقدون، "ولكن كيف سيتم تمويل الطرق والخدمات العامة إذا لم ندفع الضرائب؟" إذا كنت لا تفهم السياسة المالية والإنفاق الحكومي، فاسمح لي أن أؤكد لك أنك تدفع ثمن الأشياء بطريقة أو بأخرى.

**أولوميد أوجونسانو:** ضرائبك اليوم هي بسبب قراراتك بالأمس. تنبع ضريبة دخلك من الوظيفة التي اخترتها، وضريبة الأملاك من المنزل الذي اشتريته، وضريبة المبيعات من العناصر التي اشتريتها. لقد اتخذت هذه القرارات، وأنت الشخص الذي يمكنه تغييرها. تجنب إلقاء اللوم على الخارج والشكوى من الضرائب المرتفعة. تذكر نقاشاتنا حول الاعتماد على النفس والثقة بالنفس والاعتماد على نفسك في اتخاذ القرارات

التي تؤدي إلى استقلال مالي أكبر. لا تضيعوا الوقت في الشكوى من أن حكومة الولايات المتحدة تحتاج إلى خفض الضرائب الفيدرالية. هذه ليست مشكلتك. لا تهتم بإيجاد طرق للضغط على نيوجيرسي لخفض ضرائب المدينة. أيضا، ليست مشكلتك. بدلًا من ذلك، اسأل نفسك: "هل أريد أن أعيش هنا؟" إذا كنت لا ترغب في دفع الضرائب، فكر في الانتقال إلى مكان آخر.

**أشاني سامون بياو:** في بعض البلدان، يمكن أن يأتي شراء العقارات لأغراض الإيجار مع حوافز ضريبية إضافية تتجاوز الخصم القياسي لنفقات فوائد الرهن العقاري. إنه يشبه الادخار والاستمتاع بمعدل ضريبة أقل طوال سنوات عملك. أثناء انتقالك إلى التقاعد، يصبح دخل الإيجار من هذه العقارات أحد الأصول القيمة حيث تقوم بإطلاق القيمة المتراكمة لاستثماراتك.

**أولوميد أوغونسانو:** تذكر مبدأ الفضول لدينا. ابحث في الإنترنت عن "كيفية تخفيض الضرائب في [موقعك المحدد]." تقع المسؤولية على عاتقك، مما يمكّنك من استكشاف طرق لتحسين وضعك الضريبي المحدد. في حين أن رؤى سامون مهمة، فإن الهدف الأوسع هو إشعال فضولك، وتغذية حماستك، وإجراء أبحاث مصممة خصيصًا لظروفك الفريدة. لا تضيع في التفاصيل المقدمة هنا. الأمر لا يتعلق فقط بالتفاصيل؛ يتعلق الأمر بإشعال رغبتك في البحث والتنفيذ واتخاذ الإجراءات والتكيف على طول الطريق.

**أشاني سامون بياو:** انتبه أيضًا إلى الخطط التي يرعاها أصحاب العمل والتي تساهم بنسبة مئوية من دخلك في المعاشات التقاعدية أو المدخرات المعفاة من الضرائب. ضع هذه المزايا في الاعتبار عند التفاوض على عقد العمل الخاص بك.

**أولوميد أوجونسانو:** يتوافق هذا مع التفكير القائم على النظام لتعظيم الإيرادات، أليس كذلك؟ لا تركز فقط على الرواتب الأولية (على سبيل المثال، الشركة "أ" تقدم 40 ألف دولار، والشركة "ب" تقدم 50 ألف دولار). بدلاً من ذلك، قم بتوسيع منظورك للنظر في إجمالي التعويضات والامتيازات مجتمعة. قد تقدم الشركة "أ" حزمة تعويضات إجمالية قدرها 78 ألف دولار عندما تأخذ في الاعتبار 401 ألفًا، والعمل عن بعد، وضرائب أقل، والمزيد. فكر فيما هو أبعد من مجرد الراتب الأساسي؛ تحليل إجمالي التعويضات وتأثيرها على النفقات والإسكان والنقل والضرائب، مع الأخذ في الاعتبار الحسابات ذات المزايا الضريبية مثل 401K وIRA وHSA

**أشاني سامون بياو:** إذا كنت تعمل من المنزل وتستخدم منزلك كمكتب لإدارة الممتلكات الخاصة بك، فقد تتمكن من تحصيل جزء من إيجارك أو خصمه. شخصياً، عندما أسافر إلى جنوب أفريقيا للعناية بممتلكاتي، أو التوقيع على عقود إيجار جديدة، أو التعامل مع مهام مختلفة، فإن هذه النفقات يمكن أن تكون قابلة للخصم إلى حد ما. النظر في جميع المزايا التي يقدمها النظام. هناك طرق عديدة لتقليل العبء الضريبي الخاص بك.

**أولوميد أوغونسانو:** الآن، دعونا نتناول النفقات الظلية التالية، النفقات المتعلقة بالأطفال.

**5. الأطفال:** من الضروري إجراء تقييم دقيق لعدد الأطفال الذين تخطط لإنجابهم وفهم التأثير الذي سيحدثه ذلك على رحلتك نحو الاستقلال المالي. إن تربية الأطفال تأتي بتكاليف يصعب تقديرها في كثير من الأحيان، بل ويمكن أن تتجاوز الضرائب وتكاليف السكن، اعتمادا على مستوى دعم الوالدين المقدم.

لنفترض أنك ممزق بين إنجاب طفلين أو ثلاثة أطفال. في حين أن الفرق قد يبدو ضئيلا في البداية، إلا أنه يمكن أن يكون له تأثير عميق على طريقك إلى التقاعد. ولست هنا لكي أملي عليك العدد المثالي من الأطفال، فهو يبقى اختياراً شخصياً. وبدلاً من ذلك، أريد تسليط الضوء على المفاضلات التي ينطوي عليها الأمر ــ التقاعد في عمر 42 عامًا مع طفلين مقابل التقاعد في عمر 49 عامًا مع ثلاثة أطفال. ضع في اعتبارك سنوات العمل الإضافية المطلوبة بسبب إنجاب المزيد من الأطفال.

ربما لا تزال تعتقد اعتقادًا راسخًا أن إنجاب الأطفال أمر يستحق العناء، وهذا منظور جميل. ولكن من الضروري اتخاذ قرار مستنير والنظر في هذه العوامل قبل تكوين أسرة. بمجرد إنجاب الأطفال، يصبحون هدية حياتك العزيزة، ويستحقون كل حبك ورعايتك.

**أشاني سامون بياو:** اسمحوا لي أن أقدم ثلاث وجهات نظر حول هذا الموضوع. أولاً، يؤثر توقيت إنجاب الأطفال على رحلتك نحو الاستقلال المالي اعتمادًا على وقت إنجابهم. إذا كان لديك طفل في سن مبكرة، فقد يكون من الصعب التركيز على دراستك. ومع ذلك، إذا كان لديك طفل في سن متأخرة، فقد يحد ذلك من فرصك المهنية ويجعلك أكثر استقرارًا. الأشخاص الذين لديهم أطفال أقل عرضة لإجراء التغييرات والتحرك. إن إنجاب طفل في وقت لاحق من الحياة قد يوفر المزيد من المرونة.

ثانيًا، حتى فيما يتعلق بتربية الأطفال، إذا كنت في بداية حياتك المهنية، فقد يكون لديك موارد مالية أقل لتوفير التنشئة المرغوبة. إذا كان المال يلعب دورًا مهمًا في تربية أطفالك، فقد يكون من الأفضل التفكير في إنجاب الأطفال لاحقًا عندما تتوفر لديك الموارد اللازمة.

ثالثًا، عند التفكير في إنجاب الأطفال، فكر أيضًا في التأثير الذي قد يحدثه ذلك على مسار حياتك المهنية. تتطلب بعض الصناعات عملاً مكثفًا من أجل الترقيات، الأمر الذي قد يكون من الصعب تحقيق التوازن مع التربية السليمة للأطفال. غالبًا ما تكون هذه مواضيع غير معلن عنها بسبب الصواب السياسي.

**أولوميد أوجونسانوو:** علينا أن نتحدث عن ذلك. انها مهمة جدا.

**أشاني سامون بياو:** لنفترض أنك تعمل في وظيفة شديدة الضغط، وتهدف إلى الانتقال من منصب مساعد إلى منصب مدير. في هذه المرحلة، يؤدي إنجاب الأطفال إلى زيادة مستويات التوتر، مما يؤثر على صحتك. كما أنه يقلل من قدرتك على التواصل مع طفلك لأنك قد تحتاج إلى الاعتماد على خدمات رعاية الأطفال مدفوعة الأجر. هناك العديد من العوامل التي يجب مراعاتها.

**أولوميد أوغونسانو:** ودعونا لا ننسى يا سامون أن هناك تغييرات غير ملموسة أيضًا. قد يكون تصور مديرك هو: "أوه، أنت سترزقين بطفل، لذا ستعملين أقل وستكونين

أقل تركيزًا". قد تعتقد أنه من الخطأ أن يفكر مديرك بهذه الطريقة، ولكن هذه هي الحياة.

**أشاني سامون بياو:** إذا كنت لا تمانع بشكل خاص متى وكيف تنجب أطفالًا، فقد يكون من المنطقي تأجيل ذلك حتى تصبح أكثر استقرارًا في حياتك المهنية. يفيد هذا النهج كلا من الاستقلال المالي والقدرة على قضاء الوقت مع أطفالك. علاوة على ذلك، تقدم العديد من الشركات الآن خيارات مثل تجميد البويضات ووقت ربط الطفل.

**أولوميد أوغونسانو:** يمكن أن يكون لإنجاب الأطفال تأثير كبير على عادات الإنفاق لديك، خاصة في مجالات مثل السكن والنقل والطعام. قد ترغب في العيش بالقرب من مدرستهم، مما قد يعني ارتفاع الإيجار أو أقساط الرهن العقاري. قد تحتاج إلى شراء سيارة لقيادتها، مما قد يزيد من تكاليف الوقود والصيانة. قد يتعين عليك أيضًا تعديل ميزانية الطعام الخاصة بك لتلائم تفضيلاتهم واحتياجاتهم الغذائية. نحن لسنا هنا للحكم على اختيارات نمط حياتك أو إخبارك بعدد الأطفال الذي يجب أن تنجبهم. نريد فقط مساعدتك على فهم كيفية تأثير حجم عائلتك على أهدافك المالية وكيف يمكنك التخطيط وفقًا لذلك.

**6. الطلاق والأحداث الكارثية:** الظل الأخير للظل مجالات النفقة الثلاثة هي الطلاق والأحداث الكارثية. في بعض البلدان، يمكن أن يؤدي الطلاق إلى خسارة مذهلة تصل إلى 50% من أصولك، مما قد يكون له تأثير مدمر على رحلتك نحو الاستقلال المالي. من الممكن أن تفقد استقلالك المالي حتى بعد الوصول إلى FI من خلال خسارة نصف أصولك. لا يقتصر الأمر على العواقب المالية فحسب؛ يمكن أن تكون الخسائر العاطفية هائلة. إن فقدان شريك حياتك، الشخص الذي تحبه، بعد قضاء سنوات معًا يمكن أن يكون أمرًا مؤلمًا عاطفيًا بينما يعرض مستقبلك المالي للخطر. أشجع الجميع على استثمار الوقت في العثور على الشريك المناسب. فكر فيما إذا كنت تشارك نفس القيم والتوافق. خذ الوقت الكافي لفهم الآثار المترتبة على الطلاق في موقعك المحدد. نحن لا نقترح عليك تجنب الزواج أو العلاقات، بل نقترح عليك فهم آثار الطلاق عند اتخاذ القرارات.

**أشاني سامون بياو:** الآن، دعونا نحول انتباهنا إلى الأحداث الكارثية، وخاصة تلك المتعلقة بالصحة. يميل الكثير منا إلى الاعتقاد بأننا لا نقهر حتى تأتي الضربة غير المتوقعة. ومع ذلك، من المهم أن ندرك أنه لا أحد منا معفى من المشكلات الصحية. ولهذا السبب من الضروري التخطيط والاستعداد بشكل استباقي. يجب أن يكون تطوير استراتيجية قوية للتأمين الصحي على رأس قائمتك. ضع في اعتبارك التغطية المحددة التي تحتاجها وتأكد من أنها تنطبق على البلدان التي تزورها بشكل متكرر. الوقاية هي أيضا المفتاح. يمكن للفحوصات المنتظمة والتدابير الاستباقية أن تحسن بشكل كبير قدرتك على معالجة المشكلات الصحية بشكل فعال. بالإضافة إلى ذلك، لا تغفل أهمية تأمين الأصول الهامة الخاصة بك. يمكن أن يؤدي ترك العناصر المهمة غير المؤمن عليها إلى أعباء مالية كبيرة. تذكر أن الاستثمار في قسط تأمين صغير اليوم يمكن أن يوفر عليك تكاليف كبيرة على المدى الطويل.

**أولوميد أوجونسانو:** أشجع الجميع بشدة على إعطاء الأولوية لحمايتهم في المواقف

التي تنطوي على الطلاق والأحداث الكارثية الأخرى. هناك العديد من الأدوات المتاحة، بما في ذلك التأمين على الممتلكات والتأمين الصحي. أثناء تعاملك مع هذه الظروف، من المهم إيجاد طرق لحماية نفسك. فكر في خيارات مثل اتفاقيات ما قبل الزواج للزواج، وخطط التأمين الصحي، وتغطية التأمين على مالك المنزل أو الممتلكات. يعد التأمين المناسب أمرًا حيويًا، حيث أن الافتقار إليه يمكن أن يؤدي إلى مواقف صعبة مثل حريق المنزل. على الرغم من أننا لن نقدم توصيات محددة لكل كارثة محتملة، إلا أننا نريد التأكيد على تأثيرها السلبي المحتمل على رحلتك المالية. اتخذ خطوات استباقية لحماية نفسك!"

يغطي ذلك مجالات الإنفاق الثلاثة الكبرى والظل الثلاثة. لتلخيص الإنفاق القائم على القيم: حدد قيمك ورتبها حسب الأولوية. قم بمواءمة إنفاقك وفقًا لذلك وكن حذرًا من الخضوع لـFOMO. إن **FOMO هو المشكلة، والإنفاق القائم على القيم هو الترياق .** والآن دعنا ننتقل إلى التوصيات والمراجع.

**أشاني سامون بياو:** أوصي بكتاب " أموالك أو حياتك [5] بقلم فيكي روبن. على الرغم من أنه لا يركز بشكل خاص على الاستقلال المالي، إلا أنه يقدم إرشادات قيمة حول التخطيط المالي للتقاعد. ويغطي موضوعات مثل الهروب من فخ الديون، وتنمية عادات الادخار الواعية، وتبسيط حياتك من خلال التخلص من الأشياء غير الضرورية.

**أولوميد أوغونسانو:** من المثير للاهتمام أنك ذكرت أن الأمر لا يتعلق بشكل مباشر بالاستقلال المالي. يعتبر البعض أن نسخة عام 1992 من الكتاب هي أصل حركة الاستقلال المالي، حتى قبل صياغة مصطلح FI/RE (الاستقلال المالي / التقاعد المبكر). قد يفسر هذا سبب عدم إجراء الاتصال. إنه كتاب مهم للغاية جعل الناس يدركون أن بإمكانهم ترك الحياة المهنية في الثلاثينيات من عمرهم. والآن لدي ثلاث توصيات:

التقاعد المبكر المتطرف [6] بقلم جاكوب فيسكر. الرجل هو عبقري. هذا الكتاب " رائع ويوصى بشدة بقراءته. يشارك فيسكر، أحد أوائل الأصوات في مجال التمويل الشخصي والاستقلال المالي، مبادئه ونهجه القائم على النظام لتحسين الإنفاق والتكاليف.

المليونير المجاور [7] لتوماس ستانلي. يقدم هذا الكتاب نظرة ثاقبة لحياة أصحاب " الملايين الأمريكيين. من خلال أبحاثهم، اكتشف المؤلفون أن أصحاب الملايين منضبطون ومقتصدون، ويتجنبون أنماط الحياة الباهظة. إنهم يتعمقون في العقلية وأنماط الإنفاق والإنفاق القائم على القيم لهؤلاء الأفراد. يتضمن الكتاب لمحات مفصلة عن مئات الملايين من أصحاب الملايين.

توقف عن التصرف بثراء [8] لتوماس ستانلي. يوضح هذا الكتاب أن الراتب وحده "

---

5. https://yourmoneyoryourlife.com/

6. https://www.amazon.com/Early-Retirement-Extreme-philosophical-independence-ebook/dp/B0046LU7H0

7. https://www.amazon.com/Millionaire-Next-Door-Surprising-Americas-ebook/dp/B0BX7G7PZN

لا يحدد صافي القيمة؛ يعتمد ذلك على عادات الإنفاق لدى الفرد. وهو يسلط الضوء على النتيجة المفاجئة المتمثلة في أن مهن مثل التدريس، على الرغم من انخفاض الرواتب، تميل إلى أن تكون ذات قيمة صافية أعلى بسبب انخفاض ميول FOMO. من ناحية أخرى، فإن المحامين، على الرغم من الرواتب المرتفعة، غالبًا ما يكون لديهم ثروات صافية أقل من المتوقع حيث يستسلمون لـ FOMO وينفقون على العناصر الفاخرة لمواكبة أقرانهم.

**أشاني سامون بياو:** في الختام، أود أن أؤكد مرة أخرى أن FOMO هو عدوك.

**أولوميد أوغونسانو:** احتضن المزيج القوي من الإنفاق القائم على القيم وتعظيم الإيرادات لدفع رحلتك نحو الاستقلال المالي. قم بتقييم تحيزاتك وحقق توازنًا متناغمًا بين الاثنين، مع الأخذ في الاعتبار الفرص والظروف والمعرفة والاتصالات والبيئة الفريدة ونقدم رؤى قيمة FIREDOM لديك. في الفصل الأخير القادم، سوف نتعمق في حياة حول كيفية عيشنا بعد تحقيق الاستقلال المالي. ابقوا متابعين!

# 7: قصص FIREDOM والاستقلال المالي والحرية وبقية حياتك

**أولوميد أوجونسانوو:** لقد نجحنا! الفصل الأخير لدينا. يا لها من رحلة! سنختتم كل هذا بمناقشة كيفية تطور حياتنا بعد أن أصبحنا مستقلين ماليًا.

**أشاني سامون بياو:** أحبه! وعلى الرغم من أننا كنا نناقش الطريق إلى الاستقلال المالي، فمن المهم بنفس القدر أن نفكر في ما يأتي بعد تحقيق ذلك.

**أولوميد أوجونسانوو:** أنا متحمس لإجراء هذه المناقشة.

**أشاني سامون بياو:** بناءً على تجربتي الشخصية ومعرفة تجربة أولوميد، أستطيع أن أقول بثقة أنه من الجميل أن تصبح مستقلاً مالياً.

**أولوميد أوجونسانوو:** إذا وجدت الفصول السابقة جذابة، فستشعر بسعادة غامرة أكثر بشأن هذا الفصل. على عكس الفصول السابقة التي كنا نستخرج فيها ذكريات من الماضي، فإن هذه القصة ما زالت حاضرة في أذهاننا. يناقش هذا الفصل حياتنا الحالية وما نفعله اليوم.

**أشاني سامون بياو:** [غناء] الحرية. حرية. حرية

**أولوميد أوغونسانو:** [ضحك] أنت تغني باللغة الإنجليزية. وهذا أفضل. ليس باللغة الفرنسية. رائع.

**أشاني سامون بياو:** [ضحك] لا أستطيع الانتظار للبدء في هذا الفصل.

**أولوميد أوغونسانو:** سامون، لماذا لا تطردنا؟ ماذا حدث بعد حصولك على الاستقلال المالي؟

**أشاني سامون بياو:** اسمحوا لي أن أبدأ ببعض السياق. بداية الاستقلال المالي بالنسبة لي كانت في عام 2018، عندما كان عمري 35 عامًا. كنت قد عدت للتو إلى دبي من برنامج سفراء مجموعة بوسطن الاستشارية، حيث أمضيت عامًا في جنوب إفريقيا. في هذه المرحلة، بدأت استثماراتي في توليد دخل سلبي شهري أعلى من الرقم المستهدف لاستقلالي المالي. أتاحت لي هذه الحرية المالية المكتشفة حديثًا التحكم بشكل أكبر في حياتي العملية ومتابعة اهتماماتي وفقًا لشروطي الخاصة. كما شعرت براحة أكبر عند مناقشة المواضيع التي كانت محظورة سابقًا. كنت مستعدًا للترقية إلى منصب مدير، وهو ما يعادل شريكًا مشاركًا في شركة ماكينزي في ذلك الوقت. حصلت على الترقية بعد ثمانية أشهر وبدأت عملية الانتقال من مجموعة بوسطن الاستشارية.

**أولوميد أوغونسانو:** عندما تصبح مستقلاً مالياً، لا يزال من المنطقي أن تعمل لفترة أطول قليلاً لسببين.

أولاً، من الحكمة دائمًا أن يكون لديك حاجز في مكانه. باعتباري مهندسًا، فإنني أقدر قيمة الحواجز المؤقتة، وينطبق المبدأ نفسه على التخطيط المالي. لا تريد أن تكون دقيقًا للغاية في تقدير رغباتك واحتياجاتك المستقبلية. من خلال العمل لفترة أطول قليلاً، يمكنك إنشاء احتياطي مالي لحساب أي تغييرات مستقبلية في الاهتمامات أو الاحتياجات.

ثانيًا، يستغرق الأمر وقتًا لاستكشاف الخيارات المتاحة والتعرف عليها وما تريد القيام به. في حين أن بعض الأشخاص ربما وجدوا هدفهم في وقت مبكر، إلا أن معظم الناس يحتاجون إلى وقت لاكتشاف اهتماماتهم الحقيقية. إن ترك وظيفتك لمشاهدة Netflix طوال اليوم ليس أفضل طريقة لتحقيق الرضا.

ومع ذلك، فمن الضروري تحقيق التوازن وعدم الوقوع في فخ "متلازمة سنة أخرى" (OMY)، حيث تستمر في العمل لسنوات بعد تحقيق الاستقلال المالي. إلا إذا كان هدفك بالطبع هو الاستمرار في العمل لأنك تستمتع به. كما هو الحال مع كل شيء في الحياة، يتعلق الأمر بموازنة المقايضات وإيجاد التوازن الصحيح.

**أشاني سامون بياو:** أوافق. مكثت في BCG لمدة 1.5 سنة تقريبًا بعد أن أصبحت مستقلاً ماليًا بالفعل. لقد كنت مختلفًا تمامًا عن الآخرين وألعب وفقًا لقواعدي الخاصة. وكانت تلك لحظة حاسمة بالنسبة لي.

**أولوميد أوغونسانو:** دعونا نستكشف تلك اللحظة قليلاً. ما الكلمات التي ستستخدمها لوصف ما شعرت به عندما وصلت إلى لحظة الاستقلال المالي؟

**أشاني سامون بياو:** شعرت بأنني كبرت.

**أولوميد أوجونسانوو:** [مندهشًا] واو!

**أشاني سامون بياو:** شعرت أنني تخرجت من سباق الفئران. كنت لا أزال جزءًا من آلة الشركة ولكني لم أكن أعتمد عليها. لقد أجريت محادثات مع اثنين من المديرين الإداريين في الشركة الذين أثق بهم للحصول على المشورة بشأن ما إذا كان ينبغي علي مواصلة العمل هناك أم لا. وحقيقة أنني كنت أجري هذه المحادثات في حد ذاتها كانت مؤشرًا على أنني قد نضجت. يمكن أن تهدد هذه المحادثات حياتك المهنية لأنه إذا كنت تفكر في المغادرة، فقد لا يقاتل المدير العام من أجلك أو يستمر في الاستثمار فيك. لكنني كنت في سلام ولم أهتم بآرائهم.

**أولوميد أوجونسانو:** لقد شعرت بالنضج والسلام بعد الوصول إلى الاستقلال المالي وهو أمر مفهوم لأنه يمثل معلمًا رئيسيًا. في سياق FI/RE، هناك مرحلتان رئيسيتان: تحقيق الاستقلال المالي (FI) والتقاعد المبكر (RE) وهو الانتقال من العمل الذي يتعين عليك القيام به إلى مساعي شخصية أخرى. يركز هذا الكتاب في المقام الأول على FI، وهي النقطة التي تراكم فيها ما يكفي من الأصول لتغطية نفقاتهم لبقية حياتهم. لقد وصلت إلى FI وهو إنجاز لا يصدق كنا نحاول إثارة اهتمام الناس به. هل هناك أي كلمات أخرى تريد استخدامها لوصف ما تشعر به؟

**أشاني سامون بياو:** الشعور بـ - ويسمى بالفرنسية apesanteur (pesanteur تعني الجاذبية، apesanteur هو غياب الجاذبية)

**النار: قصص الاستقلال المالي للمهاجرين الأفارقة**

**أولوميد أوجونسانوو:** [مبتسمًا] مذهل!

**أشاني سامون بياو:** كنت أطفو. شعرت بهذا الإحساس بوجود عالم كامل هناك، وأخيراً أصبحت حراً في استكشافه بشروطي الخاصة. شعرت بالحرية، ولكن في الوقت نفسه، كنت أفكر فيما يجب أن أفعله. إنه مزيج من الحرية والقلق ومحاولة فهم كل شيء.

**أولوميد أوغونسانو:** حتى وأنا أسمع ذلك، أشعر بالإثارة لأنك تحاول تصوره. أستطيع أن أتخيل أنك كنت تخطط في الأصل للبقاء في BCG لمدة عامين، ولكن انتهى بك الأمر إلى البقاء لمدة ست سنوات تقريبًا. في نهاية المطاف، لقد حققت الاستقلال المالي، ويمكنني أن أتخيل أبواب الفرص التي انفتحت أمامك والتمكين الذي شعرت به من أجل متابعتها.

**أشاني سامون بياو:** شعرت أيضًا بالفخر والتحقق من صحة الأمر. شعرت وكأنني رياضي أولمبي. أثناء الاستعدادات، أعرب البعض عن شكوكهم وقالوا أشياء مثل "انس الأمر، فيم تفكر؟" ومع ذلك، بقيت مفكرًا مستقلاً، مهووسًا بتحقيق هدفي، ونجحت في النهاية.

كان هذا الإنجاز هو الأول الذي أملكه بالكامل، فقد حددت الهدف لنفسي ولم أتبع الأعراف المجتمعية. في المقابل، فإن الإنجازات الأخرى في حياتي غالبًا ما تأثرت بالتوقعات المجتمعية وكانت بمثابة وسيلة لتحقيق غاية. على سبيل المثال، سعيت للقبول في إحدى كليات إدارة الأعمال المرموقة من أجل النمو الشخصي وتأمين وظيفة ذات أجر مرتفع مع سلطة اتخاذ القرار. وبالمثل، في عملي الاستشاري، عملت لساعات طويلة وحققت النجاح، لكنني لم أحب السهر في وقت متأخر من الليل ـ لقد كان مجرد جزء من العمل.

أما بالنسبة للاستقلال المالي، فقد أحببت كل خطوة من العملية. كنت أسعى إلى الاستقلال المالي في المقام الأول لأنني أردت أن أكون في النهاية أنا وحدي. عندما أصبحت مستقلاً ماليًا، شعرت بإحساس بالإنجاز والملكية.

بفضل الثقة التي غرستها في تجربتي في BCG وكلية إدارة الأعمال، قررت الانتقال إلى باريس واستكشاف شركة ناشئة في أوائل عام 2020 عندما كنت على وشك إنهاء دراستي في BCG. لقد وقعت عقد إيجار في العام السابق لأن العثور على مكان في باريس قد يكون أمرًا صعبًا. على الرغم من أنني كنت لا أزال أعمل في مشروع لمجموعة BCG في المملكة العربية السعودية، إلا أنني بدأت في الانتقال إلى حياتي الجديدة في باريس، حيث حصلت بالفعل على شقة. ثم جاء فيروس كورونا، ووجدت نفسي عالقًا في باريس. تم تعليق رحلتي في ريادة الأعمال حتى قبل أن تبدأ، حيث لم يُسمح لنا بمغادرة الشقة إلا للتسوق أو للمشي لمسافات قصيرة. في ذلك الوقت تقريبًا، تواصل معي أحد كبار المسؤولين من دولة الإمارات العربية المتحدة طلبًا للمساعدة. وكانت هذه واحدة من أولى الفرص التي أتيحت لي لممارسة الحرية التي اكتسبتها من خلال تحقيق الاستقلال المالي.

**أولوميد أوجونسانوو:** إنها حالة فريدة من نوعها. لقد حظيت بلحظة الاستقلال

المالي في عام 2018، لكنك واصلت العمل في مجموعة BCG حتى عام 2020. بعد أن تركت مجموعة BCG، عرض عليك أحد جهات الاتصال السابقة التي عرفتك بناءً على خبرتك العملية السابقة فرصة للقيام بمشروع. يمكنك القيام بذلك بناءً على شروطك الخاصة ونطاقه بالطريقة التي تريدها وقضاء المزيد من الوقت في التنفيذ. كان من الممكن أن تكون فرصة عظيمة اعتمادًا على العملاء.

**أشاني سامون بياو:** لقد استمتعت بالعمل مع الناس، واعتبرت هذه أول فرصة حقيقية لي لإحداث تأثير وتشكيل شيء ما دون قيود الاستشارة.

**أولوميد أوغونسانو:** لقد كانت لديك تلك القوة، ولم تكن مقيدًا بآلة BCG، وهي رائعة وجميلة في بعض النواحي، ولكنها ليست جيدة جدًا في نواح أخرى.

**أشاني سامون بياو:** بالضبط. خلال فترة وجودي في مجموعةٍ بوسطن الاستشارية، كان لدي فريق من المحللين والزملاء الذين كانوا مسؤولين عن إجراء التحليلات وإنشاء الشرائح. ومع ذلك، بعد ترك مجموعة BCG وتولي مشروع جديد، وجدت نفسي أتولى مجموعة أكثر تنوعًا من المسؤوليات، بدءًا من المحلل وحتى المدير الإداري. وشمل ذلك مهام مثل كتابة الشرائح واتخاذ القرارات وتنفيذ المشروع. كان الحصول على الملكية الكاملة لاتجاه المشروع تجربة فريدة وممتعة. أحببت تلك التجربة. في هذا الوقت تقريبًا، قررت أيضًا استكشاف شغفي بالسفر في منتصف المدة (العيش في أماكن مختلفة لعدة أشهر في ذلك الوقت)، والذي كان صعبًا في السابق بسبب قيود العمل

لقد تعلمت شيئين من هذه الرحلة. أولاً، الاستقلال المالي يستحق العناء، عشر مرات.

**أولوميد أوجونسانوو:** لا أستطيع أن أتفق أكثر من ذلك. فاي مدهش.

**أشاني سامون بياو:** ثانيًا، عليك التأكد من الاستعداد لذلك. لقد مررت بلحظات عديدة عندما حاول الناس تجنيدي. أولاً، في الأشهر الأخيرة لي في مجموعة بوسطن الاستشارية، عرضوا علي طريقًا سريعًا للشراكة في أحد مكاتبنا الجديدة. ثم تواصل معي عملاء سابقون وأطراف ثالثة أيضًا. هذا هو جمال الاستشارة: أنت قابل للتسويق بشكل كبير. عرض عليّ الناس المزيد من المال، وتساءل جزء مني عما إذا كان بإمكاني القيام بذلك لمدة عام وأصبح أكثر استقلالية. هذه الإغراءات هي الطريقة التي تقيم بها ما إذا كانت رغبتك في الاستقلال المالي قوية حقًا. إذا كان الأمر كذلك، فلن تعود إلى مهنتك القديمة أو وظائف مماثلة لمجرد أنها توفر لك المال.

**أولوميد أوجونسانوو:** هذه نقطة جيدة. دعونا نتناولها قليلاً. في وقت سابق من هذا الكتاب، نصحنا أنه من المهم أن يكون لديك رؤية واضحة ومقنعة للمكان الذي تريد أن تكون فيه في رحلتك نحو الاستقلال المالي. عندما تقع في حب تلك الرؤية المستقبلية لنفسك ويكون لديك ارتباط عاطفي قوي برؤيتك، فمن المرجح أن تظل ملتزمًا بها. بدون هذا الارتباط، قد تميل إلى قبول عرض عمل جديد لأنه ببساطة يبدو أفضل من عرضك الحالي. من المهم أن تأخذ وقتًا لمعرفة ما تريده حقًا في الحياة. إذا قررت أن التحول إلى وظيفة جديدة أو مسار وظيفي جديد بعد تحقيق الاستقلال المالي يتماشى مع أهدافك، فلا حرج في ذلك. ومع ذلك، من الضروري الانخراط في التأمل الذاتي واكتساب المعرفة

الذاتية لاتخاذ القرارات الصحيحة لمستقبلك.

**أشاني سامون بياو:** لا أستطيع أن أتفق أكثر من ذلك. إذا كنت تتساءل عما إذا كان الاستقلال المالي مناسبًا لك، فهناك اختبار سريع يمكنك القيام به. لا تحتاج بالضرورة إلى معرفة ما تريد فعله بعد ذلك بالضبط، ولكن يجب أن تعلم أنك لا تريد الاستمرار في فعل ما تفعله الآن. إن الاستقلال المالي يستحق المتابعة إذا كنت تعتقد أنك ستستمتع بالعملية والرحلة نحوها أكثر من النتيجة نفسها.

**أولوميد أوغونسانو:** إن احتضان الضعف والاستكشاف أمر بالغ الأهمية عند السعي إلى الاستقلال المالي. إذا أعطيت الأولوية لدرجة عالية من اليقين، فقد يوفر هيكل الشركة ذلك ويبقيك هناك حتى تصل إلى سن الشيخوخة. من ناحية أخرى، الاستقلال المالي ينطوي على الفضول والعقلية الاستكشافية التي يمكن أن تفتح لك حياة جديدة ومثيرة.

**أشاني سامون بياو:** أهم شيء في تحقيق الاستقلال المالي هو الحرية التي يجلبها ذلك. لا يتعلق الأمر بالعثور على وظيفة أفضل. ولا يتعلق الأمر حتى بإيجاد رؤية مقنعة على الرغم من أن هذه خطوة مهمة. بل يتعلق الأمر بالحصول على الحرية في البحث عما تريد البحث عنه والقيام بما تريد وقتما تشاء. أنت بحاجة إلى الاستمتاع بهذه الحالة الذهنية والشعور بالحب لها. عندما تتمتع بالاستقلال المالي، تكون لديك القدرة على استكشاف اهتماماتك وشغفك، أو اختيار عدم الاستكشاف على الإطلاق. لديك الحرية في اتخاذ قراراتك الخاصة والقيام بما تريد فعله حقًا. بالنسبة لي، كان تحقيق الاستقلال المالي يعني إعادة توجيه تركيزي في وظيفتي في مجموعة بوسطن الاستشارية نحو شيء من اختياري.

كان هدفي هو منح نفسي الوقت والمساحة لاستكشاف وتوجيه طاقتي نحو مجالات أخرى. لم أكن أرغب في أن أعيش حياة Netflix حيث كنت ملتصقًا دائمًا بالترفيه. أردت أن تكون لدي القدرة على اختيار ما أريد القيام به، والاستمرار في استكشاف أشياء جديدة.

**أولوميد أوجونسانوو:** جميل. سأضيف بعض النقاط. يصعب حل العديد من مجالات الحياة المهمة بشكل كامل. على سبيل المثال، في العلاقات، هناك محادثات مستمرة مع شريكك الرومانسي وعائلتك ومجتمعك، وأنت تسعى باستمرار لتحسينها. هذه الأهداف لا يتم حلها أو تحقيقها بشكل كامل أبدًا، بل هي عملية مستمرة من النمو والتحسين. الأمر نفسه ينطبق على الصحة ـ هناك دائمًا شيء جديد للتعرف عليه حول أفضل طريقة لتناول الطعام وممارسة الرياضة وإدارة التوتر والعناية بالصحة العقلية. ومع ذلك، فإن الاستقلال المالي فريد من نوعه لأنه أحد الأشياء الكبيرة القليلة في الحياة التي يمكن حلها بالكامل تقريبًا. إذا أصبحت مستقلاً ماليًا، فيمكنك التمتع بالحرية للتركيز على مجالات أخرى من الحياة، مثل العلاقات والصحة، والتي تتطلب جهدًا مستمرًا. الاستقلال المالي هو عامل تمكين يمنحك المزيد من الوقت والطاقة والمال للاستثمار في مجالات مهمة أخرى من الحياة والتي تعد رحلات تحسين لا تنتهي أبدًا.

بغض النظر عن وظيفتك، سواء كنت رسامًا أو مصرفيًا استثماريًا أو مستشارًا

إداريًا أو عاملًا في مجال التكنولوجيا، فمن المحتمل أن يكون لديك اهتمامات وعواطف أخرى خارج العمل. ربما تستمتع بالسباحة أو لعب الكرة الطائرة أو التزلج أو السفر. قد يكون من الصعب أن تجد الوقت والطاقة لمتابعة هذه الاهتمامات إذا كنت تقضي كل وقتك في العمل أو في عملك محاولًا كسب المال. يمكن أن يمنحك الاستقلال المالي الحرية في قضاء المزيد من الوقت في الأشياء التي تحبها أو التي تعتقد أنك تحبها.

كبشر، نحن متعددو الأبعاد ولدينا اهتمامات متعددة. تخيل لو كان بإمكانك قضاء المزيد من الوقت في متابعة شغفك، سواء كان ذلك بدء مشروع تجاري، أو السفر حول العالم، أو أي شيء آخر. FIREDOM هي حرية اختيار ما تريد القيام به بوقتك وطاقتك. ولهذا السبب أحب الاستقلال المالي، ولهذا السبب قمنا بتأليف هذا الكتاب وأطلقنا عليه اسم FIREDOM (الاستقلال المالي + التقاعد المبكر + الحرية).

**أشاني سامون بياو:** إذا كنت لا تزال تعمل في Google، فهناك عدة أسباب لعدم قيامك بتأليف كتاب. أحد الاحتمالات هو أنه ربما لم يكن لديك الوقت الكافي لكتابته. بالإضافة إلى ذلك، ربما كان عليك مواعدة شخص ما في القسم القانوني للحصول على تصريح. [ضحك] أنا أمزح هنا.

**أولوميد أوجونسانو:** [ضحك] من المضحك أن تتحدث عن هذا الأمر، لكنني في الواقع كنت بحاجة إلى تصريح لبدء برنامج Afrobility في عام 2020. أنا لا أمزح.

**أشاني سامون بياو:** سأكون ممتنًا لو تمكن الناس من التركيز على العناصر الأساسية للقصة. للتوضيح، إليك ملخص لما شعرت به: أولاً، شعرت أنني كبرت. ثانيًا، لقد شعرت بإحساس أعمق بالإنجاز مقارنةً بالحصول على ماجستير إدارة الأعمال من كليات إدارة الأعمال المرموقة، حيث كنت أسعى إلى التحقق من صحتها إلى حد ما.

**أولوميد أوجونسانوو:** بالتأكيد. يعد تحقيق الاستقلال المالي بحلول سن 35 عامًا إنجازًا صعبًا بشكل استثنائي، حتى أكثر من القبول في جامعة ستانفورد جي إس بي (كلية الدراسات العليا في إدارة الأعمال). وهذا صحيح بشكل خاص لأنك ولدت ونشأت في بنين. عند النظر في عدد الأشخاص الذين نشأوا في بنين خلال نفس الفترة التي قضيتها معك وتمكنوا من تحقيق الاستقلال المالي في سن 35 عامًا، سأكون مندهشًا إذا تجاوزت النسبة 0.01%. إنه إنجاز لا يصدق.

**أشاني سامون بياو:** كان معظم أصدقائي يقولون: "ما هذا المفهوم الذي تتحدث عنه؟ ماذا تقصد أنك لن تستمر في العمل؟"

**أولوميد أوغونسانو:** أخبر شريكي زميلي في العمل أنني كنت أكتب كتابًا عن الاستقلال المالي. فرد عليه الزميل: "أعلم أن الاستقلال المالي يعني أنني قابل للتوظيف ويمكنني بسهولة العثور على أي وظيفة أريدها". [ضحك]

**أشاني سامون بياو:** [ضحك] إنها متأصلة بعمق في نفوسنا. لقد أخبرت بعض الأشخاص عن الاستقلال المالي، فأجابوا: "حسنًا، ما العمل الذي ستفعله الآن؟"

**أولوميد أوجونسانوو:** [ضحكة هستيرية]

**أشاني سامون بياو:** من المفترض أن تضطر إلى القيام بعمل ما. ليس من المفترض

أبدًا أن تذهب وتفعل شيئًا خاصًا بك. عند تلخيص تجربتي الأخيرة، شعرت بإحساس بالنضج والفخر بإنجازاتي. على عكس الماضي، لم أكن أفعل ذلك لإثارة إعجاب الآخرين. شعرت أنني عدت إلى مشاعر الحرية التي كنت أشعر بها عندما كنت طفلاً. تذكر، في قصة طفولتي، ذكرت أن إحدى ذكرياتي الأولى كانت الشعور بالحرية. وعندما كبرت، شعرت أن هذه الحرية قد تم انتزاعها تدريجيًا عندما حاولت التوافق مع التوقعات المجتمعية وكان الاستقلال المالي هو الأداة التي كانت لدي لاستعادة حريتي. بالإضافة إلى ذلك، شعرت بانعدام الوزن أو "apesanteur"، وهي كلمة فرنسية تعني انعدام الجاذبية. يبدو الأمر وكأنك تطفو في الفضاء الخارجي وكل شيء متسع. يمكنك أن تسير في أي من الاتجاهين، إنه أمر محرر ولكنه مربك أيضًا. تلك كانت المشاعر التي كانت لدي.

انتقلت إلى باريس وقررت استكشاف ريادة الأعمال، ولكن بعد ذلك ضرب فيروس كورونا وتوقف كل شيء. ومع ذلك، فقد أتيحت لي فرصة غير متوقعة لتشكيل اتجاه مؤسسة في دولة الإمارات العربية المتحدة بما يتماشى مع رغبتي في إحداث تأثير. سأقود المشروع وأشرف على تنفيذه، وهو ما كان مختلفًا عن دوري السابق في مجموعة بوسطن الاستشارية حيث كنت أقود المشروع ثم أسلم جميع التوصيات والتنفيذ إلى الشركة.

**أولوميد أوغونسانو:** نعم، تقوم بتسليم جميع مخرجات المشروع إلى العملاء وتتمنى لهم حظًا سعيدًا. [ضحك]

**أشاني سامون بياو:** في بعض الأحيان، حتى لو كنت شغوفًا بفكرة ما، قد لا تزال لديك شكوك حول نجاحها المحتمل، مع العلم أنه من المرجح أن يتم تنفيذ بعض جوانبها فقط بينما سيتم نسيان الباقي. بغض النظر عن ذلك، كانت هذه تجربتي الأولى. تجربتي الثانية شملت السفر. لقد استمتعت دائمًا بالتعرف على الثقافات الجديدة، لذلك انطلقت أنا وشريكي في رحلة مدتها عام، وقضينا عدة أشهر في كل مدينة زرناها. في حين أن بعض زملائي ربما وجدوا هذا السفر الطويل أمرًا غريبًا، فقد تمكنا من استكشاف ستة بلدان مختلفة، وانغمسنا في ثقافاتها ولغاتها.

كان تركيزي الثالث هو تعلم اللغة. وبما أنني أتقن سبع لغات بالفعل، فقد قررت أن أتعلم المزيد منها. حاليًا، أدرس اللغة الصينية وأتقن مهاراتي في اللغة العربية. أنا لا أحاول الحصول على وظيفة في الصين. أنا لا أحاول أن أصبح سياسياً في أي دولة عربية. أحب اللغات وأريد أن أكون قادرًا على التعبير عن نفسي وقراءة الصحف من جميع أنحاء العالم دون الاعتماد فقط على وسائل الإعلام.

ومع ذلك، لم تكن كل الأمور سهلة. بعد مشروعي في الإمارات العربية المتحدة، فكرت في إنشاء شركتي الخاصة وأدركت أن المخاوف السابقة بدأت تظهر من جديد. باعتباري خريج جامعة ستانفورد، غالبًا ما يكون هناك ضغط لإنشاء شركة ناشئة وحيدة القرن، لكن استقلالي المالي سمح لي بإعطاء الأولوية لتحقيق أهدافي الخاصة ومتابعة المشاريع التي تهمني حقًا فقط. وبدلاً من الشعور بالضغط، أسعى جاهداً إلى تمكيني من

عيش الحياة وفق شروطي الخاصة.

**أولوميد أوغونسانو:** نعم. الدافع الخاص بك يجب أن يأتي من الداخل.

**أشاني سامون بياو:** لقد عانيت من هذا لمدة ستة أشهر تقريبًا. خلال تلك الفترة، كنت أعود إلى وادي السيليكون لبضعة أسابيع لأقضي وقتًا مع الأصدقاء وأحاول معالجة أفكاري. وفي نهاية المطاف، أدركت أنني كنت على وشك تصنيف نفسي في قالب آخر (ريادة الأعمال بأي ثمن)، الأمر الذي كان من شأنه أن يكون مضيعة للحرية التي اكتسبتها. كان هذا هو الماضي. اليوم، أركز على اللغات لأنها مهمة بالنسبة لي. مع FIREDOM، لدي القدرة على اختيار المكان الذي أعيش فيه ومن أحيط نفسي به. إن العيش في الولايات المتحدة أمر مهم بالنسبة لي لأنه يوفر وفرة من الأفكار والحرية التي لا توجد في أي مكان آخر في العالم. بهذه الطريقة، يمكنني قضاء وقتي في الطرق التي تهمني أكثر.

**أولوميد أوغونسانو:** بالطبع، الأميركيون يحبون الحرية. إنه جزء من روح البلاد.

**أشاني سامون بياو:** FIREDOM والحرية يتوافقان بشكل جيد مع قيمي، لكنني لا أخطط للبقاء في أمريكا لبقية حياتي. أريد السفر وربما الانتقال إلى مكان آخر في المستقبل. الشيء المهم بالنسبة لي هو أن لدي القدرة على اختيار المكان الذي أعيش فيه. لقد منحني تحقيق الاستقلال المالي شعورًا بالنضج والمسؤولية. أتحدى نفسي لتجربة أشياء جديدة من وقت لآخر، مثل كتابة كتاب FIREDOM هذا، والعمل في الشركات الناشئة، والقيام بمشاريع جديدة.

يتضمن أحد مشاريعي الأخيرة تدريس علوم الكمبيوتر لطلاب المدارس الثانوية في أفريقيا. ومن خلال دمج اللغة الإنجليزية في المنهج الدراسي، نأمل أن نمنح هؤلاء الطلاب الفرصة للتفاعل مع أشخاص من جميع أنحاء العالم وربما الدراسة في البلدان الناطقة باللغة الإنجليزية. ربما سيكونون قادرين على العثور على وظائف في صناعة التكنولوجيا قبل الذهاب إلى الجامعة أو التعلم في نموذج التدريب المهني. هناك فرص لا حصر لها متاحة للاستكشاف، ولكن لسوء الحظ، لا يتمتع الكثير من الناس بالحرية أو الاهتمام بمتابعتها.

**أولوميد أوغونسانو:** يمنحك الاستقلال المالي المساحة العقلية والنطاق الترددي والوقت والاهتمام للتركيز على أي شيء يثير اهتمامك. هذا هو جمال كل شيء. الاستقلال المالي يمنحك الحرية في متابعة ما تريد. ربما قصة سامون لا تهمك لأنك لست شغوفاً بالتعليم أو اللغة. حسنا. النقطة المهمة هي أن الاستقلال المالي يمنحك القدرة على القيام بكل ما تريد، سواء كان ذلك السعي وراء شغفك أو استكشاف فرص جديدة.

**أشاني سامون بياو:** أحب الاستقلال المالي لعدة أسباب. أولاً، أقدر المرونة الجغرافية. لا أريد قضاء شتاء آخر في التعامل مع الثلج والمتاعب التي تصاحبه، فهو لا يجلب لي السعادة. ثانيًا، أستمتع بالتواصل والتواجد حول الأشخاص الذين يمكنهم تحفيزي فكريًا. ولهذا السبب اخترت العيش في سان فرانسيسكو، في منطقة الخليج. وأخيرًا، أحب حرية الاستكشاف والتعديل.

إليكم وجهة نظر مستعرضة للاستقلال المالي. يمكن تقسيم حياتنا إلى ثلاث مراحل عندما يتعلق الأمر بالحرية. في البداية، ولدنا أحرارا. في وقت لاحق من الحياة، عندما نتقاعد، نستعيد حريتنا لأننا لم نعد مقيدين بالعمل. ومع ذلك، خلال المرحلة المتوسطة من سنوات عملنا، غالبًا ما نواجه التزامات وقيودًا مختلفة تقيد حريتنا.

هذا هو جوهر FIREDOM – القدرة على ضغط الفترة الزمنية المتوسطة وعيش الحياة وفقًا لشروطنا الخاصة، ومتابعة عواطفنا وتحقيق أقصى قدر من السعادة والغرض في سنواتنا الإنتاجية. باختصار، يتيح لنا الاستقلال المالي توفير القدرة على القيام بالأشياء التي نتحمس لها كثيرًا والمساهمة بإبداعنا في المجتمع بطرق ذات معنى.

**أولوميد أوجونسانو:** إن تحقيق الاستقلال المالي في العشرينيات والثلاثينيات من عمرك يمكن أن يكون أمرًا مبهجًا بشكل لا يصدق. في هذه المرحلة من حياتك، تكون شابًا ومليئًا بالطاقة ومتلهفًا لاستكشاف العالم. لماذا لا تتخذ خطوات لتحقيق الاستقلال المالي في وقت مبكر، حتى تتمكن من عيش حياة هادفة وممتعة أكثر بناءً على تعريفك الخاص؟ بعد كل شيء، لا يتعلق الأمر بالتوافق مع توقعات الآخرين، سواء كانوا عائلتك أو رئيسك أو مديرك. يتعلق الأمر بعيش الحياة وفقًا لشروطك الخاصة وتحديد المسار الخاص بك.

ولهذا السبب بالتحديد قمنا بإنشاء هذا الكتاب ـ لمساعدتك في التحكم في مستقبلك المالي وخلق حياة ستحبها. رسالتنا إليك هي أن تتحمس للحياة وتبدأ في وضع الخطط لاتخاذ الإجراءات اللازمة نحو الحياة التي ترغب فيها حقًا. لا تنتظر حتى تبلغ الثمانين من عمرك لتبدأ في عيش الحياة التي تريدها ـ ابدأ الآن في اتخاذ خطوات نحو الاستقلال المالي حتى تتمكن من عيش أفضل حياتك.

**أشاني سامون بياو:** لدي مثالان يوضحان مدى تقدير الآخرين لـ FIREDOM. المثال الأول هو مفهوم تخصيص 20% من وقت المشروع الشخصي، والذي تقدمه شركات مثل جوجل لموظفيها. بشكل أساسي، فإنهم يمنحون موظفيهم 20٪ من وقتهم للعمل في المشاريع التي يحبونها. إذا اعتقدت الشركة أن المشروع لديه إمكانات، فإنها تريد أن يتم تنفيذه داخل الشركة حتى يتمكنوا من المطالبة ببعض الإنتاج. وهذا مجرد مثال واحد على كيفية إدراك الشركات لقيمة منح الأشخاص الحرية في متابعة شغفهم.

والمثال الثاني هو فكرة الدخل الأساسي الشامل (UBI)، والتي ناقشها العديد من الناس. يقترح الدخل الأساسي الشامل أن توفير مستوى معين من الدخل للناس حتى لا يضطروا للقلق بشأن الاحتياجات الأساسية مثل الغذاء والمأوى يمكن أن يكون له تأثير إيجابي على الإنسانية، لأنه يحرر الناس لمتابعة ما يريدون. وهذا يدل على أن قوس الإنسانية يدفعنا نحو مزيد من الحرية في تشكيل حياتنا، بدلاً من أن يقوم شخص آخر بتشكيلها لنا (على سبيل المثال الحكومة مع الدخل الأساسي الشامل، أو الشركات التي لديها 20٪ من الوقت الشخصي).

في النهاية، القيمة المقترحة لهذا الكتاب هي كيفية تسريع طريقك إلى FIREDOM. كان طريقنا يتضمن اجتياز سباق الفئران إلى حد ما، ولكن القيام بذلك عن قصد. لقد قمنا

بتحسين تكاليفنا وزيادة إيراداتنا إلى الحد الأقصى من خلال اتباع مسارات معينة، مثل الخدمات المهنية. يمكنك أن تفعل الشيء نفسه وتعيد توظيفه (بدلاً من التقاعد) مبكرًا من سباق الفئران، وتطلق نير انك للعالم.

**أولوميد أوجونسانوو:** قصتك في FIREDOM كانت جميلة. سأحاول تلخيص الدروس المستفادة من قصتك. نأمل، أثناء قراءتك لقصتنا، أن تكون قد اكتسبت بعض المبادئ المفيدة التي تعلمناها على طول الطريق. وتشمل هذه أهمية الثقة بالنفس، والتفكير المستقل والنقدي، وتجنب تقليد الآخرين، والمجازفة العدوانية عند الضرورة، وعدم الخوف من الجوانب السلبية المحتملة، وتطوير هذه العادات. بالإضافة إلى ذلك، من المهم أن تكون متحمسًا للمستقبل وأن تنفذ بلا رحمة خطة لتحقيق الاستقلال المالي.

بمجرد إنجاز هذه الأشياء، تنتظرك حياة مجيدة وساحرة لـ FIREDOM (FI + RE + Freedom) على الجانب الآخر، حيث يمكنك أن تعيش الحياة وفقًا لشروطك الخاصة.

**أشاني سامون بياو:** أولوميدي، حان دورك الآن. أنا متحمس للحصول على أفكارك حول الحياة منذ FIREDOM. هل يمكنك أن تخبر الجمهور قليلاً عن سياقك والمكان الذي كنت فيه عندما بدأت حياتك في FIREDOM؟

**أولوميد أوغونسانو:** أصبحت مستقلاً ماليًا عندما كان عمري 35 عامًا في عام 2020. لقد كان شعورًا لا يصدق. شعرت بالذهول! لقد كنت مبتهجا. ربما كان أحد أسعد أيام حياتي. لسنوات، كنت قد حددت هدفًا وعملت على تحقيقه وفقًا لشروطي الخاصة، وفي النهاية، حققته. كان الأمر مشابهًا للحظة التي تلقيت فيها خطاب القبول من جامعة أكسفورد عندما رقصت في غرفتي بحماس. كنت أعرف أن حياتي لن تكون هي نفسها مرة أخرى.

شعرت بالفخر لأنني علمت أن تحقيق الاستقلال المالي ليس بالأمر السهل. تذكرت صيف عام 2014 عندما وقعت في حب فكرة FI وأدركت أن ذلك ممكن. تقدم سريعًا حتى عام 2020، وقد حققت ذلك. لقد كان شعورًا لا يصدق بالسعادة الغامرة، وشعرت أنني فعلت شيئًا رائعًا. كنت راضيًا عن نفسي وعن الطريق الذي سلكته.

**أشاني سامون بياو:** أنا أتعلق بهذا الشعور تمامًا، ومجرد سماعك تتحدث عنه يجلب لي السعادة. في الواقع، كانت هناك نصيحة قدمتها في الفصل السابق والتي لاقت صدئ كبيرًا معي. لقد ذكرت أنه حتى بعد تحقيق الاستقلال المالي، قد يكون من المفيد الاستمرار في العمل لفترة من الوقت قبل اتخاذ أي قرارات كبيرة. أنا فضولي لمعرفة المزيد عن تجربتك الشخصية مع هذا. هل يمكنك التحدث عما فعلته؟

**أولوميد أوجونسانو:** هذا ما فعلته وما سأفعله بشكل مختلف إذا اضطررت إلى القيام بذلك مرة أخرى. في أوائل عام 2020، بدأت بث بودكاست Afrobility مع Bankole لأنني أحب صناعة التكنولوجيا، وتحليل الأعمال، واعتقدت أنه سيكون من الممتع التعاون معه في مشروع. على الرغم من أنني لم أكن قد وصلت إلى FI في ذلك الوقت، إلا أن بدء البودكاست غير هويتي وجعلني أكثر راحة في استكشاف فرص ريادة الأعمال خارج نطاق دوري في الشركة. بدأت أفكر في نفسي كموظف في Google ومذيع

بودكاست.

لم أترك وظيفتي في Google لأنني استمتعت بالعمل هناك وكان كل شيء يسير على ما يرام. ومع ذلك، بحلول عام 2021، كان بودكاست Afrobility يكتسب شعبية بسرعة وكنت قد بدأت أيضًا صندوق Adamantium. ونتيجة لذلك، بدأت هويتي تتغير مرة أخرى، وبدأت أرى نفسي كموظف في جوجل، ومذيع بودكاست، ومستثمر.

بحلول عام 2021، كان البودكاست والتمويل ينموان، وأصبح من الصعب تحقيق التوازن بين دوري في الشركة ومشاريعي الشخصية. لذلك، أخذت إجازة لمدة ثلاثة أشهر في الربع الرابع من عام 2021 لاختبار كيف ستكون الحياة إذا ركزت فقط على الصندوق والبودكاست. لقد كانت ممتعة ومذهلة. لم أفتقد دوري قليلًا، لذلك عندما عدت في عام 2022، كانت لدي خطة واضحة للتخارج وتركت Google في النهاية في نهاية عام 2022.

إذا تمكنت من القيام بذلك مرة أخرى، فسوف أبدأ في استكشاف المزيد من فرص ريادة الأعمال والمشاريع الشخصية في وقت سابق. لقد كنت محظوظًا لأنني بدأت في متابعة مشاريع أخرى في نفس الوقت تقريبًا الذي حققت فيه الاستقلال المالي. أحب تسجيل Afrobility ودعم الشركات الأفريقية الناشئة من خلال صندوق Adamantium. نصيحتي للشباب هي البدء في تجربة الأعمال الجانبية والأعمال الجانبية في أوائل العشرينات من عمرهم، إلى جانب وظائفهم. يقضي العديد من الأشخاص أربع ساعات يوميًا في مشاهدة التلفزيون، ومن الأفضل قضاء هذه الساعات في متابعة مشروع عاطفي أو فرصة ريادة الأعمال. وهذا لا يساعدك فقط على أن تصبح مستقلاً ماليًا بشكل أسرع، ولكنه أيضًا يبقي عقلك يركز على شيء مثير. حتى لو كنت جيدًا في الشؤون المالية الشخصية ولديك وظيفة مستقرة، فليس الوقت مبكرًا أو متأخرًا أبدًا للبدء في استكشاف اهتمامات أخرى. في الواقع، البدء مبكرًا هو الأفضل لأنه يسمح لك بالاستمتاع وقضاء الوقت في الأشياء التي تحبها لفترة أطول. لا تبحث عن الطرق المختصرة واحصل على مخططات غنية، وكن مستعدًا للبدء في العمل.

لا تنتظر حتى تصبح مستقلاً ماليًا أو متقاعدًا لمتابعة شغفك؛ ابدأ الآن واستمتع بالرحلة. يعد تأخير خروجك من وظيفة الشركة بعد تحقيق الاستقلال المالي قرارًا حكيمًا لإنشاء حاجز مالي. إن تقدير احتياجاتك ونفقاتك المستقبلية ليس علمًا دقيقًا، لذا فإن وجود احتياطي سيوفر لك المزيد من الخيارات والمرونة لمتابعة مشاريع جديدة وربما أكثر تكلفة لم تأخذها في الاعتبار أثناء التخطيط للاستقلال المالي.

إن ترك وظيفتك يكون أفضل عندما يكون لديك مشاريع أخرى تركز عليها وقتك وطاقتك. في حالتي، كان هذا هو الوقت المثالي لمغادرة Google لأنه كان لدي بالفعل صندوق Adamantium Fund وAfrobility بودكاست للعمل عليهما. ومع ذلك، إذا كنت قد غادرت دون أي خطط لما سأفعله بعد ذلك، فربما كنت قد شعرت بـ "حزن التقاعد". هذا هو الشعور بالملل أو الفراغ الذي يمكن أن يحدث عندما تنتقل فجأة من العمل بدوام كامل إلى الحصول على الكثير من وقت الفراغ لمشاهدة التلفزيون لمدة ثماني ساعات

يوميًا (ضحك). لتجنب ذلك، من المهم أن يكون لديك أنشطة أو مشاريع أخرى لإبقائك منخرطًا ومحفزًا. في حالتي، لم أشعر باكتئاب التقاعد لأنني أجريت مكالمات مع أربعة من مؤسسي صندوق Adamantium Fund واستعدت للحلقة التالية من Afrobility في اليوم التالي لترك Google. رقصت أيضًا في غرفتي بين مكالماتي. كان رائعا.

أخيرًا، فكر في الحصول على إجازة تفرغ أو تقاعد صغير لبضعة أشهر قبل الاستقالة لاختبار ما ستشعر به عندما لا تعمل. لقد فعلت ذلك بنفسي وحصلت على إجازة لمدة ثلاثة أشهر قبل أن أترك وظيفتي في Google. سمح لي هذا بمعرفة ما إذا كنت سأستمتع بالعمل في صندوقي المالي والبودكاست والمشاريع الشخصية الأخرى بدوام كامل، كما أعطاني الفرصة للتفكير في الطريقة التي أريد بها تنظيم أيامي وقضاء وقتي. لقد كانت تجربة قيمة ساعدتني في الاستعداد للمرحلة الانتقالية والاستفادة القصوى من وقتي بعد أن تركت وظيفتي.

**أشاني سامون بياو:** هذا أمر ثاقب للغاية. بالنظر إلى مساري الخاص، أدركت أنني لم أتمكن من الانتقال إلى الحياة التي أردتها بسهولة كما فعلت أنت. عندما ذهبت إلى باريس بفكرة غامضة حول إنشاء شركة ناشئة في مجال تكنولوجيا التعليم، لم أقم بالتحضير الكافي مسبقًا. لم أركز بشكل كافٍ على تجربة الحياة التي أردت أن أعيشها، مما جعل عملية الانتقال أكثر صعوبة مما ينبغي. ولهذا السبب أريد أن أؤكد للجمهور مدى أهمية تنفيذ خططك بشكل جاف. لقد حالفني الحظ لأن جائحة كوفيد-19 أجبرتني على القيام ببعض التأمل. ولولا ذلك لكان التحول أصعب بكثير. إذا كان عمرك 21 عامًا، فاستكشف اهتماماتك وهواياتك. ابدأ في فعل الأشياء ومعرفة ما إذا كانت ستأسرك حقًا. بحلول الوقت الذي تصل فيه إلى الاستقلال المالي، خذ إجازة أخرى لبضعة أشهر لقضاء بعض الوقت في الأنشطة التي تريد القيام بها بعد ترك شركتك أو حياتك التجارية. تعرف على ما تشعر به وكرره حتى تجد ما يناسبك بشكل أفضل.

**أولوميد أوغونسانو:** نعم. أنا أشجع الجميع على تجربة المشاريع الشخصية والأنشطة الجانبية لأنها يمكن أن تساعدهم على تعلم مهارات جديدة وتطوير اهتمامات جديدة والتعرف على أشخاص جدد والعثور على شغفهم وهدفهم في الحياة. من خلال تخصيص الوقت للهوايات والمشاريع خارج حياتك المهنية، يمكنك اكتساب المعرفة والخبرة في مجالات جديدة من شأنها أن تجعلك شخصًا أكثر إثارة للاهتمام للتحدث معه. بدلاً من التركيز فقط على وجود شركتك، سيكون لديك مجموعة متنوعة من المواضيع لمناقشتها ومشاركتها مع الآخرين.

إذا كنا صادقين مع أنفسنا، فإن الكثير منا لديه الكثير من الوقت في أيدينا، لكننا غالبًا ما نفشل في استخدامه بكفاءة. عندما كنت في العشرينات من عمري، كنت ألعب ألعاب الفيديو والبرامج التلفزيونية لبضع ساعات في معظم الأيام، حتى أتمكن من الارتباط بجاذبية الانخراط في الأنشطة الترفيهية. ومع ذلك، بالنظر إلى الوراء، أدرك أن هناك الكثير من الأشياء الأخرى التي كان بإمكاني استكشافها وتجربتها، لكنني لم أفكر بها أبدًا.

في حين أن هذه المشاريع الشخصية قد تتحول في النهاية إلى أعمال مدرة للدخل،

فإن الهدف الرئيسي من استكشافها ليس من أجل المال، ولكن الحصول على فهم أفضل لنفسك من خلال التجربة للعثور على ما تحب قضاء الوقت والطاقة فيه بينما لا تزال صغيرًا.. بحلول الوقت الذي تصل فيه إلى الثلاثينيات والأربعينيات من عمرك، ستكون قد أمضيت سنوات من التجارب ويمكنك تجربة أي شيء يثير اهتمامك، سواء كان ذلك إنشاء مقاطع فيديو على YouTube أو البث الصوتي أو الكتابة أو التدوين أو لعب البوكر أو أي شيء آخر يرغب فيه قلبك. في النهاية ستجد تلك الأنشطة أو المشاريع التي ترغب في تخصيص المزيد من وقتك وطاقتك لها.

بعد تجربة هذه المشاريع لسنوات، قد تكتشف طرقًا لتحقيق الدخل منها. وهذا سيجعل من الأسهل تحقيق الاستقلال المالي بشكل أسرع، مما يخلق تأثيرًا تآزريًا. عندما تقترب من الاستقلال المالي، يمكنك أن تأخذ إجازة لتختبر ما ستشعر به عند قضاء المزيد من الوقت في مشاريعك المفضلة.

في النهاية، تجربة المشاريع الشخصية المختلفة يمكن أن تؤدي إلى حياة أكثر إشباعًا. عندما بدأت بث بودكاست Afrobility، شعرت بسعادة أكبر. لا تنتظر الاستقلال المالي لتجرب أشياء جديدة وتعيش حياتك. جرب أشياء جديدة الآن!

**أشاني سامون بياو:** أنا أتفق معك تماماً. اسمحوا لي أن أضيف طبقة أخرى لذلك. هناك العديد من الفوائد لبدء التجربة في العشرينات من عمرك. أولاً، إنها الفترة من حياتك التي يكون فيها التجريب أقل تكلفة. تكلفة معيشتك منخفضة، ودخلك منخفض أيضًا. ثانيًا، إنه الوقت الذي تكون فيه التكلفة الاجتماعية أو الثقافية للتجريب منخفضة. إذا فشلت في البودكاست الخاص بك، يمكنك بسهولة إنشاء بودكاست آخر. ثالثًا، بما أنه ليس لديك عائلة أو أطفال بعد، فقد يكون لديك وقت أكثر الآن مما سيكون لديك لاحقًا.

الآن بعد أن ناقشنا مبادئ وعملية تحقيق الاستقلال المالي، أود أن أعرف كيف تغيرت حياتك منذ أن أصبحت مستقلاً مالياً. على وجه التحديد، هل يمكنك تقديم أمثلة ملموسة لكيفية تغير روتينك اليومي أو جدولك الزمني؟ على سبيل المثال، هل تجد نفسك تستيقظ متأخرًا أو تعمل لساعات أقل؟ ما هي بعض الاختلافات الملموسة التي لاحظتها في حياتك اليومية؟

**أولوميد أوجونسانو:** حدث تغيير تدريجي من خلال مراحل مختلفة في حياتي. كان الإنجاز الأول هو تحقيق الاستقلال المالي في عمر 35 عامًا، ولكن في تلك المرحلة، لم يتغير شيء كثيرًا. واصلت العمل في وظيفتي الأساسية في Google أثناء توسيع البودكاست.

ومع ذلك، بين 35 و 37، تغيرت أشياء كثيرة. شعرت براحة أكبر لأنني كنت مستقلاً ماليًا، ويمكنني العمل وفقًا لشروطي الخاصة. حدث التغيير الكبير عندما بدأت أفكر في ترك وظيفتي. كان البودكاست والتمويل ينموان، وكان ذلك بمثابة تحول طبيعي حيث تطورت هويتي لتقليل التركيز على Google وحياتي المؤسسية. تغيرت هويتي ببطء على النحو التالي:

موظف Google (2014-2020) -< موظف Google ومنشئ البودكاست

<- (Google 2021-2022) موظف والمستثمر البودكاست مذيع -> (2020-2021)
مستثمر ومذيع بودكاست (2022-اليوم)

لقد خططت لانتقالي بعيدًا عن Google بعناية فائقة، لذا سار الأمر بسلاسة. بعد أن تركت جوجل، قمت بتنظيم وقتي بشكل مختلف قليلاً، ولكن بشكل عام، كانت حياتي متشابهة. كان الفرق هو أنني شعرت براحة أكبر ولدي المزيد من القدرة على تجربة المشاريع الشخصية. قرب نهاية وقتي في Google، عندما رأيت نفسي كمقدم بودكاست ومستثمر وموظف في Google، لم يكن لدي النطاق الترددي لمتابعة أي شيء آخر. ولكن بعد مغادرة Google، أصبح لدي المزيد من الوقت للتركيز على مشاريعي الشخصية، بما في ذلك كتابة كتاب FIREDOM هذا.

للإجابة على سؤالك حول كيفية تغير جدول أعمالي، بشكل مباشر أكثر، قمت بإجراء تغييرات على جدول أعمالي وأسلوب حياتي طوال رحلتي، لذلك لم تتغير حياتي كثيرًا بعد أن تركت Google. لم أنتظر حتى أترك جوجل حتى أتمكن من خلق الحياة التي أردتها. الحياة أقصر من أن تنتظرها لتحصل على ما تريد.

في سن الخامسة والثلاثين، أصبحت بعيدًا تمامًا، مما سمح لي بالانتقال إلى مدينة ميامي الجميلة. في هذا الوقت بدأت تشغيل البودكاست Afrobility. وبعد مرور عام، عندما كان عمري 36 عامًا، أنشأت صندوق Adamantium. ثم عندما كنت في السابعة والثلاثين من عمري، تركت وظيفتي في شركة Google. أفضّل التغييرات التدريجية من خلال التجربة بدلاً من التحولات المفاجئة والدراماتيكية.

هل سأعود إلى حياة الشركات مقابل الكثير من المال؟ لا، لا أستطيع أن أتخيل العمل لدى شخص آخر ويتم إخباري بما يجب أن أفعله. الفكر مثير للاشمئزاز. على الرغم من أنني أصبحت مستقلاً ماليًا منذ عامين ونصف فقط (في عام 2020)، ولم أغادر Google إلا في العام الماضي (في عام 2022)، إلا أنني معتاد بالفعل على أسلوب حياتي الآن. أجد أنه من الصعب أن أتخيل عدم الاستقلال المالي. احب حياتي!

**أشاني سامون بياو:** [تبتسم] هناك الكثير من الأفكار اليوم. أود أن أسألك عما تعلمته عن نفسك من خلال سعيك لتحقيق الاستقلال المالي. لقد أجريت العديد من التجارب، وأنا أشعر بالفضول إذا كنت تشعر أنك تقترب من فهم نفسك وأهدافك، أو إذا كانت تجاربك قد فتحت لك أبوابًا جديدة. هل يمكنك مشاركة كيفية نموك وازدهارك في هذا الفصل الجديد من الاستقلال المالي؟

**أولوميد أوجونسانو:** عندما كان عمري 32 عامًا وفي منتصف الطريق تقريبًا نحو الاستقلال المالي، أخذت الوقت الكافي لتصور مستقبلي وأدركت أن الاستقلال الجغرافي كان أمرًا حاسمًا لسعادتي الشاملة. في البداية، اعتقدت أن الاستقلال الجغرافي لا يمكن تحقيقه إلا من خلال الاستقلال المالي، كما اعتقدت أنني سأحتاج إلى ترك عالم الشركات للعيش في أي مكان أريده. ومن خلال إدراك قيمة الاستقلال الجغرافي في وقت مبكر، تمكنت من البدء في العمل لتحقيقه، حتى قبل أن أحقق الاستقلال المالي الكامل. وقد سمح لي هذا بجني العديد من فوائد الاستقلال الجغرافي بينما كنت لا أزال في رحلتي نحو

الحرية المالية.

في النهاية، مع تفشي فيروس كورونا (كوفيد-19)، أصبحت بعيدًا تمامًا وأدركت فوائد الاستقلال الجغرافي. على الرغم من أنني لم أكن بعد مستقلاً ماليًا بشكل كامل، إلا أن قدرتي على العمل عن بعد من أي مكان أعطتني 50 إلى 70% من فوائد الاستقلال المالي. شكرا لك كوفيد-19.

أوصي بشدة أنه إذا أتيحت لك الفرصة للعمل عن بعد والاستقلال الجغرافي، فاغتنمها في أقرب وقت ممكن. لديها العديد من المزايا التي ربما لم تفكر فيها، حتى لو لم تكن مستقلاً مالياً بعد.

واسمحوا لي أن أوضح ذلك بمثال محدد: على الرغم من أنني لم أفعل ذلك قط، أدركت أنه كان بإمكاني الذهاب إلى غواتيمالا لمدة أربعة أسابيع والعمل لدى جوجل من هناك. كان بإمكاني أيضًا الذهاب إلى إسبانيا لمدة شهر وفعل الشيء نفسه. كانت هذه أشياء لم أعتقد مطلقًا أنها ممكنة في أوائل الثلاثينيات من عمري، ولكن مع الاستقلال الجغرافي والعمل عن بعد، أصبحت حقيقة. أنا أشجع الجميع على إيجاد طرق لتجربة بعض فوائد الاستقلال المالي قبل تحقيقه. الاستقلال الجغرافي والعمل عن بعد مجرد أمثلة قليلة. لا تنتظر. تجربة ومعرفة ما يصلح لك!

وأخيرًا، تعلمت أن كوني مستقلة جغرافيًا قادني إلى رحلة اكتشاف الذات التي لا تزال مستمرة حتى يومنا هذا. على الرغم من أنني كنت مستقلاً ماليًا لعدة سنوات، إلا أن ترك Google لم يؤدي إلى تغييرات جذرية في نمط حياتي لأنني كنت أقوم بالفعل بإجراء تغييرات تدريجية لسنوات.

**أشاني سامون بياو:** فهمت. هل صادفت أي مبادئ جديدة أو اكتسبت فهمًا أفضل للمبادئ الموجودة حول الحياة منذ تحقيق الاستقلال المالي؟

**أولوميد أوجونسانوو:** أعتقد أنه يجب على الجميع أن يسعى جاهدين ليصبحوا مستقلين ماليًا في أسرع وقت ممكن. إنه يفتح إمكانيات لا حصر لها، مما يسمح لك بالقيام بأشياء قد تبدو مستحيلة في يوم من الأيام. حياتي ممتعة للغاية. لدي الحرية في فعل أي شيء أريده. يمكنني شراء تذكرة اليوم (الأربعاء) للسفر إلى إسبانيا والعودة بحلول يوم الثلاثاء. الاحتمالات لا حصر لها. لقد اعتقدت دائمًا أن أسلوب الحياة المستقل ماليًا سيكون رائعًا، لكنه فاق توقعاتي.

أتمنى ذلك بصدق للجميع، ولهذا السبب أنا متحمس للغاية لرفع مستوى الوعي وتحفيز الآخرين لتحقيق الاستقلال المالي. هدفي هو إلهام الناس ليصبحوا فضوليين ومتحمسين بشأن الحرية المالية واتخاذ الخطوات اللازمة لتحقيقها. لا يقتصر الاستقلال المالي على جمع ملايين الدولارات في البنك فحسب؛ يتعلق الأمر بعيش حياة تتوافق مع قيمك وتطلعاتك. وهذا يعني وجود موارد كافية لمتابعة شغفك دون القلق بشأن الفواتير أو الديون. ويعني أن تتمتع بحرية اختيار المسار الخاص بك دون الارتباط بوظيفة أو موقع. لقد منحني حرية السفر واكتساب مهارات جديدة وبدء مشاريع مثيرة وقضاء وقت ممتع مع عائلتي وأصدقائي. كما أتاح لي الفرصة لمشاركة قصتي ومساعدة الآخرين في

تحقيق حريتهم المالية.

لقد نشأت في لاغوس، نيجيريا، في عائلة متواضعة. لقد تغلبت على العديد من التحديات، بما في ذلك الديون في كلية إدارة الأعمال عندما كان عمري 27 عامًا. ومع ذلك، ثابرت وحققت الاستقلال المالي في سن 35 عامًا من خلال عيش حياة قائمة على القيم. لقد أحببت الرحلة، وأنا ممتن للحرية التي جلبها لي الاستقلال المالي. أتمنى أن يتمكن الجميع من تجربة نفس الشيء.

هي أكبر عقبة في المادة المظلمة يمكن FOMO لديك القدرة على تحقيق ذلك أيضا أن تحطم أحلامك. إن الرغبة في الحصول على ما لدى الآخرين تصرفك عن رغباتك الحقيقية، مما يعيق اكتشاف الذات والاستكشاف. يمكن أن يؤدي ذلك إلى الإفراط في الإنفاق أثناء محاولتك مواكبة شخص قد لا تفهم ظروفه المالية وأهدافه بشكل كامل. لكنه إما أن يكون مليونيرًا، BMW على سبيل المثال، قد يكون صديقك يشتري سيارة أو غارقًا في الديون. من الصعب محاكاة استراتيجية الإنفاق الخاصة بشخص آخر دون مشكلة بطبيعتها لأنه يعتمد على FOMO فهم قيمه ودخله ونفقاته وتطلعاته. يعد إنفاق معلومات غير كاملة.

**أشاني سامون بياو:** لقد تم تمجيد فكرة الدين في الولايات المتحدة، مما دفع الناس إلى الاعتقاد بأن بإمكانهم، بل ويجب عليهم، استخدام الدين لشراء أشياء لا يريدونها أو يحتاجون إليها بالضرورة، ولكنها ذات قيمة من قبل المجتمع أو جيرانهم. إنه مثل شراء شجرة زينة كبيرة عندما لا تحتفل حتى بعيد الميلاد. هل يمكنك أن تأخذنا خلال أسبوع نموذجي، حتى يتمكن الناس من تصور كيف تبدو الحياة لشخص مستقل ماليًا؟

**أولوميد أوجونسانوو:** مثير للاهتمام. لست متأكدًا مما إذا كانت الإجابة على السؤال مناسبة لأنها قد تؤدي إلى تحيز القراء. بدلاً من ذلك، اسمحوا لي أن أشارككم فلسفتي حول إدارة وقتي الشخصي. أؤمن أن وقتي هو ملكي، ولدي الحرية في أن أفعل به ما أختاره. لا يقضي العديد من الأفراد المستقلين ماليًا يومهم بالكامل في الأنشطة الترفيهية. وذلك لأن البشر يحتاجون إلى الشعور بالهدف والرضا والفرح، وهو ما لا يمكن أن يوفره وقت الفراغ وحده. على سبيل المثال، يمكنني اختيار مشاهدة 12 فيلمًا من أفلام حرب النجوم غدًا، ولكن خلافًا للاعتقاد السائد، فإن يومي ليس مليئًا بالأنشطة الترفيهية ولا أقضي معظم الوقت في <u>مشاهدة</u> العروض أو على الشاطئ [تبتسم].

بعد قراءة العديد من الكتب عن السعادة والرضا عن النفس والرضا عن الحياة على مدار العامين الماضيين، أدركت أن مكونات الحياة السعيدة تشمل المجتمع والأصدقاء والصحة الجيدة والاستقلالية والنمو الشخصي المستمر. يومي يدور حول هذه الأشياء. على الرغم من ميولي الانطوائية، إلا أنني أبذل جهدًا في التفاعل مع الآخرين. أقوم كل شهر أو نحو ذلك بتنظيم فعاليات لجمع الناس معًا. رأيت سامون الأسبوع الماضي (في يناير 2023) لأنني نظمت حدثًا في سان فرانسيسكو. أقوم بتسجيل بودكاست Afrobility مع صديقي Bankole لمعرفة المزيد عن النظام البيئي للتكنولوجيا الأفريقية والمساهمة فيه. أنا أدعم المؤسسين للمساعدة في تنمية شركاتهم وإنشاء منتجات للعملاء كجزء من

صندوق Adamantium.

يتكون يومي من مجموعة من المشاريع الشخصية التي تهدف إلى تحقيق العناصر المذكورة أعلاه والتي من المرجح أن تجعلني سعيدًا. لدي متسع من الوقت لمتابعة الأشياء المهمة وذات المغزى بالنسبة لي. أنا سعيد جدًا بجدول أعمالي اليومي لأنه ممتع وكل يوم عبارة عن مغامرة.

هذا هو ملخص حياتي في FIREDOM. ماذا سوف أقول أكثر من ذلك؟ إنه لأمر مدهش وأنا أحب ذلك!

هذا هو الفصل الأخير، دعونا نقدم ملخصا لقرائنا. سامون، هل هناك أي جانب من قصتك ـ من طفولتك، وكلية إدارة الأعمال، والتعليم، والعمل، والرحلة نحو الاستقلال المالي ـ الذي ترغب في تسليط الضوء عليه لجمهورنا؟

**أشاني سامون بياو:** نعم. لقد ناقشنا المبادئ التي تزيد من احتمالية تحقيق الاستقلال المالي. أنا وأولوميد لم نختبر هذه المبادئ في نفس الوقت. هذه المبادئ هي ما تعلمه وجسده وطبقه الأشخاص الذين حققوا الاستقلال المالي في مرحلة ما من حياتهم.

هناك العديد من العوامل التي يجب مراعاتها، بدءًا من الطفولة. بالنسبة لي، فإن التعرض لوظيفة والدي المحاسبية واضطراري إلى إدارة شؤوني المالية في مدينة مختلفة علمني الثقة بالنفس والاعتماد على الذات. لقد أدت هذه التجربة إلى تطبيع القدرة على التفكير بنفسي، والاعتماد على نفسي، والإيمان بأنني أستطيع إنجاز الأشياء. وكانت تلك اللحظة الرئيسية الأولى.

لقد عززت سنوات دراستي الجامعية من اعتمادي على نفسي وإيماني بالذات الذي كنت أمارسه أثناء إقامتي بعيدًا عن والدي في كوتونو. إن وجودي في فرنسا، على بعد آلاف الأميال من والدي، زاد من أهمية الاعتماد على الذات والثقة بالنفس. خلال هذا الوقت، قمت بموازنة فضولي والتعرف على الآخرين مع الحفاظ على التفكير المستقل. لقد كنت واضحًا بشأن هويتي وكنت على استعداد للإبداع في الحلول مع تحمل المسؤولية والمساءلة الكاملة.

في بداية مسيرتي المهنية، كنت محظوظًا بما يكفي للحصول على وظيفة تتماشى مع شغفي بالسفر، الأمر الذي غذّى استكشافي للثقافات الأخرى وعزز شجاعتي. لقد أصبح طموحي أعلى على المستويين المهني والمالي بسبب تفاعلاتي مع أشخاص من شركات الخدمات المهنية الكبرى ولأنني كنت أحصل على راتب مرتفع كمحلل مبتدئ. لو كنت قد حصلت على وظيفة مختلفة في باريس، على سبيل المثال، ربما لم يكن طموحي مرتفعا، وربما لم أتمكن من الالتحاق بكلية إدارة الأعمال.

**أولوميد أوغونسانو:** نعم. أيضًا، بناءً على تعرضك.

**أشاني سامون بياو:** بالضبط. وبحلول الوقت الذي وصلت فيه إلى تلك النقطة، كنت قد سافرت بالفعل إلى ما يقرب من 20 دولة بينما كنت أكسب ثلاثة إلى خمسة أضعاف ما كان يمكن أن أكسبه في ألمانيا. وبالتالي، لم أركز على الزيادات الإضافية في الرواتب أو زيارة عدد قليل من البلدان الأخرى كل عام. ومع ذلك، فإن التعرف على أشخاص

يعملون في مجال الاستشارات الإدارية والأسهم الخاصة وصناديق التحوط ساعدني في وضع طموحات عالية لنفسي.

**أولوميد أوغونسانو:** لهذا السبب عليك أن تعرض نفسك لأفكار ومفاهيم وأشخاص جدد. وإلا فإن مستوى طموحك سيكون محدودًا بمتوسط ما هو موجود بالفعل في بيئتك الحالية.

**أشاني سامون بياو:** لم يدرك معظم أصدقائي في فرنسا فوائد الحصول على ماجستير إدارة الأعمال أو حياة المغتربين إلا بعد أن فعلت ذلك. من بين أصدقائي المقربين، ذهب خمسة منهم للحصول على درجة الماجستير في إدارة الأعمال التنفيذية في كلية إنسياد وقالوا لي: "لقد ألهمتني للحصول على ماجستير إدارة الأعمال". ويتساءل كثيرون آخرون الآن عن فرص العمل في الإمارات العربية المتحدة أو الولايات المتحدة. باختصار، يلعب التعرض دورًا حاسمًا في تشكيل طموحاتك. حتى لو لم تتح لك العديد من الفرص في بيئتك الحالية، حاول أن تحيط نفسك بدائرة أكبر ستساعدك على تحديد أهداف أعلى. ولحسن الحظ، تعرضت للكثير، وكان طموحي عنان السماء. لقد تقدمت فقط إلى أفضل 10 مدارس ماجستير في إدارة الأعمال.

**أولوميد أوجونسانوو:** نعم بالطبع. لقد كنت بالفعل في Deutsche Telekom.

**أشاني سامون بياو:** بالضبط. عندما قررت الحصول على ماجستير إدارة الأعمال، لم يكن ذلك من أجل زيادة الراتب فقط. كنت أكسب بالفعل الكثير كمغترب، حيث كنت أكسب ما يقرب من 10000 دولار شهريًا. بعد الحصول على ماجستير إدارة الأعمال، كنت سأرفع المبلغ إلى 12000 دولار شهريًا في BCG. لم تكن زيادة الراتب هي الدافع الأكبر بالنسبة لي. حملت طموحي إلى كلية إدارة الأعمال ووضعت أهدافًا جديدة. أردت أن أتجاوز التكنولوجيا أو الاستشارات لبدء شيء له تأثير لديه القدرة على تغيير العالم. عندما كنت أعمل في شركة Deutsche Telekom، لم يكن لدي النضج اللازم لوضع مثل هذه الأهداف الطموحة ومتابعتها. ولكن بعد رؤية العالم، والحصول على التعليم، وبناء شبكة علاقات، أدركت أنني يجب أن أحلم كثيرًا.

في البداية، فكرت في حجم التأثير الذي يمكنني إحداثه، لكن في النهاية، بدأت أفكر في التأثير العالمي. لقد كانت لحظة جميلة بالنسبة لي للانتقال إلى شيء أكبر. كنت أعلم أنني يجب أن أضع لنفسي هدف الاستقلال المالي بينما أسعى لتحقيق طموحاتي الأكبر.

**أولوميد أوجونسانو:** ما هو الدور الذي لعبته جراحة الدماغ غير المتوقعة في قصتك؟

**أشاني سامون بياو:** على الرغم من أنها كانت لحظة مؤسفة ومخيفة، إلا أن جراحة الدماغ زودتني بالكثير من الوضوح. وبينما كنت على طاولة العمليات، أدركت أنني كان من الممكن أن أموت أو أخرج من المستشفى بإعاقة وظيفية. عندما تواجه مثل هذه الأحداث، يصبح تفكيرك أكثر وضوحا. الشيء الوحيد الذي كان يدور في ذهني في تلك اللحظة هو التأثير الذي أردت أن أتركه على العالم وعائلتي. أصبحت قيمة الوقت أثمن بكثير.

**أولوميد أوجونسانو:** حدث هذا في منتصف الثلاثينيات من عمرك، عندما كنت تعتقد أنه لا يزال أمامك ما بين 50 إلى 60 عامًا لتعيشها. إنه أمر مخيف جدًا حتى التفكير في الأمر.

**أشاني سامون بياو:** هل يمكنك أن تتخيل؟ بينما كنت على طاولة العمليات، كان ذهني صافيًا جدًا لدرجة أنني لم أفكر حتى في وظيفتي في مجموعة بوسطن الاستشارية أو العروض التقديمية لعملائي. بدلاً من ذلك، كان لدي سؤالان في ذهني: كيف يمكنني العثور على المزيد من السعادة في أشياء بسيطة مثل زيارة والدي، وقضاء الوقت مع الأصدقاء، والضحك؟ كيف يمكنني التركيز على أهدافي الكبيرة دون أن يتشتت انتباهي ضجيج العالم؟

عندما استيقظت من الجراحة، أصبح كل شيء واضحا. ولم تكن الاستشارة إلا وسيلة لتحقيق غاية. لقد أردت تجربة نقاط الألم التي شعرت بها بشدة، وكانت الحرية المالية هي العامل التمكيني لتحقيق ذلك. على الرغم من أنني كنت أفكر في الحرية المالية من قبل، إلا أنها لم تكن حازمة كما أصبحت بعد الجراحة. الآن، كان على نموذج Excel الخاص بي أن يتحول من "ما مقدار المال الذي يمكنني كسبه؟ " إلى "ما هو الوقت القليل الذي يمكنني إنفاقه لكسب المال الذي أحتاجه؟"

**أولوميد أوغونسانو:** استغلال الوقت، وهو عملة أكثر قيمة من المال.

**أشاني سامون بياو:** لقد قمت بإعادة توصيل النموذج المالي، وأضفت خيار القائمة المنسدلة الذي سمح لي بنقل آخر يوم لي في مجموعة بوسطن الاستشارية ذهابًا وإيابًا. لقد ساعدني هذا في تحديد معايير مثل مقدار المبلغ الذي يجب ادخاره وحجم المكافأة التي يجب أن أحصل عليها، مما قادني نحو مهمتي المتمثلة في تحقيق الاستقلال المالي. لم يكن التقدم لبرنامج السفير المرموق التابع لمجموعة بوسطن الاستشارية مجرد فرصة عظيمة، بل كان أيضًا فرصة لمضاعفة أرباحي تقريبًا، وبالتالي تسريع طريقي نحو الاستقلال المالي. كانت لحظة جراحة الدماغ حافزًا لكثير من نجاحي. بالنسبة لقرائنا، لا أستطيع التأكيد بما فيه الكفاية على أهمية العثور على FTE المدمر الذي يساعدك على الحصول على الوضوح، وإذا لزم الأمر، هندسته بنفسك. بمجرد أن تكون في المنطقة، تمسك بها وقم بالتنفيذ. سوف ترتد الإغراءات والانحرافات عنك.

وأخيرًا، إذا كان لديك أطفال، قم بتعريضهم للتجارب التي تبني الثقة بالنفس والاعتماد على الذات. ضعهم في المقام الأول وأدرك أن الوقت الذي تقضيه بعيدًا عنك يسرع نموهم. امنحهم الفرص للتعلم وارتكاب الأخطاء بسرعة. اصطحبهم إلى بلدان أخرى وأظهر لهم كيف يسير العالم.

**أولوميد أوغونسانو:** حتى يتمكنوا من تعلم كيفية تحقيق النجاح في البيئات الجديدة؟

**أشاني سامون بياو:** بالضبط. كن فضولى. خلال رحلتي الأخيرة إلى دبلن، أيرلندا، أجريت محادثة مع سائق أوبر الخاص بي حول كيفية نجاح الناس في دبلن. ناقشنا بيئة الضرائب المرتفعة والوظائف التقنية المربحة المتوفرة. من المهم التحدث إلى أكبر عدد ممكن من الأشخاص، ولكن ليس مجرد تقليد ما يفعلونه. بدلًا من ذلك، اربط تجاربهم

بنقاط قوتك ومهاراتك.

في المراحل الأولى من حياتك المهنية، لا تقبل بالوظائف المريحة. كن طموحًا للغاية وهدفًا عاليًا. اسأل نفسك: "كيف يمكنني الانتقال من منصب محلل إلى منصب مدير؟" أو "ما الذي يتطلبه الأمر لكي تصبح رئيسًا تنفيذيًا؟" أو حتى "ما الذي يتطلبه تأسيس شركة بهذا الحجم؟"

ارفع طموحك، وكن شجاعا، ولا تكتفي بمجرد الحصول على ترقية أو مكافأة كل ستة أشهر مكافأة على عملك الجيد.

**أولوميد أوغونسانو:** الشركات سوف تطعمك الفتات إذا سمحت لها بذلك. انظر إلى ما هو أبعد من مجموعة أقرانك إذا كان تأثيرهم يقلل من طموحك. قد تكون مجموعة أقرانك هي أكبر ما يعيقك الآن. من خلال قراءة قصصنا، نأمل أن نلهمك للتفكير فيما وراء القيود التي قد تشعر بها، وأن تهدف إلى تحقيق شيء أكبر. لا تكتفي بما أنت فيه، فقط لأن أصدقائك راضون بحياتهم. تذكر أن كل شخص لديه أهداف وتطلعات مختلفة.

ادفع حدود ما تعتقد أنه ممكن ولا تقبل بحياة متوسطة المستوى. الشعور بعدم الرضا يمكن أن يحفزك على تحقيق المزيد. ولهذا السبب نكتب هذا الكتاب. نحن لسنا بحاجة إلى المال، نحن بالفعل مستقلون ماليا. لكننا نريد مساعدة الآخرين والاستمرار في تنمية أنفسنا. نحن لا نزال فضوليين وملتزمين بالنمو الشخصي، على الرغم من أننا حققنا الاستقلال المالي. يشعر البشر بمستوى من الإشباع عندما ينمون.

**أشاني سامون بياو:** جميل. أتفق معك تماما. تم إعداد وظيفتك التقليدية من 9 إلى 5 لتجعلك تعمل حتى يصبح جسمك ضعيفًا وتتقاعد عند عمر 70 عامًا. ومع ذلك، مع الاستقلال المالي، يمكنك ضغط هذا الجدول الزمني والخروج من سباق الفئران في أقل من 10 إلى 20 عامًا. . بهذه الطريقة، يمكنك الاستمتاع بأفضل سنوات عمرك مع التمتع بالأمان المالي. الاستقلال المالي هو معادلة بسيطة ـ اكسب الكثير من المال بطريقة عقلانية ولا تبالغ في الإنفاق. سوف تتضاعف الأموال المتبقية وتجعلك في النهاية مستقلاً ماليا. الجوهرية أمر بالغ الأهمية. ركز على ما تعتبره ضروريًا لتقليل تكاليفك مع زيادة دخلك. سيتطلب هذا الانضباط والتنفيذ، لكن الأمر يستحق ذلك في النهاية.

اليوم، أحب حياتي. أحب أن أكون قادرًا على القيام بالأشياء التي أستمتع بها، مثل السفر وتعلم لغات جديدة واستكشاف مشاريع جديدة والترقيع.

**أولوميد أوجونسانوو:** تحية لعائلة FIREDOM!

**أشاني سامون بياو:** كان لقاء أولوميد حدثًا مميزًا بالنسبة لي. تبادلنا الملاحظات والقصص المشتركة عن حياتنا. لقد كان الأمر جميلًا جدًا لأنه من الرائع التحدث مع الأشخاص الذين يوسعون عقليتك. أحب تجربة العمل على هذا الكتاب معك. [يبتسم]

**أولوميد أوغونسانو:** لقد أحببت العمل معك أيضًا. [تبتسم] كنا مستضعفين وقد نجحنا في ذلك. رائع! ها هي قصة حياتي حتى الآن.

لقد نشأت في لاغوس بنيجيريا ونشأت في ظل قدر كبير من الحرية. لقد طورت ثقتي بنفسي وبقدرتي على اكتشاف الأشياء بنفسي لأنني تفوقت أكاديميًا. ونتيجة لذلك، كنت

محظوظًا بما يكفي لإتاحة الفرصة لي للانتقال إلى أمريكا لأنني كنت أحصل دائمًا على أعلى الدرجات في مدرستي الثانوية. وبينما لعب الحظ دورًا في قدرة والدي على تحمل تكاليف ذلك، كان من الواضح أن درجاتي تشير إلى إمكانية تحقيق شيء أعظم

انتقلت إلى أمريكا عندما كان عمري 17 عامًا وسرعان ما تعلمت الاعتماد على نفسي لأنني علمت أنه لن يعتني بي أي شخص آخر. كمهاجرة، لم يكن لدي أي شبكة دعم، لذلك كان علي أن أعتمد على نفسي. وعلى الرغم من أن الحظ لعب دورًا في نجاحي، إلا أنني بذلت قصارى جهدي لدفع الاحتمالات لصالحي. من خلال معرفة نفسك والإيمان بها، والعمل الجاد على الأشياء الصحيحة، وتجربة أشياء جديدة، وإحاطة نفسك بالأشخاص المناسبين، فإنك تزيد من فرصك في أن تصبح محظوظًا. لا تقلل من شأن قوة الحظ في الحياة، لكن أيضًا لا تعتمد عليه كمصدر وحيد لنجاحك. بدلًا من ذلك، ركز على تطوير نفسك ومهاراتك لزيادة احتمالية نجاحك والاستعداد لاغتنام الفرص عند ظهورها.

والشيء التالي كان التنمية الشخصية. لقد ركزت على التنمية الشخصية منذ سن مبكرة لأنني كنت أعلم أنه من الضروري زيادة إمكانياتي في تحقيق الدخل. ولهذا السبب قمت بدراسة الهندسة الكيميائية وحصلت على درجات علمية متقدمة في كل من أكسفورد ومعهد ماساتشوستس للتكنولوجيا. أواصل إعطاء الأولوية لتطويري الشخصي، وتخصيص الوقت كل يوم لتعلم أشياء جديدة. اعتبارًا من مايو 2023، تشمل مجالات تركيزي اليومية ما يلي: العلاقات وإدارة المنتجات في أيام السبت، والصحة والمبيعات في أيام الأحد، والذكاء الاصطناعي في أيام الاثنين، والسيارات السحابية والمستقلة في أيام الثلاثاء، وBlockchain، وWeb3، والعملات المشفرة في أيام الأربعاء، وChina Tech & India. التكنولوجيا في أيام الخميس، وأفريقيا التقنية في أيام الجمعة.

إن التطوير الشخصي هو تقريبًا الطبقة الأساسية لتطوير رأس المال البشري الخاص بك. ولهذا السبب اشتريت هذا الكتاب. يدور هذا الكتاب حول الاستقلال المالي، ولكنه يتعلق أكثر بالتنمية الشخصية.

كانت لدي رؤية واضحة بأن أصبح مستقلاً مالياً لأنني لم أرغب في أن أكون تحت رحمة صاحب العمل. كان فقدان وظيفتي الأولى عندما كنت في الحادية والعشرين من عمري نقطة تحول. عرفت على الفور أنه لم تهتم أي شركة بي. كان هذا الحدث، الذي أطلق عليه MJ DeMarco اسم "FTE" أو "اللعنة على هذا الحدث"، بمثابة دعوة للاستيقاظ بالنسبة لي. لقد جعلني أفهم أنني بحاجة للسيطرة على حياتي. إذا كنت تقرأ هذا الكتاب، فأنت بحاجة إلى خلق ظرف أو موقف تشعر فيه باليأس بما يكفي لفهم أهمية الاستقلال المالي. أنت بحاجة إلى تنظيم حدث FTE الخاص بك، مثل الحدث الذي مررت به عندما كنت أصغر سناً، لتوضيح لك أن الاستقلال المالي أمر بالغ الأهمية.

**أشاني سامون بياو:** ما قلته الآن يمثل طبقة أخرى من البصيرة بالنسبة لي. إن FTE هو الجسر الذي يفصل بين الأشخاص الذين يريدون والأشخاص الذين يريدون. إن FTE هو حدث يبلغ ذروته بإدراك أنك بحاجة إلى تغيير حياتك. حدث FTE الخاص بي أثناء

مسيرتي الاستشارية عندما أجريت عملية جراحية. أدركت أنه على الرغم من إنجازاتي الأكاديمية والمهنية، إلا أنني كنت لا أزال ضعيفًا وهشًا. لقد أدركت أن إنجازاتي كانت عوامل خارجية لم تحدد هويتي كشخص. لسوء الحظ، ليس كل شخص لديه الحظ في الحصول على FTE.

**أولوميد أوغونسانو:** يعتقد MJ DeMarco أنه إذا لم تكن متأكدًا مما إذا كنت قد مررت بحدث FTE، فمن المحتمل أنك لم تجربه. عندما تواجه واحدة، ستكون تلك لحظة واضحة وتحويلية من شأنها أن تغير مسار حياتك وتغير قيمك وأهدافك للمستقبل. بمعنى آخر، حدث FTE هو شيء يترك أثرًا كبيرًا على حياتك، وليس هناك شك في أنك قد مررت به.

**أشاني سامون بياو:** بعض الأفكار لمختلف الفئات العمرية:

لأطفالك: إذا كنت ترغب في إعداد طفلك للاستقلال المالي، فابدأ بتكليفه بمسؤولية الشؤون المالية لأسرتك اليوم. دعهم يديرون ميزانية الأسرة، حتى لو كنت تعتقد أنهم صغار جدًا. البشر قادرون بشكل لا نهائي. لقد تعاملت مع أكثر من مجرد ميزانية الأسرة عندما كان عمري 7 سنوات؛ كنت أتعامل مع الربح والخسارة لمؤسسة متوسطة. عامل أطفالك مثل البالغين ووثق بهم في تحمل المسؤوليات. قد ينجحون أو يفشلون، لكنهم سيتعلمون من التجربة.

للطلاب: غادر وطنك لقضاء عام في التعلم أو الدراسة في الخارج، والانغماس في الثقافة المحلية وتعلم اللغة. على سبيل المثال، إذا كنت طالبًا جامعيًا في معهد ماساتشوستس للتكنولوجيا، فاحصل على إجازة لمدة عام وادرس في كوريا أو جنوب إفريقيا. ستعمل هذه التجربة على توسيع منظورك وتمنحك فهمًا أعمق للعالم.

للبالغين: خذ إجازة للتأمل والتعرف على نفسك بشكل أفضل، أو جرب نشاطًا جديدًا يخرجك من منطقة الراحة الخاصة بك. يمكن أن يساعدك الخروج من روتينك على اكتشاف اهتمامات ومهارات جديدة.

**أولوميد أوجونسانو:** فكر في السفر إلى دول مثل غواتيمالا أو أوغندا للحصول على فهم أفضل لحياة الناس وثقافاتهم. إن الانغماس في ثقافات مختلفة يمكن أن يفتح لك آفاقًا جديدة ويثير أفكارًا جديدة.

**أشاني سامون بياو:** في بيئتك الجديدة، حدد هدفًا ألا تطلب المساعدة من منزلك. مارس الاعتماد على الذات واحصل على وظائف محلية لتغطية نفقاتك إذا كنت بحاجة إلى ذلك. إن خلق تلك الأزمة سوف يأخذك إلى بعض الخطوات على طول الطريق. سوف تتعلم أشياء منه. عندما تعود إلى بلدك الأصلي، إذا قررت العودة، فستكون حياتك أفضل. أقترح إنشاء FTEs في حياتك لتسريع النمو الشخصي من خلال مساعدتك على اكتشاف نفسك الحقيقية. هذا هو المفتاح لتحقيق الاستقلال المالي.

**أولوميد أوجونسانو:** بعد تجربة FTE مع فقدان الوظيفة في عمر 21 عامًا، أدركت أنه لا يوجد أحد يمكن الاعتماد عليه غيري. ونتيجة لذلك، بدأت رحلة نحو الاستقلال المالي من أجل تغيير حياتي. ومنذ ذلك الحين، كان الأمر يتعلق بتنفيذ خطتي. كنت أعرف

ما يجب أن أفعله وأنا ممتن لأنني اتخذت هذا الإجراء. أتمنى نفس الشيء للجميع في العالم. لقد قال سامون شيئًا ثاقبًا حقًا عندما قال إننا نريدك أن تتمتع بالاستقلال المالي حتى تتمكن من إشعال النار في العالم. أريد ذلك للجميع. ولهذا السبب قمنا بتأليف هذا الكتاب، على أمل أن تلهم قصصنا الآخرين وتوجههم نحو تحقيق الاستقلال المالي وعيش أفضل حياتهم.

أتمنى أن تكون قد اتخذت بعض المبادئ التي يمكنك تطبيقها في حياتك: الإيمان بالنفس، والاعتماد على الذات، والفضول، والتفكير المستقل، والطموح، والشجاعة، وتحديد الأهداف، والتنمية الشخصية، والعيش بقصد لتعظيم دخلك وإنفاقك بما يتماشى مع أهدافك. قيمك. هذه المبادئ التي ناقشناها عالمية، لكن تطبيقها على حياتك سيكون فريدًا. ابحث عن طريقتك الخاصة لجعل المبادئ تعمل لصالحك.

ابذل قصارى جهدك. أسوأ أنواع الندم هو معرفة أنك لم تحاول أن تعيش أفضل حياتك. أعلم أنني بذلت قصارى جهدي. حاولت أن أطور من نفسي وأن أتعلم كل ما أستطيع بناء على الظروف المحيطة بي. ولهذا السبب اشتريت هذا الكتاب لأنك تعلم أنك تريد تجربته. يمكنك أن تعيش حياة مريحة، لكن عليك أن تحاول النظر إلى ما هو أبعد من الراحة لتدفع نفسك. أنت قادر على القيام بالعديد من الأشياء الرائعة المختلفة إذا بذلت قصارى جهدك. لا يمكنك تحقيق تعريفك الشخصي للعظمة وتعيش أفضل حياتك من خلال مشاهدة التلفزيون طوال اليوم. ولهذا السبب نكتب هذا الكتاب، ليس فقط من أجل الاستقلال المالي، ولكن لأننا نريدك أن تعيش حياة يمكنك أن تفخر بها.

لقد كان هذا أحد الفصول المفضلة لدي لتسجيلها لأنه يجمع عدة مواضيع ويربطها جميعًا معًا للقراء. مدهش!

**أشاني سامون بياو:** أحبه. رائع. شكرا لك وسعيد أن أكون في هذه الرحلة.

**أولوميد أوغونسانو:** يا لها من رحلة مذهلة قمنا بها معًا! من الصعب تصديق أن الكتاب قد وصل إلى نهايته. نأمل أن تكون قصصنا قد ألهمتك لإجراء تغييرات إيجابية في حياتك نحو تحقيق الاستقلال المالي.

وأود أن أغتنم هذه الفرصة للتعبير عن امتناني لشخصين. أولا وقبل كل شيء، شكرا جزيلا لسامون. لقد أحببت العمل مع سامون. لقد كان من دواعي سروري المطلق الذهاب في هذا المشروع معًا. إن إنشاء كتاب ليس بالمهمة السهلة، ولكن Samon كان شريكًا رائعًا طوال الرحلة. وأنا ممتن لإتاحة الفرصة لي للعمل معه.

كما أود أن أتقدم بالشكر الجزيل لك، قارئ هذا الكتاب. شكرًا لك على الوقت الذي أمضيته للانضمام إلينا في هذه الرحلة، حيث شاركنا تجاربنا وأفكارنا حول الاستقلال المالي. لقد انضممت إلينا لتذكر ماضينا، وأشكرك على وقتك. نأمل أن نكون قد أنشأنا كتابًا جذابًا ومثيرًا للاهتمام ومفيدًا في سعيك لتحقيق الاستقلال المالي. شكرا لدعمكم! تواصل معنا على hello@myfiredom.com وانضم إلى النشرة الإخبارية الفرعية الخاصة بنا على firedom.substack.com [1] حيث سننشر لمواصلة المحادثة حول FI.

---

إنني أتطلع إلى رؤيتكم جميعًا يومًا ما تصلون إلى الاستقلال المالي وتعيشون الحياة التي تحلمون بها. شكرا لكم جميعا على وجودكم في هذه الرحلة معنا!

**أشاني سامون بياو:** أنا أتفق تماما مع كل ما قلته، أولوميد. شكرا لك على التجربة الرائعة. في كل مرة كان لدينا جدول تسجيل، كنت أتطلع إليه بترقب كبير لأنني كنت أعلم أنها ستكون محادثة رائعة. نأمل مخلصين أن يكون كتابنا مفيدًا لجميع قرائنا أثناء شروعهم في رحلتهم الخاصة. شيء آخر، كما قلت سابقًا، أنا أحب البهجة الجيدة...

**أولوميد أوجونسانوو:** [ضحكة هستيرية] قلت ذلك في الفصل الأول. والآن، أنت تقول ذلك مرة أخرى في الفصل السابع.

**أشاني سامون بياو:** سأكون أكثر سعادة إذا حقق المزيد من الناس الاستقلال المالي. تذكر أن الاستقلال المالي لشخص آخر لا يحد من قدرتك على تحقيقه.

**أولوميد أوجونسانوو:** متفق عليه. في الواقع، من المرجح أن تعتقد أن الاستقلال المالي ممكن بالنسبة لك إذا رأيت أمثلة قدوة.

**أشاني سامون بياو:** فلسفتي الشخصية في الحياة هي مساعدة الآخرين على القيام بعمل أفضل مما أنجزته. هل يمكنك استخدام ما قمت به كأساس لإنشاء شيء جديد؟ يسعدني أن يتعمق أولئك منكم المهتمين بهذا الموضوع ويستكشفوا قصصنا ويشاركوا النصائح، والأهم من ذلك، المبادئ التي يمكنك تطبيقها لتحقيق الاستقلال المالي. سيكون من دواعي سروري أن أعرف أن كلماتنا قد ألهمتك، حتى في أصغر الطرق، وساعدتك على تحقيق الاستقلال المالي. وكما قال Olumide، إذا كنت تريد التواصل معنا، فيمكنك مراسلتنا عبر البريد الإلكتروني أو مواصلة محادثة FIREDOM من خلال الانضمام إلى النشرة الإخبارية الفرعية الخاصة بنا. المجتمع يجعل الأمور أفضل، لذا استمر في تنمية مجتمع الاستقلال المالي الخاص بك!

**أولوميد أوجونسانوو:** يا لها من رحلة مذهلة! شكرا لك سامون. شكرا لكل شخص! **سامح نفسك والآخرين الذين يؤذونك، ثق بنفسك، كن نفسك الأصيلة، قم بإنشاء رؤية مستقبلية مقتعة لحياتك، حدد أهدافًا طموحة مبنية على القيم وقم بتطوير نفسك كل يوم لتحقيق أهدافك.** اذهب نحو FIREDOM الخاص بك وقهر!

www.ingramcontent.com/pod-product-compliance
Lightning Source LLC
Chambersburg PA
CBHW031458160726
47994CB00005B/2095